国家社科基金项目成果（编号：10BSH032）

中国历史村镇文化遗产保护利用研究

周乾松　著

中国建筑工业出版社

图书在版编目（CIP）数据

中国历史村镇文化遗产保护利用研究／周乾松著．—北京：中国建筑工业出版社，2015.6（2025.8 重印）

ISBN 978-7-112-18213-8

Ⅰ．① 中… Ⅱ．① 周… Ⅲ．① 乡镇－文化遗产－保护－研究－中国 Ⅳ．① K203

中国版本图书馆CIP数据核字（2015）第137941号

本书紧扣新型城镇化、加强历史村镇文化遗产保护的形势背景，简要介绍国外历史村镇文化遗产保护的基本理论和实践经验，系统阐述中国历史村镇文化遗产保护的基本理论，重点论述中国历史文化名镇名村、中国传统村落保护利用的现状问题、对策建议与改革措施，全面阐明名镇名村申报、保护规划编制、评价指标体系、保护预警系统、保护管理体系等内容，并重点总结云南丽江、山西平遥、浙江乌镇、江苏周庄、浙江诸葛村等保护成功案例以及中国历史文化名镇名村申报世界文化遗产的理论与实践等。

本书可供各级地方政府、历史城镇规划师、名镇名村保护者、管理者，高等院校城市规划、文化学、地理学、旅游学等专业师生学习和参考。

责任编辑：吴宇江
责任校对：张　颖　党　蕾

中国历史村镇文化遗产保护利用研究
周乾松　著

*

中国建筑工业出版社出版、发行（北京海淀三里河路9号）
各地新华书店、建筑书店经销
北京锋尚制版有限公司制版
北京中科印刷有限公司印刷

*

开本：787×1092毫米　1/16　印张：25　字数：541千字
2015年9月第一版　2025年8月第三次印刷
定价：75.00元
ISBN 978 – 7 – 112 – 18213 – 8
　　　（27410）

目　录

绪论

国内外研究述评与主要内容观点

一、国内外研究述评及其价值意义

（一）国际上历史村镇文化遗产保护研究的过程与现状

国外对历史文化遗产保护是一个逐渐提高认识的过程，如从最早保护古器物、古典籍，逐渐发展到保护古遗址、古寺庙、宫殿、教堂、府邸等古建筑艺术精品，后来不断扩大到保护古民居、古作坊、古桥等见证平民生产生活的历史建筑物和构筑物；又如从最早保护单个文物古迹、历史建筑，逐渐发展到保护历史建筑群体和历史街区，最后发展到保护整座历史古城，从而使国际历史文化遗产的保护内容不断丰富，保护范围不断扩大，保护法律日益完善，保护方法逐渐科学。这种变化充分表明了人类社会进步、文明发展的进程和标志。在一个国家里，社会越进步，历史文化遗产保护就越重视；在不同国家里，文化越发达，保护历史文化遗产就越成为人们的共识。

在20世纪30年代，国外历史文化遗产保护对象已经拓展到历史村镇。直到20世纪七八十年代，联合国教科文组织及其国际古迹遗址理事会相继通过的国际性文献，正式把历史小城镇、古村落及其周围环境的保护纳入国际视野范围。[①]如1964年在威尼斯通过的《国际古迹保护与修复宪章》，表明世界范围内开始进入历史城镇文物古迹、古建筑保护修复时代的标志；到1972年在巴黎通过《保护世界文化和自然遗产公约》，奠定了全世界范围内保护人类共同遗产的里程碑。又如1975年通过《关于保护历史小城镇的国际决议》和1976年通过《关于历史地区的保护及其当代作用的建议》，特别强调了历史城镇、传统村落保护的重要性，并纳入到世界遗产保护范围中；到1982年通过《关于小聚落再生的宣言》和1987年通过《保护历史城镇与地区宪章》，再到1999年通过《关于乡土建筑遗产保护的宪章》等国际性文献，[②]先后从不同角度，对历史村镇文化遗产保护的对象范围、内容要求、原则措施及其方法，作出了较为明确而具体的规定。

20世纪七八十年代，西欧、日本、美国等国相继掀起了历史村镇保护运动，并采取了"完善保护制度，建立保护协会，筹集保护基金、重视原住民保护"等措施。从而为西欧、日本历史村镇保护实践积累了大量成功经验，也为世界历史村镇文化遗产的保护利用提供了许多理论成果。20世纪90年代以来，联合国教科文组织又将历史村镇纳入进"世界文化遗产"的保护范围。[③]

---

① 周乾松. 历史村镇：突破困境 实现保护与发展双赢[J]. 城乡建设，2011（7）.
② 周乾松. 历史村镇：突破困境 实现保护与发展双赢[J]. 城乡建设，2011（7）.
③ 周乾松. 历史村镇：突破困境 实现保护与发展双赢[J]. 城乡建设，2011（7）.

截至2013年，全世界以村（town）或镇（village）命名的世界遗产已有30多处，尤其是联合国教科文组织官员提出21世纪要将保护的重点从古建筑转移到古民居和乡土建筑。这表明历史村镇、乡土建筑保护已成为国际遗产保护领域关注的热点。因此，国外历史村镇文化遗产保护的先进理念与实践经验，为我国加强历史村镇文化遗产的保护利用，提供了经验借鉴和有益启示。①

（二）中国历史村镇文化遗产保护研究的过程与现状

中国自20世纪80年代开始较为重视历史村镇的保护与研究。著名文保专家谢辰生、罗哲文、吴良镛、郑孝燮、周干峙、仇保兴、单霁翔、谢凝高、王景慧、冯骥才、阮仪三、朱自煊、楼庆西、陈志华等，都对历史村镇文化遗产保护进行了大量研究，先后提出了历史村镇文化遗产保护"真实性、完整性、延续性"的基本原则和"保护第一、加强管理、合理开发、永续利用"的基本方针；并提出"加强规划、整体保护"，"新旧分开、有机更新"，"古建保护、整旧如旧"，"格局风貌保护、文态环境保护"等保护理念。尤其是谢辰生、罗哲文、阮仪三、冯骥才等专家到处奔走呼吁加强历史村镇保护，为我国历史村镇文化遗产的保护利用和研究作出了重大贡献。②

由于1982年《文保法》对历史村镇尚未作出必须保护的具体规定，以致学术界较长时期对历史村镇保护利用缺乏系统的理论研究。直至2002年修改的《文物保护法》，仍侧重于文物保护而忽视非物质文化遗产保护，注重单体性而忽视整体性。虽然2002年《文物保护法》明确提出"历史文化村镇、街区"作为保护类型的概念，但对历史文化村镇、街区保护的内容、范围、原则等，在法规层面都未作出明确的具体规定，以致多年来《文物保护法》难于适用于历史村镇、街区保护。正是由于历史村镇、街区保护的立法滞后、法规缺失，以及学术界缺乏理论层面的前瞻性研究，以致我国历史村镇不少文化遗产变成"历史遗憾"。③

2003年国家建设部和文物局公布了第一批中国历史文化名村名镇，这是我国正式建立历史文化村镇保护制度的标志，从此进入历史村镇保护的新阶段。全国各地先后开始对历史村镇文化遗产进行了保护与利用，不少国家级、省级历史文化名镇名村的旅游开发，也相继取得了较好的经济效益与社会效益。但也有一些地方政府缺乏保护意识而急功近利，偏重历史村镇开发旅游的短期利益而忽视历史村镇遗产的永久性保护与可持续发展的长期利益，甚至不少国家级历史文化名镇开始出现过度开发"人工化、现代化、商业化倾向"和"建设性、开发性、旅游性、保护性"破坏等问题。④

①　周乾松. 历史村镇：突破困境　实现保护与发展双赢[J]. 城乡建设，2011（7）.
②　周乾松. 历史村镇：突破困境　实现保护与发展双赢[J]. 城乡建设，2011（7）.
③　周乾松. 历史村镇：突破困境　实现保护与发展双赢[J]. 城乡建设，2011（7）.
④　周乾松. 历史村镇：突破困境　实现保护与发展双赢[J]. 城乡建设，2011（7）.

2005年中国专门发布了《国务院关于加强文化遗产保护的通知》，这是继2002年修改《中华人民共和国文物保护法》仅3年之后，第一次直接以国务院名义发文并首次提出了文化遗产的概念，这是中国文化遗产保护历史上最权威的纲领性文件，对推动我国物质与非物质文化遗产保护进入新阶段具有里程碑意义。该文件指出："各级政府和有关部门要从对国家和历史负责的高度，从维护国家文化安全的高度，充分认识保护文化遗产的重要性，进一步增强责任感和紧迫感"，并明确要求"将加强历史文化村镇保护列入着力解决物质文化遗产保护面临的突出问题"。①

2006年后，国家有关部门领导和文保专家仇保兴、单霁翔、王景慧、冯骥才、阮仪三等"相继指出历史村镇保护尚未引起社会的普遍关注，这是我国文化遗产体系中最需要强调保护和研究的重要问题"。②为此，笔者在近10年对我国近百个历史文化名镇名村保护调研的基础上，向国家有关部门呈送了关于制定《历史文化名城名镇名村保护条例》的修改建议，并得到国家文物局长重要批示，并推荐转送给国务院法制办采纳应用。2008年在我国众多文保专家的呼吁努力下，国务院颁布了《历史文化名城名镇名村保护条例》，第一次在国家层面提出了名城名镇名村保护法规，为进一步规范我国历史文化名城名镇名村的申报评审、保护对象、内容范围和规划编制等方面奠定了法制基础，使历史文化名村镇的保护得到进一步加强。③

截至2014年底，国家住房和城乡建设部和国家文物局已先后公布了6批"中国历史文化名镇名村"。其中：2003年公布第一批22个，2005年公布第二批58个，2007年公布第三批77个，2008年公布第四批94个，2010年公布第五批99个，2014年公布第六批178个。现全国共有528个中国历史文化名村名镇，其中历史文化名镇252个、名村276个，覆盖了全国31个省市自治区。④近10年来，各省、自治区、直辖市人民政府也相继公布了"省级历史文化名镇名村"，已达600多个。特别2012年国家住房和城乡建设部、文化部、财政部和国家文物局联合在全国开展"中国传统村落"的普查工作，并很快在2012年12月、2013年7月先后公布了2批1596个"中国传统村落"。⑤2014年11月17日，国家住房和城乡建设部、文化部、文物局、财政部、国土资源部、农业部、国家旅游局联合公布第三批"中国传统村落"994个。至此，全国共有2590个中国传统村落。同时，国家住房和城乡建设部、文化部、文物局、财政部于2014年7月16日、2月17日先后公布2批600个重点中国传统村落列入中央财政支持范围。至今，我国

---

① 国务院. 关于加强文化遗产保护的通知[G]//中国文化遗产事业法规汇编. 北京：文物出版社，2009：545.
② 周乾松. 历史村镇：突破困境 实现保护与发展双赢[J]. 城乡建设，2011（7）.
③ 周乾松. 历史村镇：突破困境 实现保护与发展双赢[J]. 城乡建设，2011（7）.
④ 第1~6批"中国历史文化名镇名村"，资料来源：国家文物局网，2014-02-03.
⑤ 第1~2批"中国传统村落"，资料来源：国家文物局网，2014-02-03.

已全面形成了"中国历史文化名镇名村"和"中国传统村落"相结合的历史村镇文化遗产保护体系。

（三）中国学术界对历史村镇文化遗产保护利用的研究现状

中国学术界对历史村镇文化遗产保护利用的研究，始于20世纪90年代。同济大学院仪三教授最早对江南水乡古镇保护进行了系统研究，并在保护利用实践中取得了不少成功经验，为我国历史文化村镇保护利用拉开了序幕。从20世纪末到21世纪初，历史学、人类学、文化学、旅游学、地理学等方面的学者相继加入历史村镇文化遗产保护利用的研究，使我国历史村镇保护研究的对象、范围和深度不断地拓展，逐渐开始系统化和全面化。1997年，刘沛林先后提出保护中国古村落和历史文化名村的概念。1999~2007年周乾松专门对浙江古村镇、古街区保护利用和江南水乡古镇保护与申遗等进行了系统性研究，并向国家文物局、建设部及浙江、江苏两省政府提出了较多有价值的对策建议。2002~2003年，吴晓勤、邓洪武等对皖南古村落、江西古村落的特色价值等进行了专题研究。尤其是2002年，全国著名文保专家罗哲文、郑孝燮、阮仪三、陆元鼎等在《中国历史文化城镇保护与民居研究》中集中发表了许多有价值的研究观点。2003年，吴承照研究并提出了历史村镇保护与发展存在"商业化、空心化"等问题。2004年，罗德启对贵州民族村镇保护利用进行了专门研究；2005年，赵勇等编著《历史文化村镇的保护与发展》一书对历史村镇保护的原则、内容、方法和规划等进行了较系统的研究。特别是2004年至今，全国人大城建委副主任、原建设部副部长仇保兴，故宫博物院院长、国家文物局原局长单霁翔等文保专家先后在不同场合，从政府管理角度系统提出了我国历史文化名镇名村保护利用的策略、原则、内容、方法和管理措施等内容，为我国历史村镇文化遗产的保护利用奠定了理论基石和政策基础。

从2005年《国务院关于加强文化遗产保护的通知》发布至今，我国学术界对历史村镇文化遗产的保护利用与旅游开发的专题性研究日趋增多，对历史村镇保护的原则要求、内容方法、对策措施、开发模式等研究也日渐深入。2008年颁布了《国家历史文化名城名镇名村保护条例》后，我国政界与学术界都开始注重历史村镇文化遗产保护利用的理论研究。尤其是2008~2010年，赵勇、张捷等较系统地研究了中国历史文化名镇名村保护理论与方法，并结合我国历史文化名镇名村的评选，初步构建了历史文化名镇名村保护的评价指标体系和预警系统。近年来，冯骥才一直致力于我国传统村落的抢救保护和研究，为推动我国历史村镇文化遗产的保护利用发挥了重要作用，作出了杰出贡献。

总体上说，目前学术界对历史村镇保护研究已从物质文化遗产扩展到非物质文化遗产，研究方法也从建筑规划学拓展到历史学、文化学、旅游学、建筑学、社会学、景观生态学、地理学等多学科结合的综合方法。但对我国历史村镇文化遗产保护利用进行全面、系统的理论与实证相结合的研究成果，以及深入调研、发现问题、分析原因，提出有价值的对策研究成果较为匮乏，尤其是综合性、指导性、实用性的学术专著鲜有所见，为此笔者旨在尝试。

（四）中国历史村镇文化遗产保护利用研究的价值意义

中国历史村镇是各民族千百年繁衍生息留下的珍贵遗产，是农耕文明的精粹和中华民族的精神家园。中国历史村镇数量众多，分布广泛；中华优秀传统文化最深远绵长的根基文脉在历史村镇；历史上的大量重要人物和许多历史事件，都跟历史村镇有着密切关系。[①]

中国现存历史村镇大多数具有深厚的历史文化底蕴和优美的自然生态环境，并反映着当地的传统文化、建筑艺术和村镇空间格局，体现了历史村镇与人、自然和谐相处的文化精髓和空间记忆，都是活着的文化与自然遗产，既有不可再生的历史文化价值、建筑艺术价值，又有独特的"史考"科学研究价值、"史鉴"的学术见证价值、"史貌"的审美欣赏价值，还有旅游开发的经济价值；更重要的是历史村镇凝聚着中华民族的独特精神价值，是维系华夏子孙文化认同的纽带；[②]是东方聚居文化的瑰宝、民间艺术的摇篮，也是中华民族乃至全人类的宝贵遗产。

然而，20世纪90年代以来，我国历史村镇经历了农村现代化、乡村城镇化、旧城改造、新农村建设、旅游开发等多重挑战和冲击，"千镇一面、万村一貌"的"特色危机"正成为共性问题。从总体上看，历史村镇文化遗产有"整体保护状况较好"与"过度开发的保护性破坏"并存的状况，许多尚未申报、定级的历史村镇保护状况不容乐观，更多历史建筑、乡土建筑的局部还在持续恶化，只剩老年人留守的"空壳村"现象较为普遍，加强保护刻不容缓。[③]

虽然，目前社会各界对历史村镇文化遗产保护已形成基本共识，但从局部来看，历史村镇文化遗产保护利用的趋势不容乐观，仍存在"保护意识淡漠，思想认识不到位；追求政绩指标，过度开发利用；重申报轻管理，重开发轻保护；保护规划不完善，实施规划不严肃；保护法规不健全，执法监督不到位"等问题。

因此，切实加强我国历史村镇文化遗产保护利用，是贯彻落实党的十八大提出"建设优秀传统文化传承体系，弘扬中华优秀传统文化"的根本要求和重大文化工程；也是目前加快新型城镇化过程中需要深入研究的重大课题与实践难题。它对于更好地保护我国历史村镇文化遗产、建设中华民族共有精神家园、建设社会主义文化强国、增强国家文化软实力、提升国际影响力竞争力，具有重要的学术价值和现实的历史意义：[④]① 有助于历史村镇防止避免"建设性、开发性、旅游性、保护性"破坏和纠正过度开发"人工化、现代化、商业化"倾向，以维护历史村镇可持续发展必需的历史文态环境和自然生态环境；② 有助于更好地"充

---

① 周乾松. 新型城镇化过程中加强传统村落保护与发展的思考[J]. 长白学刊，2013（5）.
② 周乾松. 新型城镇化过程中加强传统村落保护与发展的思考[J]. 长白学刊，2013（5）.
③ 周乾松. 加强我国历史村镇文化遗产保护的对策思考[N]. 中国党政干部论坛，2011-08-06.
④ 周乾松. 加强我国历史村镇文化遗产保护的对策思考[N]. 中国党政干部论坛，2011-08-06.

分发掘、有效保护、合理利用、适度开发、科学管理"历史村镇文化遗产，延续历史文脉，利用人文资源与自然景观优势，以实现我国历史村镇的保护利用与可持续发展的"双赢"。①

二、研究内容、重要观点与对策建议

本项目最终成果专著《我国历史村镇文化遗产保护利用的实证研究》，由绪论和13章组成，共14个部分，现将最终研究成果的主要内容、重要观点和对策建议概述如下：

第一章"国外历史村镇文化遗产保护的基本理论与实践启示"。首先，从宏观角度阐明了联合国教科文组织及其国际古迹遗址理事会等国际宪章关于历史村镇文化遗产保护的基本理论。其次，着重研究总结法、英、日等国文化遗产保护的法律制度、政策举措与成功经验，为我国历史村镇文化遗产保护利用提供了理论启示和实践借鉴。最后，重点为我国历史村镇文化遗产保护利用提出相关对策建议：① 健全完善国家遗产法律体系，尽快制定《国家文化自然遗产保护法》；② 改革国家遗产管理体制，建立"国家文化自然遗产管理局"，统一负责管理全国文化遗产与自然遗产的保护管理工作；③ 借鉴国外经验，完善国家和地方政府的保护政策与资金投入机制，探索多渠道筹融资保护的政策；④ 借助社会组织、民间力量加强国家遗产保护，推动我国从遗产大国走向遗产强国。

第二章"中国历史村镇文化遗产保护的基本理论与价值意义"。首先，简要阐明了历史村镇、历史文化名镇名村、历史文化街区、历史建筑以及保护、利用、保存、维护、修缮、整治等概念的内涵与区别。其次，系统阐明了我国历史村镇文化遗产保护的价值意义、功能作用和重要紧迫性，以及保护利用的指导思想、基本方针和保护真实性、完整性、整体性、延续性、可读性、可识别性、可逆性等基本原则。最后，重点研究阐明"习近平总书记历来十分重视历史村镇文化遗产保护"的重要观点：① 早在35年前习近平担任正定县委书记时就提出要保护好历史城镇："我们保管不好，就是罪人，就会愧对后人。"② 习近平任浙江省委书记时非常重视历史村镇文化遗产保护工作。如2005年两次对笔者《浙江古村镇文化与自然遗产保护研究报告》和《浙江古村镇古街区保护亟待加强的对策建议》作出重要批示："应高度重视、认真研究，加强古村镇古街区保护工作，切实保护好不可再生的文化遗产"；"文化遗产保护工作虽已取得成绩，但保护任务繁重，形势仍然严峻。要进一步加大文化遗产保护工作力度，政府财政支出应逐步加大对文化遗产保护的支持"等。直至2013年，习近平总书记再次强调"实现城乡一体化，建设美丽乡村，不能大拆大建，特别是古村镇要保护

① 周乾松. 申报国家社科基金项目简介[N]. 中共杭州市委党校学报，2010-09-28.

好"。

第三章"中国历史村镇文化遗产保护利用的对象、范围、内容与措施方法"。首先，从宏观角度阐明了我国和世界各国文化遗产保护的认识与实践相似，都经历了一个逐步提高认识和拓展保护对象的过程。其次，系统阐明了我国历史村镇文化遗产保护的对象范围、内容要求、措施方法，以及申报"中国历史文化名镇名村"的条件标准和具体规定等。最后，重点研究提出我国历史村镇应切实加强文物古迹、历史建筑、乡土建筑、历史街区及其格局风貌、村镇特性、田园生态、自然环境和非物质文化遗产的保护利用等观点。

第四章"中国历史文化名镇名村保护利用的现状问题与对策措施"。首先，分析总结了我国历史文化名镇名村保护利用的基本现状与四大成就。其次，系统论述了我国历史文化名镇名村保护利用存在的六大问题与原因。最后，重点对如何加强我国历史文化名镇名村的保护利用，系统地提出了具体可行的对策建议：① 端正决策指导思想，改革政绩考核弊端，建立保护责任追究制，组织专家巡回督查，确保名镇名村保护与发展实现双赢；② 尽快修改《文物保护法》，完善历史村镇保护法规体系，增强文化遗产保护机构的权威性，强化建设规划与发改委审批开发项目的严肃性；③ 科学制定历史文化名镇名村保护规划，严格执行保护规划和建设项目审核制度，实行旅游开发项目公示、听证、监督制度；④ 科学作出历史文化名村名镇保护利用的制度安排，激励地方政府有效保护、合理利用、加强监管；⑤ 建立多学科专家研究保护网络，加强文保人才和技艺工匠队伍的建设，鼓励社会公众积极参与保护，形成全社会重视历史村镇保护的良好氛围；⑥ 加大历史文化名村名镇保护的财政支持力度，调动社会各界组织和个人的积极性，多层次多形式筹措历史村镇保护管理建设资金；⑦ 果断停用"旧城改造"口号，实施"新旧分开、有机更新"保护模式，借鉴国内外历史村镇保护的经验做法，探索社会化保护新路。

第五章"中国传统村落遗产保护利用的现状问题与对策思考"。首先，系统分析了我国传统村落概念的提出过程、含义范围、主要特点及其多元价值、主要功能和加强保护的重要紧迫性。其次，具体阐明了"中国传统村落"的申报程序、认定标准和评价指标。再次，着重总结分析了我国传统村落的保护现状与问题原因。最后，重点提出了新型城镇化过程中加强传统村落保护利用的对策建议：① 将传统村落保护纳入政绩考核，建立"保护责任追究制"，建设、规划、文化、文物职能部门应各司其职，联合监管，人大、政协应加强依法检查和督察；② 全面普查评估传统村落遗产，建立保护名录制度，实行分类保护、分级管理，职能部门合力抓好传统村落申报和认定工作，加大传统村落保护宣传教育力度；③ 制定《传统村落保护规划》及其实施办法，将传统村落保护纳入新型城镇化、城乡统筹、文化发展总体规划中和省市建设规划、文化文物部门的管理范围内；④ 制定《中国传统村落保护利用条例》，完善法规保护体系和管理体制政策，创建传统村落称号"浮动濒危制度"，实行动态保护，强化监督机制；⑤ 应将传统村落保护列入财政预算，加强政策支持力度，多种方式筹集传统村落保护利用资金；规范保护与开发资金的比例及错位开发的倾向；⑥ 创新"多元化、社会化、转移性"保护与利用的新路，实行"村民自保、私保公助、公保私用"，"村集体筹资保护、产权转移保护、政府收购保护"等方式，鼓励企业、非营利组织、社会公众以认领、认养、认保和租用、购买等方式参与保护利用；⑦ 传统村落保护要与整治环境、改变落后面貌、改善生活需求相结合，有效保护要与发掘研究、合理利用、适度开发相结合，以保护促利用、利用强保护；⑧ 传统村落保护利用必须以民为本，要写入村民公约，尊重村民自治的权利，要调动农民积极性，让开发成果惠及全体村民、社会共享。

第六章"中国历史文化名镇名村保护利用的规划编制与实施管理"。首先，系统阐明了历史文化名镇名村保护规划的基本理论、主要内容、保护对象、指导思想、目标依据、基本方针与基本原则等。其次，具体地提出了编制历史文化名镇名村、历史街区保护规划的详细要求。最后，明确提出了历史文化名镇名村保护规划编制的技术标准规范，以及保护规划的实施与监督管理等要求。

第七章"中国历史文化名镇名村文化遗产保护的评价指标体系"。首先，分析阐明历史文化名镇名村保护评价指标体系的现状、作用和构建思路。其次，重点从价值特色与保护措施2个角度，阐明了12个方面的评价指标体系：包括名镇名村的文物等级与数量；历史建筑数量；文物保护单位与历史建筑规模；历史建筑（群）的重要职能特色；历史环境要素；历史街巷、河道的规模；核心保护区的风貌完整性、历史真实性、空间格局特色功能；核心保护区内原住民生活延续性；保护规划的评价；保护修复措施的评价；保障机制的评价；非物质文化遗产数量、等级等评价指标。

第八章"中国历史文化名镇名村遗产的保护预警系统"。首先，宏观分析了历史文化名镇名村保护预警的研究现状与基本理论。其次，阐明了历史文化名镇名村保护预警系统的重要作用、基本特征，以及明确警情、寻找警源、分析警兆、预报警度和排除警情的系统过程。再次，明确提出了构建历史文化名镇名村保护预警系统的总体要求、目的作用、基本原则、框架与方法。最后，系统而明确地提出构建保护预警系统的两大指标体系：① 基础指标体系包括历史建筑遗产保护预警、社区生活与民俗文化保护预警、生态环境保护预警等3个指标子系统；② 参照指标体系包括建筑遗产保护、非物质文化遗产保护、生态环境保护等3个指标子系统。

第九章"中国历史村镇文化与自然遗产保护管理体系"。首先，在分析现状问题的基础上，重点从6个方面提出了对策建议：① 改革完善历史村镇保护管理体制的6项对策建议；② 建立健全历史村镇保护决策机制的4项对策建议；③ 建立完善历史村镇保护协调沟通机制的3项对策建议；④ 建立完善历史村镇保护有效约束机制的3项对策建议；⑤ 建立健全历史村镇保护监督机制的3项对策建议；⑥ 建立健全历史村镇保护资金保障机制的3项对策建议。

第十章"中国历史村镇文化遗产保护利用与新型城镇化与旅游开发的关系"。首先，在阐明保护历史村镇与加快新型城镇化的关系及其重要性的基础上，重点提出新型城镇化加强历史村镇文化遗产保护利用的5条对策建议。其次，阐述了我国历史文化名镇名村保护利用与旅游开发的基本现状和5大问题原因。最后，重点提出了我国历史村镇保护利用与旅游开发实现双赢的5项对策建议：① 坚持历史村镇"保护第一与特色开发"相结合的原则，确保历史村镇保护与旅游发展的可持续性；② 科学编制历史村镇保护总体规划和旅游规划方案，确保历史村镇有效保护与旅游开发实现"双赢"；③ 历史村镇旅游开发必须以民为本，调动参与积极性，维护原住民的经济文化权益，鼓励原住民发展旅游，让旅游发展成果惠及居民；④ 历史村镇旅游开发要与加强基础设施，改善居民生活需求相结合；⑤ 历史村镇旅游开发要与整治性保护、改善生态环境和发展文化旅游产业相结合。

第十一章"我国历史村镇文化遗产保护利用的成功模式与典型案例"。重点总结阐明我国历史文化名城名镇名村保护利用的典型模式——丽江、平遥、周庄、乌镇、诸葛村等古村镇保护与发展实现双赢的成功经验和有益启示，并分别概括总结了各自的经验、措施：① "丽江模式"坚持政府主导下保护世界遗产与旅游开发相结合；② "平遥模式"坚持政府主导下保护古城文化遗产与建设开发新区相结合；③ "周庄模式"坚持政府主导、企业参股、整体保护开发模式；④ "乌镇模式"坚持以政府主导的旅游公司为主体，保护与开发并举、以开发促进保护的模式；⑤ "诸葛古村落模式"坚持文物保护管理所、诸葛村委会、旅游公司、村民自治的"四结合"的保护利用模式。

第十二章"中国历史文化名镇名村申报世界遗产的理论与实践"。首先，简要阐述了世界遗产的基本理论以及世界记忆遗产、工业遗产、农业遗产、线形文化遗产、湿地遗产等新类型。其次，详细阐明了世界文化遗产、自然遗产、混合遗产、文化景观和世界非物质文化遗产的申报标准。最后，重点阐明了我国历史文化村镇申报世界遗产的现状、标准条件与要求和流程，以及安徽西递、宏村申报世界文化遗产的特色价值和成功经验。

第十三章"江南水乡古镇联合申报世界遗产的思考与对策"。① 从理论上研究概括了"江南水乡古镇"文化自然遗产的特色价值，以及符合世界文化遗产的4项标准条件。② 着力总结分析"江南水乡古镇"联合"申遗"的曲折教训，力争2018年江南十镇联合申遗成功。③ 重点研究提出"江南水乡古镇"联合"申遗"具备4个有利条件，但须加大保护力度。④ 重点为加快江南水乡古镇联合"申遗"提出了8个方面的对策建议。

三、研究成果的特色、价值与社会效益

（一）研究成果的主要特色

（1）注重成果应用价值、为政府决策服务的理念，立足于研究问题，讲实话、讲真话，重在提出可应用、有价值的对策建议，有5项阶段性成果得到国家建设部、国家文物局、浙

江省政府、省政协的采纳应用和4位省部级领导的重要批示;

（2）坚持理论与实际相结合的原则,全方位、多角度阐明了我国历史村镇文化遗产保护利用的系统理论和实证成果,全面性、系统性、实用性是本书一大特色。

（二）研究成果的学术价值

（1）全方位、多层面、系统地论述了我国历史村镇文化遗产保护利用的基本理论、价值意义、内容原则、措施方法、规划编制管理、评价指标体系、保护预警系统、保护管理体系,以及目前保护现状、问题原因、对策建议、成功模式、经验启示等13方面,内容丰富而全面、系统且具实用性。

（2）主要观点在学术上具有一定的创新性和前瞻性:① 两篇学术成果在《光明日报》发表:《加强历史村镇文化遗产保护的有效途径》(社科基金专版)、《古村落保护亟待加强》(文化遗产专版);② 研究报告《我国传统村落保护的现状问题与对策思考》,得到国家住建部仇保兴副部长高度赞评,并批转在《中国建设报》整版发表;③ 调研报告《历史村镇:突破困境实现保护发展双赢》,由住建部领导批转在建设部部刊《城乡建设》作为特稿发表。这些成果在国家住建部、国家文化部、国家文物局、人民网、光明网、中国网、国学网等全国知名网站相继转载,在学界具有较大影响,在政界受到广泛好评。

（三）研究成果的应用价值

主要体现在成果的对策建议,具有决策应用价值和实践指导作用。① 2013年提出《城镇化过程中加强我国传统村落保护的对策建议》的两项成果,都获得国家住房和城乡建设部副部长仇保兴的重要批示:"周乾松同志的两文章写得很好,很值得村镇司全体干部学习,并可登建设报。" ② 2013年《关于进一步加强浙江古村镇保护发展的对策建议》,先后得到浙江省政协主席乔传秀和浙江省黄旭明副省长的重要批示:"周教授的调研分析和对策建议很有价值,请省农办章主任阅研,并积极吸收采纳到我省的历史文化村镇保护工作中去。" ③ 2011年《关于抢救保护广东800年沥滘古村落的建议》,获得国家文物局领导批示,广东省文物局批转按"国家文物局要求处理",广州市文广新局发文"关于加强沥滘古村文物保护"的5条意见,该成果为抢救保护广州800年古村落作出了较大贡献。

（四）研究成果的社会效益

主要体现在实证调研时对地方政府提出了不少保护利用的对策建议,以及8篇应用成果发表后产生了极大影响,对我国历史村镇保护利用和申报世界遗产的实践,都具有较好的指导作用。一是通过16个省市100多个历史村镇的考察调研和实证研究成果《加强历史村镇文化遗产保护的有效途径》和《中国传统村落保护的现状问题与对策建议》、《古村镇保护亟待加强》等发表后，国家住房和城乡建设部、文化部、文物局、人民网、新华网、光明网等全国知名网站相继转载；全国较多省市的建设、文化、文物网站转载并应用。二是本成果的对策建议发表后，被许多省、市两会代表的"保护古村镇建议"所采用；尤其是2012年全国政协提案和2013年全国人大代表议案，都采用了本成果发表的观点。三是成果总结概括的"丽江模式"、"平遥模式"、"周庄模式"、"乌镇模式"、"诸葛古村模式"及其实现保护与发展双赢的成功经验，都为我国历史村镇保护利用提供了具体可行的应用性对策；尤其是"江南水乡古镇"联合申报世界遗产的对策研究，为国家有关部门和江浙两省政府力争2018年"江南水乡古镇"联合申遗成功，及时提出了具体可行的建议。

四、研究过程、不足之处与主要成果简介

（一）研究过程

1. 整理文献资料，完善研究内容，职能部门调研，征询专家意见

在10年来对我国历史村镇田野考察的基础上，整理分析、系统研究国内外历史村镇保护利用的文献资料和案例；进一步完善本项目研究的总体框架和研究内容，编写各子课题的提纲；制定调研计划和典型历史村镇的调研方案等。

2. 先后对16个省市100多个历史村镇进行实地调研和实证分析

2010~2013年，先后对江苏、浙江、上海、江西、安徽、福建、湖南、山西、陕西、贵州、四川、海南、广东、山东、甘肃、河南等16个省市100多个历史村镇及其地方政府，进行实地考察、专题调研、座谈讨论，从而掌握了我国历史村镇保护利用的基本现状、问题原因和法律制度的瓶颈等，得到了丰富的第一手资料和案例，为理论研究提供了扎实的基础。

3. 重点选择国家历史文化名镇名村和世界遗产地进行个案研究

3年来先后对周庄、乌镇、西塘、南浔、同里、甪直、新市、锦溪、千灯、沙溪等江南十大名镇，江西婺源村，浙江诸葛村、俞源村、郭洞村、新叶村等中国传统村落，以及西递、宏村、福建土楼、平遥、丽江等世界文化遗产地进行典型个案分析和实证研究；重点总结了平遥、丽江、西递、宏村、乌镇、周庄等保护模式的主要经验；同时，召开10多次座谈研讨会，征集听取政府部门、旅游公司、历史村镇管理者、原住民和文保专家等各方面的意见建议，掌握了我国历史村镇保护利用与旅游开发过程中多方面博弈的利益关系和复杂问题及其原因，增强了课题实证研究成果的应用价值和对策建议的可操作性。

4．前往国家和相关省政府职能部门进行调研访谈，征询专家意见

3年来，先后前往国家住建部、文化部、文物局进行调研访谈，征询专家意见，从宏观层面对全国历史村镇保护利用情况有了更全面了解，为针对性提出"加强我国历史村镇保护利用的对策建议"有了总体的把握。同时，先后前往浙江、江苏、广东、海南、甘肃、广州、山西、河南和杭州、嘉兴、湖州、金华等省市的建设、规划、文化、文物、农办部门进行座谈研讨和专家咨询，进一步掌握了我国历史村镇文化遗产保护利用在理论、法规、体制、政策、资金等方面的现状与问题，使实证研究的成果更有系统性、针对性、应用性、可行性。如2013年呈送国家住建部、浙江省政府的3项研究成果，获得国家住建部仇保兴部长和浙江省长、省政协主席的重要批示。

5．参加国际性会议进行学术交流，征集国外文保专家意见

2012年参加"世界文化大会"，2013年参加"历史文化景观国际论坛"、"世界文化遗产研讨会"等国际性会议进行了学术交流，听取联合国教科文组织和法国、日本、韩国的文保专家对我国历史村镇保护利用的观点意见。

（二）不足之处

1．由于全国性的调研任务重，增加了难度，延长了研究进度

由于课题立项删去了申请时"以浙江为例"，需要进行全国性调研，时间紧，任务重，难度加大；再加上我国历史村镇众多，且各地特色不同，保护利用差异性很大，全面调研的时间比课题申报的调研时间大大增加，延长了研究进度，带来了全面调研困难和深入研究的不足。

2．有的历史村镇对保护调研不支持，给实地调研带来困难和影响

由于历史村镇地方政府"偏重开发、轻视保护"等原因，普遍对保护调研有抵触情绪，甚至"忽悠或拒绝"，更有旅游开发公司缺乏保护观念，只讲开发赚钱，对实地调研"跟踪围堵"，再加上原住民作为保护开发的弱势群体，调研访谈时大都不愿讲、不敢讲，了解真实情况非常困难，这些都影响了本项目调研进度和增加了实证研究的难度。这不仅是研究成果的最大不足，而且是笔者10多年抢救保护历史村镇的"艰、难、困、苦"的最大遗憾。

3．研究时限有把握不当和研究尚欠深度

由于立项后偏重社会责任，奔走各地呼吁抢救保护历史村镇文化遗产，并花了太多时间

进行专题调研和对策建议的撰写，最终影响了研究专著的深度。

通过本项目研究进一步感觉到，我国历史村镇文化遗产保护利用的研究，任重道远，艰难而繁复，还有许多理论和实践问题，需国家、地方政府和学术界联合进行深入研究和解决。

（三）实证成果和发表成果简介

1．实证研究的主要成果

（1）浙江省政协主席乔传秀和浙江省黄旭明副省长先后作出重要批示的成果。

2013年11月15日，阶段性成果《关于进一步加强浙江古村镇保护发展的对策建议》（5000字），得到浙江省政协主席乔传秀和浙江省黄旭明副省长的重要批示："周教授的调研分析和对策建议很有价值，请省农办章主任阅研，并积极吸收采纳到我们的历史文化村镇保护工作中去。"该成果结合笔者在《浙江古村镇文化与自然遗产保护研究报告》和《浙江古村镇古街区保护亟待加强的对策建议》（曾得到时任省委书记习近平两次重要批示）的成果为基础，重点分析了浙江古村镇保护的价值特点、经验与不足，对如何贯彻习总书记在浙江提出加强古村镇保护的先进理念，继续走在全国前列，以及在新型城镇化过程中进一步加强古村镇文化与自然遗产的保护利用，提出了较系统的理论思考和对策建议。

（2）国家住房与城乡建设部副部长仇保兴作出重要批示的两项阶段性成果。

2013年1月23日，笔者呈送国家住房与城乡建设部的两项阶段性成果：《城镇化过程中加强我国传统村落保护的对策建议》（4600字）和《我国传统村落保护的现状问题与对策思考》调研报告（13000字），都获得国家住房与城乡建设部副部长仇保兴的重要批示："周乾松同志的两文章写得很好，很值得村镇司全体干部学习，并可登建设报"。对策建议报告《城镇化过程中加强我国传统村落保护的对策建议》，简要阐明了我国传统村落的保护现状和重要紧迫性，分析揭示我国传统村落保护利用存在六大问题及原因，重点对城镇化过程中切实加强我国传统村落的保护利用，及时地从8个方面提出了23条具体可行的对策建议。调研成果报告《我国传统村落保护的现状问题与对策思考》，首先从理论上阐明了我国传统村落保护的概念内涵、认定标准、价值特点等，然后在归纳调研材料的基础上，全面地分析了我国传统村落、乡土建筑的保护现状及其存在的问题和原因；重点对新型城镇化过程中如何加强我国传统村落的保护与利用，提出了系统的理论思考和具体的对策建议。

（3）国家文物局批转《关于抢救保护广东800年沥滘古村落的建议》的实践成果。

2012年2月19日，《关于抢救保护广东800年沥滘古村落的建议》（3000字），国家文物局领导作出批示并于3月2日批转广东省文物局，要求广东省文物局"按照《文物保护法》、《信访条例》的规定处理，并将办理结果告知来信人"；3月26日广东省文化厅领导作出批示转发广州市文广新局按"国家文物局要求处理"；4月1日，广州市文广新局非常重视并发文提出了"关于加强沥滘古村文物保护"的五条意见，完善"沥滘古村城中村改造过程中对文物和历史建筑保护的专项规划内容"，为广州抢救保护传统村落作出一定的贡献。这也算是本项目研究在保护实践方面的重要成果。

（4）国家住房和城乡建设部领导批转在住房和城乡建设部部刊《城乡建设》作为特稿发表。

2011年5月，呈送国家住房与城乡建设部的调研报告《历史村镇：突破困境实现保护与发展双赢》，得到建设部领导批示在建设部部刊《城乡建设》作为特稿发表（7000字）。该成果分析了国内外历史村镇文化遗产的保护历程，阐明了我国历史村镇文化遗产面临"思想认识不到位、开发利用过度、重申报轻管理、保护规划不落、法律法规不健全、人才资金短缺"等六大困境，重点从"健全法律法规、完善保护管理体制、制度安排制度化、编制落实保护规划、动员全民参与、多渠道筹措资金"等方面，提出了突破困境的七条对策措施。

2. 发表的阶段性论文成果见下表

阶段性论文发表成果

序号	成果名称	字数	出版社及出版时间 或发表刊物及刊物年期
1	《古村落保护亟待加强》	3000	国家权威报刊，《光明日报》2013年9月21日
2	《加强历史村镇文化遗产保护的有效途径》	2800	《光明日报》国家社科基金专版2012年2月1日
3	《我国传统村落保护现状问题与对策思考》	12500	国家权威报刊，《中国建设报》2013年1月29日
4	《我国历史村镇文化遗产保护的对策思考》	5500	全国中文核心期刊，《中国党政干部论坛》2011年第5期
5	《历史村镇文化遗产保护利用问题研究》	13000	全国中文核心期刊，《理论探索》2011年第4期
6	《杭州历史文化遗产保护的思考与对策》	15000	《城市观察》2012年第5期
7	《城镇化过程加强传统村落保护对策思考》	12000	中国核心学术全国百强期刊，《长白学刊》2013年第3期
8	《历史村镇：突破困境实现保护发展双赢》	6000	住房和城乡建设部领导批转，《城乡建设》2011年第7期
9	《历史文化名镇保护与开发——基于中国四大名镇的经验启示》	12000	全国中文核心期刊，《中共浙江省委党校学报》2013年第3期
10	《城镇化过程中加强传统村落保护对策》	7000	住房和城乡建设部《城乡建设》2014年第8期
11	《城镇化过程应加强传统村落保护》	1000	《新华文摘》2014年第1期转载

第一章

国外历史村镇文化遗产保护的基本理论与实践启示

历史村镇文化遗产是人类历史发展留下的文化财富。保护历史村镇文化遗产是人类社会进步、文明发展的必然要求，也是全人类、全社会的责任和义务。几个世纪以来，人们对历史文化遗产的保护认识与保护对象，经历了一个逐步提高和拓展范围的过程。① 保护对象从最早保护古器物、文物典籍等发展到保护古建筑、古遗址等，再发展到保护古民居、历史建筑、乡土建筑等。② 保护范围从开始单个文物建筑保护，扩展到历史建筑群体保护，再发展到保护历史地段、历史村镇、历史街区，最后发展到整体保护整座历史古城。③ 保护内容从保护物质文化遗产，发展到与非物质文化遗产保护相结合；再发展到保护文化遗产与保护自然遗产的相结合。直至今天，人类已发展到共同保护世界文化遗产、世界自然遗产、世界文化景观、世界工业遗产、世界农业遗产、世界非物质文化遗产、世界记忆遗产、世界数字遗产等。人类保护遗产的对象越来越广泛，内容越来越丰富；世界各国、全社会保护遗产的意识越来越增强，保护遗产的法律制度越来越完善，保护遗产的措施方法越来越周全。这种发展变化是与世界经济发展、社会文明进步、认识程度提高都直接相关。在一个国家、一个城市、一个地区，对文化遗产和自然遗产的保护重视的程度，不仅决定其保护状况，而且直接或间接地体现其经济发展、社会进步、文化发展的程度和水平，乃至决定着城市的文化软实力和综合竞争力。

一、国际历史文化遗产保护宪章的基本理论与原则

国际历史文化遗产保护理念的产生与演进的发展轨迹，对我国加强历史村镇文化遗产保护具有十分重要的理论启示和借鉴作用。国际文化遗产保护的立法始于19世纪中叶，至今已通过了10多个国际性文件，共同构成了完整的历史文化遗产保护法规体系，为我国历史村镇文化保护提供了理论基础和实践指南。

1.《关于历史性纪念物修复的雅典宪章》首次提出文化遗产修复保护理念

1931年10月，国际上第一届"历史性纪念物建筑师及技师会议"在雅典通过了《关于历史性纪念物修复的雅典宪章》（又称"修复宪章"Cardel Restauro），第一次提出了文化遗产保护修复理念，确定了单体纪念物的保护原则，指出了保护历史建筑、历史地区的重要意义。这个文献对以后30多年国际文化遗产保护的作用很大，并成为1964年的《威尼斯宪章》和1987年《华盛顿宪章》的理论基础和重要原则。

《雅典宪章》在总结不同国家对历史性纪念物的修复和保护实践的基础上，正式通过7项决议：如应创立纪念物保护修复运作和咨询的国际组织；建议所有国家立法解决历史古迹的

保存问题；已发掘的遗址若不是立即修复应回填；考古遗址应实行严格的"监护式"保护；应接受对计划修复项目的考评，以避免出现有损古建筑的错误；应注意对历史古迹周边地区的保护……①

该宪章着重提出创立一个定期、持久的维护体系，有计划地保护古建筑，摒弃整体重建的做法，以避免可能出现的危险。当由于坍塌或破坏而必须进行修复时，应该尊重以前的历史，不要排斥每个历史时期的建筑风格，应保留历史性建筑从初建到目前状态所"承载信息"的全部。宪章还指出建筑物的使用有利于延续建筑物的寿命，强调所使用的新材料必须是可识别的；新建筑的选址应尊重特征和周边景观；特别提出要保护文物古迹的周边环境，一些特殊建筑群和眺望景观也需要保护；并建议"加强保护历史性纪念物的行政和立法措施"，重视"教育在保护过程中的作用"；认为文化遗产保护"最可靠的保证是人民大众对它们的珍惜和爱护"②；强调保护好每个历史时期的历史遗存对于后代的教育具有重要意义。因此，《关于历史性纪念物修复的雅典宪章》是国际文化遗产保护的重要里程碑，充分显示出保护文物建筑早在20世纪30年代已成为国际共识。但由于《雅典宪章》的原则较简单笼统，面对战后城市保护发展问题日益复杂，也逐渐显示出需要完善的趋势，从而促使后来《威尼斯宪章》的诞生。

2. 国际现代建筑协会《雅典宪章》是第一个在城市规划中提出加强历史建筑保护的国际宪章

1933年8月，国际现代建筑协会（CIAM）在雅典会议上制定的《城市规划大纲》，确立了当时城市规划的基本原则，提出了"居住，工作、游憩、交通"等城市功能分区和以人为本的思想；指出城市要与其周围影响地区成为一个整体来研究，主张通过缜密的规划来建设城市；强调历史遗产是"城市的个性"，提出要重视保护的建议，却在理论研究和实际工作中未能得到足够重视。因此，它成为第一个在现代城市规划中提出加强历史建筑保护的国际宪章，后来也称作《雅典宪章》。国内不少文章中经常出现将1933年国际建协的《雅典宪章》与1931年的《雅典宪章》混谈或误读。

《雅典宪章》专门论述了加强历史建筑和地区保护的重要意义和基本原则③：① 明确提出"有历史价值的古建筑和历史地区必须保留，不可加以破坏（65条）"。② 指出"代表某种历史文化并引起普遍兴趣的建筑应当保留"，但又"不是把整个过去全盘保留（66条）"。③ 强调"历史建筑的保留不应妨碍居民享受健康生活条件的要求（67条）"。④ 要求历史地区、历史建筑保护"不仅要治标，还要治本，譬如应尽量避免干道穿行古建筑区……（68条）"。

---

① 关于历史性纪念物修复的雅典宪章[G]//国际文化遗产保护文件选编.北京：文物出版社，2007：1.
② 关于历史性纪念物修复的雅典宪章[G]//国际文化遗产保护文件选编.北京：文物出版社，2007：2.
③ 国际现代建筑协会.雅典宪章[G]//国际文化遗产保护文件选编.北京：文物出版社，2007：22.

⑤ 提出"可以清除历史性建筑周边的贫民窟（简破建筑），并将其改建成绿地（69条）"。
⑥ 特别指出"借着美学的名义在历史地区建造仿古的新建筑，这种做法有百害而无一利，应及时制止（69条）"。⑦《雅典宪章》建议所有国家都要通过立法来解决历史古迹的保存问题，并特别指出保护好代表每个历史时期的历史遗存对于后代教育具有重要意义①。

3.《关于适用于考古发掘的国际原则的建议》是国际考古发掘的重要文献

1956年11月，联合国教科文组织在新德里通过了《关于适用于考古发掘的国际原则的建议》，又称《国际考古挖掘应用原则建议文》②。该建议不仅明确指出了考古挖掘的定义、必要性和重要性；而且具体地提出了考古挖掘的一般性原则和基本规范；并建议各国负责考古的部门、单位的层级必须提高；还针对考古挖掘最容易引起争议发掘出的物品归属和权责，该建议都进行了详细说明。此外，该建议强调了大众教育在考古挖掘中的重要意义，提出了有关管理和国际合作的规范建议，支持国际参与，从而使技术落后国家的考古遗址也能通过国外援助而对世界历史文化遗产保护作出贡献。该建议最后还针对古董交易和非法输出问题进行说明，希望遏止不当的发掘及交易。上述可见，该建议是联合国教科文组织关于考古发掘的最重要的国际文献，至今该建议的内容，仍然为世界文化遗产保护、考古发掘所广泛遵循。

4.《威尼斯宪章》首提保护真实完整性，是文化遗产保护的国际里程碑

1964年5月，意大利政府邀请62个国家600多位建筑师在威尼斯召开《第二届历史性纪念物建筑师及技师会议》，成立了"国际文化财产保护与修复中心"，讨论通过了《保护文物建筑及历史地段的国际宪章》，简称《威尼斯宪章》，这是第一部由联合国教科文组织认定为保护文化遗产的重要国际宪章。宪章分定义、宗旨、保护、修复、发掘和出版6部分，共16条。

《威尼斯宪章》阐明了历史古迹、文物建筑的重要价值和作用，强调要保护其真实性和完整性。并深刻指出"世世代代人民的历史古迹、文物建筑，饱含着过去岁月的信息留存至今，是人民千百年传统的活的见证。人民越来越认识到人类各种价值的统一性，从而把古代的纪念物看作共同的遗产；为子孙后代而妥善地保护它们是共同的责任；将它们真实地、完整地传下去是我们的职责"③。

《威尼斯宪章》提出了整体保护历史地段及其乡村环境的理念。明确指出"古迹遗址、文物建筑所在的地段，必须当作专门照管对象，以保护其完整性，并确保用恰当的方式进行

---

① 国际现代建筑协会. 雅典宪章[G]//国际文化遗产保护文件选编. 北京：文物出版社，2007：23.
② 联合国教科文组织. 关于适用于考古发掘的国际原则的建议[G]//国际文化遗产保护文件选编. 北京：文物出版社，2007：39.
③ 联合国教科文组织. 威尼斯宪章[G]//国际文化遗产保护文件选编. 北京：文物出版社，2007：52.

清理和开放"①。并将保护对象扩大到"能从中找出一种独特的文明，一种有意义的发展，一个历史事件见证的城市或乡村环境。这不仅适用于伟大的艺术作品，而且适用于随时光流逝而获得文化意义的过去一些较为朴实的作品"②。

《威尼斯宪章》明确提出了历史古迹和文物建筑保护与修复的宗旨。目的是既作为历史见证，又作为艺术品予以保护；要使它传之永久。特别强调文物建筑保护至关重要的是日常维护；文物古迹使用要永远有利于保护；但使用时绝不可以变动它的平面布局或装饰；并明确规定文物建筑保护包含着对一定规模环境的保护；决不允许任何导致改变主体和颜色关系的新建、拆除或改建；文物古迹不能与其所见证的历史和其产生的环境分离③。

《威尼斯宪章》提出了必须利用一切科学技术保护和修复文物建筑的原则。强调修复是一个高度专门化的技术，其目的是完全保护和再现历史文物建筑的审美和价值，必须以尊重原始资料和确凿的文献为依据，一旦出现臆测，必须立即予以制止；并规定历史古迹、文物建筑的一切保护、修复和发掘工作，都要有准确的记录、插图和照片④。

《威尼斯宪章》明确了考古发掘应按照科学标准和联合国教科文组织通过的考古发掘国际原则的建议进行。考古遗址必须保存；对任何重建都应制止，只允许重修；强调了考古出版应保存文物古迹的全部历史信息，一切保护、修复和发掘工作都要有准确的记录，并配以插图和照片的分析及评论报告；建议出版该记录报告。

《威尼斯宪章》的制定和颁布表明文化遗产保护在世界范围内达成了共识，是国际文化遗产保护发展的重要里程碑。它将古迹遗址、文物建筑的保护修复以及考古发掘的基本理论、原则要求、科学方法和流程，以国际通用标准确定了下来，对后来世界各国历史城镇、乡村文化遗产保护的理论和实践产生了重大影响。自《威尼斯宪章》问世50多年来，它所秉持的保护理念、价值观和方法论为人们普遍膺服。迄今为止，《威尼斯宪章》的保护原则与保护理念还没有异议，可见宪章的先进性和成熟性，至今仍是国际公认保护文化遗产的权威性、纲领性文件，也是评估世界文化遗产的主要参照。

5.《保护世界文化和自然遗产公约》是联合国最成功的国际公约和世界遗产保护的纲领性文件

联合国教科文组织为了加强世界遗产的保护、申报和正确评定，于1972年11月16日在巴黎通过了《保护世界文化和自然遗产公约》(Convention Concerning the Protection of the World Cultural and Natural Heritage)，简称《世界遗产公约》。实际上，该公约在1975年12

---

① 联合国教科文组织．威尼斯宪章[G]//国际文化遗产保护文件选编．北京：文物出版社，2007：54.
② 联合国教科文组织．威尼斯宪章[G]//国际文化遗产保护文件选编．北京：文物出版社，2007：52.
③ 联合国教科文组织．威尼斯宪章[G]//国际文化遗产保护文件选编．北京：文物出版社，2007：53.
④ 威尼斯宪章[G]//国际文化遗产保护文件选编．北京：文物出版社，2007：53.

月17日生效以后才逐渐受到世界各国政府和民众的普遍关注和重视，现已成为全球申报世界遗产的唯一标准和世界遗产保护管理的纲领性文件，是联合国教科文组织最为成功、最权威的国际公约。

《公约》宗旨是依据现代科学方法制定永久有效的世界遗产保护申报制度。对各缔约国具有突出的全球性价值的文化遗产和自然遗产作出科学鉴定，将其列入《世界遗产名录》作为全人类世界遗产的一部分，要求各个缔约国切实加强保护管理和"移交给后代"①。《公约》规定通过建立"世界遗产委员会"和设立"世界遗产基金"，促进所有国家和人民有效合作和共同保护好每一个世界遗产。

《公约》充分注意到全球的文化自然遗产越来越受到自然威胁和人为破坏。强调指出因年久腐变所致，以及社会、经济条件使遗产的变化，对遗产造成了更加难以对付的损害和破坏现象："蜕变加剧；大规模公共或私人工程的威胁；城市或旅游业迅速发展造成的消失危险；土地的使用变动或易主造成的破坏；未知原因造成的重大变化；随意摒弃；武装冲突的爆发或威胁；灾害和灾变，如火灾、地震、山崩、火山爆发、水位变动、洪水、海啸等"②。考虑到任何文化遗产和自然遗产的坏变或丢失都会使全世界遗产枯竭的有害影响；考虑到新威胁的严重性和规模化。《公约》提出整个国际社会有责任通过提供集体性援助来参与世界范围内具有突出普遍价值的文化和自然遗产的保护③。并要求各缔约国政府和社会公众，为全人类承担起永久保护世界文化和自然遗产的共同责任，共同保护好全人类的共同财富。

40多年来，《公约》对世界文化自然遗产的申报、保护、管理作用越来越突出，全球保护世界遗产的理念不断更新，已成为世界各国通过申报世界遗产来提升国际品牌形象、增强国家文化软实力的国际战略。

6.《内罗毕建议》是国际上保护历史地区（街区、村镇）的纲领性文献

1976年11月，联合国教科文组织通过了《关于历史地区的保护及其当代作用的建议》（Recommendation Concerning the Safeguarding and Contemporary Role of Historic Areas），又称《内罗毕建议》。当时，"整个世界以扩展和现代化为借口，正在进行大量的拆毁（却不知道拆毁的是什么）和不合理、不适当的重建，给历史地区遗产带来了严重的损害"④。为此，《内罗毕建议》对历史地区的定义、国家和地方的政策、保护措施、研究教育等做出明确规定。

---

① 保护世界文化和自然遗产公约[G]//国际文化遗产保护文件选编．北京：文物出版社，2007：73．
② 联合国教科文组织．保护世界文化和自然遗产公约[G]//国际文化遗产保护文件选编．北京：文物出版社，2007：73．
③ 联合国教科文组织．保护世界文化和自然遗产公约[G]//国际文化遗产保护文件选编．北京：文物出版社，2007：70．
④ 联合国教科文组织．内罗毕建议[G]//国际文化遗产保护文件选编．北京：文物出版社，2007：92．

　　《内罗毕建议》首先明确界定:"历史和建筑(包括本地的)地区——系指包含考古和古生物遗址的任何建筑群、结构和空旷地,它们构成城乡环境中的人类居住地,⋯⋯其凝聚力和价值已得到认可。在这些性质各异的地区中,可特别划分为以下各类:史前遗址、历史城镇、老城区、老村庄、老村落以及相似的古迹群⋯⋯都应予以精心保存,维持不变。"①环境——系指影响观察这些地区动态与静态、自然或人工的环境。保护——系指对历史或传统地区及其环境的鉴定、保护、修复、修缮、维修和复原。②

　　《内罗毕建议》提出要整体保护历史地区(村镇)的真实性和完整性:"每一历史地区及其周围环境应从整体上视为一个相互联系的统一体,其协调及特性取决于它的各组成部分的联合,这些组成部分包括人类活动、建筑物、空间结构及周围环境。因此一切有效的组成部分,包括人类活动,无论多么微不足道,都对整体具有不可忽视的意义。"③因此,《内罗毕建议》进一步指出,历史地区及其周围环境应得到积极保护,使之免受各种损坏,特别是由于不适当的利用,不必要的添建和诸如将会损坏其真实性的、错误的或愚蠢的改变而带来的损害,以及由于各种形式的污染而带来的损害。任何修复工程的进行应以科学原则为基础。同样,也应十分注意组成建筑群并赋予各建筑群以自身特征的各个部分之间的联系与对比所产生的和谐与美感。建筑师和城市规划者应谨慎从事,以确保古迹和历史地区的景色不致遭到破坏,并确保历史地区与当代生活和谐一致。特别要保护好具有历史意义的农村社区,并保持其在自然环境中的完整性。④

　　《内罗毕建议》还分别指出:"历史地区(村镇)是不可移动的遗产,其损坏即使不会导致经济损失,也常常会带来社会动乱。各成员国当务之急应采取全面而有力的政策,把保护和复原历史地区及其周围环境,作为该国家、地区或地方规划的组成部分。个人和公共当局有义务遵守保护措施。保护和修复工作应与振兴发展齐头并进。应鼓励建立自愿保护团体和非营利性协会以及设立荣誉或物质奖励,以使保护领域中各方面卓有成效的工作能得到认可。应通过中央、地区和地方当局足够的预算拨款,确保得到保护历史地区及其环境计划中所规定的用于公共投资的必要资金。"⑤

　　《内罗毕建议》特别指出:"保护历史地区(村镇)能对维护和发展每个国家的文化和社会价值作出突出贡献。这也有助于从建筑上丰富世界文化遗产。"⑥"根据本建议的精神和原则,成员国不应采取任何行动拆除或改变其所占领土之上的历史区段、城镇和遗址的特

---

① 联合国教科文组织. 内罗毕建议[G]//国际文化遗产保护文件选编. 北京:文物出版社,2007:93.
② 联合国教科文组织. 内罗毕建议[G]//国际文化遗产保护文件选编. 北京:文物出版社,2007:93.
③ 联合国教科文组织. 内罗毕建议[G]//国际文化遗产保护文件选编. 北京:文物出版社,2007:93.
④ 联合国教科文组织. 内罗毕建议[G]//国际文化遗产保护文件选编. 北京:文物出版社,2007:93.
⑤ 联合国教科文组织. 内罗毕建议[G]//国际文化遗产保护文件选编. 北京:文物出版社,2007:93.
⑥ 联合国教科文组织. 内罗毕建议[G]//国际文化遗产保护文件选编. 北京:文物出版社,2007:93.

征。"①可见，《内罗毕建议》是国际上保护历史地区（村镇）的纲领性文献，对当前加强我国历史村镇、街区文化遗产保护仍具有极为重要的借鉴参考作用。

7.《马丘比丘宪章》扩展了国际历史文化遗产的保护理论

1977年12月，国际建筑师协会在秘鲁召开的国际学术会议通过了《马丘比丘宪章》（Charter Of Machu Picchu），该宪章以《雅典宪章》为出发点，在总结40多年城市发展和城市规划理论探索和实践的基础上指出："今天由于城市化过程正在席卷世界各地，已经刻不容缓地要求我们更有效地使用现有人力和自然资源，做好城市规划。"②强调城市规划必须反映城镇与周围区域之间的动态性和统一性；要重视邻里与邻里，地区与地区之间以及其他城市之间的功能；并强调城市文化对城市生活的重要作用，注重人文和城市空间的人性化，提出创造宜人城市等观点，至今对各国城市的发展都具有重要的指导意义。如亚里士多德说："人们为了活着，聚集于城市，为了活得更好居留于城市。"斯宾格勒也说："只有作为整体、作为一种人类住处，城市才有意义。"

《马丘比丘宪章》设有专章强调文物保护和历史遗产的保存。认为城市个性和特性取决于城市的体型结构及其历史特征。因此，"要保存、维护好城市的历史古迹遗址，还要继承一般的文化传统。一切有价值的说明社会和民族特性的文物必须保护起来。保护、恢复和重新使用现有历史遗址和古建筑，必须同城市建设过程结合起来，以保证这些文化遗产具有经济利益并继续具有生命力。在考虑再生和更新历史地区的过程中，应把优秀设计质量的当代建筑物包括在内"③。因此，《马丘比丘宪章》对我国如何更好地把历史村镇保护与村镇建设发展规划结合起来，具有极为重要的借鉴参考作用。

8.《佛罗伦萨宪章》是保护历史园林建筑的经典文献

1981年5月21日，国际古迹遗址理事会与国际历史园林委员会在佛罗伦萨召开会议通过了《历史园林保护宪章》，于1982年12月15日由国际古迹遗址理事会登记作为《威尼斯宪章》的附件，后称为《佛罗伦萨宪章》，用以具体指导历史园林领域内的古迹保护。

《佛罗伦萨宪章》首先界定"历史园林指是以其历史性和艺术性被广为关注的历史建筑和园艺构造。它是一个活的古迹"④。因此，宪章提出必须根据威尼斯宪章的精神予以保存；强调历史

---

① 联合国教科文组织．内罗毕建议[G]//国际文化遗产保护文件选编．北京：文物出版社，2007：101．

② 国际建筑师协会．马丘比丘宪章[G]//国际文化遗产保护文件选编．北京：文物出版社，2007：102．

③ 国际建筑师协会．马丘比丘宪章[G]//国际文化遗产保护文件选编．北京：文物出版社，2007：104-105．

④ 国际古迹遗址理事会．佛罗伦萨宪章[G]//国际文化遗产保护文件选编．北京：文物出版社，2007：124．

园林保护和修复的真实性和完整性；并对历史园林的建筑构造、范围以及它的维护、保护、修复、重建、利用的原则、方法、措施等问题都作出详细规定[①]：① 维护、保护、修复、重建。在对历史园林或任何一部分的保护、维护、修复和重建工作中，必须同时处理其所有的构成特征。要避免把各种处理孤立开来而损坏其整体性。修复必须尊重有关园林发展演变的各个相继阶段。一般不得进行重建。历史园林作为重要遗产，对它不断进行维护至关重要。它的生存需要专家长期不断的精心护理。② 利用。构成历史园林整体组成部分的永久性的或可移动的建筑、雕塑或装饰特征，只有在其保护或修复之必要范围内方可予以移动或替代。历史园林作为旅游观光地，其接待量必须限制在其容量所能承受的范围，以便其自然构造物和文化信息得以保存。③ 法律和行政保护。要根据具有资格的专家建议，采取适当的法律和行政措施对历史园林进行鉴别、编目和保护是有关地方政府的任务。建议将最杰出的历史园林列入世界遗产名录。[②]

《佛罗伦萨宪章》把历史园林古迹保护作为公共资产和事业的一部分；提出要加强科学研究、信息材料的国际交流和传播、出版，利用媒体力量提高自然和历史遗产的威望；提倡将园林保护作为社会集体协作的文化行为，达成一个更高的保护境界。可见，《佛罗伦萨宪章》对我国历史文化名镇名村及其田园风景、自然构造物和古建、构筑物、文化遗存的保护、修复、利用等，都具有重要的现实价值和借鉴参考作用。

9.《华盛顿宪章》对历史城镇、历史街区保护具有现实指导意义

1987年国际古迹遗址理事会通过的《保护历史城镇与城区宪章》又称《华盛顿宪章》，是总结《威尼斯宪章》后20多年文化遗产保护成果集大成的第二个国际性法规文件，在国际范围确立了历史村镇保护的学术地位。该宪章虽文字不多，但总结了各国的经验与做法，归纳了共同性问题，明确规定了保护历史城镇与城区的定义、原则、目标、方法和手段等，对我国历史城镇、古村落文化遗产的保护利用，具有重要指导作用。

《华盛顿宪章》首先指出了保护历史城镇与城区的定义及其重要性："历史城区不论大小，包括城市、村镇以及历史中心或居住区，也包括其自然的和人造的历史环境。除与它们的历史文献作用之外，这些地区体现着传统城镇的文化价值。今天，由于到处实行工业化而导致城镇发展的结果，许多这类地区正面临着威胁，遭到物理退化、破坏甚至毁灭。"[③]因此，国际古迹遗址理事会为历史城镇和城区制定了国际宪章。

---

① 国际古迹遗址理事会. 佛罗伦萨宪章[G]//国际文化遗产保护文件选编. 北京：文物出版社，2007：124-125.

② 国际古迹遗址理事会. 佛罗伦萨宪章[G]//国际文化遗产保护文件选编. 北京：文物出版社，2007：125.

③ 国际古迹遗址理事会. 保护历史城镇与城区宪章[G]//国际文化遗产保护文件选编. 北京：文物出版社，2007：128.

《华盛顿宪章》具体规定了历史城镇与城区应该保护的主要内容：① 保护历史地段和街道的格局和空间形式；② 保护建筑物与绿化和空地的关系；③ 保护历史性建筑的内外面貌，包括规模、大小、建筑、材料、色彩、装饰等；④ 保护历史城镇街区与周围环境，包括自然的和人工的环境；⑤ 保护历史城镇与城区的历史功能和作用。[①]

《华盛顿宪章》明确提出了保护历史城镇与城区的原则和方法[②]：① 对历史城镇与历史城区的保护应成为经济与社会发展政策的完整组成部分，并应当列入各级城市和地区规划；② 鼓励居民参与，发挥居民促进保护规划成功的重大作用；③ 制定专门保护规划，确定保护对象，强化法律、行政和财政手段等保障；④ 保护利用要认真谨慎、统筹考虑，确保整体的和谐关系；⑤ 要适应现代生活的需求，改善居民住房条件，完善公共服务、基础设施；⑥ 保护区内控制交通、汽车干道不得穿越历史城镇与城区；⑦ 要保护空间格局、新建筑要符合传统特色，风貌相协调。

《华盛顿宪章》还强调了制定保护规划前必须进行多学科的研究，反映所有相关要素；保护规划应得到原住民的支持；要进行考古调查，拓展该地区的历史知识；要加强保护宣传教育，加强专业培训；要保持历史城镇的生命力和活力，解决保护与现代生活等方面的矛盾问题；要把历史城镇的保护纳入城市规划和发展政策等，这标志着历史城镇进入全面保护发展的阶段。

《华盛顿宪章》作为《威尼斯宪章》的补充，至今已成为国际文化遗产保护的共同理念和基本准则，它对加强我国历史村镇文化遗产的保护利用，具有重要借鉴作用和现实社会价值。

10.《保护非物质文化遗产公约》是世界非物质文化遗产保护的重要里程碑

2003年10月17日，联合国教科文组织大会第32届会议通过了《保护非物质文化遗产公约》，于2006年4月生效。《公约》旨在保护以传统、口头表述、节庆礼仪、手工技能、音乐、舞蹈等为代表的非物质文化遗产，是人类历史上非物质文化遗产保护的重要里程碑。

《公约》明确指出了"非物质文化遗产与物质文化遗产和自然遗产之间的内在相互依存关系，承认全球化和社会变革进程除了为各群体之间开展新的对话创造条件，也与不容忍现象一样使非物质文化遗产面临损坏、消失和破坏的严重威胁，而这主要是因为缺乏这种遗产的资金"[③]。《公约》意识到"保护非物质文化遗产是人类普遍的意愿和共同关心的事项，承认

① 国际古迹遗址理事会.保护历史城镇与城区宪章[G]//国际文化遗产保护文件选编.北京：文物出版社，2007：128.

② 国际古迹遗址理事会.保护历史城镇与城区宪章[G]//国际文化遗产保护文件选编.北京：文物出版社，2007：129.

③ 联合国教科文组织.保护非物质文化遗产公约[G]//国际文化遗产保护文件选编.北京：文物出版社，2007：228.

各群体，尤其是土著群体，各团体，有时是个人在非物质文化遗产的创作、保护、保养和创新方面发挥着重要作用，从而为丰富文化多样性和人类的创造性作出贡献"[①]。

《公约》明确规定非物质文化遗产的定义：是"指各群体、团体、有时为个人视为来自某一文化社区的全部创作，这些创作以传统为根据，由某一群体或一些个体文化遗产的各种实践、表演、表现形式、知识和技能及其有关的工具、实物、工艺品和文化场所。各个群体和团体随着其所处环境、与自然界的相互关系和历史条件的变化不断使这种代代相传的非物质文化遗产得到创新，同时使他们自己具有一种认同感和历史感，从而促进了文化多样性和激发人类的创造力"[②]。

《公约》规定了非物质文化遗产保护的范围和措施[③]：保护范围包括口头传统和表述；表演艺术；社会风俗、礼仪、节庆；有关自然界和宇宙的知识和实践；传统的手工艺技能。并强调要采取各种措施，确保非物质文化遗产的生命力，包括非物质文化遗产的确认、立档、研究、保存、保护、宣传、弘扬、承传和振兴。

非物质文化遗产是人类的特殊遗产。最大特点是反映各民族的生活、生产方式，是依托于人本身而存在，以声音、形象和技艺为表现手段，并以身口相传的文化链而得以延续，是民族个性、审美习惯的"活"态文化。保护非物质文化遗产，人就显得尤为重要。为此《公约》强调相关社区、群体及个人在非物质文化遗产的认定及保护中的主体地位，建立了一种全新模式。

在世界经济全球化、经济文化一体化，尤其是现代化高速发展过程中，加强非物质文化遗产的保护传承，是历史的必然和时代的要求；尤其对我国历史村镇的非物质文化遗产保护传承，有着极为紧迫的现实意义和深远的历史意义。

二、法国、英国、日本等国文化遗产保护的理论与实践

国外历史文化遗产的保护经验主要是保护法律先行。国外历史文化遗产保护的立法始于19世纪中叶。1834年希腊通过了世界上第一部保护古迹的法律。法国、英国、日本、美国等

---

① 联合国教科文组织.保护非物质文化遗产公约[G]//国际文化遗产保护文件选编.北京：文物出版社，2007：228.

② 联合国教科文组织.保护非物质文化遗产公约[G]//国际文化遗产保护文件选编.北京：文物出版社，2007：229.

③ 联合国教科文组织.保护非物质文化遗产公约[G]//国际文化遗产保护文件选编.北京：文物出版社，2007：229.

国在文化遗产保护的法律、制度、理念等方面，一直走在世界的前列，而且法律保护体系和监督体系相当完善。

（一）法国文化遗产保护的法律制度与成功经验

1．法国在世界上最早形成完备的文化遗产保护法律制度

法国从1840~1993年的150多年间，颁布了100多部文化遗产保护的法律法规，在世界上最早形成了完备的文化遗产保护法律体系。

法国是欧洲最早为历史建筑保护立法的国家。在法国，1830年任命了第1位"历史建筑监察官"，1837年成立了国家"历史文物委员会"来管理全国历史文物建筑。1840年，制定了法国《历史性建筑法案》，这是世界上最早提出保护历史建筑的国家法律，该法公布了第一批登录保护建筑567栋，这是欧洲最早的"历史建筑登录名单"。1887年又通过《纪念物保护法》把保护文物建筑作为社会公共事业，进一步规定了传统建筑保护的范围与标准，组建了由建筑师组成的古建筑管理委员会，负责法国文化遗产的选定及保护工作。1906年，法国又通过《历史文物建筑及具有艺术价值的自然景区保护法》，又将古树木、瀑布、悬崖峭壁等具有美学价值的自然景观纳入法律保护范围。

1913年，法国颁布的《历史纪念物法》提出要保护具有历史价值与美术价值的动产和不动产，规定"不论公共或私人财产，一旦被认定为历史性建筑，就不得拆毁，而其维修费用将由政府资助部分或全部"；第一次将历史古迹的私人财产列入法律保护范围、并与公立机构享受同等待遇；这些保护原则一直影响至今。同年，法国设立了专门负责历史古迹分类的机构，将所有历史古迹登记造册。

1941年法国单独制定的《考古发掘法》，强调对地下文物的保护，为后来的考古发掘提供了法律支持。

1943年，法国通过的《纪念物周边环境法》首次提出整体保护的原则，即保护建筑物的同时要保护建筑物的周边环境。并规定一旦一座建筑根据《历史纪念物法》定级或登录保护，对其周边环境的保护规定即刻生效，即在其500m半径范围内的建设都将受到一定制约和控制管理。任何人未经审查和授权，不得随意改动原建筑风格。这些举措有效地遏制了乱拆乱建行为，避免历史建筑陷入与周围环境格格不入的尴尬。这种整体保护理念，现已为多数国家所接受。

1962年，法国颁布的《马尔罗法》最早确立了"历史保护区"的概念范围和原则要求：① 将有价值的历史街区划定为"历史保护区"，并制定保护规划纳入城市规划管理。② 规定"历史保护区内的建筑物不得任意拆除，维修、改建要经过'国家建筑师'的指导，符合要求的维修可以得到国家资助，享受若干减免税的优惠。如不及时修缮而出现损毁，国家是有

权命令遗产所有者实施修复并提供所需费用50%的资金支持"①；③对现有遗产登记造册，重要遗产列入保护名录。该法确立了历史保护区的两个目标：①历史保护区的重点保护城镇遗产和历史街区的整体性，保护利用历史遗产，将文物建筑与周边环境一起保护。②以历史保护区的保护利用，为促进城镇的发展提供多种途径，包括保护区的合理利用、完全保护、合理修整以及改造再利用等方法，而实践中更多趋向于改造再利用。

1973年，法国颁布的《城市规划法》是因城市改造问题而专门制定的文物保护法。该法规定在城市改造过程中必须加强历史街区的整体保护，无论所在历史街区是否同意，都必须制定出长期保护规划；那些因不遵守长期规划而擅自施工、破坏原有城市景观者，将受到法律追究②。法国保护历史街区的严格规定和重要作用，是我国城市化过程中值得学习和借鉴的。

1993年，法国制定了《风景、城市、风景遗产保护法》，简称《风景法》，该法规定必须为建筑、城市和景观等遗产保护区划定明确的保护范围，这表明法国将保护范围扩大到文化遗产与自然景观相关的地区，反映了法国整体保护包括建筑群、自然风景、田园风光等广义的遗产，开始实行区域性保护。③

上述法规中可以看到，法国从1962年通过《历史街区保护法》和1973年颁布的《城市规划法》，到1993年制定《风景、城市、风景遗产保护法》，系统地构成了法国历史城市、街区、村镇文化遗产保护的法律体系，其影响力一直辐射至今，尤其是保护文化遗产与自然遗产相结合的理念逐渐为世界接受。

2. 法国政府在文化遗产保护管理制度的成功经验

（1）法国文化部统一管理，实行国家建筑规划师制度。法国文化部是统一负责全国文化遗产保护的最高政府机构，下设高级考古研究部、遗产调查总部和历史纪念物、纪念地资金公共管理部等部门。法国实行国家建筑规划师制度，"全国200多个具有文物建筑工程资质的国家建筑师，平均每个省区只有2个，专门代表国家负责管理文物古迹、历史建筑、风景遗产区的保护管理工程和直接处理相关事务"④。1993年起，法国在国家建筑师制度的基础上又设立国家建筑——规划师制度，负责全国文化遗产保护规划的制定、执行与监督等工作。目前，"法国共有390名国家建筑规划师，其中210名负责遗产保护领域的工作，180名负责城镇规划领域的工作"⑤。法国的国家建筑规划师制度，使国家文化遗产保护政策与城市发展规划

---

① 马尔罗法[G]//国际文化遗产保护文件选编．北京：文物出版社，2007：46．
② 顾军．法国文化遗产保护运动的理论与实践[J]．江西社会科学，2005（3）．
③ 张松．土地财政，致文化遗产遭到"建设性破坏"[EB/OL]．人民网．2013-02-21．
④ 张松．历史城市保护学导论[M]．上海：同济大学出版社，2008：91．
⑤ 张松．历史城市保护学导论[M]．上海：同济大学出版社，2008：92-93．

融为一体。

（2）法国文化遗产保护项目主要委托15个地方文化遗产管理局负责实施。地方政府主要任务有：① 制定本地文化遗产保护的长期规划，并为中央政府提供对策性研究。② 参与制定与各种纪念物、文化遗址有关的保护计划；确保纪念物及文化遗址所有者权益；参与文化遗产保护维修项目的协商。③ 确保本地方政府的财政支持和分配维修所需资金；向文化遗产的个人所有者提供修缮与复原资金。④ 搜集资料，对已经分类归档的纪念物、遗址进行深入调查。⑤ 对违法行为提起诉讼，为防止不法行为发生建立必要防御机制。[①]

（3）法国文化遗产保护资金的多渠道筹集和市场化使用方法。① 政府加大文化遗产资金的财政投入，如2013年法国政府为文化、科研及传媒产业共投入35.5亿欧元，其中文化遗产保护就达7.76亿欧元。② 制定相关政策，鼓励全国有实力的基金会、企业和个人出资保护文化遗产；如1988年以免除继承税的方式，鼓励私人所有遗迹向公众开放。如法国企业出资保护文化遗产，可从从营业税中扣除相当于捐款66％的税款，个人可以获得相当于捐赠数额66％的税收优惠。

（4）法国文化遗产保护注重发挥民间组织的重要作用。意大利、英国、日本、美国等国保护文化遗产的主要经验之一，都是充分发挥民间组织积极参与保护的作用，法国更是如此。目前，"法国共有协会组织1.8万多个，这些民间组织大多数由专家、学者、文物爱好者组成，一般都具有一定专业知识，十分了解并热爱本地文化遗产"[②]。法国政府为充分发挥民间组织作用，不仅与许多协会签订有关协作契约，而且赋予民间组织具有遗产政策参与权，并把某些遗产的管理权下放给民间组织，使民间组织在文化遗产的保护过程中"责、权、利"达到了真正的统一。2001年法国政府还将"国家遗产日"的主题定为"遗产与协会"，极大地发挥了民间社会参与文化遗产筹护管理的积极性。[③]

（5）法国20世纪60年代开展"大到教堂，小到汤匙"文化遗产大普查运动，对增强国民文化遗产保护意识、推进法国文化遗产保护起到重大作用。同时，普查运动所提出的科学性、系统性、标准化的普查原则，也为世界各国开展文化遗产普查提供了经验借鉴和方法。

（二）英国文化遗产保护的法律制度与经验启示

1. 英国文化遗产保护的法律制度

英国文化遗产保护内容为"古迹保护、登录建筑保护和保护区"3个层次。① 古迹保护，

---

① 顾军. 法国文化遗产保护运动的理论与实践[J]. 江西社会科学，2005（3）.
② 顾军. 法国文化遗产保护运动的理论与实践[J]. 江西社会科学，2005（3）.
③ 顾军. 法国文化遗产保护运动的理论与实践[J]. 江西社会科学，2005（3）.

主要是史前遗迹，目前全英国约有在册古迹25400余个。② 登录建筑，始于1947年《城市规划法》法定为"有特殊建筑艺术或历史价值，其特征和面貌值得保存的建筑物"。③ 保护区，在1967年《城市宜居法》正式提出。可见英国从19世纪后期开始立法保护重要的单个古遗址，到20世纪中期发展到整个历史地区的保护。英国文化遗产保护体系不太强调历史古城，直至1999年仅有巴斯、契切斯特、切斯特和约克等四座历史古城。

1882年，英国在古建筑保护协会的推动下，通过了第一部《古迹保护法》，确定了21项古迹遗址，开始了英国文化遗产保护制度的建立过程。1900年修订该法，使保护范围从古遗址扩大到庄园、农舍、桥梁等历史（构）筑物。1931年先后制定《古建筑加固和改善法》及其修正案；1933年颁布《城市环境法》；1944年颁布的《城乡规划法》制定了"登录建筑"保护名单；1953年颁布《古建筑及古迹法》确定了建筑资金补助。

1968年，英国颁布的《城市文明法》提出了"保护区"的概念，定义为"其特点或外观值得保护或予以强调的、具有特别的建筑和历史意义的地区"。1969年颁布《住宅法》确定了3200处保护区；1974年修正《城市文明法》进一步强调保护历史街区。1990年制定《登录建筑和保护区规划法》将历史街区保护纳入城市规划的控制。1977年英国成立了"古建筑保护协会"；到1991年全英国确定了8000多处保护区，100多万栋建筑。现在，英国已经制定几十种相关法令、条款，保护对象已扩大到历史建筑、历史保护区、自然环境和人类生态环境。

2．英国文化遗产保护管理制度的经验启示

（1）英国登录建筑制度是科学有效的保护机制，具有直接可行的借鉴作用。登录建筑就是法定保护的历史建筑。1944年，英国开始历史建筑的调查登录工作，制定了"登录建筑"保护名单，确定了20万项；1946年，政府拟定了登录建筑四条标准：建筑艺术特征、历史特征、群体价值、年代和稀有程度。1947年，英国的《城乡规划法》确立了英国登录建筑制度框架，规定地方规划部门对历史建筑拥有部分的管理权限。1968年，英国正式建立"登录建筑许可证"制度，以防止未经批准而对登录建筑进行损坏和对建筑及历史特征的拆毁、改建、扩建行为。1990年的《规划（登录建筑和保护区）法》，进一步明确登录建筑包括建筑物、构筑物和其他环境构件，规定了登录建筑的开发、改建、拆除、公众参与、产权关系、财政资助等内容要求。

英国登录建筑制度包括规划许可制度和行政管理的若干规定。① 规划许可制度，登录建筑的拆毁、改建、扩建，必须由业主向地方规划部门提出申请以获得许可证；规划部门在决定之前必须对此事进行公告并通知相关机构，于21天内检查并听取公众意见后作出决定；若为二级以上被列建筑则需28天；拆毁则需一个月。② 行政管理规定，登录建筑濒临毁灭和

改变时，地方规划部门将向建筑所有者或建筑使用者发出"建筑保存、修缮通知单"，提出要做的工作，两月后不执行者，地方规划部门可通过法院判断为管理不当，由环境部认可后对该建筑实行强制收购。这种修缮通知也可用于保护区内的非登录建筑，多数情况下较为有效。③ 法律规定，任何未经同意而将登录建筑进行拆毁、改建、扩建的行为都被视为刑事犯罪，该行为将有被判处2年以内的监禁和罚款的可能，且罚款的金额没有上限，依该项工程的经济效益决定。上述可见，英国对登录建筑建立了由地方规划部门、地方文明团体、公众法定保护团体、环境部门构成的层层保护制度；审查制度也相当严格；地方政府对登录建筑的保护和维修都有较大权力，可以随时停止一项它认为对周围环境有损的工程。因此，英国登录制度的许多规定，对我国解决历史村镇、历史建筑的保护利用，都具有直接的借鉴性、可行性和有效性。

（2）强化地方政府保护责任，强调保护历史地区的"群体价值"。1968年颁布的《城市文明法》提出了"历史地区"的概念，历史地区是特点或外观值得保护或予以强调的、具有特别的建筑和历史意义的地区。强调要保护历史地区的"群体价值"（建筑群体、户外空间、街道形式以至古树）。并提出保护区的规模大小不等，既可是古城中心区、建筑群、广场，也可是传统居住区、街道及村庄等。历史地区通常与入册保护的传统建筑集中的区域相关；地方政府有责任对其管辖地区内具有特别建筑艺术或历史价值的地区划定保护区；国家有权超越地方政府直接把任何有历史、文化、艺术价值的建筑群列为保护区；保护区一经确定，所有规划决定都必须注意其特色和外观的保护和改善。①

1974年的《城乡文明法修正案》明确规定，历史地区内建筑物的拆除、改建，必须在6个月前向当地政府提出申请，并提交新建筑的详细方案；新建筑的设计必须符合该地区特点。地方规划部门要负责制定保护区内新建筑的设计和控制的详细准则，并附有示范实例图示；为使执行政策时得到公众的支持，很多地方还成立"保护区咨询委员会"。同时，该法规定保护区内的建筑修缮，修理计划必须经过环境部建筑师的批准，业主负担一半经费，环境部和地方政府平摊其余费用；但产权人在官方房屋维修通知下达7天内，不主动修缮其保护区内建筑，则地方政府有权对该建筑进行维修，产权人负担全部或部分费用。并规定违章的工程将承担法律责任，未经同意的任何行动都将被判处罚款或监禁。上述保护措施和具体办法，对我国历史村镇、历史建筑的保护、维修、监管及其立法等，都具有直接借鉴的作用和可操作性的保护经验。

（3）设立专职保护官员制度，发挥社会公众参与保护作用。① 英国保护官员制度。1971年，设立专职文保官员制度的根本目的，就是"协调中央与地方政府以及地方政府与公众间

---

① 朱兵. 我国历史文化名城与历史文化街区、村镇保护的立法与实践[EB/OL]. 中国人大网，2005-12-30.

的矛盾，以沟通法律概念、政策文本和实践间的差距。专职保护官员是受雇于地方政府、专门进行文化遗产保护工作的官员，主要负责向政府及公众就文化遗产环境保护问题提出专门的意见。保护官员的工作主要有五个方面：政策制定与实施、规划与管理、调查与登记、咨询与顾问、宣传与教育"①。英国第一个设立专职官员保护制度的是切斯特古城，专职官员的保护工作使切斯特古城得以复兴。② 保护团体与公众参与。1877年，英国成立了第一个古建筑保护团体，到1975年英国登记保护团体达1250个，较有影响的保护团体②：有全国性组织的古迹协会、不列颠考古委员会、古建筑保护协会、乔治小组、维多利亚协会；有半官方机构的皇家美术委员会、不列颠皇家建筑师协会、皇家规划学会；还有全国性文化团体的伦敦文物家协会、国家美术及装饰协会联合会、拯救不列颠遗产协会、环境保护协会等。100多年来，英国的保护团体与公众参与在保护文化遗产的各方面都发挥了积极作用，使英国文化遗产保护成为持续性"群众运动"。目前，世界各国都有许多民间组织积极参与文化遗产保护，并已经成为体现国家和城市社会文明的重要标志。

3. 国家文化遗产保护资金保障与历史城镇保护资助制度

英国保护资金最重要的来源是国家和地方政府的财政专用拨款和贷款。保护资金数额、使用方法以及国家和地方政府分担的份额，都是根据古迹、登录建筑、保护区的重要性决定。一级宫殿府邸的保护修复费用，基本上由国家全部支付，必须专款专用，政府部门对实施情况进行监督。著名保护区的绝大部分费用，由国家和地方政府共同分担。英国有6000多个建筑保护区，有2000个国家给予资助，其余主要由地方政府给予资金补助。③

英国非政府组织的捐赠和志愿者个人的捐款，也是保护经费的重要来源。除此之外，志愿人员的义务劳动、无偿提供房产和固定资产，也纳入资助范围。在保护资金的具体投入与运作方面，英国政府授权各种团体负责实际运作。由于与政府关系的密切程度和承担责任不同，各保护团体获得的政府拨款也不同。

历史城镇保护由国家资助要满足4个条件之一④：① 每年保留一定资金用于长期保护计划的重要历史城镇；② 与住宅计划或其他项目相联系的保护计划的城镇；③ 具有额外资金来完成常规的城镇计划的城镇；④ 具有小型合作保护计划区域的城镇。同时，英国政府还通过制定相关政策，间接提供保护资金；对破坏保护对象的行为处罚得到的罚金也被作为一部分保护资金。保护资金的运转，主要由英国政府授权的各种有关机构负责具体投入和运转；同

---

① 赵文洲. 天津历史文化街区保护规划管理研究[D]. 天津：天津大学，2011.
② 世界经验网. 英国历史文化遗产保护制度[EB/OL]. http://www.fzghy.com/nhwh/whbh/index.html.
③ 赵文洲. 天津历史文化街区保护规划管理研究[D]. 天津：天津大学，2011.
④ 世界经验网. 英国历史文化遗产保护制度[EB/OL]. http://www.fzghy.com/nhwh/whbh/index.html,
　 2011-12-02.

时地方政府逐渐成为国家保护资金的地方代管者。

（三）日本历史文化遗产保护的法律制度与政策举措

1. 日本历史文化遗产保护的法律制度

日本在历史上深受中国古代文化的影响，古城镇、古建筑的形式结构、格局风貌与中国古城镇、古建筑文化的特点有很大相似性，遇到的问题与中国相仿。因此，日本文化遗产保护的法规理论与制度实践，对我国历史村镇文化遗产保护具有直接的参考借鉴价值。

日本文化遗产的立法早在20世纪就形成较完善的保护法律体系。日本政府早在1871年针对古代工艺品颁布了《古器旧物保存方》，第一次以政府令颁布建造物以外的有形文化遗产保护案。1888年设立了"全国宝物取调局"，并对建造物保护实施"古社寺保存金制度"。1897年颁布《古社寺保存法》，正式开始依法保护历史建造物和设立"国宝"的新时期，但保护对象原则上为社寺所有的宝物、建造物。1919年为了扩大保护对象，颁布了《古迹名胜天然纪念物保存法》，将保护范围扩大到古坟、古城址、古园林及风景地。1929年颁布《国宝保存法》，又把保护对象扩大到城郭、宫殿、住宅、茶室等国有、公有、私有建造物。

尤其是1949年1月26日日本奈良法隆寺金堂发生火灾，使世界最古老木构建筑上的飞鸟时代精美壁画毁于一旦，在日本引起了极大反响。因此，1954年颁布实施的《文化遗产保护法》，是日本第一个全面保护文化遗产的国家法律，确立了有关文化遗产指定、管理、保护、利用、调查的制度体系。并设立文化遗产保护委员会，专门负责文化遗产保护；明确了地方公共团体的责任范围；创立了文化遗产损失补偿与产权保障制度；还引进了无形文化遗产的概念。[①]

1966年，日本制定《古都历史风土保存特别措施法》，简称《古都保存法》，第一次使用历史风土的概念，把保护目标扩大到京都、奈良、镰仓等古都的历史风貌。1975年修订的《文化遗产保存法》创设了传统建筑群保存地区制度和土地制定制度，开始保护一般城镇的历史聚落、传统街区和特色地区，从而建立了对历史地区的保护制度。1980年修改《城市规划法》和《建筑基准法》。1996年再次修订《文化遗产保存法》，创立了文化遗产登录制度，委托地方权限、促进重要文化遗产利用措施，将历史保护运动推向更为广泛的领域。2004年制定《景观法》，是适用所有城镇和乡村，促进城乡美好景观，为保护古城镇、乡村景观和地域风貌，创造丰富的生活环境以及富有个性的地方特色，都具有重要的历史作用。2005年修订《文化遗产保存法》，创立了文化景观、民俗技术的保护内容和制度，并补充完善登录制度。2008年又颁布《关于地域的历史风致维护和改善法律》，这是日本第一部将物质环境的传统风貌和非物质文化遗产、地方传统文化整合一起保护的综合性大法。这对我国加大力度保护历史村镇文化遗

---

① 日本文化遗产保护的成功经验[J]. 信息传真，2010（16）.

产与自然景观、历史环境的结合性保护利用，具有重要的启示作用和借鉴意义。

追溯日本明治维新140多年来的保护历程可见，日本文化遗产保护在经历挫折和长期探索的过程中，在法制上形成了系统、完善的遗产保护法律制度体系；在理论上不断拓展了文化自然遗产保护的内容、范围、原则和措施方法等；在保护实践上积累了许多成功保护利用的丰富经验；这对我国历史村镇文化与自然遗产保护与利用，都具有直接的、可参考、可借鉴的应用价值。

2. 日本文化遗产保护管理制度政策的举措

（1）日本重视文化遗产保护法律的规范作用，法制健全且内容全面。日本文化遗产的立法较早，并不断修改形成较为完备的文化遗产保护法规。从1871年第一次以政府令的形式颁布《古器物保存法》，继而在1897年、1919年、1929年、1933年相继出台《古社寺保护法》《古迹名胜天然纪念物保护法》《国宝保存法》和《重要美术片保存法》等保护法规，几乎涵盖了各种文化遗产的保护，为各相关部门的保护行为提供了充足的法理依据。特别是日本颁布《文化遗产保护法》以来的60年间对其进行了6次修订补充，使得此法的全面性和系统性堪称典范，有许多内容值得我国学习、借鉴和应用。

日本政府十分重视制定系统的文化遗产保护法律，内容丰富而全面。①《文化遗产保护法》将文化遗产分为6大类：有形文化遗产、无形文化遗产、民俗文化遗产、纪念物、传统建筑群和文化景观等；并规定了文化遗产的认定程序、保护范围、保护措施、管理体制及惩罚措施等，特别是提出无形文化遗产概念及其传承人保护等理念，对世界各国文化遗产保护具有很大启发和做出较大贡献。② 日本把"传统建筑群保存地区"纳入国家文物保护范畴；并规定了"重要传统建筑群保存地区"的选定标准：整体上独具匠心；布局上保持原始状态；周围环境独特，能体现该地域特色。③ 强调古都历史风土、风貌特色的保护。1966年颁布《古都保存法》专门对京都、奈良、镰仓等古都"历史风土"进行特别保护，不仅保护整个古都，而且保护古都里寺庙、园林、文物古迹周边的环境，包括山水、森林等更大的范围；强调保护"历史上有意义的建筑物、遗迹与周围自然环境融为一体，形成古都传统与文化的风貌"，使之"为全体国民所享有，继承并传于子孙后代"。20世纪80年代，日本在总理府下设立"历史风土审议会"，由总理大臣指定古都的历史风土保存地区，确定古都历史风土保存规划。

（2）日本文化遗产保护管理制度，建立了较完备机构和运行保障体制。日本文化遗产的保护管理主要由文物保护和城市规划两个相对独立、平行的组织机构负责："国家文部省文化厅负责与文物保护直接相关的法律制度和管理事务，地方政府及其下设的教育委员会主管行政辖区范围内的文物保护管理工作。国家建设省城市局、住宅局负责和城市规划相关的法律制定和管理事务，地方政府及其下设的城市规划局主管行政辖区范围内的保护规划管理工作"。[①]

日本在地方政府机构中设立审议会作为法定的常设咨询机构：如城市规划地方审议会、城市美观风致审议会、市町村传统建筑保存审议会等。这些机构作为政府决策参谋提供技术和监督，从而将行政和学术有效结合。此外，针对各类历史文化遗产，还有具体的管理制度和相应法律。

目前，日本各级政府都具有完备的文化遗产保护机构和责任制度。国家及各都、道、府、县、市、町、村，都设有教育委员会等相关保护机构，中央与地方相互协作，齐抓共管。各级政府相关机构内文化遗产保护审议会、文物保存、考古研究等组成人员配备齐全，责任到人，各部门、各职位都有详细的分工和责任。地方政府还由专业技师组成专门的文物维修队，负责本地区古迹维修。同时，除国家级文化遗产外，各地方还通过其文化遗产保护审议会指定县级和市、町、村级文化遗产，并详细登记在册，落实责任人，与所有者一起对其进行保护。

（3）日本文化遗产保护的资金保障制度。日本文化遗产保护的资金来源主要有补助金、贷款和公用事业费[②]：① 补助金，是日本文化遗产保护资金最重要的来源。如《文物保存法》规定了保护资金补助办法，由中央政府和地方政府各出资50%补助住户对传统建筑外部的修整费用，每户得到的补助可占到修整费用的50%~90%，如此周而复始地修下去，使历史得到延续。2011年，日本用于文化遗产保护修缮和防灾设施的预算达118亿日元（约合1.55亿美元），用于文化遗产的完善、利用和传承的预算达334亿日元（约合4.4亿美元）。② 贷款和公用事业费，主要以担保贷款方式由银行提供保护资金，或向地方政府申请利息补助。尤其是日本通过发行"历史文化城镇保护奖券"和"文物保护奖券"，所获资金全部用于文化遗产保护，这种通过政府发行奖券或彩票的经验，值得我国借鉴应用。

日本保护资金筹集和使用方式，根据保护对象的不同由所在地居民决定。一般是成立由当地居民参加的文化保护财团等组织来具体管理保护资金，它们接受补助金、贷款，并利用这些资金进行城市建设、征购空房以及景观保护所需的土地和停车场、住宅等，有计划地进行资金筹措和分配，进而借助财团信用替私人转借、债务担保，为保护活动而灵活筹措资金。地区居民经营各种便民设施的收入，也作为财团进行各种保护事业的资金来源。日本还制定税收优惠政策，如文化遗产相关的固定资产税、遗产税、城市规划税等实行免税。[③]

日本十分注重无形文化遗产及其传承人保护资金的投入。如中央政府每年为每位无形文化遗产传承人（又称"人间国宝"）提供200万日元的资助，还出资收购传承人作品、拍摄宣

① 赵文洲. 天津历史文化街区保护规划管理研究[D]. 天津：天津大学，2011.
② 世界经验网. 英国历史文化遗产保护制度[EB/OL]. http://www.fzghy.com，2011-12-02.
③ 赵文洲. 天津历史文化街区保护规划管理研究[D]. 天津：天津大学，2011.

传片，在国内外举办展览、并帮助其培养传承人。

三、国外历史村镇文化遗产保护的实践历程与经验启示

（一）国外历史村镇文化遗产保护的历史过程

国外很早注重历史村镇、历史建筑的保护，其发展历程可分3个阶段：

1．15世纪早期至20世纪30年代是以保护文物与历史建筑为主的阶段

国外早在15世纪就注重文物和历史建筑的保护。主要发生在欧洲，按保护对象的可划分为3个阶段[①]：① 保护单体文物建筑的阶段。如在15世纪早期至16世纪中叶，意大利以保护古希腊、古罗马的古典建筑遗迹为主，重在研究古建筑的历史价值。② 保护古建筑群体的阶段。如在16世纪下半叶至19世纪20年代，欧洲国家逐渐将保护范围拓展到保护古建筑群体，重在研究历史价值。③ 保护历史城镇、历史建筑的阶段。如在20世纪30~60年代，整个欧洲普遍开展历史城镇保护运动，保护对象扩大到保护具有使用价值的历史建筑，并不断向古街区、古民居、古村镇、乡土建筑、工业建筑、人居环境转移。

2．20世纪30~60年代是历史小城镇和古村落保护的萌芽阶段

1930年法国颁布的《风景名胜地保护法》，是世界上最早将小城镇和古村落列为保护对象的国家立法。该法规定将天然纪念物和富有艺术、历史、科学、传奇及画境特色的地点，包括小城镇、古村落和自然保护区、风景区等都列为保护对象。1933年的《雅典宪章》专门指出了加强历史地区（村镇）、历史建筑的保护的重要性和基本原则，并特别指出保护历史时期的历史遗存对于后代的教育具有重要意义。1960年前后，欧洲文化遗产的保护对象从历史建筑单体和著名纪念物的保护，开始向民居建筑、乡土建筑、工业建筑、城镇肌理转移，尤其是提出重点保护历史城区、街区、村镇及其人居环境等。

3．20世纪60年代至今是国际社会普遍重视历史城镇和古村落保护的阶段

20世纪60年代至今，国际社会相继出台了一系列关于历史小城镇、古村落保护的国际宪章建议，对保护的理论、原则及方法进行了相应规定（表1–1）。

---

① 童乔慧，李百浩．欧洲建筑与城市遗产概念及发展[J]．华中建筑，2001（19）：80．

国际宪章关于历史村镇保护的内容、原则及建议　　　　　　表1-1

国际宪章	各个宪章关于历史村镇保护的主要内容、原则及其建议
1. 1964年国际古迹遗址理事会通过《国际古迹保护与修复宪章》	该宪章明确指出了历史村镇保护的重要性和内容范围："保护文物古迹包括单个建筑物，还包括能够从中找出一种独特的文明，一种有意义的发展或一个历史事件见证的城市或乡村环境；规定文物古迹保护不能与其所见证的历史和其产生的环境分离"[①]。尤其是全面阐明历史村镇文物建筑的保护、修复以及遗址发掘、历史地段整体性保护等措施和方法，表明国际文化遗产保护范围已扩展到历史小城镇和古村落保护。
2. 1972年联合国教科文组织通过《保护世界文化和自然遗产公约》	该公约规定了世界文化遗产不仅包括从历史、艺术或科学角度看具有突出价值的文物古迹、古遗址和历史建筑群；而且包括具有文化和自然价值及真实性的自然区域、动植物生存区；尤其是历史村镇、历史建筑群是受得世界遗产委员会的高度关注。目前，我国已有安徽西递、宏村、福建土楼古村落、开平碉楼古村落、哈尼梯田古村落列入世界文化遗产名录。 该公约表明联合国教科文组织已将历史村镇纳入世界文化遗产范围。
3. 1975年国际古迹遗址理事会通过《关于保护历史小城镇的决议》	该决议正式提出保护历史小城镇的概念，强调历史小城镇进行再生和复原的措施，必须尊重当地居民的权利、习惯、和愿望。针对历史村镇"面临着经济活力不足、人口外迁、古镇风貌遭受破坏"的威胁，提出了建议"国家立法、地方政策、保护规划"等政策措施；并强调指出"当地居民的自豪感、责任感和参与程度"是历史村镇取得保护成功的重要条件。[②] 该决议表明国际社会高度关注和重视历史村镇文化遗产的保护、再生和复原，已正式提出了较为系统的历史村镇保护理论。
4. 1976年11月联合国教科文组织通过《关于历史地区的保护及其当代作用的建议》	该建议明确提出要保护历史地区和乡村环境中形成的人类聚落。规定了保护内容与范围"包括史前遗址、历史城镇、老城区、老村庄、老村落以及相似的古迹群"等；强调要"维持历史村镇、传统地区及环境，使它们重新获得活力"，并使之适应于现代生活的需要；具体规定了历史村镇"鉴定、保护、保存、修复、更新、再生"等内涵要求。特别强调了保护责任和措施；明确指出历史城镇是不可移动的世界性遗产，当地政府和广大群众都有责任共同保护；应运用法律、行政、技术、经济和社会等方面手段，切实加强历史城镇、传统村落地区及环境的保护[③]。 该建议表明联合国教科文组织把历史城镇、传统村落保护列入国际宪章，至今已成为国际上保护历史地区（街区）、历史村镇的纲领性文献。
5. 1982年国际古迹遗址理事会《关于小聚落再生的特拉斯卡拉宣言》	该宣言明确提出要保护乡村聚落、小城镇的建筑遗产及其环境等不可再生的资源；并提出小城镇、乡村聚落保护要注重地方材料和传统工艺的使用等保护措施。[④] 该宣言表明国际社会在20世纪80年代后更加注重历史村镇的保护利用，对如何更好地保护乡村聚落、小城镇提出了具体有效的措施方法。

① 国际古迹遗址理事会. 国际古迹保护与修复宪章[G]//国际文化遗产保护文件选编. 北京：文物出版社，2007：52.

② 国际古迹遗址理事会. 关于保护历史小城镇的决议[G]//国际文化遗产保护文件选编. 北京：文物出版社，2007：89.

③ 国际古迹遗址理事会. 关于历史地区的保护及其当代作用的建议[G]//国际文化遗产保护文件选编. 北京：文物出版社，2007：92.

④ 国际古迹遗址理事会. 关于小聚落再生的特拉斯卡拉宣言[G]//国际文化遗产保护文件选编. 北京：文物出版社，2007：111.

续表

国际宪章	各个宪章关于历史村镇保护的主要内容、原则及其建议
6. 1987年国际古迹遗址理事会通过《保护历史城镇与城区宪章》又称《华盛顿宪章》	该宪章明确提出历史城镇（街区）保护的内容范围与措施方法：① 保护历史地段、街道的格局和空间形式；② 保护建筑物和绿化、开放空间之间的关系；③ 保护历史建筑内外面貌，包括体量、形式、风格、材料、色彩及装饰，并指出房屋与生活改善是保护基本目标之一；④ 保护城镇或城区与周围环境的关系，包括自然和人工环境的关系；⑤ 保护历史城镇在历史上的功能作用，特别建议"用法律、行政和财政等多种措施手段来保证规划的实施，并应得到居民的支持和参与"①。 该宪章表明国际社会已经把历史城镇的保护工作，作为城镇经济和社会的发展政策以及各个城市和地区规划的组成部分。
7. 1989年联合国教科文组织《保护传统文化和民俗的建议》	① 明确指出民俗是构成人类遗产的一部分，传统民俗文化最丰富和保存最多的都是在历史村镇。② 强调了民俗是文化遗产和生活文化的主要部分和重要性；指出在所有国家面临来自多种因素的危险，强调政府在保护民俗文化中应扮演决定性的角色，尽快采取行动。③ 要求各成员国应采取法律措施或其他方法加强民俗保护。④ 建议从民俗的定义、鉴定、维护、保存、传播、保护；国际合作等7个方面作出了若干规定。② 该建议表明联合国教科文组织已开始重视民俗传统等文化遗产保护。
8. 1999年国际古迹遗址理事会《关于乡土建筑遗产的宪章》	该宪章提出乡土建筑遗产在人类的情感和自豪中占有重要的地位：① 规定对乡土建筑、建筑群和古村落保护，应尊重其文化价值和传统特色；② 强调保护乡土建筑包含必要的变化和不断适应的连续过程；应尊重和维护场所的完整性，维护它与物质景观与文化景观的联系以及建筑与建筑的关系；③ 改造和再利用乡土建筑时，应该尊重建筑的结构、性格和形式的完整性。④ 提出保护必须由跨学科的专家来执行，并利用多学科知识来实施；要依靠社区的参与和支持，依靠持续不断地使用和维护。⑤ 政府必须重视保护工作者和传统技能的培训计划；要提高公众特别是年青一代的乡土建筑意识；建立乡土建筑保护网络。③ 该宪章表明国际社会对古村落、乡土建筑保护的重要性、原则和具体的保护措施、方法、要求等方面，已经形成了一套较系统的保护理论。
9. 2005年国际古迹遗址理事会《西安宣言》	该宣言提出"有必要承认、保护和延续建筑物或遗址及其周边环境的有意义的存在"，以减少农业、发展、旅游或大规模天灾人祸所造成文化遗产的真实性、意义价值、整体性和多样性所构成的威胁。提出通过规划手段和实践来保护、监控、管理文化遗产的周边环境；强调与当地跨学科领域和国际社会进行合作，增强保护和管理周边环境的意识；并要求政府、机构、专家、当地管理者应共同担起责任，在做决定时，应该充分考虑遗产周边环境有形和无形的层面。④ 该宪章表明国际社会将保护城镇文化遗产及其环境的重要性提升到新高度，并提出了解决问题的对策、途径和方法，具有较强的实践指导性。

① 国际古迹遗址理事会. 保护历史城镇与城区宪章[G]//国际文化遗产保护文件选编. 北京：文物出版社，2007：128.
② 联合国教科文组织. 保护传统文化和民俗的建议[G]//国际文化遗产保护文件选编. 北京：文物出版社，2007：131.
③ 联合国教科文组织. 关于乡土建筑遗产的宪章[G]//国际文化遗产保护文件选编. 北京：文物出版社，2007：173.
④ 联合国教科文组织. 西安宣言[G]//国际文化遗产保护文件选编. 北京：文物出版社，2007：374.

综上所述可见，国外从20世纪30年代开始提出保护历史小城镇和古村落，到20世纪60年代的国际宪章明确规定历史小城镇、村落保护的主要内容和建议，发展到20世纪80年代，法、英、日、美等国纷纷开展小城镇、古村落保护运动，从而为世界各国推动历史村镇的保护利用提供了经验模式，尤其为中国历史文化名镇名村的保护利用提供有益借鉴。

目前，加强历史村镇文化遗产保护已成为国际共识和世界潮流。全球已有36处历史村镇成功申报列入世界遗产名录。截至2013年，在中国已有4处历史村镇（皖南古村落、开平碉楼古村落、福建土楼古村落、哈尼梯田古村落）列入了世界文化遗产名录；还有江南水乡古镇等十镇已列入中国申报世界遗产预备名录，正在争取早日列入世界遗产名录。

（二）国外历史村镇文化遗产保护利用实践的经验启示

分析研究法、英、日、美等国历史文化遗产的保护机制和成功经验，可为我国历史村镇文化遗产保护提供以下重要启示和有益借鉴。

1. 健全完善国家遗产法律体系，尽快制定《国家文化自然遗产保护法》

我国遗产保护的法律体系与英、法、日、美等国度相比，尚不够完善健全。如美国关于国家公园的法律就有10多部，其中大多是专门法，如《特许经营法》、《公园志愿者法》、《国家公园航天器飞越管理法》、《国家公园体系单位大坝管理法》等。同时，美国还制定授权法"确定每个国家公园的使命、基本政策和严格禁止在所有国家公园和历史文化遗产地修建索道，严格限制其他机动交通等法律规定。又如《美国国家公园手册》明确指出公园被用于商业旅游是对国家独特绝佳财富的浪费，所有这类旅游都应该被制止。必需的公园内宿营地应根据自然景观要素来设计和操作，豪华宾馆无疑是不合适的"[1]。我国公园内的会所等应予禁止。

目前，我国文化自然遗产保护尚存在法律不完善、不健全、执法不严的问题。如我国2002年颁布的《中华人民共和国文物保护法》已有10多年，存在不少条款缺失和滞后不适应等问题。2008年颁布的《国家历史文化名城名镇名村保护条例》也存在条款较原则和内容缺失等问题。《中华人民共和国非物质文化遗产保护法》颁布不久，国家有关部门分别制定了20多部法规规章，各省先后出台一批地方性保护法规，但这些法规也存在不统一、不规范、不适时问题，容易导致多头管理、职责不明和管理缺失等问题。如历史村镇文化遗产保护，按《文物保护法》、《非物质文化遗产保护法》分别归国家文物局管理和国家文化部主管负责，而历史村镇保护规划与建设按《城市规划法》由国家住建部主管负责，尤其是历史村镇保护的法规政策，大多是文化部、住建部、文物局或地方政府发布的"指示、办法、规

---

① 王星光，贾兵强. 国外历史文化遗产保护机制及其对我国的启示[J]. 广西民族研究，2011（7）.

定、通知等文件形式出现，不少文件还缺乏正式的立法程序，严格意义上都不能算作行政法规"①。从根本上说，我国文化与自然遗产保护既存多头管理，又缺乏完整的权威法律予以规范，更缺少专门法。因此，我国历史村镇文化遗产保护要加大立法力度，完善遗产保护的法制体系和法制环境。当务之急，应把《中华人民共和国文物保护法》修改为《中华人民共和国文化自然遗产保护法》，在此基础上借鉴国外经验、分类制定"各类遗产的专门法"，并修改完善《国家历史文化名城名镇名村保护条例》，加快制定《中国传统村落保护条例》等法规。

2. 完善国家遗产管理体制政策，改革组建"国家文化自然遗产管理局"

英、法、意、日、美等国的遗产管理体制各有特色，但都有共同特点：① 都有一个中央政府统一管理全国遗产的权威机构，如法国文化遗产由文化部统管，意大利由文化遗产部统管，美国是由国家公园管理局统管，俄罗斯是俄罗斯遗产委员会统管，墨西哥是国家人类学和历史局统管。② 都对全国遗产实行分类、分级管理，分工具体、责任明确，管理目标清晰和统一。③ 都具有"政府组织+非政府组织+社会公众相结合"的多元化管理机制。许多国家都规定专家学者组成遗产保护咨询机构和民间社团，并在中央政府遗产管理机构中占有一定比例和拥有一定的职能。②几十年来，英、法、意、日等国都是依靠民间组织发挥的作用，才取得文化遗产保护的卓越成绩。

我国历史村镇文化遗产保护在中央政府尚缺少统一的管理机构。目前，国家文物局负责历史村镇物质文化遗产管理；住建部负责历史文化名镇名村规划申报评审和自然遗产管理；文化部负责非物质文化遗产管理；教育部负责历史文化名镇名村申报世界文化遗产；国家民族宗教局分管古寺庙和宗教管理等。同时，根据现行《风景名胜管理暂行条例》、《中华人民共和国自然保护区管理条例》等法规，我国历史村镇文化与自然遗产，还要接受环保、农林、旅游、民族宗教等部门的业务管理和地方各级政府的行政管理。由此可见，国家层面尚缺乏统一权威的管理机构，现行的多头管理体制容易导致职能重叠，条块分割；各个部门各自为政，相互扯皮等管理问题不少；历史文化名镇名村保护规划不按时编制，或审批不严，保护规划实施无人监督，甚至法人违法、行政不作为，从而造成我国历史村镇保护利用普遍存在"建设性、开发性、旅游性、保护性破坏"等问题，值得各级政府高度重视，切实解决。

因此，我国应借鉴西方发达国家的经验做法，尽快在中央政府建立统一的、权威的、专门负责文化自然遗产的管理机构，如组建"国家遗产管理局"，并在该局建立"全国历

---

① 王星光，贾兵强. 国外历史文化遗产保护机制及其对我国的启示[J]. 广西民族研究，2011（7）.

② 郝从容，邵秀英. 国外文化遗产保护政策对我国古村镇保护和利用的启示[J]. 社会科学家，2013（06）.

史村镇遗产管理机构",专门负责历史村镇(传统村落)的物质文化遗产、非物质文化遗产、自然遗产的保护管理等工作。同时,进一步完善制定我国文化自然遗产保护的政策和法规,加快国家遗产普查登记;发展民间保护组织,鼓励社会公众参与保护;强化遗产保护的教育普及,开展多学科协作研究;建立相关专家咨询组织,加强历史村镇遗产保护利用的可行性研究及论证环节等工作;以创新实现中国特色历史村镇保护利用与可持续发展的"双赢"之路。

3. 创新建立"登录制度与指定制度相结合"的国家遗产保护管理制度

世界范围内的国家遗产保护制度有指定制度、登录制度和指定登录制度,我国目前只采用指定制度形式。遗产登录制度是欧美国家普遍采用的有效保护制度,联合国教科文组织对世界文化与自然遗产也是采用登录制度。遗产登录制度的特点在于:① 扩大了文物概念和保护范围,将文物古迹、近现代建筑物、产业遗址等进行登录,把单一文物保护制转变为全面保护遗产及其历史环境;② 将登录建筑作为事业资产和旅游资源进行合理再利用,即采用"外部做减法,内部做加法"的柔性保护机制。因此,建议国家尽快引进国外文化遗产登录制度。借鉴法国、日本等国的登录制度与指定制度相结合的双重并存的保护管理体系,将保护对象从"论资排辈"指定的国宝精品,扩大到大量多样的历史建筑、乡土建筑、传统建筑等;将保护方式从单一、僵硬的文物保护,过渡到全面保护遗产及其历史环境以及综合、谨慎的文化资源再利用。将规划管理从静态、消极管制的干预模式,转向动态、积极引导的参与模式。尤其是地方政府可先试行制定遗产登录制度,将尚未申报和定级历史村镇、历史街区、传统建筑,以及物质与非物质文化遗产、自然遗产、工业遗产、农业遗产、记忆遗产等各类遗产,全部进行普查调研,全面登录,分类、分级、分阶段、有重点进行保护和管理。

4. 完善国家和地方政府保护资金投入机制,探索多渠道筹集的融资政策

发达国家遗产保护资金投入机制,普遍实行"政府投入占主导,资金投入多元化"的政策。目前,我国尚缺乏遗产保护的投融资政策和多方参与共同投入保护的机制,加上国家和地方财政投入不足,我国文化自然遗产保护资金严重不足仍是一大问题。如"美国近10年来,投入在国家公园体系上的财政资金,每年平均折合人民币168.2亿元,而中国风景名胜区每年投入仅为0.1亿元,占美国的0.06%。也就是说,美国每年用于国家公园的财政投入为中国风景名胜区的1682倍"[①]。因此,我国应借鉴发达国家遗产保护的经验,改革遗产保护的财政税收制度,建立以各级政府投入为主体,社会广泛参与保护的多元化投入机制。

---

① 王星光,贾兵强.国外历史文化遗产保护机制及其对我国的启示[J].广西民族研究,2011(7).

历史村镇文化自然遗产保护是社会公益性事业，政府是主要责任者。但与国外相比，我国历史村镇遗产长期处于资金严重不足的状态，众多历史村镇的传统民居建筑因破旧损坏急需修缮，但历史建筑的拥有者大多是低收入农民，他们没有足够的资金用于修缮；同时各级政府的历史文化名镇名村保护经费又是杯水车薪，由此许多历史村镇已经或正在消失，"老龄化、空心化"现象日趋严重。

因此，我国历史村镇保护利用应借鉴发达国家遗产保护的税收激励政策。尽快建立多形式多渠道筹资投入机制。具体措施为：① 创建国家、省、市、县四级政府配套保护资金的财政投入制度。四级政府保护资金配套比例可设定为1：2：3：4左右，主要用于古建筑、古民居修缮维护、村镇基础设施建设、环境治理，以及非物质文化遗产保护等。② 充分发挥财政保护资金的激励、导向、放大的作用，或从税收中扣除或降低应付税总额，或通过按保护投入比例分配收益，或按保护贷款贴息、税费激励或通过发行保护奖券等政策措施，吸引、激励私人、企业和全社会来投资历史村镇保护和利用，从而保障历史村镇遗产保护与可持续发展的双赢。③ 要根据历史建筑所有人具体的收入状况，制定不同层级、不同形式的激励机制，通过保护资金补助，或采用担保、保险补贴、风险补偿等方式，鼓励历史村镇原住民自行保护历史建筑。

5. 借助民间力量加强国家遗产保护，促进我国从遗产大国走向遗产强国

世界发达国家注重民间力量参与文化遗产保护，使文化遗产保护成为全民事业，从而推动遗产大国走向遗产强国的成功经验，对我国文化遗产保护具有重要借鉴作用。主要经验如下：法国文化遗产保护特别重视发挥民间组织参与保护的重要作用，主要是委托民间社团组织，以托管方式来实现文化遗产的有效保护。如法国文化部决定的许多重大事项，大多是由历史纪念物基金会、文化艺术遗产委员会、考古调查委员会等民间组织完成。目前，法国有1.8万多个民间社团组织把保护和展示遗产作为自己的主要工作，已成为法国文化遗产保护的庞大生力军。同时，法国政府还专门发布《国家与协会契约宪章》，充分肯定民间组织在遗产中的地位作用，并赋予制定遗产政策中的参与权，使民间组织实现文化遗产保护的"责"、"权"、"利"统一，从而使法国文化遗产保护工作进入了良性循环。①

意大利文化遗产保护领先世界的主要经验是公众参与和高度社会化。① 不断通过遗产教育来提高全民的保护意识，重视社会公众参与遗产保护。在意大利"人人了解遗产，人人爱护遗产"已成为一种民族自觉和时尚。② 强化法律制度鼓励社会公众参与遗产保护。如意大利将文化自然遗产保护写入宪法，法定支持国民参与文化遗产保护。法律还规定将8%的彩票收入作为文化遗产保护的资金。近年来，意大利地方政府不断出台税收、门票、彩票等政

---

① 赫士艳. 国外文化遗产保护的经验与启示[J]. 昆明理工大学学报，2010（8）.

策，鼓励社会组织、人们和企业为遗产保护提供保护资金。③ 保障社会公众参与遗产保护渠道。如重视民间保护遗产组织的作用，独创"遗产领养人"和"文物监督人"制度，鼓励支持国民以个体或组织的形式参与遗产保护，他们的意见建议在政府文化遗产保护决策中都具有重要作用。

英、美、日等国文化遗产保护成功的共同经验都是实施社会性保护。如英国经验就是借助民间和市场的力量对文化遗产实施社会性保护。在英国，全国性、地方性保护组织名目繁多，人数庞大，如"国民信托"组织的会员达250万之多。又如美国民间组织在文化遗产保护中的突出贡献，就是不断推动美国文化遗产保护的立法完成。再如日本从繁华的大城市到偏僻的小乡镇，都建立了许多保护地方文化遗产的社团组织，其中有平民自发组成的"町并保存会"，还有全国17个城市市长或町长组成的"全国传统建造无保存地区协议会"。正由于日本政府和社会组织的良好合作，才促成全体国民积极参与文化遗产保护的良好局面。[①]

然而，我国文化自然遗产保护的弱项就是缺乏民间组织和社会公众参与。因此，学习借鉴法、意、英、日、美等国文化遗产保护的经验，激发原住民、社会公众的保护意愿，强化民间组织力量，对加强我国历史村镇文化遗产保护，从遗产大国走向遗产强国具有重大启示和借鉴作用。目前，我国文化遗产保护的民间组织和研究机构极少，即使很少的研究机构、组织都属于政府；至今，我国"文保志愿者"组织在国家和各省市都没有正式成立；遗产保护的民间社团组织更是鲜见；社会公众和原住民参与遗产保护的机会很少、难度很大。可以说，我国历史村镇遗产遭到各种破坏的主要原因，就是由于地方政府为政绩、开发商为赚钱，尤其是缺乏社会公众和原住民参与保护监督。从保护实践看，我国历史村镇保护较好的项目，大都是依靠原住民、社会公众和新闻媒体的不断抢救呼吁，才得以成功保护。可见原住民、社会公众参与文化遗产保护的重要作用，这对目前全国各地文化遗产保护都是不可或缺的，因为仅凭国家、地方政府之力，是很难做好文化遗产保护工作的。

因此，加强我国历史村镇保护利用，各级政府必须突出原住民的主体地位，充分发挥民间组织、社会公众参与历史村镇保护中的积极作用。① 要尊重原住民在历史村镇保护利用中的主体地位，给予原住民保护遗产的参与、决策权，加大历史村镇文化遗产保护与利用的透明度，尤其是建设开发项目，要广泛听取原住民意见，接受社会公众监督；要将历史村镇的保护利用项目作为老百姓"共保共享"的民生工程。② 各级政府应积极培育民间非营利组织保护文化遗产，帮助做好组织协调和登记注册工作；为民间组织发展提供必要的经费支持和工商、税收、信贷等政策保障和优惠；同时要整合社会资源，搭建交流平台，加强民间组织与组织之间、个人与个人之间的沟通和协作等。③ 地方政府应建立历史村镇文化遗产专项基金，加强历史村镇的"保护志愿者和文保员队伍建设"，并提供必要的资金支持；对为文化

---

① 赫士艳. 国外文化遗产保护的经验与启示[J]. 昆明理工大学学报，2010（8）.

遗产保护作出贡献的个人或民间组织进行奖励表彰；建立激励机制，充分调动社会公众参与文化遗产保护的积极性，促进社会公序良俗的养成。④各级政府应完善历史村镇保护管理职能，建立民间组织参与保护利用文化遗产的良性机制；将遗产保护权利还权于民，让真正主人能有效管理祖宗留下的宝贵遗产；并对破坏文化遗产的决策享有否决权，从而最大程度地调动原住民、社会公众和民间组织参与保护的积极性。⑤各级政府应合理利用历史村镇公共的资源、政策和资金，积极鼓励和扶植一批"术业有专攻"的文保员、志愿者和民间社团组织；加强文化遗产保护机构间的分工与合作，形成历史村镇文化遗产保护的政府、社团组织、文保员、志愿者互补格局和全社会参与保护的良好氛围。⑥加强历史村镇文化遗产价值的普及宣传，"激发全社会保护文化遗产的自觉意识；充分发挥新闻媒体的作用，开展提高文化遗产保护意识的各种活动，营造全社会共同保护文化遗产的良好环境、习惯和风尚"①。

　　总之，研究借鉴发达国家文化遗产保护经验，不仅是世界遗产保护的潮流和趋势，也是我国文化遗产保护可行的必由之路。目前，我国已基本形成文化自然遗产保护的一系列法规、制度、政策，遗产保护实践也取得一些成功经验，更有基础，有条件，利用后发优势，走出一条立法保护，多方合作，全民支持，实现文化自然遗产保护与利用的双赢新路！

---

① 周乾松. 历史村镇文化遗产保护利用研究[J]. 理论探索，2011（11）.

第二章

中国历史村镇文化遗产保护的基本理论与价值意义

我国历史村镇文化遗产保护的理论研究，由于起步较晚，至今尚未形成科学、完整的保护体系。如最基本的概念就有历史村镇、历史保护区、历史文化村镇、古村镇、传统村落等不同的表述，较难统一。又如在2005年前我国正式法规中还没有文化遗产的概念，保护的对象主要是文物。至今，我国文化遗产保护的国家法律仍称为《中华人民共和国文物保护法》，最高管理机构仍为"国家文物局"，从这些简单表象中可见，我国历史村镇文化自然遗产保护的理论研究尚处于初级阶段，有许多理论问题和实践难题，有待于政界、学术界和全社会进行研究和探索。

一、国内外历史村镇文化遗产保护利用的含义与范围

（一）国际历史村镇保护利用相关含义的解读

1．"保护、利用、保存、维护、修缮、整治"等概念解读

在国外，历史村镇一般称历史小城镇、古村落等。历史村镇保护的概念则始于1976年联合国教科文组织的《关于历史地区的保护及其当代作用的建议》。该建议指出"保护"（safeguarding）的内涵是：鉴定（identification）、防护（protection）、保存（conservation）、修缮（restoration）、再生（renovation），目的是维持历史或传统地区及环境，并使它们重新获得活力。[1]1987年，国际古迹遗址理事会通过了《保护历史城镇与城区宪章》，对保护的定义又进行了适当地延伸，把历史城镇的防护、保存、修复以及与当代生活发展相协调而采取的各种必要措施都纳入了保护范围，基本上包括了所有的保护活动和过程。

根据有关国际宪章和法、英、日等国的理论研究，结合我国历史村镇保护的实践和调研，笔者对相关概念给出以下定义和解释：

（1）"保护"：是积极地守护现有的东西。是对文化自然遗产及其环境所进行科学的调查、勘测、鉴定、评估、登录、修缮、维修、整治、改善等护卫活动，使之免受破坏和损害。包括对历史建筑、传统民居、古桥河埠等建筑物、构筑物的修缮、维修，以及对历史村镇、历史街区、历史环境要素、自然生态环境等实行整治和改善等护卫活动。如风貌、特色较典型，质量较好的历史（乡土）建筑，参照文物保护要求进行保护。

（2）"保存"：有冻结现状的含义。主要是文物古迹的保护方式，包括修缮、维护、日常保养、防护加固、现状修整、重点修复等。一般以不允许改变文物古迹原状为原则。在日本

---

① 联合国教科文组织. 关于历史地区保护及其当代作用的建议[G]//国际文化遗产保护文件选编. 北京：文物出版社，2007：92.

还有"保全"的概念，不仅含义更为广泛，包括保存、保护的含义，而且要求更高，日本遗产保护不用"开发"之词，而是使用"再生"和"活用"的含义。

（3）"维护"：是对历史建筑、传统民居、古桥等建筑物、构筑物及其历史环境要素所进行的不改变外观特征的修缮、加固、防护和保护性复原等活动。

（4）"改善"：是对历史村镇、街区、历史建筑及其历史环境、自然生态、生活设施等所进行的不改变格局风貌特征的调整、完善内部布局及相关设施的修建活动等。如对较好历史建筑保持外貌、不动主体结构，重点对建筑内部装修改善、配置水电、卫生、网络等设施，改善居民生活条件。

（5）"整治"：是为保护和体现历史城镇、村落、街区的格局风貌完整性、真实性所进行的各项治理活动。一般多指历史建筑外观，户外环境、周围环境、基础设施、生活设施等方面的整理、改造、建设和美化等。如对质量较好、风貌较差的现代建筑，通过立面整治与环境协调，包括降低高度、改造屋顶形式、调整外观色彩以及局部改变或修复等。此外，对于违建、加建、新建而破坏环境或风貌的建筑，应予拆除。或再进行有依据的重建，并与古村镇格局风貌相吻合，或采取适量的移建。

（6）"利用"：是对文化自然遗产及其环境所进行的科学、合理、适度的有效使用。主要是对历史建筑、传统民居、古桥等建筑物、构筑物及其历史环境要素所进行的"物尽其用"，使其充分发挥保护的作用和效能。

此外，笔者特别要明确指出的是：保护就是利用，保护包含利用，保护是为了利用；而利用也是一种保护，利用是为了更好保护，保护与利用融为一体而不可分开。但利用不等于开发，尤其是文化自然遗产保护，切忌开发。开发的目的是为了经济利益最大化，不是为了文化传统、人文精神的保护传承，这往往容易影响和破坏文化自然遗产的保护利用。

2. 历史村镇与历史文化名镇名村、古村镇、传统村落的概念关系

历史村镇是历史文化村镇简称，一般俗称古村镇。在我国，历史村镇不仅包括国家、省、市公布的"历史文化名镇名村"，也包括尚未申报公布的历史文化村镇。"历史文化村镇、历史文化名镇名村"是我国独有的提法和特有的历史文化保护理念，意在突出我国历史村镇的悠久历史、发展跨度和宝贵的历史文化价值。"历史文化名镇名村"是国家法定的保护管理对象，它是荣誉又是责任，更是一项保护措施；它要整体保护村镇遗产，而不是保护村镇中几个文物；是要真实完整保护文物古迹遗存、历史街区、村庄的整体格局、风貌特色、传统文化、非物质文化遗产和自然生态环境等；更重要的是要科学制定保护规划、明确界定保护范围、制定有效的保护要求和管理措施等。

1986年，国务院公布第二批中国历史文化名城时对历史村镇保护的范围进行了界定："文物古迹比较集中，或能较完整地体现出某一历史时期传统风貌和民族地方特色的街区、

建筑群、小镇、村落等也予以保护，可根据它们的历史、科学、艺术价值，核定公布为地方各级'历史文化保护区。"①

2002年修订的《中华人民共和国文物保护法》明确提出了历史文化村镇概念，即"保存文物特别丰富并且具有重大历史价值或者革命纪念意义的城镇、街道、村庄，由省、自治区、直辖市人民政府核定公布为历史文化街区、村镇，并报国务院备案"②，从此，我国历史文化村镇保护纳入法制化轨道。

2003年，国家建设部、国家文物局在公布第一批中国历史文化名镇名村的通知中进一步对"历史文化名镇名村"的概念阐明为："保存文物特别丰富并且具有重大历史价值或者革命纪念意义，能较完整地反映一些历史时期的传统风貌和地方民族特色的城镇、村庄"③。这是中国正式建立历史文化村镇保护制度的标志。表明中国历史村镇中最高等级的是"中国历史文化名镇名村"，一般应具有以下内容条件：包括文物古迹、历史街区和历史建筑等物质文化遗产以及地方传统民间民俗文化等非物质文化遗产；还包括历史村镇格局风貌、自然生态景观等自然遗产。

"中国传统村落"以前一般俗称古村落，在学术上可称为"历史文化村落"。2012年住房城乡建设部、文化部、财政部《关于加强传统村落保护发展工作的指导意见》中首次确定了传统村落的概念与内涵：是指拥有物质形态和非物质形态文化遗产，具有较高的历史、文化、科学、艺术、社会、经济价值的村落。笔者认为，传统村落应是建造于民国以前、拥有较丰富的文化与自然遗产，承载历史文化传统的自然村落或多个聚落群体形成的较大村庄区域等。但应当注意的是，传统村落范围既包括已申报命名国家、省、市级的历史文化名村，也包括有历史文化价值但尚未申报命名为历史文化名村的古村落，还包括具有优美自然景观、生态环境的自然村落。需要明确的是，历史文化名村是优秀的传统村落，但传统村落不一定是历史文化名村，传统村落包括大量的历史村落和自然生态村落。中国历史文化名村是基于《国家历史文化名城名村保护条例》的法定概念，适用于立法保护。而中国传统村落是行政概念，尚未纳入法制轨道。因此，传统村落保护的重要性和复杂性，尚未引起全社会的普遍重视尽快制定《中国传统村落保护条例》，并纳入法规保护轨道。

3. "历史村镇"与"历史文化街区"、"历史建筑"有交叉重合之处

历史村镇包含历史文化街区、历史建筑和历史环境等文化与自然遗产。

历史文化街区是经省、自治区、直辖市人民政府核定公布的保存文物特别丰富、历史建筑集中成片、能够较完整和真实地体现传统格局和历史风貌，并具有一定规模的区域。有的

---

① 《国务院批转城乡建设环境保护部、文化部关于请公布第二批国家历史文化名城名单报告的通知》.
② 中华人民共和国文物保护法[G]//中国文化遗产法规文件汇编. 北京：文物出版社，2009：457.
③ 中华人民共和国文物保护法[G]//中国文化遗产法规文件汇编. 北京：文物出版社，2009：457.

省命名为"历史文化保护区"和"历史街区"。这些地区都能反映历史城镇社会生活和文化的多样性，是体现城镇历史特色和景观意象的重要地区，也是城镇历史文化"活着"的见证和最能吸引人的文化旅游场所。

在国外，学术上把"历史文化村镇"与"历史文化街区"称为"历史地段"、"历史地区"。我国1986年国务院公布第二批国家历史文化名城的通知，最早把历史文化街区界定为"对文物古迹比较集中，或能完整地体现出某一历史时期传统风貌和民族地方特色的街区、建筑群、小村镇落等也应予以保护，可根据它们的历史、科学、艺术价值，公布为当地各级历史文化保护区"①。这是我国建立历史文化遗产保护体系的一个重要举措，也就是将历史文化保护区的划定权交给了地方政府。从此，我国初步形成了保护文物古迹、历史文化保护区（村镇、街区）、历史文化名城的多层次保护体系。

历史建筑是指经城市、县人民政府确定公布的具有一定保护价值，能够反映历史风貌和地方特色，未公布为文物保护单位，也未登记为不可移动文物的建筑物、构筑物。历史建筑是仅次于文物建筑的古建筑，一般至少有50年以上的年限。历史建筑与乡土建筑和传统风貌建筑也有交叉重合之处，三者可统称历史建筑，但需注意区别之处。

历史环境是历史建筑（群）、历史街区、坊巷、道路、河网，以及与之形成整体的格局风貌特征、自然环境、文态环境、历史文化空间等。历史环境是人与自然和谐发展的空间源泉，也是历史村镇独特的文化观光资源。保护这些历史环境，就是保护历史村镇独特的风貌特色、魅力场所和文化个性，增强历史村镇的生命力和吸引力。这是目前世界各国遗产保护所共同强调保护历史环境的整体性，对我国历史村镇文化与自然遗产的结合性保护、整体性保护具有现实价值和重大作用。

（二）中国历史村镇文化遗产的含义与范围

历史村镇文化遗产是我国各民族千百年留下的宝贵财富，它包括物质文化遗产和非物质文化遗产。

1. 物质文化遗产的含义与范围

物质文化遗产（Cultural Heritage）又称"有形文化遗产"，也就是传统意义上所称的文化遗产。1972年联合国教科文组织提出的文化遗产，实质上指的是物质文化遗产，尚无非物质文化遗产的概念。如《保护世界文化和自然遗产公约》中第1条明确规定，在本公约中以下各项为文化遗产。"文物：是从历史、艺术或科学角度看具有突出的普遍价值的建筑物、碑

---

① 《国务院批转建设部、文化部关于请公布第二批国家历史文化名城名单报告的通知》国发[1982]26号．

雕和碑画，具有考古性质成分或结构、铭文、窟洞以及联合体；建筑群：是从历史、艺术或科学角度看在建筑式样、分布均匀或与环境景色结合方面具有突出的普遍价值的单立或连接的建筑群；文化遗址：是从历史、审美、人种学或人类学角度看具有突出的普遍价值的人类工程或自然与人联合工程以及考古地址等地方。"①上述规定可见，那时的世界文化遗产概念尚未包括非物质文化遗

图2-1　联合国教科文组织与世界遗产标志圆形象征着全球对人类共同遗产进行保护

产；世界遗产主要是文化遗产和自然遗产。如公约第4条特别强调，各缔约国均承认保护文化和自然遗产主要是有关国家的责任，"该国将为此目的竭尽全力，最大限度地……为保证、保护、保存、展出本国领土内的文化和自然遗产采取积极有效措施"②（图2-1）。

中国在2005年的《国务院关于加强文化遗产保护的通知》中首次提出"文化遗产"概念，第一次明确规定："文化遗产包括物质文化遗产和非物质文化遗产。物质文化遗产是具有历史、艺术和科学价值的文物，包括古遗址、古墓葬、古建筑、石窟寺、石刻、壁画、近代现代重要史迹及代表性建筑等不可移动文物，历史上各时代的重要实物、艺术品、文献、手稿、图书资料等可移动文物；以及在建筑式样、分布均匀或与环境景色结合方面具有突出普遍价值的历史文化名城（街区、村镇）。"（图2-2）③

历史村镇是我国文化遗产保护理论体系中最重要的组成部分，是物质文化遗产中数量最丰富，占有范围最广，体量最大的遗产，不仅包括古遗址、古墓葬、古建筑、石窟寺、石刻、壁画等不可移动文物的"点"；而且包括历史街区、巷弄河道、历史建筑及其格局风貌等文化遗产的"线"与"面"。因此，加强历

图2-2　中国文化遗产图形标志
"四鸟绕日"是崇拜太阳的象征

①　联合国教科文组织. 保护世界文化和自然遗产公约[G]//国际文化遗产保护文件选编. 北京：文物出版社，2009.

②　联合国教科文组织. 保护世界文化和自然遗产公约[G]//国际文化遗产保护文件选编. 北京：文物出版社，2009.

③　国务院关于加强文化遗产保护的通知[G]//中国文化遗产法规文件汇编. 北京：文物出版社，2009：549.

史村镇文化遗产保护刻不容缓。"地方各级人民政府和有关部门，要从对国家和历史负责的高度，从维护国家文化安全的高度，充分认识保护文化遗产的重要性，进一步增强责任感和紧迫感，切实做好文化遗产保护工作。"①

2. 非物质文化遗产的含义范围

2003年，联合国教科文组织通过的《保护非物质文化遗产公约》明确定义："非物质文化遗产（Intangible Cultural Heritage）是指被各群体、团体、有时为个人所视为其文化遗产的各种实践、表演、表现形式、知识体系和技能及其有关的工具、实物、工艺品和文化场所"。②（图2-3）这种非物质文化遗产世代相传，在各社区和群体适应周围环境以及与自然和历史的互动中，被不断地再创造，并为这些社区和群体提供认同感和持续感，从而增强对文化多样性和人类创造力的尊重。该《公约》指出，世界非物质文化遗产内容范围应包括五个方面："① 口头传说和表述，包括作为非物质文化遗产媒介的语言；② 表演艺术；③ 社会风俗、礼仪、节庆；④ 有关自然界和宇宙的知识和实践；⑤ 传统的手工艺技能等。"③世界非物质文化遗产的非物质性，是以满足人们的精神生活需求为目的，强调以人为核心的技艺、经验、精神，其特点是活态流变，是以人为本的活态文化遗产。因此，非物质文化遗产又称口头遗产和无形文化遗产。

图2-3　世界非物质文化遗产标志三角、正方和圆形表示手的运动强调传统与现代之间的联结

2005年，我国《国务院关于加强文化遗产保护的通知》中明确规定："非物质文化遗产是指各种以非物质形态存在的与群众生活密切相关、世代相承的传统文化表现形式，包括口头传统、传统表演艺术、民俗活动和礼仪与节庆、有关自然界和宇宙的民间传统知识和实践、传统手工艺技能等以及与上述传统文化表现形式相关的文化空间"④。并特别指出，在城镇化过程中，要切实保护好历史文化要素（历史文化空间、文态环境）等非物质文化遗产作为城镇发展战略的重要内容。为使中国的非物质文化遗产保护工作规范化，《通知》制定了国家+省+市+县4级保护体系和"保护为主、抢救第一、合理利用、传承发展"的工作方针。全国各省、市也都建立了自己的非物质文化遗产保护名录，并逐步向市、县扩展。

---

① 国务院关于加强文化遗产保护的通知[G]//中国文化遗产法规文件汇编. 北京：文物出版社，2009：550.

② 联合国教科文组织. 保护非物质文化遗产公约[G]//中国文化遗产法规汇编. 北京：文物出版社 2009：590.

③ 联合国教科文组织. 保护非物质文化遗产公约[G]//中国文化遗产法规汇编. 北京：文物出版社 2009：590.

④ 国务院关于加强文化遗产保护的通知[G]//中国文化遗产法规汇编. 北京：文物出版社，2009：549.

2011年颁布的《中华人民共和国非物质文化遗产法》，进一步明确了非物质文化遗产保护的定义和内容："非物质文化遗产是指各族人民世代相传并视为其文化遗产组成部分的各种传统文化表现形式，以及与传统文化表现形式相关的实物和场所。包括：① 传统口头文学以及作为其载体的语言；② 传统美术、书法、音乐、舞蹈、戏剧、曲艺和杂技；③ 传统技艺、医药和历法；④ 传统礼仪、节庆等民俗；⑤ 传统体育和游艺；⑥ 其他非物质文化遗产。"① （图2-4）

图2-4　非物质文化遗产标志外部圆形象征着循环、永不消失内方形与外圆对应象征天圆地方

近年来，我国非物质文化遗产保护在世界上较为领先。2004年，中国成为世界上第6个提交公约批准书的第一批国家。截至2013年12月，中国入选联合国教科文组织非物质文化遗产名录项目总数位列世界第一，已达37项，成为世界上入选"非遗"项目最多、保护较好的国家。目前，我国已公布3批国家非物质文化遗产名录项目总数达1219项。全国非物质文化遗产资源将近87万项，已进入国家、省、市、县四级非物质文化遗产名录体系的非遗项目有7万项。②

我国历史村镇拥有数量巨大且丰富多彩的非物质文化遗产。这不仅是历史村镇千百年来世代相承、与群众生活密切相关的各种传统文化表现形式和文化空间；而且是中华民族智慧与文明的结晶，是联结民族情感的纽带和维系国家统一的基础。非物质文化遗产是历史村镇"活着的文化灵魂"，也是解读历史村镇的"价值钥匙"；而历史村镇正是我国非物质文化遗产必不可少的物质载体。文化灵魂离不开文化空间，历史村镇是天然的文化空间，也是非物质文化遗产生存、传承和发展的最理想场所。因此，保护和利用好历史村镇非物质文化遗产，不仅对历史村镇实现经济社会的全面、协调、可持续发展，而且对传承中华优秀传统文化，增强国家文化软实力，建设文化强国、美丽中国，都具有极为重要的现实价值和深远的历史意义。

二、中国历史村镇文化遗产保护的重要紧迫性与价值意义

（一）中国历史村镇文化遗产保护利用的价值意义

历史村镇是我国文化遗产体系中数量最多、规模最大、文化信息量最为丰富的最后一块

---

① 中华人民共和国非物质文化遗产法[M]. 北京：文物出版社，2011.
② 周玮. 中国共有非遗资源近87万项　34项列入世界名录[EB/OL]. 新华网http://news.xinhuanet.com/society/2010-11/23/c_12808053.htm.

阵地。我国历史村镇大都具有丰富的物质文化遗产与非物质文化遗产，以及优美的自然生态景观遗产。它们凝结着历史的记忆，反映着文明的进步，承载着中华传统文化的精华，是中国农耕文明不可再生的文化遗产，也是全人类的宝贵遗产。保护历史村镇文化自然遗产的价值作用和重大意义，体现在以下4个方面。

1. 历史村镇是人类文明社会的发源始点和中华民族发展的历史见证

中华民族的原始祖先，从穴居野处、构木为巢，就开始了群居的聚落、村寨、城堡等原始的历史村镇雏形，并从原始社会发展成为奴隶制社会，如我国距今五千年杭州良渚古城遗址和西安半坡村等原始社会村落遗址。进入奴隶制社会后，历史村镇逐渐发展成了保卫奴隶主、封建统治者的城堡、都城、镇市、村寨。自殷商、西周、春秋战国、秦、汉、隋、唐……以迄于明清，各种等级的历史县城、古镇、古村及其遗址遗物等，浩如烟海，是中华民族发展和传统文化的见证。

直至近代，我国历史村镇保存数量之多，分布范围之广，种类之齐全，特色之鲜明，是世界任何国家难以媲美的。目前，历史村镇大都保存和分布在现代交通不便、相对偏僻、经济发展较为落后或区域环境相对封闭、自然环境较为独立的地区。从时间说，除个别仍保留宋、元时期的古村镇外，大多数历史村镇、历史建筑都属于明清时期。

2. 历史村镇是我国文化遗产最为丰富的阵地和五千年文明的基础缩影

历史城市、村镇的出现，是人类文明发展史上的里程碑。我国自夏有万国（城堡）开始五千年来，历史文化一脉相承，绵延不断。几千年前的小城堡、小城寨、小镇，逐渐发展成为"通都大邑"，有的已成为现在的大中城市。但大多数历史村镇虽未扩大发展为城市，却成为我国七千年农耕文明发展的基础和缩影。如2170多年建镇史的江南水乡乌镇，7000年前的乌镇先民在此繁衍生息，以舟代车、依水而居，一条车溪河流把两岸分为乌墩、青墩。夏末周初，因吴王周章驻军乌墩以后，乌镇成了吴越两国边界。春秋时，乌墩改名乌戍，"吴戍兵防越名乌戍"，战火蜂起，时越时吴，乌戍之地遂成为兵家必争的军事要地。秦朝时，乌镇属会稽郡，一水两镇，常有驻兵而称雄江南。从魏晋南北朝至隋唐五代，乌青两镇从军事重镇嬗变为吴中佛教中心与江南雄镇。两宋时，乌青二镇置镇官、酒务、盐税官并大兴文教等，成为"晋宋以还，彬彬甲于江左"的经济重镇和寺观林立的文化名镇。宋南渡以后乌镇又成为京畿后院，人文蔚起，物阜民丰。元至明清，乌镇渐成为烟火万家，百货骈集的经济、军事、佛教、文化多元协调发展的江南雄镇，屹立于"江浙两省、苏嘉湖三府、七县"交界接壤之地。明清时乌镇分属嘉湖两府、添设通判和督捕同知，创建"浙直分署"的行政格局直至建国，这是中国历史上罕见的"古镇奇观"。直至今天，乌镇已成为我国名扬海外的首批国家历史文化名镇，保护好乌镇这样历史文化信息量如此丰富，具有突出普遍价值世界级历史名镇，不仅能传承反映中华七千年优秀传统文化的丰富内涵，而且对展示中国形象，增强国家文化软实力，建设文化强国，都具有重大的价值意义。

3. 历史村镇是中华优秀传统文化的根基文脉和中华民族留下的最大遗产

历史村镇是中华优秀传统文化的根基文脉。我国各民族传统文化最深远绵长的根脉都在历史村镇，大量重要的历史人物和历史事件都跟历史村镇有密切关系。每一个历史村镇都体现着当地的传统文化、建筑艺术和村镇空间格局，反映着村落与周边自然环境的和谐关系，都是活着的文化与自然遗产，体现了一种人与自然和谐相处的文化精髓和空间记忆，是具有不可再生性和潜在利用价值的重要旅游资源。如安徽古村落西递、宏村，青石铺地、木构建筑、木石砖雕丰富精美，街巷、溪流、建筑布局相宜，村落空间变化有致，色调朴素淡雅，这些文化特色使之具有了突出的价值，从而列入世界文化遗产名录。

历史村镇是中华民族留下的最大遗产，是凝聚民族精神，维系华夏子孙文化认同的纽带，也是我国56个民族的精神家园。各民族的历史都是从村庄聚落发展起来的，不同民族在不同自然环境中形成不同特色的自然村落形态，文化传统丰富多样。因此，保留历史村镇的文化多样性，是繁荣发展中华民族文化的生机和源泉。

4. 历史村镇具有历史文化、科研教育、建筑艺术、精神传承的多元价值

我国历史村镇不仅数量众多，分布广泛，而且大多数历史村镇具有深厚历史积淀、丰富人文内涵和优美和谐的自然生态环境；这为近年来我国历史文化名镇名村保护利用与发展旅游打下了良好基础。但须明确，历史名镇名村不仅具有发展旅游的经济价值，更重要的是具有历史文化、科研教育、建筑艺术、审美欣赏、精神传承的多元价值。① 具有独特的历史价值和文化价值。历史村镇作为历史传统与现代文明交融的载体，蕴含着不同地域、不同时期的当地居民独特的传统风俗、宗教信仰、建筑理念、审美观念等文化内涵。从宅的深处能找到人类文明的精华和原点，可感受中华民族的优秀品质和自然美的理想。② 具有科学"史考、史鉴、史貌"的价值。即史考的见证、研究价值，"史鉴"的学术、教育价值，"史貌"的审美、欣赏价值，这些价值为考古学家、历史学家、建筑学家、民俗学家等科研人员以及绘画、摄影、影视界的艺术家提供了良好的研究范本。从中指出各民族民间民俗文化的代表性和多样性，以推动文化大发展大繁荣和增强地方文化软实力。③ 具有发展经济与弘扬精神的双重价值。即既有发展休闲旅游的经济价值，又有中华民族的独特精神价值。利用历史村镇文化遗产发展休闲旅游，不仅让人们真切体会到喧嚣都市里难得的舒缓与平和，能体味历史的沧桑之美，而且能让人们缅怀"精神家园"，"传统乡

愁"，极大地满足怀念传统、返朴归真的精神需求。可以说，历史村镇是一个时代的缩影，也是我国乡村历史、文化、自然遗产的"活化石"和"博物馆"；是东方聚居文化的瑰宝、民间艺术的摇篮，也是"人类与自然结合的共同作品"；是中华民族的根基文脉和精神家园，也是维系华夏子孙文化认同的纽带。

（二）中国历史村镇文化遗产保护利用的重要性和紧迫性

1．我国历史村镇文化遗产保护利用的重要性

保护历史村镇文化遗产就是保护中华五千年乃至人类文明的基础缩影。历史村镇蕴含着我国优秀传统文化特有的精神价值、思维方式和丰富想象力，体现着各民族的生命力、创造力和智慧结晶，是各民族千百年来留下的最大遗产和我国文化遗产保存最为丰富的最后一片阵地，也是全人类的文明瑰宝和共同财富。因此，保护文化遗产不仅是每个国家、地方政府的重要职责，也是国际社会的共同义务。

保护历史村镇文化遗产就是保护中华优秀传统文化的根基文脉和各地方各民族发展的历史见证。保护历史村镇、历史建筑、乡土文化，是延续人类文明历史的需要，也是实现经济社会和谐、可持续发展的战略需要。切实加强历史村镇文化遗产保护利用，对于建设中华民族共有的精神家园，增进各民族团结、维护国家统一及社会稳定，尤其对传承中华优秀传统文化，维护国家文化安全和世界文化多样性，都具有极为重要的现实意义和深远的历史意义。

2005年《国务院关于加强文化遗产保护的通知》深刻指出："保护文化遗产，保持民族文化的传承，是联结民族情感纽带、增进民族团结和维护国家统一及社会稳定的重要文化基础，也是维护世界文化多样性和创造性，促进人类共同发展的前提。加强文化遗产保护，是建设社会主义先进文化，贯彻落实科学发展观和构建社会主义和谐社会的必然要求。"[①]

2007年党的十七大报告把加强文化遗产保护作为推动社会主义文化大发展大繁荣，实现全面建设小康社会的重要历史使命，并要求"各级地方政府加强对各民族文化的挖掘和保护，重视文物和非物质文化遗产保护"[②]。

2012年，党的十八大报告进一步把加强文化遗产保护作为"全面建成小康社会，实现中华民族伟大复兴，必须推动社会主义文化大发展大繁荣，兴起社会主义文化建设新高潮，提高国家文化软实力"[③]的国家战略和系统工程。

上述可见，加强文化遗产保护，是建设优秀传统文化传承体系、弘扬中华优秀传统文

---

① 国务院关于加强文化遗产保护的通知[G]//中国文化遗产法规文件汇编．北京：文物出版社，2009：549．
② 胡锦涛．在中国共产党第十七次全国代表大会上的报告[EB/OL]．新华网，2007-11-15．
③ 胡锦涛．在中国共产党第十八次全国代表大会上的报告[EB/OL]．新华网，2007-11-15．

化、建设中华民族共有精神家园、建设社会主义文化强国，实现中华民族伟大复兴中国梦的必然要求，其意义重大。

2. 我国历史村镇文化遗产保护的紧迫性

加强历史村镇文化遗产的保护利用，建设中华民族共有的精神家园，是我国文化与自然遗产保护体系中亟待研究的重大课题与实践难题。但由于长期来加快城市现代化、乡村城镇化的不断发展，使我国历史村镇文化遗产受到多重冲击和威胁，历史环境、文化生态已经发生巨大变化。尤其是城乡一体化、新农村建设过程中出现自然村撤并和新村庄建设，再加上旅游开发热，从而给历史村镇带来了建设性、开发性、旅游性破坏等。主要表现为：① 不少历史文化村镇及其生存环境，历史建筑、古迹遗址及其自然格局风貌遭到严重破坏，使许多物质文化遗产消亡或非物质文化遗产失传。② 文物非法交易、盗窃、盗掘古遗址、古墓葬的违法犯罪活动至今难以有效遏制，大量珍贵文物流失境外。③ 在文化遗存较丰富的少数民族聚居地区，由于人们生活环境和条件的变迁，原有的文化遗存和民族、区域文化特色正在加快消失。可见，加强文化遗产保护已经到了刻不容缓的时候。

目前，我国历史村镇出现"千镇一面、万村一貌"的"特色危机"正成为共性问题。许多历史文化名镇名村处于"整体保护状况较好"与"过度开发的保护性破坏"并存的状况，大量尚未申报、定级的历史村镇"保护状况不容乐观"，更多乡土建筑的"局部环境还在持续恶化"，只剩老年人留守的"空壳村"现象较为普遍，所以加强保护刻不容缓。我们必须从维护国家文化安全、对国家、历史负责的高度，增强保护历史村镇文化遗产的责任意识和紧迫感，尤其在加快新型城镇化过程中，进一步加强历史村镇及其乡土建筑保护和非物质文化遗产的传承、乡土文化的发展，显得更为紧迫，意蕴深远。

三、习近平总书记一直高度重视历史城村镇文化遗产保护

1. 习近平总书记早在任正定县委书记时就十分重视历史城镇保护工作

35年前，习近平在河北省担任正定县委书记时就非常重视历史城镇和文物保护工作，而且亲自研读县志、史料，走街串巷，勘察古迹，十分注重挖掘历史文化，高度重视古建筑保护，并一发现问题就要求及时整改。"有一次，习近平在正定县隆兴寺院西侧看到元代书法家赵孟頫撰写的名碑'本命长生祝延碑'上沾满泥土，缺乏保护，当即找到主管领导，并提出严肃批评。习近平同志说：'我们保管不好，就是罪人，就会愧对后人'。"[1]因

---

① 习近平在正定[EB/OL]. 人民网，http://cpc.people.cn/n/2014/0102.

此，正定隆兴寺得到有效保护，后来列入了"国家重点文保单位"。尤其是习近平在正定县提出了"今后发展中要弘扬正定历史文化、凸现古城特色，要让古建从沉睡中复苏，重放光彩。提出了旅游兴县、带动三产、服务省会，把正定打造成距石家庄最近的旅游窗口等发展战略思路"①。

2．习近平总书记在浙江工作时特别重视古村镇文化遗产保护工作

这是笔者亲身经历的深切感受。早在2005年，习近平时任浙江省委书记时就非常重视古村镇文化遗产保护工作。如笔者承担浙江省社科联重点课题《浙江古村镇文化与自然遗产保护研究报告》的成果要报和《浙江古村镇古街区保护亟待加强的对策建议》，曾两次得到习近平书记的高度重视，并两次作出重要批示："要高度重视，认真研究，切实加强古村镇古街区保护。要进一步加大保护工作力度，政府财政支出应逐步加大对文化遗产保护的支持等。"②"保护文化遗产，是各级党委、政府的历史使命和神圣职责。应该说这些年来，大家的认识在逐步提高、逐步到位。回顾历史经验教训，我们现在对文化遗产保护应该具备起码的认识，现在这个时候如果还说认识不到，那就是视而不见、有意而为，这就是政绩观的问题。"③（图2-5）

随后，习近平书记亲自到浙江古村镇调研文化遗产保护工作，并强调指出："文化遗产是民族智慧的结晶，是民族文化的见证。必须站在落实科学发展观和构建社会主义和谐社会的高度，从建设文化大省的要求出发，正确处理文化遗产保护与经济社会发展的关系，正确处理文化遗产传承保护与利用管理的关系，加快抢救速

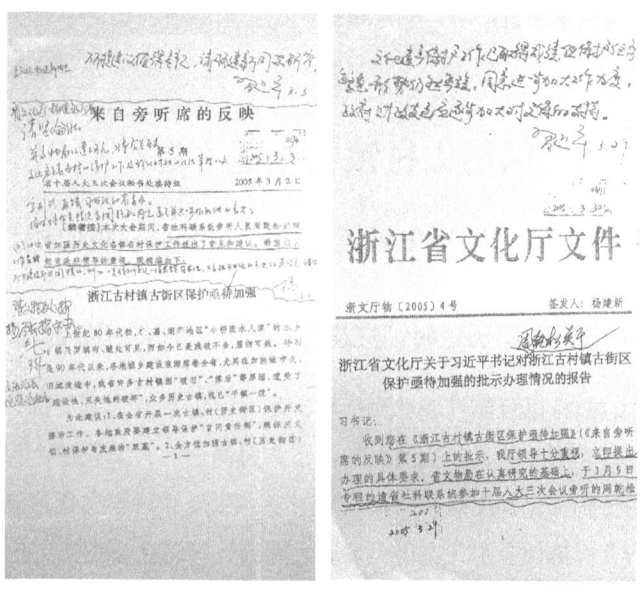

图2-5　习近平总书记早就高度重视古村镇文化遗产保护。2005年3月任浙江省委书记时曾2次对作者研究成果作出重要批示

---

① 习近平在正定[EB/OL]．人民网，http://cpc.people.com.cn/n/2014/0102．

② 时任浙江省委书记习近平于2005年3月对周乾松关于《浙江古村镇古街区保护亟待加强》报告所作的重要批示．

③ 时任浙江省委书记习近平于2005年3月对浙江省文化厅办理周乾松关于《浙江古村镇古街区保护亟待加强》报告时第二次作出的重要批示．

度，加大保护力度，切实保护不可再生的文化遗产"。①习近平特别强调："保护文化遗产，保持民族文化的传承，是各级党委、政府义不容辞的历史责任。要切实加强对文化遗产保护工作的领导，理顺文化遗产保护管理体制，加大投入力度。积极引导和鼓励社会力量参与文化遗产保护，建立完善文化遗产保护专家咨询制度、公众和舆论监督制度，充分发挥有关学术机构、大专院校、企事业单位、社会团体等各方面的作用，共同开展文化遗产保护工作。"②

3．习近平总书记最近多次强调古村镇文化遗产保护要像爱惜自己的生命

2013年8月，习近平总书记在考察湖北城乡一体化试点的鄂州市峒山村时特别指出："实现城乡一体化，建设美丽乡村，不能大拆大建，特别是古村落要保护好。"2014年2月25日，习近平在北京考察时又强调指出："历史文化是城市的灵魂，要像爱惜自己的生命一样保护好城市历史文化遗产。北京是世界著名古都，丰富的历史文化遗产是一张金名片，传承保护好这份宝贵的历史文化遗产是首都的职责，要本着对历史负责、对人民负责的精神，传承历史文脉，处理好城市改造开发和历史文化遗产保护利用的关系，切实做到在保护中发展、在发展中保护。……要高度重视修史修志，让文物说话、把历史智慧告诉人们，激发我们的民族自豪感和自信心，坚定全体人民振兴中华、实现中国梦的信心和决心。"③

四、中国历史村镇文化遗产保护利用的指导思想、方针原则

（一）中国历史村镇文化遗产保护利用的指导思想、基本方针

1．我国历史村镇文化遗产保护利用的指导思想

坚持以科学发展观为指导，落实习近平系列重要讲话思想，加大文化遗产保护力度，构建科学有效的文化遗产保护体系，提高全社会文化遗产保护意识，充分利用文化遗产传承中华传统文化，提高人民群众思想道德素质和科学文化素质，增强国家文化软实力和民族凝聚力，促进社会主义文化大发展大繁荣，推动社会主义文化强国建设和全面建成小康社会。

2．我国历史村镇文化遗产保护利用的基本方针

历史村镇文化遗产保护利用，要贯彻"保护为主、抢救第一、合理利用、传承发展、加强管理"的方针。各级地方政府是历史村镇文化遗产的保护主体，必须坚持依法保护和科学保护；

---

① 习近平．加强文化遗产保护传承优秀文化传统[EB/OL]．新华网浙江频道，2012-11-15．
② 习近平．加强文化遗产保护传承优秀文化传统[EB/OL]．新华网浙江频道，2012-11-15．
③ 习近平对大城市发展的6方面提醒[EB/OL]．人民网，2014-02-27．

正确处理经济社会发展与文化遗产保护的关系；遵循科学规划、分类管理、有效保护、合理利用的原则，切实保护历史村镇文化遗产的真实性、完整性、可持续性和居民生活的延续性。

（二）我国历史村镇文化遗产保护利用的基本原则

1．保护历史村镇文化遗产的真实性

真实性原则是真实地保护历史村镇文化遗产本来全部的历史文化信息。就是要尽最大限度保护历史村镇、历史街巷、历史建筑及其他古建（构）筑物，并真实地保护历史村镇本来的历史原物和全部历史信息；不得破坏历史村镇格局和肌理的连续性和逻辑性；整治应坚持"整旧如故，以存其真"的原则；维修应使其"延年益寿"而不是"返老还童"；历史建筑外部修补应保持原状，用原材料、原工艺，以求原式原样地保持历史村镇格局风貌，达到历史本来面目。在拆除现代违章建筑的地方，恢复重建一些因故被毁、具有地方重要特征、象征的历史建筑物，则具有纪念意义。但重建要慎重并必须经专家论证，因为重建必然失去了历史的真实性，又耗资巨大，还破坏了遗迹；在更多情况下保存残迹更有真实性价值。

2．保持历史村镇风貌的完整性与整体性

完整性原则就是要整体保护好历史村镇文化遗产与自然遗产。保护历史村镇，不仅要保护好历史建筑、乡土建筑其本身，又要保护好历史建筑相互依存的自然生态环境和历史文态环境，还要保护好历史村镇周围的山水田园等整体环境风貌，更要保护传承历史村镇民俗传统文化等非物质文化遗产，只有这样做，才能完整地保护历史村镇文化遗产与自然遗产。同时，还要保护好自然遗产及其风貌完整性，就是要保持历史村镇的视觉环境和保护好历史环境要素的统一性。保护历史村镇整体性，还包括历史村镇格局、街巷肌理、历史建（构）筑物的平面构成、体量、高度、色彩、空间等形成要素及其的整体协调，还包括历史街区文态环境、居民生活的活动及与此相关物件的所有环境对象。

3．维护历史村镇居民生活的延续性

延续性原则就是要维持历史村镇的自然环境和文化生态，延续历史村镇千百年来形成的生活方式、民风民俗、传统习惯等无形文化遗产。决不能大量迁走历史村镇居民换来各方商人，要让本地人长期生活其中，才能使历史村镇更好"活起来"。没有原住民就会使历史村镇成为没有"灵魂"的"空壳躯体"；没有原住民在历史村镇延续生活，也就没有地方文化、民俗活景，就必然割断历史村镇的文脉和丢失灵魂。但人口过于拥挤的历史街区，可以适当地减少核心保护区内的居民数量、优化居民结构，改善人居环境及基础设施条件。

4．保留历史村镇文化遗产的可读性

可读性原则就是在历史遗存上可以读出它的文化信息，或可直接看出文物古迹的"历史年轮"。因此，保护历史村镇文化遗产，就是要保护好文物古迹、古建筑所留下的历史印痕和文化信息；在整治和改造时，也要在历史遗存上真实承认和保存不同时期留下的痕迹，古建筑、古构筑物加建和改建部分，要与原貌有所区分，而不是按现代人想法去抹杀和改变原貌；尤其要反对大片拆迁和盲目重建等违反可读性原则的开发性、建设性的破坏。

5．保持古建筑修复的可识别性与可逆性

可识别性与可逆性原则就是古建构筑物修补部分要跟原有部分形成整体，保持外貌景观上的和谐一致，有助于恢复而不能降低它的艺术价值、历史价值、科学价值、信息价值。文物古建筑增添部分应与原有部分有所区别，使人能辨别出历史部分与当代增添物，以保持文物古建筑的历史性。但不要和原来的部分有明显的区别，让人可区分真假，不可以假乱真。要认识到今天的修复加固未必是正确和最好的，要相信后人会有更好的处置手段和方法，这就要求文物古建筑修复具有可逆性，让后人改变它时不必伤及文物的原样；有的文物古建筑保护一时做不好，就慢慢做，不能急于求成，要坚持保护利用的持续性。

6．坚持历史村镇保护利用的和谐性与发展可持续性

可持续性就是通过历史村镇保护利用，激活历史、人文、环境的价值；实现历史文化资源的活力再生；做到在保护中利用、在利用中发展，将保护利用与村镇发展有机结合。历史村镇文化遗产保护的核心目的是传承利用和可持续发展。利用文化遗产要以不损坏遗产为前提，以继续原有使用方式为最佳。历史建筑和传统民居的保护与利用，不能像文物器件那样博物馆式保存；而是要把历史建筑、传统民居当作历史街区的"活的博物馆"；要让历史村镇原居民世代生活下去，不仅要真实完整地保存历史村镇的自然环境和文化生态，让生活在历史村镇的人和来旅游的人永久享用；而且要改善原居民生活的现代化和历史环境的协调；从而使历史村镇保护利用实现可持续发展；最终实现历史村镇人与自然的和谐、人与历史的和谐、人与社会的和谐。

第三章

中国历史村镇文化遗产保护利用的
对象范围与措施方法

世界各国历史村镇保护的发展历程表明：历史村镇保护的对象范围，从最初保护文物古迹，发展到保护历史建筑；从保护单体历史建筑，发展到保护历史建筑群体，再扩展到保护历史街区、历史村镇；又从保护历史街区扩展到整座历史文化古城；最后发展到保护历史村镇周围自然环境的保护；发展至今将物质文化遗产与非物质文化遗产结合保护，并和自然遗产进行结合性保护，已日益得到国际社会的关注重视。可见，世界各国遗产保护的认识与实践，是一个逐步提高认识和拓展保护对象的过程。

一、中国历史村镇文化遗产保护的对象范围和内容要求

（一）中国历史村镇文化遗产保护利用的对象范围

1．我国历史村镇文化遗产保护的发展历程

我国历史村镇保护实践的历程表明：历史村镇文化遗产保护的对象范围，从最早只保护文物保护单位，发展到保护文物古迹遗址；从保护"历史文化名城"再发展到保护"历史文化名镇名村"；再发展到保护"中国传统村落"；从单纯保护"文物"发展到保护"物质文化遗产"，再发展到保护"非物质文化遗产"、从分开保护"文化遗产"、"自然遗产"，到目前已开始重视"文化遗产"与"自然遗产"的结合性保护。上述可见，我国历史村镇文化遗产保护的认识与实践，也是一个逐步提高认识和拓展保护对象的过程。

但我国在历史文化村镇保护中，地方政府比较重视对物质文化遗产保护与利用，而对非物质文化遗产的保护与传承相对较弱；如非物质文化遗产在我国申报历史文化名镇名村评价体系中所占比重只占4%，加上历史影响、历史名人也只占13%。更值得提出的是，目前对物质与非物质文化遗产相关联的历史、人文、自然环境的保护尚未足够重视。

2．我国历史村镇文化遗产保护的对象范围

目前，我国历史村镇文化遗产保护体系已基本形成：

（1）物质文化遗产保护包括3个方面对象：文物保护单位、历史街区和历史建筑等。对于文物保护单位、要真实完整保存历史的原貌和真迹；文物保护要遵循不改变文物原状的原则，对于历史村镇、历史街区、历史建筑，不仅要保护历史村镇的真实性和整体性，而且要保护历史格局风貌完整性和居民生活的延续性。

（2）非物质文化遗产保护包括6个方面对象：① 传统口头文学以及作为其载体的语言；② 传统美术、书法、音乐、舞蹈、戏剧、曲艺和杂技；③ 传统技艺、医药和历法；④ 传统

礼仪、节庆等民俗；⑤ 传统体育和游艺；⑥ 其他非物质文化遗产①。非物质文化遗产保护必须遵循"保护为主、抢救第一、合理利用、传承发展"的方针原则。

（二）我国历史村镇文化遗产保护的内容与要求

1. 保护文物古迹，是历史村镇文化遗产中保护级别最高的重点保护对象

文物古迹是人类历史上创造并遗留至今，记载历史文化信息的实物遗存，具有极高的历史、文化、科学价值和考古意义。保护文物古迹的类别众多，包括古建筑、古园林、石窟石刻、古迹遗址、古代墓葬、名人故居和近现代有纪念意义的建筑物，还包括古树、古桥古道等。我国历史悠久，文物古迹众多，目前现存不可移动文物766722处，各级文物保护单位近70000处，包括全国重点文物保护单位4296处，其中有70%以上分布在历史村镇，还有1300多项国家级"非遗"和7000多项省、市、县级"非遗"，绝大多数都在历史村镇里。

我国文物保护数量与历史与国土疆域不够相称，与世界上遗产保护先进国家相比存在差距。如英国国土面积仅为我国的1/73，但英格兰馆藏品700万件，登录建筑有50万处；美国馆藏品1700万件；而我国馆藏品仅30多万件。我国文物保护数量不多的主要原因，在于我们的文化遗产保护体系不健全。也与2002年以前一直未能将大量的历史村镇纳入文化遗产保护范围有直接关系。最典型就是安徽的西递和宏村，这两处独具特色的皖南古村落在2000年列入世界文化遗产时，竟然还不是全国重点文物保护单位。又如周庄、乌镇等江南水乡古镇在江浙沪地区曾经有400多个，而目前较好保存江南水乡古镇格局风貌的只有10多个，主要原因也是长期来对历史村镇保护不够重视所致。

2. 保护历史建筑与乡土建筑，是历史村镇文化遗产保护的主要内容和对象

历史建筑与乡土建筑是文化遗产保护的重要组成部分。它是"记住乡愁"，启发爱国热情和民族自尊的实物见证和精神源泉；也是研究历史、文化、科技、建筑、艺术的实物证据和现实借鉴；又是当代人文化休闲生活的理想场所和发展旅游经济的不竭源泉。

早在1999年，国际古迹遗址理事会《关于乡土建筑遗产的宪章》中就明确指出：乡土建筑遗产在人类的情感和自豪中占有重要的地位；已经被公认为是有特征的和有魅力的社会产物。该宪章规定了乡土建筑遗产的保护原则和保护方针：如对乡土建筑、建筑群和古村落保护应尊重文化价值和传统特色；要依靠社区的参与和支持，依靠持续不断地使用和维护；借由多学科的专门知识来实行；保护乡土建筑包含必要的变化和不断适应的连续过程；改造和再利用乡土建筑时，应该尊重建筑的结构、性格和形式的完整性；政府必须重视保护工作者

---

① 中华人民共和国非物质文化遗产法[M]. 北京：文物出版社，2011.

和传统技能的培训计划；提高公众特别是年青一代的乡土建筑意识；建立乡土建筑保护网络等等。该宪章还明确了保护乡土建筑在历史村镇中的重要地位，然而我国农村大量代表地区特色、建筑文化的乡土建筑，至今尚未引起人们的足够关注。为此，各级政府应在新型城镇化过程中高度重视古村落乡土建筑保护。

2005年，我国《关于加强文化遗产保护的通知》明确指出："在城镇化过程中，要切实保护好历史文化环境，把保护优秀的乡土建筑等文化遗产作为城镇化发展战略的重要内容，把历史文化名镇（街区、村镇）保护规划纳入城乡规划。"这是第一次把乡土建筑保护纳入国家行为和各级政府的职能。

2008年，我国《历史文化名城名镇名村保护条例》强调了加强历史建筑保护的重要性，规定了历史建筑的定义范围和保护要求："历史建筑，是指经城市、县人民政府确定公布的具有一定保护价值，能够反映历史风貌和地方特色，未公布为文物保护单位，也未登记为不可移动文物的建筑物、构筑物；历史文化名镇名村核心保护区内的历史建筑，应当保持原有的高度、体量、外形形象；应建立历史建筑档案；应实施原址保护。"[1]历史建筑在我国历史村镇文化遗产中，不仅是数量最多的保护对象，而且是体现各民族传统文化和不同地域的传统建筑风格形式的重要标志。因此，保护历史建筑就是保护历史村镇的历史、文化、科学和艺术价值。保护历史建筑既要保护好历史建（构）筑物本体格局风貌，又要保护好历史建筑的空间环境和文态环境；还要保护好历史建筑的历史环境要素和自然生态环境。

特别要重点保护特色鲜明的历史建筑与乡土建筑群，包括祠堂祖屋、坛庙寺观、书院学堂重要民居和古道桥梁及其路亭、碑刻等。其保护价值不亚于文物保护单位。尤其在特定区域内形成能反映某一历史时期的历史村镇风貌特色的传统建筑群和构筑物。如江南水乡古镇大规模的历史建筑群和构筑师，福建田螺坑村大体量的客家土楼，安徽西递和宏村一群群的徽派古民居，广东开平独具特色的众多碉楼建筑，浙闽地区的木拱廊桥，重庆西沱镇富有民族特色的土家吊脚楼等，它们的保护价值远大于文物保护单位。这些具有丰厚历史文化底蕴和独特地域特色的乡土建筑，不仅已成为我国乃至世界建筑史上的珍贵文化遗产；而且这些幸存的历史建筑、乡土建筑，正好弥补当今世界普遍存在建筑风格形式"同质化"和建筑技术过于单一的"方格子"现象。目前，我国历史村镇的许多乡土历史建筑，正以其丰富多彩而又各具地域特色的建筑风格和文化风情，成为无数国人的热游青睐和世界各国游人赞美的观光之地。

3. 保护历史街区及其空间环境，是历史村镇文化自然遗产保护的中心内容

历史街区及其空间环境，表现为历史村镇内部错综复杂的街巷里坊巷弄的空间格局和传统肌理，包括河道、沟渠、池塘及其联络村镇内外的传统交通系统，如古道、古桥、传统渡

---

[1] 历史文化名城名镇名村保护条例[G]//国际文化遗产保护文件选编. 北京：文物出版社，2009：665.

口、码头以及分布在村镇田野间的农业水利系统等。这些呈线性分布的传统肌理和空间格局，是历史村镇经济社会发展与历史、自然的物质化表现。尤其是千百年来，世代居民保存下来的历史建筑群及其格局风貌，是历史村镇最珍贵的文化自然遗产。

因此，保护历史街区及其空间环境，是保护历史村镇遗产的主要内容：① 要保护历史街区坊巷的传统格局风貌和文化特色，反对大拆大建、拆真造假。② 要保护历史街区的核心地带和建设控制地带，反对大拆大建。③ 要保护历史街区坊巷的公共生活空间和自然生态景观，避免侵占历史街区。④ 要保护历史建筑物、构筑物的空间环境及其历史环境要素，避免改变历史环境。⑤ 要保护历史街区的人文生态环境，维护社会生活延续性，应保持一定比例的原住民，延续生活，继承文化传统，保持历史街区的生机活力。

保护历史村镇的真实性、完整性和延续性，就是要重点保护历史街区的格局特征、公共空间、文态环境：① 要重点保护好历史街区的平面布局、方位轴线、道路骨架、河网水系等；② 要重点保护好历史街区特有的街坊、里巷、弄堂、河道等空间布局，这些空间场所是当地居民生活、交往，从事社会活动和经济活动的最主要场所；它所包含的历史记忆、文化信息极为丰富。如江南水乡乌镇的格局风貌、公共空间、文态环境保存十分完整，乌镇人称的"四栅、中市"，就是东、西、南、北的4条老街，呈"十"字交叉于"中市"，形成双棋盘式河街平行的街巷格局。乌镇东、西、南、北四栅的明清古民居建筑群鳞次栉比，平行于四栅的"十"字河道上石桥、河埠密布，以河为街、桥街相连、河畔筑屋、古宅大院、深巷古道、乌瓦白墙、过街骑楼、临河水阁、水镇一体、依水而居、古色古香，生动地展现出江南水乡古镇独具"小桥、流水、人家"的"优美、清新、婉约"的风韵，从中可体味到乌镇从唐宋江南雄镇、明清江南巨镇至今已成为中国江南水乡封面、走向世界名镇过程中形成的深厚历史信息和文化记忆。

4．保护传统村落及其形态特性，是历史村镇文化自然遗产保护的重要内容

中国传统村落蕴藏着丰富的文化遗产和自然景观，是五千年农耕文明留下的最大遗产。目前，我国已公布的第一、第二、第三批2555个"中国传统村落"，大多数保留着明清前后的古村落形态，大量的乡土建筑及其环境风貌和独特民俗民风，至今保存较好并仍为村民服务。因此，保护传统村落是我国历史村镇文化遗产和自然遗产保护的重要内容。

村落形态特性是每一个传统村落的个性和魅力，也是历史村镇总体布局的重要部分。村落形态特性主要包括村落格局、风貌和街巷肌理、布局形式，以及乡土建筑特色、山水河道等历史环境要素。它能体现出村落规划的理念和历史布局的延续性，反映着传统村落的历史变迁和文化记忆，更印刻着传统村落世代村民的心理行为、民风习俗以及人与自然的互动融合的遗迹。如我国南方传统村落的选址和古民居的建造，不仅普遍采取"散、聚相结合的村落模式"；而且千百年来一直保持着传统村落的格局风貌和自然环境，反映出世代农民对村

落形态的理解和对历史的尊重，更体现了传统村落世代村民与自然环境和谐相处的可持续发展。

中国传统村落的形态布局大都是以祠堂等公共建筑为中心，或向祠堂、第府、广场、池塘等特定地段聚集的特性，从而逐渐形成一个连续环绕、方便可达和可读性的村落空间核心。如全国重点文保单位——兰溪诸葛古村落的形态布局就是集民居、祠堂、第府、广场、池塘于一体；整个村落形态布局规整、结构精巧别致，高低错落有致，气势雄伟壮观，空中轮廓优美，尤以太极阴阳鱼形状的钟池为村中心，沿着钟池分布八条巷道，把村子分成8个区域，8座小山环绕村落四周，恰如"九宫八卦形"布局。这在中国古建筑史上尚属孤例，也是我国古村落"梳式布局"的典型代表。

中国传统村落所具有的那种自然、优雅、舒适和人与人那种亲和、善良、温润，充分体现出以人为本理念和人性特点，给今天的城镇化发展建设和自然人文环境的利用极大的启迪和深远的意义。因此，要重点保护好传统村落的格局风貌、街巷肌理、山水河道、空间布局、规划理念、建筑特色、人文景观、自然形胜、社会形态等。

5. 保护田园生态自然环境，是历史村镇自然遗产保护的关键内容

自然生态环境（Natural Environment）是存在于人类社会周围的对人类的生存和发展产生直接或间接影响的各种天然形成的物质和能量的总体，是自然界中的生物群体和一定空间环境共同组成的具有一定结构和功能的综合体，且未受人类干扰，在一定空间和时间范围内依靠生物及其环境本身的自我调节来维持相对稳定的生态系统。典型的自然生态系统有森林、草原、荒漠以及海洋生态系统，还有介于水陆之间的湿地生态系统[①]。根据《保护世界文化和自然遗产公约》规定，自然遗产包括以下内容：①具有突出的普遍价值的地质和自然地理结构以及明确划为濒危动植物生存区。②具有突出的、普遍价值的由地质和生物结构或这类结构群组成的自然面貌。③具有突出的普遍价值的天然名胜或明确划分的自然区域。

人类是自然生态环境的产物。千百年来人们的各种活动，影响、改变和创造了历史村镇自然生态环境。但长期以来伴随着工业化、现代化、城市化建设的快速发展，也影响改变了历史村镇的自然生态环境，从而自然生态环境又影响制约了今天人们的生活、生产活动。因此，保护好历史村镇的自然景观和生态环境，对于保护历史村镇自然遗产，促进子孙后代生存发展，都具有十分重要的现实价值和历史意义。然而我国除了待申报世界自然遗产之外，其他自然遗产的保护尚未得到各级政府的高度重视。这与我国自然遗产保护的立法体系有关，至今连历史村镇自然遗产的概念、范围、保护的对象、内容等都尚未明确。学界对我国自然遗产保护的研究也极为鲜见。为此，笔者认为历史村镇自然遗产保护与文化遗产的保护同样重要，亟待加强保护。

---

① 自然生态环境[EB/OL]. 百度百科，http://baike.baidu.com，2013-10-26.

历史村镇自然遗产是以田园山水、古树名木、生态景观、自然风光、绿色植被等为内容的自然生态环境。这种自然生态环境是历史村镇生存发展的背景，也是历史村镇特有的自然遗产，更是形成历史村镇文化遗产的特色氛围和价值所在。1898年，霍华德提出了田园城市（Garden City）理论，主张建设把城市生活的优点同乡村的美好环境和谐地结合起来的田园城市，明确提出疏散城市人口，使居民返回乡村，希望用这把万能钥匙，解决城市交通拥堵、环境恶化等城市病问题。这种田园城市理论，不仅对世界各国城市建设与发展产生重大影响，而且至今仍有非常重要的现实价值。久居城市的人在逼仄的空间和快节奏的生活中，会越来越感到麻木和疲惫，如能到田园中体验历史村镇独特的文化韵味与自然风景，其身心都会体味到幸福的放松和愉悦。而我国具有众多历史悠久、丰富多彩的历史村镇，保存着大量的乡土建筑群，并与田园山水、古树名木、山岭土丘、河流小溪等自然风光相交融，为世人保留了人与建筑、人与自然、人与风景等融合和谐的天然之美；更为今天的城市人提供了欣赏乡土文化、享受大自然、放松压力、怡养心情的美丽村镇。因此，应切实保护好历史村镇相互依存的山形水势、田园风光、古树名木、生态景观、自然形胜等自然遗产，包括保护历史村镇周边的农田林地、山地梯田、茶山草地、池塘湖泊、鱼塘莲塘、海洋滩林等自然人文景观资源。

6. 保护非物质文化遗产，是历史村镇文化遗产保护的重点内容

非物质文化遗产是历史村镇"活着的文化灵魂"，也是解读历史村镇的"价值钥匙"。而历史村镇既是非物质文化遗产赖以生存的物质载体；又是非物质文化遗产传承与发展的最理想场所。因此，历史村镇必须进行整体性保护利用，不仅要保护利用好文物古迹、历史建筑等物质文化遗产及其自然生态环境，而且要抢救保护数量巨大且丰富多彩的非物质文化遗产；尤其要采取全方位、多层次的活态保护传承方式，反映和保存历史村镇文化遗产的多样性和丰富性。保护的主要内容和具体对象如下：

（1）保护地方民间民俗传统文化，是保护中华民族文化多样性的精华。我国历史村镇不仅保存着巨量的民间文学艺术、音乐舞蹈、美术戏曲、曲艺杂技、名人诗文等地方特色文化；而且传承着大量乡土文化、民风民俗、传统习惯、包括生产习俗、商贸传统、消费习俗、人生礼俗、民间信仰、岁时节令等非物质文化遗产。同时，这些非物质文化遗产又和文物古迹、历史建筑等物质文化遗产相互依存、相互衬托，反映体现出历史村镇的丰厚文化积淀和特色价值，共同构成我国历史村镇文化遗产的丰富多样性。如江南水乡同里古镇河上有"太平、吉利、长庆"3座古桥，千百年来古镇居民每逢婚娶祝寿都要"走三桥"，古镇居民一直把"走三桥"作为"消灾消难、吉祥幸福"的民间风俗传承至今。可见作为物质文化遗产的3座古桥与作为民间风俗"走三桥"的非物质文化遗产，相互结合在一起，共同反映和体现出江南水乡古镇文化遗产的特色价值和丰富多样性。这种实例在我国历史村镇都是不胜枚举的。

（2）保留原住民邻里文化，是保存历史村镇的文脉和非物质文化遗产的灵魂。邻里关系是千百年传承至今的中华优秀文化传统，维护和谐邻里关系就是保护原住民的生活方式，维护历史村镇的生活连续性，比保护历史建筑更为重要。保留和维护好原住民文化及其密切的邻里关系，既能成为原住民之间维系感情的纽带和文化传承的桥梁，又能为维护我国传统文化多样性与安全、促进社会发展发挥积极作用。同时，还能唤起原住民之间亲切感和归属感，并增强原住民的文化自信和对家乡的眷恋感，以缓解原住民的大量外迁，避免历史村镇的过度衰退，对长期保持历史村镇文化传统具有极为重要的作用。

（3）保护传统手工艺技能及其传承人，是非物质文化遗产保护的根本关键。我国传统手工艺技能大都是在历史村镇的土壤上产生，并历经千百年的手工形式传承发展至今，是一个丰富而庞大的非物质文化遗产宝库，并具有很强的地域性、专业性、生态性的特点。不同地区的历史村镇内，都有着各具地方特色风格的传统手工艺技能及其传承人。近年来由于各种原因，许多历史村镇民俗风情逐渐销声匿迹，不少传统手工艺技能无人承传，行将断绝；而代之以普遍一律的城市风俗，又进一步影响历史村镇特色民俗文化的保护和传统手工艺技能传承。

（4）保护历史村镇的个性特色，是保护历史村镇文化遗产的文化多样性。历史村镇文化个性、多样性，是我国历史村镇发展和文化遗产传承的内在动力，是文化的生命。我国历史村镇一般都有不同的地方特色、历史传统、文化个性和建筑风貌等特点。按特性一般分为：历史街区型（大多数国家历史文化名镇属于这类，如乌镇、周庄镇、西塘镇等）、建筑遗产型（江南水乡古镇乌镇、南浔、周庄镇、西递、宏村、诸葛村、流坑村等）、民族村落型（如福建田螺坑村、贵州侗寨等）、商贸交通型（浙江乌镇、北京爨底下村、河北鸡鸣驿村等）、传统文化型（如皖南古村落西递、宏村、河南张谷英村等）、革命历史型（福建古田镇、长沙靖港古镇等）、环境景观型（浙江乌镇、诸葛村、新叶村、俞源村等）等。以上每个历史村镇不仅都有独特的文化个性或归属某种类型的共性；而且都具有共性和个性结合的文化特性，从而形成历史村镇非物质文化遗产保护的基本内容。因此，不同文化特性的历史村镇，应采取不同的保护方法，并侧重保持历史村镇的鲜明个性特色。如有的历史村镇的历史建筑保存数量不多，但民间民俗文化等非物质文化遗产相当丰富，价值很大，这就要侧重保护非物质文化遗产，加大传承发展力度。如江、浙、沪的历史村镇，就应重点保护传承发展江南水乡文化和商贸交通型的特性；安徽历史村镇就应围绕徽派建筑文化的共性加以重点保护；而福建历史村镇既要重点保护土楼建筑文化、客家文化的共性，又要重点保护古田等革命历史型村镇。

（5）保护历史村镇原住民行为文化，是历史村镇文化遗产保护的魅力所在。原住民行为文化是千百年来在生活、生产中所创造沿袭至今，仍富有价值的文明行为以及人类社会发展的经验及创造性活动。它介于物质文化、精神文化和制度文化之间。原住民行为文化是历史村镇活着的文化，主要是原住民以语言表达、风俗习惯、礼仪服饰、行为动作等形态出现的行为模式，也是历史村镇原住民文化特性的直接显示和外在形态，可称之为历史村镇行为景观。因此，不同历史村镇行为文化，是在不同地域、不同民族或在不同时代不断逐渐形成的，它表现出不同历史村镇的行为景观，也是文化多样性的重要体现。

我国每一个历史村镇的行为文化，都是千百年长期积淀形成和保留至今，并在原住民身上表现出社会心理、思维方式、消费习俗、人生礼俗、岁时节令和信仰习惯的外在活动形态，这就是每个历史村镇不可或缺的特色行为景观。如西藏、新疆、贵州、海南等民族文化村镇，都具有鲜明、独特、丰富多彩的行为景观；又如江南水乡古镇，世代原住民依水而居，以舟代车、摇船游弋的特征，给世人留下"小桥、流水、人家"的深刻印记和原住民的"优雅、清新、婉约"的行为文化。

7．在新型城镇化过程中，要加大历史村镇非物质文化遗产的保护力度

近年来，我国历史村镇非物质文化遗产保护存在3种情况：① 许多历史村镇由于保护不力等影响，普遍存在原住民拆迁、大量青年外迁，"老龄化、空壳化"现象，以致原住民文化传承断裂和非物质文化遗产消失。② 不少历史文化名镇名村，由于过度旅游开发等影响，不少外地商人经商开店和大量游容涌入历史村镇旅游观光；直接导致历史村镇原住民减少与外来人口增多，本地文化衰退与外来文化侵入的"并存现象"，使历史村镇非物质文化遗产第二次遭受"旅游开发性破坏"，而且这种根本性破坏犹如釜底抽薪，比物质文化遗产破坏的危害性、严重性更大。③ 由于人口置换势必带来文化变迁和蜕变，尤其是不少历史文化名镇正在蜕变为新建的仿古镇，割断了原住民的文脉和灵魂；有的文化名镇只剩下"文化躯壳"，实质上已经异化为"旅游小商品市场"。

历史村镇文脉灵魂既蕴藏在小桥流水之中，更根植于百姓人家的心中和原住民民俗文化之中。正因为丽江古城保留着纳西人的生活状态和"活着的纳西文化"，才能使联合国列入双重世界文化遗产和世界非物质文化遗产。但遗憾的是有的江南水乡古镇由于过度旅游开发，存在"文化变迁与异化"的现象，甚至有的古镇全部拆迁历史街区原住民，使千百年积淀形成的众多非物质文化遗产毁于一旦，导致千年古镇的文脉割断和灵魂丢失，极为遗憾。

因此，在新型城镇化过程中，要加大历史村镇非物质文化遗产的保护力度，要全方位、整体性保存着具有浓厚地方特色的民间文学、民间艺术、音乐舞蹈、美术戏曲、曲艺杂技、名人诗文，以及乡土文化、民风民俗、传统习惯、包括生产习俗、商贸传统、消费习俗、人生礼俗、民间信仰、岁时节令等非物质文化遗产。尤其要充分挖掘、传承、发展传统手工艺技能，采取各种政策鼓励和支持传承人传授手工艺技能和培训接班人。同时，要充分发挥传统手工艺所蕴含的产业价值、就业价值、市场价值和文化价值，并加以整体性保护、活态保护和生产性保护。即便是在当前生活中很少使用或无法继续沿用的民俗传统手工艺，也应采取适当方法加以保存和展示；这对于保护和传承历史村镇非物质文化遗产，弘扬和发展地方民间民俗特色文化，实

现历史村镇文化遗产保护与旅游经济发展的"双赢",都具有重要的历史意义和现实价值。

二、中国历史村镇文化遗产保护利用的原则要求与措施方法

（一）历史村镇文物保护单位、文物建筑保护的原则要求与措施

历史村镇范围内的文物保护单位、文物建筑等不可移动文物,应遵循"保护为主、抢救第一、合理利用、加强管理"的保护方针,坚持保护文物原真性、完整性的原则,坚持不改变文物原状的原则,技术手段应坚持原形制、原材料、原结构和原工艺的四原原则。

1. 文物保护单位的保护要求与措施[1]

文物保护单位的核心范围内不得进行爆破、钻探、挖掘或者其他建设工程等。在文物保护单位的建设控制地带内进行建设工程,不得破坏文物保护单位的历史风貌。在文物保护单位的保护范围和建设控制地带内,不得建设污染文物保护单位及其环境的设施,不得进行可能影响文物保护单位安全及其环境的活动。对危害文物保护单位安全、破坏文物保护单位历史风貌的建筑物、构筑物,当地人民政府应当及时调查处理,必要时,对该建筑物、构筑物予以拆迁;因特殊情况不能避开的,对文物保护单位应当尽可能实施原址保护。文物保护单位的修缮、迁移、重建,由取得文物保护工程资质证书的单位承担。

2. 文物古迹、文物建筑等不可移动文物的保护要求与措施[2]

文物古迹等不可移动文物进行修缮、保养、迁移等,都必须遵守不改变文物原状的原则,并定期实施日常保养。要保护现存实物原状与历史信息,按照保护要求使用保护技术,正确把握审美标准。建设工程选址,应当尽可能避开不可移动文物[3]。文物古迹保护要预防各类灾害和游人对文物古迹可能造成的危害,并制定应付突发灾害的抢救方案。

保护文物建筑及其附属物的安全,不得损毁、改建、添建或者拆除不可移动文物。文物建筑参观场所应控制每天的参观人数,严禁烟火和喧哗,要保证通道疏散有序,必须配置防火设施;严防产生安全事故。不可移动文物已经全部毁坏的,应当实施遗址保护,不得在原址重建,必须保护文物环境。因特殊情况需要在原址重建的,由省、自治区、直辖市人民政府文物行政部门报省、自治区、直辖市人民政府批准;全国重点文物保护单位需要在原址上重建,由省级人民政府报国务院批准。

---

[1] 中华人民共和国文物保护法[G]//中国文化遗产法规文件汇编. 北京: 文物出版社,2009: 458.
[2] 中华人民共和国文物保护法[G]//中国文化遗产法规文件汇编. 北京: 文物出版社,2009: 459-460.
[3] 中华人民共和国文物保护法[G]//中国文化遗产法规文件汇编. 北京: 文物出版社,2009: 459.

3．考古发掘的原则要求与措施[①]

考古发掘工作必须保护实物遗存，必须履行报批手续；并同时报批发掘中和发掘后的可行保护方案，获准后同时实施。抢救性发掘，应对可能发现的文物提出处置方案，并同时补办审批手续。地下埋藏的文物，任何单位或者个人都不得私自发掘。在进行建设工程或者在农业生产中发现的文物属于国家所有，任何单位或者个人不得哄抢、私分、藏匿。从事考古发掘的单位，应当经国务院文物行政部门批准；对全国重点文物保护单位的考古发掘计划，应当经国务院文物行政部门审核后报国务院批准。

4．国有不可移动文物的保护原则与要求[②]

国有不可移动文物不得转让、抵押。非国有不可移动文物不得转让、抵押给外国人。使用不可移动文物，必须遵守不改变文物原状的原则，负责保护建筑物及其附属文物的安全，不得损毁、改建、添建或者拆除不可移动文物。建立博物馆、保管所或者辟为参观游览场所的国有文物保护单位，不得作为企业资产经营。

5．文物保护工程、设施建设的保护原则与要求

历史村镇的文物保护工程，包括维修保养、抢险加固、修缮迁建等工程，必须根据保护规划的相关法规，保存文物原状，制定符合保护要求的工程技术方案，并经审批后才能依法实施。有关文保单位的安防、消防、防雷等保护性设施建设工程，必须申报类项、编制方案、经费申报、施工管理、竣工验收等，应按照文物保护工程的程序审批办理和依法实施。

（二）历史村镇不可移动文物保护的原则要求

1．保护真实性的原则要求

主要包括：文物古迹必须原址保护，一般不应重建；文物建筑尽可能最少干预，不允许为了追求完整、华丽而改变文物建筑原状；要保护历史村镇的历史真实性；尽可能多地保存真正的历史遗物、文化遗迹和有真实历史信息的物质载体；对历史建筑进行抢救、维护、修整，要以历史真实性和可靠文献为依据，不可将仿古造假当成保护手段等。

2．保护完整性的原则要求

主要包括：整体保护历史村镇街区文化遗产（范围完整性、文化概念完整性）；保护文

---

① 中华人民共和国文物保护法[G]//中国文化遗产法规文件汇编．北京：文物出版社，2009：459．
② 中华人民共和国文物保护法[G]//中国文化遗产法规文件汇编．北京：文物出版社，2009：460．

物建筑的整体空间；文物古迹遗址连同环境一体保护，非有特殊情况，一般不得迁移；要尽可能保持遗产组织与结构及其周围环境的完整。

历史村镇整体性保护主要是保持传统格局、历史风貌、空间尺度，不得改变与其相互依存的自然景观和环境。重点保护遗产本体及其环境的完整性。

3. 保护生活延续性的原则要求

主要包括：要维持历史村镇社会生活的延续性；继承文化传统，提升文化内涵、促进文化延续；改善基础设施和居住环境；保持街区活力；保留一定数量原住民；保持人口结构多样的延续性；改善保护地区居民的生活条件，促进保护地区的复兴繁荣和和谐发展。

4. 保护可读性、可识别、可逆性的原则要求

可读性原则要求：要保护好文物古迹在各个时期的叠加物，保存着历史的痕迹、保护历史的信息；让子孙后代能读出历史的年轮等。

可识别原则要求：修复添加物与历史原物相区别，不可以假乱真，修补要整体和谐，有所区别。

可逆性原则要求：修复中采取的措施都可以采取可逆措施，使回到原始的状态。修复添加物不损坏原物；在修复处理后，如有必要可通过再处理恢复到处理前的状态。

（三）历史村镇历史建筑保护利用的原则和措施方法

历史村镇历史建筑的保护利用应坚持有效保护、合理利用、适度开发的原则。应建立完善历史建筑构案，设置保护标志，编写《历史建筑保护图则》，指导历史建筑的保养维护，包括维修加固局部复原等。并以现状保存为主，最大限度保留历史建筑所包括的价值信息。具体措施方法如下：

1. 必须保护好历史（乡土）建筑的历史真实性、风貌完整性、生活延续性

历史建筑一般采取"外部做减法、内部做加法"的保护方法，"外部做减法"就是尽可能原汁原味保护、保留历史建筑的规模格局、特征风貌及其自然环境。可适当采取旧材料新做，新材料做旧，力求"修旧如故，以存其真"。"内部做加法"就是历史建筑内部以维护生活延续性为主，让原住民能长期居住和利用，可适合现代化生活的需要。

2. 重点保护好历史街区格局特征、平面布局、道路骨架、河网水系等

切实保护好历史街区的风格、特色、式样、高度、体量、材料、颜色、平面布局、与周围建筑的关系；控制好适当的建筑尺度、高度、体量等都很重要；要切记今古不同，不要求

高求大。

3．切实保护好历史村镇的历史环境、文态环境及其自然生态环境

历史建筑与历史环境、文态环境、自然生态环境密不可分，相互依存、相互交融，共同形成历史村镇文化与自然遗产的特色与价值。因此，要切实保护好历史村镇相依存的历史环境、文态环境、自然景观、特色资源，以及历史有关的地形、地貌、原野、水体、花木等都要加以保护。

4．科学利用历史（乡土）建筑，应以不损坏遗产为前提

以继续原有使用方式为最佳，也可以为博物馆，作为参观旅游景点要慎重，防止被破坏。历史建筑维修利用应当好牙科医生，宜视情况不同采取相应的"修牙、补牙、镶牙、饰牙、美牙"等方法来做。

三、中国历史文化名镇名村的申报过程与规定要求

（一）我国历史村镇申报"历史文化名镇名村"的发展过程

我国历史文化名城名镇名村保护的思想，最早可追溯到新中国成立初期梁思成等建筑规划专家的北京故都名城保护的研究，但申报历史文化名镇名村制度最早起步于浙江省等地方政府。地方政府开始申报、评选"历史文化名镇名村"，比国家组织申报、评选中国历史文化名镇名村要早10多年。最早是浙江省于1991年首次公布乌镇、南浔镇、慈城镇、塘栖镇等15镇为第一批省级历史文化名镇，苍坡村、坎头村、独山村、南阁村等4村为第一批省级历史文化名村。1995年江苏省公布东山镇、周庄镇为第一批省级历史文化名镇。1999年浙江省将国务院的文件精神写入地方条例，规定评选条件"文物古迹比较集中，并能较完整地反映某一历史时期的传统风貌和地方民族特色，具有较高的历史文化价值"，同时增加了"历史原物和有一定规模"的要求，但尚未规定定量要求。

经过一段时间的评选，地方评选历史文化名镇名村的条件标准不断细化和成熟。比较有代表性的是2002年颁布的《江苏省历史文化名镇名城保护条例》明确指出省级历史文化名镇评选标准：主要有建成年代、传统风貌与格局、历史街区、古建筑、文物古迹、非物质文化遗产、空间分布等，并提出镇区文保单位必须有5次以上和省级以上的要求，在质量、数量和等级方面都作出明确规定。

国家历史文化名镇名村的申报评选，不仅在地方历史文化名镇名村评定之后，而且远滞后于全国重点文物保护单位和世界遗产有关历史村镇的评定。如2000年安徽西递、宏村评选列入

世界文化遗产，又如1988年山西丁村古民居被公布为第三批全国重点文物保护单位等。

2002年，修订后的《文物保护法》明确了历史文化街区、村镇的保护制度，基本建立了我国历史文化名城名镇名村的保护体系。2008年，国务院正式颁布《历史文化名城名镇名村保护条例》，对我国历史文化名城名镇名村的申报批准、保护规划、保护措施等方面作出较系统的规定，成为我国第一部历史文化名城名镇名村的专门法规。尤其是2003~2014年，国家住房和城乡建设部和国家文物局先后公布了6批中国历史文化名镇名村，极大地推动我国历史村镇文化遗产的保护与利用，促进了地方经济、社会和文化建设的繁荣发展。

（二）历史村镇申报"中国历史文化名镇名村"的条件标准

根据2008年《历史文化名城名镇名村保护条例》和2010年住房城乡建设部、国家文物局印发的《中国历史文化名镇名村评价指标体系》和《中国历史文化名镇（村）评选办法》规定，各省、市公布的历史文化村镇申报评选中国历史文化名镇名村，必须具备以下的条件和标准。

1．历史价值与风貌特色

根据"中国历史文化名镇名村"的基本条件与评价标准，申报"中国历史文化名镇名村"在历史价值与风貌特色方面应当具备下列条件之一[①]：

（1）在一定历史时期内对推动全国或某一地区的社会经济发展起过重要作用，具有全国或地区范围的影响；或系当地水陆交通中心，成为闻名遐迩的客流、货流、物流集散地。

（2）在一定历史时期内建设过重大工程，并对保障当地人民生命财产安全、保护和改善生态环境有过显著效益且延续至今。

（3）在革命历史上发生过重大事件，或曾为革命政权机关驻地而闻名于世。

（4）历史上发生过抗击外来侵略或经历过改变战局的重大战役，以及曾为著名战役军事指挥机关驻地。

（5）能体现我国传统的选址和规划布局经典理论，或反映经典营造法式和精湛的建造技艺。

（6）能集中反映某一地区特色和风情，民族特色传统建造技术。建筑遗产、文物古迹和传统文化比较集中，能较完整地反映某一历史时期的传统风貌、地方特色和民族风情，具有较高的历史、文化、艺术和科学价值，现存有清代以前建造或在中国革命历史中有重大影响的成片历史传统建筑群、纪念物、遗址等，基本风貌保持完好。

2．建筑原貌原状保存程度

根据《历史文化名城名镇名村保护条例》规定和"中国历史文化名镇名村"评选的基本

---

① 《关于公布中国历史文化名镇（村）（第一批）的通知》，（建村[2003]199号）附件．

条件与评价标准，申报"中国历史文化名镇名村"，在建筑原貌原状保存程度方面，应当具备下列条件之一①：

（1）镇（村）内历史传统建筑群、建筑物及其建筑细部乃至周边环境基本上原貌保存完好；

（2）或因年代久远，原建筑群、建筑物及其周边环境虽曾倒塌破坏，但已按原貌整修恢复；

（3）或原建筑群及其周边环境虽部分倒塌破坏，但"骨架"尚存，部分建筑细部亦保存完好，依据保存实物的结构、构造和样式可以整体修复原貌。

3．现存历史建筑具有一定规模

根据《历史文化名城名镇名村保护条例》规定，申报"中国历史文化名镇名村"，在村镇现存历史建筑具有一定规模方面，应当具备下列条件之一②：

（1）凡符合上述第一项在历史价值与风貌特色方面的条件和第二项在建筑原貌原状保存程度方面的条件；

（2）镇的总现存历史传统建筑的建筑面积须在5000m²以上。

（3）村的现存历史传统建筑的建筑面积须在2500m²以上。

4．编制村镇总体规划与设置管理机构

根据《历史文化名城名镇名村保护条例》规定和"中国历史文化名镇名村"评选的基本条件与评价标准，申报中国历史文化名镇名村，还应具备以下条件③：

（1）已编制科学合理的村镇总体规划

（2）设置了有效的管理机构；

（3）配备了专业人员；

（4）有专门的保护资金。

（三）历史文化村镇申报历史文化名镇名村的具体规定

2008年，国务院颁布的《历史文化名城名镇名村保护条例》第二章第七至十二条，对历史文化名镇名村的申报与批准作出了明确而具体规定：

1．具备下列条件的城市、镇、村庄，可以申报历史文化名城、名镇、名村④：

（1）保存文物特别丰富；

---

① 《关于公布中国历史文化名镇（村）（第一批）的通知》，（建村[2003]199号）附件．
② 《关于公布中国历史文化名镇（村）（第一批）的通知》，（建村[2003]199号）附件．
③ 《关于公布中国历史文化名镇（村）（第一批）的通知》，（建村[2003]199号）附件．
④ 历史文化名城名镇名村保护条例[G]//中国文化遗产法规文件汇编．北京：文物出版社，2009：665．

（2）历史建筑集中成片；

（3）保留着传统格局和历史风貌；

（4）历史上曾经作为政治、经济、文化、交通中心或者军事要地，或者发生过重要历史事件，或者其传统产业、历史上建设的重大工程对本地区的发展产生过重要影响，或者能够集中反映本地区建筑的文化特色、民族特色。

2．申报的历史文化名镇、名村，应当提交下列材料①：

（1）历史沿革、地方特色和历史文化价值的说明；

（2）传统格局和历史风貌的现状；

（3）保护范围；

（4）不可移动文物、历史建筑、历史文化街区的清单；

（5）保护工作情况、保护目标和保护要求。

3．申报历史文化名镇、名村的其他规定②

（1）申报历史文化名镇、名村，由所在地县级人民政府提出申请，经省、自治区、直辖市人民政府确定的保护主管部门会同同级文物主管部门组织有关部门、专家进行论证，提出审查意见，报省、自治区、直辖市人民政府批准公布。

（2）对符合历史文化名镇、名村的申报条件，而地方政府没有主动申报历史文化名镇、名村的镇、村庄；省、自治区、直辖市人民政府确定的保护主管部门会同同级文物主管部门可以向该镇、村庄所在地的县级人民政府提出申报建议；仍不申报的，可以直接向省、自治区、直辖市人民政府提出确定该镇、村庄为历史文化名镇、名村的建议。

（3）国务院建设主管部门会同国务院文物主管部门可以在已批准公布的历史文化名镇、名村中，严格按照国家有关评价标准，选择具有重大历史、艺术、科学价值的历史文化名镇、名村，经专家论证，确定为中国历史文化名镇、名村。③

（4）已批准公布的历史文化名城名镇名村，因保护不力使其历史文化价值受到严重影响，批准机关应将其列入濒危名单，予以公布，并责成所在城市、县人民政府限期采取补救措施，防止情况继续恶化，并完善保护制度，加强保护工作。④

①　历史文化名城名镇名村保护条例[G]//中国文化遗产法规文件汇编．北京：文物出版社，2009：665．

②　历史文化名城名镇名村保护条例[G]//中国文化遗产法规文件汇编．北京：文物出版社，2009：666．

③　历史文化名城名镇名村保护条例[G]//中国文化遗产法规文件汇编．北京：文物出版社，2009：666．

④　历史文化名城名镇名村保护条例[G]//中国文化遗产法规文件汇编．北京：文物出版社，2009：666．

第四章

中国历史文化名镇名村保护利用的现状问题与对策措施

　　加强历史文化名镇名村的保护利用，建设中华民族共有的精神家园，是我国在新型城镇化、城乡一体化进程中亟待研究的重大课题。国外早在20世纪40年代就重视历史村镇文化遗产的保护。70年代以来，联合国教科文组织和国际古迹遗址理事会相继通过了一系列国际性文献，明确提出历史村镇文化遗产保护的先进理念和基本原则，并对历史村镇保护的内容、范围、方法及其措施做出较为具体的规定。90年代末，联合国教科文组织将历史村镇纳入世界遗产范围，目前全世界已有36处历史村镇被列为世界文化遗产。本章在国外历史村镇文化遗产保护先进理念与实践经验的基础上，重点分析我国历史文化名镇名村保护利用的现状、问题与对策。[①]

一、中国历史文化名镇名村的分布规律与空间特点

　　中国是一个历史文化悠久、地理范围广阔的国度，同时是有着5000年农耕文明的农业大国。我国各民族几千年来不断构建形成的历史文化村镇之多，分布地域之广，世界罕见。其分布大致有以下规律特点：一是分布在古代乡村经济文化相对发达，但近现代交通已发生偏移和水运交通落后的地区，反而使古代发达的古村镇古建筑免受现代化、城市化的冲击而得以保存。如江南水乡古镇等。二是分布在区域环境相对偏僻独立和近现代经济较不发达的落后地区，从而有别于现代村镇而使古村镇风貌和乡土文化保存完好。如安徽黟县的西递、宏村，浙江武义县的俞源村、郭洞村，还有江西乐安县的流坑村等古村镇。尤其湖南的张谷英村被誉为"天下第一村"和浙江楠溪江古村落群是古代"耕读社会"的理想境地，直到近年来才被世人所了解知晓。三是分布在小环境相对独立、离城市较远的地形险要的地区，从而使整个村落依险而守，古民居乡土建筑群得以长期保存。如福建土楼古村落，赣南客家聚居地等古村落。四是古村镇的形成时间，除了个别地区仍保留宋元时期古村镇格局风貌和局部古建筑外，多数为明清时期遗留保存至今。五是古村镇选址多数选择在山清水秀、依山傍水，环境优美、相对独立的地方。正如陶渊明在《桃花源记》所描绘的"林尽水源，便得一山、山有小口……豁然开朗，土地平旷，屋舍俨然"的古村落。从陶渊明这"世外桃源"模式可见，早在魏晋时代，我国古村落古民居选址都讲究风水观念，注重自然环境，都要求建筑物与自然山水相契合，大都是临水背山而建，或背山面田、择水而居。并具有山坡、池塘、竹林、大树、水井等标志性的环境实物和景观意象。正如孟浩然在《过故人庄》诗所描绘的

---

① 本章部分内容《加强历史村镇文化遗产保护的有效途径》发表在《光明日报》2012年12月2日；《历史村镇：突破困境、实现保护发展双赢》，发表在《城乡建设》2011年第7期.

"绿树村边合，青山廓外斜"，一片绿树掩映、安居乐业的美丽乡村景象。这正是中华传统文化在古村镇建设、传统人居环境建设中的体现。

2003年以来，国家住房和城乡建设部和国家文物局共同组织评选、公布了第1批"中国历史文化名镇名村"名单，直到2014年已经公布了6批"中国历史文化名镇"和"中国历史文化名村"共528个。这些名镇名村不仅都是"保存文物特别丰富，且具有重大历史价值或纪念意义的，能较完整地反映一些历史时期传统风貌和地方民族特色的村镇"，而且基本反映了中国历史村镇分布的格局态势、分布规律和特点。详见表4-1：

表4-1

分布区域与分布数量	1批	2批	3批	4批	5批	6批	总数	%
华东地区：山东，江苏，安徽，浙江，福建，江西，上海	6镇 6村	11镇 7村	11镇 14村	16镇 14村	16镇 25村	30镇 50村	206个	39%
西南地区：云南，贵州，四川，西藏	3镇	11镇 4村	12镇 3村	14镇 7村	9镇 5村	11镇 14村	93个	18%
华北地区：北京，天津，河北，山西，内蒙古	1镇 2村	2镇 6村	4镇 9村	7镇 7村	4镇 13村	5镇 15村	75个	14%
华南地区：广东，广西，海南，香港，澳门	2村	3镇 3村	6镇 5村	6镇 4村	2镇 8村	9镇 12村	60个	12%
华中地区：河南，湖北，湖南	1村	5镇 2村	4镇 4村	8镇 2村	4镇 6村	8镇 9村	53个	10%
西北地区：新疆，陕西，宁夏，青海，甘肃	1村	1镇 2村	4镇 1村	3镇 2村	3镇 3村	6镇 6村	32个	6%
东北地区：辽宁，吉林，黑龙江		1镇	1镇	4镇		2镇 1村	9个	2%

1. 历史文化名镇名村在东南部地区多、西北部地区少

通过对我国6批528个历史文化名镇名村分布区域分析看，中国历史文化名镇名村呈现出东、南部地区较多，而在西北地区、东北地区的历史文化名镇名村较为稀少。尤其是华东地区的历史文化名镇名村有206个，占全国39%。从地形地貌看，历史文化名镇名村以平原、水乡地区多，山地、高原地区少的分布特点。从文化区域来看，历史文化名镇名村主要分布在我国东部汉族农耕文化区，尤其是江南水乡地区的历史村镇为最多。而西北、东北地区少数民族游牧、干旱寒冷地区的名镇名村数量较少。从历史来看这反映出我国历史村镇由于生存发展条件造成今天的不平衡性。但从现实来看，也反映出我国不少地区和当地政府对历史村镇保护不力和申报不重视等问题。

2. 历史文化名镇名村在南方地区多、北方地区少

从我国历史文化名镇名村分布数量看，我国华东、华南地区的名镇名村，占全国总量的51%。南方地区的中国历史文化名镇名村占绝对优势。从历史原因分析，主要是由于历史上北方战乱多于南方，不少古村镇在战乱中早已破坏严重，甚至荡然无存；而南方则相对较为安定，居民安居乐业，再加上北方移民两度南迁，尤其是明清许多官绅富商不断在江南地区建庄修园。因此，我国南方地区无论是老百姓的古民居，还是官绅富商的深宅大院和私家园林，都为后人留下众多极具价值特色古建筑和乡土建筑等文化遗产。目前，我国保存规模较大的古村镇，大都是古代因战争等原因举族迁居而形成的。

3. 历史文化名镇名村集中成群较多，少数地区较为离散

从我国历史文化名镇名村的整体格局和分布类型来看，中国历史文化名镇名村在不少区域呈现出集中成群的现象，许多历史文化名镇与名镇，名镇与名村，彼此距离很近，从地图上看分布密集而重叠连成一片古村镇。可见我国至少有5个区域的历史文化名镇名村集群成片：分别是沪苏浙交界处的太湖流域江南水乡古镇群，安徽皖南古村落古建筑群，川黔渝交界古村镇建筑群，山西晋中南古村镇建筑群，粤桂地区古村镇建筑群等。

二、中国历史文化名镇名村保护利用的现状与成就

历史文化村镇是在当代社会环境中，始终延续并保持原有村镇的地理环境、建筑风格、风俗特色与文化内涵的具有历史文化遗产性质的现代人类生活聚落。而历史文化名镇名村是我国众多历史村镇的杰出代表。我国的历史村镇数量众多，分布广泛，具有深厚的历史积淀、人文内涵，以及优美和谐的自然生态。它是一个时代缩影和历史文化"老人"，是一个民族回归自我的精神寄托，也是东方聚居文化的瑰宝、民间艺术的"摇篮"。

我国历史村镇文化遗产的保护利用与国外相比起步较晚。由于1982年的文物保护法对历史村镇尚未做出必须保护的规定，以致学术界较长时期内对历史村镇的保护利用缺乏系统的理论研究。直至2002年修改后的文物保护法才明确地把"历史文化村镇"作为保护类型，但是对历史文化名镇名村保护的内容、范围、原则等仍未做出明确规定。正是由于立法保护滞后、法规缺失和理论层面缺乏前瞻性研究，以及政绩考核体制缺陷等，以致我国在历史文化名镇名村保护利用过程中，使不少文化遗产变成"遗憾"。

21世纪以来，历史文化名镇名村保护得到了各级政府的高度重视，社会各界也给予了极

大的关注和支持，一些国家级、省级历史文化名镇名村先后被有效地保护和利用，取得了经济与社会效益的双赢。具体表现在：

1. 历史文化名镇名村保护体系日臻完善

2003年公布首批22个中国历史文化名镇名村，标志着我国历史文化村镇保护制度的正式建立。至今，我国已公布了6批中国历史文化名镇名村共528个，其中，中国历史文化名镇252个，中国历史文化名村276个，分布范围覆盖全国31个省（区、市）。同时，各省先后公布的省级历史文化名镇名村近千个，基本形成了我国历史文化名镇名村的保护体系。在这些名镇名村内，依然保持着较为完整的古建筑群、古街巷及古民居，真实记载和延续了不同地域和民族的历史文化，成为我国文化遗产保护体系的重要组成部分。[①]

近年来，我国随着文化遗产内涵的不断深化和外延的不断拓展，积极探索历史文化名镇名村中新型文化遗产的保护。农业遗产、乡土建筑、文化景观、20世纪遗产等新型文化遗产逐渐进入文化遗产保护的视野，丰富和完善了名镇名村的内涵，更加完整、全面地记录了名镇名村的发展历程。值得一提的是，我国的世界文化遗产与世界自然遗产和世界非物质文化遗产，大都在历史文化村镇内。

截至2014年，我国已有山西平遥古城（镇）、云南丽江古城（镇）、皖南古村落：西递、宏村，开平碉楼与古村落、福建土楼古村落、云南红河哈尼梯田等6处，先后于1997年、1998年、2000年、2007年、2009年、2013年列为世界文化遗产。

2. 历史文化名镇名村保护法制化规范化不断加强

2003年颁布的《中国历史文化名镇名村评价指标体系》，是历史文化名镇名村申报评选和实施动态监管的有效依据。2008年国务院颁布了《历史文化名城名镇名村保护条例》，第一次将村镇保护与名城保护纳入统一轨道，在国家法规层面为历史文化名镇名村的申报、批准、规划和保护工作奠定了法制基础。近年来，国家文物局要求各地重视名镇名村文保单位保护规划的编制，切实加强文物本体的维修和文保单位周边环境的整治，使名镇名村文保单位及周边环境风貌的真实性和完整性得到有效保护，真实记录和传承了名镇名村的历史，保留了名镇名村的根与魂。

3. 地方政府对历史文化名镇名村保护日益重视

目前全国各省（区、市）都开展了历史文化名镇名村的申报命名工作，极大地推动了各地历史村镇文化遗产保护工作。尤其是江苏、浙江、安徽、云南、山西、江西、福建、天

---

① 仇保兴. 中国历史文化名镇（村）的保护与利用策略[J]. 城乡建设，2004（6）.

津、内蒙古、四川、湖南、甘肃、云南、河北等省分别出台了《历史文化名城名镇名村保护条例》，制定了《历史文化名镇名村保护规划编制和实施办法》，使地方历史文化名镇名村保护有法可依，并从政策和技术层面对名镇名村保护提出了明确要求。河北、山西、北京、福建等省市还结合全国第三次文物普查，开展了历史文化村镇的普查工作，对有价值的古镇古村落以及乡土建筑进行了抢救性保护。

4．国家级历史文化名镇名村保护力度不断加大

"十三五"期间，我国将加大历史文化名城名镇名村保护资金的投入力度。"十一五"期间，中央财政拨款9.8亿元专项用于103个名城，80个名镇名村的基础设施改造和环境整治工作。[①]"十二五"期间进一步加强保护资金使用的监管力度，严防"假古董""形象工程"的出现。同时，各级地方政府也增加了保护资金的配套，加强名镇名村、历史街区内的基础设施建设，改善提高居民生活居住环境；并通过保护资金的补助和项目的实施，使有价值的历史建筑及环境得到更好保护，为地方带来了较好的社会和经济效益。2008年以来，文化部、国家文物局已连续主办了3届"中国历史文化名街"评选推介活动，先后评选了30多条中国历史文化名街，有效保护了历史文化街区的各类文化遗存和整体环境风貌，维护了街区功能的延续和文化的传承。

三、我国历史文化名镇名村保护利用的问题与原因

自20世纪80年代至今，我国不少历史文化名镇名村尤其是成千上万的历史村镇，在"乡村城镇化"过程中"急于求大、求新"，普遍出现了"大拆大建、拆旧建新、拆真造假"的"建设性破坏、开发性破坏"，其结果导致有重要价值的历史村镇、历史建筑沦为仿古街假古建。近年来又经历了"新农村建设"、"旧村改造"、"旅游开发"的多重挑战和冲击，"千镇一面、万村一貌"的"特色危机"正成为共性问题。目前，从总体上看，历史文化名镇名村保护正处于"整体保护状况较好"与"过度开发的保护性破坏"并存的趋向；但尚未申报、定级的历史村镇"保护状况不容乐观"，只有老年人留守的"空壳村"现象较为普遍；更多传统村落、乡土建筑的局部环境还在持续恶化之中。不少地方还处在"古城镇重建"、"古村落改造"的误区之中，历史村镇文化遗产的"旅游性破坏、保护性破坏"仍在蔓延，尤其是过度商业化运作和过度旅游开发行为，严重违背历史村镇文化遗产的真实性、完整性和生活

---

① 仇保兴 . 中国历史文化名镇（村）的保护与利用策略[J]. 城乡建设，2004（6）.

延续性的保护原则。上述问题主要表现在以下6个方面：

1．历史文化名镇名村保护的主观认识不到位，"旧城改造"决策误导，使历史村镇遭受"破旧、落后"为借口的"建设开发性破坏"

（1）对历史文化名镇名村保护的主观认识仍不到位。不少地方政府在"旧城改造"决策误导下，仍习惯于历史村镇保护利用的房地产开发模式；甚者仍以保护为名，行"房地产开发"之实，地方政府与房屋开发商共同"追求利润最大化"的现象仍较普遍；以致历史村镇文化遗产直接或间接遭受"建设性破坏"时有发生。[①]

（2）对历史文化名镇名村不可再生性及其稀缺价值认识不足。一些地方政府以"破旧、落后"为名，采取"拆旧建新"、"弃旧建新"的做法，使历史村镇历史建筑及其传统格局风貌遭到严重破坏。尤其在新农村建设中，有的地方政府片面理解农民迫切需要改善居住条件和生活环境的愿望，简单地提出"旧村改造"口号，"拆旧村建新房"，把新农村建设变成"新村庄建设"，存在"求新求洋"的"洋农村"实践偏向；更没有考虑农村乡土文化的传承问题，以致古村落历史文脉、乡土建筑的破坏，民族文化、地域特色的丢失严重。

2．地方政府追求政绩的"急功近利"行为，开发利用过度"人工化、商业化、现代化"的倾向，使历史名镇名村遭受"旅游开发性破坏"

（1）一些地方决策者为了追求"政绩考核"，对历史文化名镇名村保护利用"急功近利"的"短期行为"较为普遍，其主要精力不是放在如何保护历史村镇文化遗产上，而是把历史村镇当作"摇钱树"、一心追求开发旅游效益，为自己创造所谓"政绩"；其结果是开发商与政府地方为了共同的利益驱动，导致对历史村镇文化遗产进行错位的、超载的"开发建设性破坏"。

（2）不少历史文化名镇名村片面追求经济利益，过度追求历史街区的土地价值和商业潜力，凭空改变功能，盲目提升业态，大量甚至全部拆迁原住民，将过多无关功能聚集于名镇名村之内，完全改变了历史人文环境，过度商业化、现代化使历史街区变成旅游商业市场。直接破坏名镇名村的真实自然生活和地方特色与文化的真实性、延续性，而且进一步影响更多历史村镇保护目的的误解，至今仍有不少地方政府将文化遗产保护事业的文化价值意义让位于经济效益，把"有无经济赢利预期"作为"是否值得保护"的决定因素，并将"能否取得经济利益"作为"保护是否成功"的首要标准。以致诸多历史文化名镇名村不可避免地陷入"急功近利泥沼"，值得国家有关政府高度重视和反思矫正。

---

① 周乾松，徐连林．历史文化名镇的保护与开发——基于中国"四大名镇"的经验启示[J]．中共浙江省委党校学报，2013（5）.

（3）历史文化名镇名村过度开发利用的"人工化、商业化、现代化"倾向；使文化遗产遭受"旅游开发性破坏"的现象仍在蔓延。有的名镇全部拆迁老街居民，把所有权、经营权"置换"给旅游公司进行商业化开发或房地产开发；有的把名镇名村文化遗产当作旅游资源违规转让给企业经营；甚者将珍贵和脆弱的古村镇"整体转让"或"产权变卖"给旅游公司开发经营；而旅游公司则大动干戈、推倒重建，新建"仿古街"，大造"仿古建筑"，大体量拓展历史街区，变成了"仿古镇"，从而使历史村镇不伦不类，历史建筑不土不洋，文化遗产支离破碎……有的为增加旅游发展空间，大造现代化宾馆、商业、休闲、游乐等场所；反而使历史街区、古迹遗址景观变成了依附陪衬。甚者违规利用文物建筑开设高档"会所"、巨价"总统套房"，有的成为腐败权贵的"温床"。其结果是把历史文化名镇"改造"成"户户开店、家家经商"的"旅游商贸市场"和千篇一律的"旅游商品购物街"，使整个历史村镇的历史文化内涵、信息记忆完全改变。

3. 历史文化名镇名村保护法规不完善，体制弊端，制度不健全，执法不严，管理不到位等，使历史村镇遭受不应有的"保护性破坏"

（1）历史村镇保护法规不健全、有法不依、执法不严。一些地方政府没有严格按照《文物保护法》、《城乡规划法》、《历史文化名城名镇名村保护条例》的要求制定配套法规，客观上影响了"两法一条例"的贯彻落实。也有一些地方政府有法不依，对历史村镇、历史建筑没有依法进行认定，以致保护对象不明确；还有一些地方政府执法不严，不能依照"两法一条例"要求，制止各种破坏历史村镇文化遗产的行为，甚至存在政府法人违法的破坏性开发建设现象。

（2）历史村镇保护法规不够完善。《文物保护法》、《城乡规划法》、《历史文化名城名镇名村保护条例》对历史村镇保护的规定还不全面，条款比较原则，缺乏可操作性；存在不少缺章难循的真空地带。

（3）保护机构不健全，体制不顺，管理责任不清。政府建设规划与文物管理等职能部门责任主体不清，相互推诿、该管而不管、行政不作为有所存在；缺乏监督机制，管理不到位，依法行政不力。领导意志代替法规，"主观说了算"等"管理性破坏、决策性破坏"时有发生。

（4）保护体制不完善、管理不到位。有的地方政府不承担保护管理责任，疏于日常管理；有的违规下放保护管理权，责任不落实；不少县文保部门并入"文广新局"或旅游部门，形成以开发旅游经济为主、文物保护为辅的组织架构。甚至文物部门受制于旅游开发公司老总的权力之下，不是"听命使唤"，就是"要管也管不了"。

4. 历史文化名镇名村保护规划不够科学，存在执行规划随意性、规划朝令夕改、"偷梁换柱"违规开发、"先开发后规划"等现象

（1）保护规划编制严重滞后，水平不高、不够完善。不少历史文化名镇名村，至今没有编制保护规划；即使已编制的保护规划也水平不高、不够完善，缺乏科学性和可操作性；有的保护规划明显不符法规、缺乏严格的科学论证和专家意见，缺乏保护的具体措施；有的保护规划本身缺乏保护理念，只看到个别点的保护，而忽视历史村镇整体价值的保护，甚至有的保护规划只是审批的形式，实质上是做旅游开发规划。

（2）保护规划的审批管理和实施不到位，缺乏严肃性。有的规划未按程序报批或尚未批准，而实际上开发项目早已动工，较多破坏"木已成舟"。有的未按规划进行保护，保护规划只是写在纸上、挂在墙上，"写归写，做归做"，开发中规划朝令夕改，地方领导的开发意图代替、改变保护规划的倾向较为严重，出现了"规划听领导，领导听老板"的怪现象；甚者"先上车后买票"，"先开发后规划，先破坏后治理"的案例也为数不少。

（3）一些规划编制单位和专家为眼前利益，迎合外行意见、错误决策而一切照办。有的保护规划照抄照搬，存在一些蹩脚规划设计、建筑师的"败笔"，要么水平差、不够格，要么只顾赚设计规划的钱等。还有些保护规划审批不严，"跑政府"与"变通专家"较为流行，甚者是地方政府为了政绩"偷梁换柱"，越权审批，违规开发，法人违法屡禁不止。

5. 历史文化名镇名村存在"重申报、轻管理"、"重旅游开发、轻遗产保护"，"重开发商利润、轻居民权益"的现象

（1）重申报、轻管理。一些地方政府只看重申报历史文化名镇名村称号的名片价值和社会影响，并没有把文化遗产保护管理工作放在应有的重要地位。因此，待申报成功后，并不重视名镇名村物质与非物质文化遗产保护和传承，保护措施不力、保护经费不落实、保护机构和制度也不完善，导致一些历史村镇文化遗产不断遭到破坏。正如原住房与城乡建设部副部长仇保兴曾指出："不少地方政府希望获得历史文化名镇名村的称号，其用意并不是想要保护宝贵的历史资源，而是急于圆发财梦。"有的名镇名村为了"GDP"，无视文化遗产脆弱性的特点，节假日也不加限制地接待游客，旅游失控、人满为患，普遍出现旅游开发喧宾夺主的现象；有的旅游公司以编造"假故事"的方法来"忽悠游客"，人为传达错误的历史信息，破坏历史文化名镇名村的真实性，有悖于历史村镇保护利用的初衷。

（2）重开发、轻保护。有的地方以"发展是硬道理"、"不开发没有钱怎么保护"为理由，一味加大开发力度，把保护遗产抛在后边，甚至以领导"集体决策"祖护"旅游开发性破坏"。有的地方政府与开发商联合以"保护、发展"为旗号，"急功近利"发展旅游，其实质是"以贱卖耕地换来投资商"搞开发房地产"赚钱"，其后果使历史名镇名村成为"仿古镇"

和"旅游商品购物街"。这种现象仍在蔓延，使得国家有关部门高度重视。

（3）"重开发商利润、轻居民权益"。历史村镇文化遗产是被人使用的"有主人的遗产"，也是容纳人生产和生活的"活的遗产"。作为遗产的所有者原住民和利益相关者，以及历史村镇全体居民和相关公众，才是历史村镇保护最重要的力量和要素，应高度重视让其参与保护，并受益于保护。然而，历史村镇保护利用过程中，普遍存在原住民和公众参与不足，甚至基本的知情权、所有权在很多情况下得不到保障。其结果是历史街区居民整体搬迁，历史建筑被过度商业化开发；文化遗产遭到严重破坏；甚者隐藏着严重的利益输送和腐败行为，这应引起全社会关注。目前，许多历史村镇旅游开发的收益不仅较少对居民反哺，反而抬高了当地的物价水平而使原居民生活水平下降。尤其是不少地方政府将名镇名村保护利用交给旅游公司开发、经营、管理，甚者全部拆迁老街居民，把所有权置换给旅游公司经营，实践中普遍导致"地方政府逐利、旅游公司谋利，甚者居民失利"的利益冲突。特别值得警示的是前一轮发展经济时——认为古街落后、古民居破旧而一毁了之，现在看到幸存不多的历史村镇历史建筑有利可图，又把它当作"摇钱树"随心所欲地大投资大开发，这同样是毁掉历史村镇，这也值得各级政府高度重视。

6. 历史文化名镇名村保护利用缺乏理论研究和科学指导，保护人才缺乏，资金严重不足、政策扶持不够、制度不够完善等问题有待解决

（1）地方政府对历史文化名镇名村开发旅游相当重视，但对名镇名村的保护研究却较为忽视，往往听不进专家、有识之士提出的保护建议；学术界对历史文化名镇名村保护利用尚缺乏深入具体的研究，明显滞后于开发建设的需要。由于缺乏科学保护的理论指导，导致不少领导的思想认识偏移，保护工作仍延续粗放式、经验式管理和浅层次监管阶段。

（2）历史文化名镇名村保护管理队伍整体素质不高，保护专业人才严重缺乏。目前负责名镇名村保护管理工作的内行、专业技术人员很少，有些决策者是外行，保护意识不强而"开发挣钱"观念却很浓。

（3）历史文化名镇名村保护管理制度不完善，政策扶持不够。一些地方政府没有把保护资金纳入财政预算，资金短缺直接影响保护维修，造成历史建筑的"小病拖成大病"。另外，历史村镇保护缺乏税收优惠政策，也没有规定旅游开发收入应主要用于名镇名村保护等问题都有待解决。

7. 历史文化名镇名村的基础设施与保护修缮欠账严重，历史建筑修缮更新设计水平低下

（1）大多数历史文化名镇名村普遍存在基础设施陈旧，缺乏配套，古民居历史建筑年久失修问题较为普遍。严重影响历史村镇历史建筑的安全性和舒适度。进而影响了地方政府与社会各界对历史村镇历史建筑保护的误解，甚至削弱关心支持保护的有识志士和原住民的信

心和积极性。

（2）落后的基础设施与条件，包括给排水、供电供暖、厨卫设施等；严重的消防隐患；破败的民居建筑面貌。这些影响居民日常生活质量的问题，都遮掩了历史村镇历史建筑的遗产价值，混淆了危旧房区与历史街区的区别，以致成为一些人全面拆除历史街区建筑的理由和借口。

（3）历史村镇历史建筑普遍存在年久失修和产权复杂等问题，居住者不愿花钱大修；尤其是历史建筑维修费用远高于新建现代建筑；地方政府财政和原住民都较难承担高额的维修费用；社会资本也不愿意参与保护利用；从而使历史建筑和乡土民居得不到及时修缮和日常保护，导致历史城镇保护变成"保留"，古村落保护变成"旧村改造"。

（4）社会资本参与历史村镇保护利用的积极性不高。随着历史村镇历史建筑保护整治和更新改造的成本越来越高；居民对搬迁补偿的经济预期也越来越高；而且历史村镇格局风貌的整体保护要求；建筑高度、容积率都有严格限制；尤其定严禁大拆大建，只能实行保护性更新；再加上保护更新所得收益很难弥补前期的巨额投入；同时政府又缺乏相应的政策扶持和利益补偿机制，直接导致企业、社会资本参与历史村镇保护利用的积极性不高。

（5）目前对历史建筑保护利用的设计水平不高，抄袭复制较多，且施工修缮水平低下、质量粗糙。项目设计者普遍对当地具有历史文化和历史建筑的传统建筑类型重视不足，对传统材料和维修工艺的研究和积累不够，严重制约历史建筑保护修缮工作的正常开展和质量要求。再加上现代化材料和技术的影响，传统工艺和材料受到冲击，传统工匠艺人断层，都是影响历史建筑有效保护和合理利用的问题和困难。

四、加强中国历史文化名镇名村保护利用的对策与建议

针对我国历史文化名镇名村保护利用存在的问题，各级政府应从落实科学发展观，传承中华优秀传统文化，提升国家文化软实力的高度，从对国家对历史负责，维护国家文化安全的高度，充分认识保护文化遗产的重要性，增强保护历史村镇的责任感和紧迫感。同时，要理清思路要求，明确任务措施，坚持"科学规划、严格保护、合理利用、加强监管"，加强基础设施建设，改善生态与人文环境，加强相关立法与执法等。具体对策建议如下：

1. 端正决策指导思想，改革"政绩考核"弊端，建立"责任追究制"，组织专家巡回督查，以确保名镇名村保护与发展实现"双赢"

（1）地方政府应端正决策指导思想，确立保护历史名镇名村就是增强文化软实力，发展

生产力，就是最大政绩的新理念，妥善处理好保护与发展的关系。要改革"政绩考核"弊端，把历史名镇名村文化遗产保护的好坏，作为考核政绩的重要内容。应建立有效的"保护责任追究制"，改变"房地产开发模式"，绝不能以牺牲历史名镇名村为代价追求GDP的增长；要将历史村镇文化遗产保护列入重要议事日程，成立文化遗产保护领导小组，定期研究历史村镇保护工作。

（2）文物、建设、规划部门应尽快联合开展"历史名镇名村保护整治工作"，以切实解决历史名镇名村保护开发存在的问题；对目前如何保护开发作出政策性、规范性、可操作的措施，以确保历史名镇名村保护与发展的"双赢"。

（3）历史名镇名村管理者应坚持"严格保护、合理利用"的方针，不断探索"保护前提下适度开发、合理利用、促进发展"的"两利""多赢"的新路；丽江、平遥、西递、宏村、江南水乡古镇以保护利用文化遗产来提升地方知名度，增强文化软实力和区域竞争力的事实，已表明"鱼和熊掌可以兼得"，历史村镇保护与利用相辅相成、可以"双赢"和"多赢"。因此，历史村镇保护就是利用，要"先保护后利用"，切忌"开发与保护相并举"，借保护之名，谋开发之利；要防止重视经济价值而忽视文化、美学价值和生态环境保护。

（4）人大、政协应组织专家检查团，定期进行巡回督察。有的省市对历史文化名镇名村保护工作一直没有系统检查过；有的名镇名村文化遗产保护与开发，长期处于无人监管状态。

2. 严格执行保护法规，尽快修改《文物保护法》，完善历史村镇保护法规体系，增强文物保护机构的权威性，强化建设规划部门审批旅游开发的严肃性

（1）要严格执行保护法规和保护规划，将历史村镇保护列为政绩考核的强制性内容；采取切实有效的保护措施，坚决制止破坏历史村镇的违法行为；强化公众监督。

（2）要尽快修改《文物保护法》，进一步完善历史村镇保护的法规体系，制定《历史村镇历史建筑保护条例》，明确规定历史村镇与历史建筑保护的基本原则、主要内容、目标、要求及其开发利用的审批程序；要规定各级政府的保护责任以及文物、建设部门的职责权限等；要对保护利用的规划、机构，管理、监督制度及其队伍、经费来源等方面都作出具体规定。

（3）建议把国家文物局改为国家文化遗产保护管理局，以切实加强我国物质与非物质文化遗产的科学、高效、统一的保护管理，改变文化遗产分别由建设、规划、文化、文物、旅游、教育等部门的多头管理、职能交叉，相互推诿、效能低下的体制弊端。

（4）增强文化遗产保护机构的权威性，明确执法主体和程序，充实保护执法力量，切实加大历史村镇保护管理力度。应重点追究因决策失误、玩忽职守，造成历史村镇文化遗产破坏的责任人的法律责任；依法抵制和制止"名为保护、实质破坏"的领导决定和行为；坚决纠正过度利用文化遗产开发旅游的破坏行为；使我国历史村镇保护步入文化遗产保护体系的法制轨道。

（5）强化建设规划部门依法审批许可旅游开发项目的严肃性。历史村镇保护及其开发旅游项目，建设规划部门必须严格执行《文物保护法》等法规规定，会同文保部门商定保护措施后再纳入规划，再由文保专家委员会审议后报相应的县、市、省政府批准；项目批准后，建设规划部门应强化监督保护规划及其开发项目实施的严肃性。

3. 科学制定历史村镇保护规划，强化执行规划的权威性和严肃性，严格执行建设项目审核制度，规范实施旅游开发项目公示、听证、监督制度

（1）地方政府应科学制定《历史文化名镇名村保护规划》及其《实施办法》。要严格保护名镇名村的历史真实性、风貌完整性、生活延续性；对重要历史建筑要按照文物古迹的保护办法严加保护；要制定自然、生态、人文等环境保护的限制性条件。同时，保护规划要与建设规划、旅游规划相衔接，共同指导和促进历史村镇保护与发展的双赢。

（2）文物、建设部门要完善保护规划公示制度和听证制度，全面公示保护规划的全部内容，改变目前不少规划网上只公示，却找不到保护规划，或形式主义公示部分内容的不规范行为。

（3）严格执行保护规划和重大建设项目审批、核准和备案制度。历史文化名镇名村保护规划和建设项目，必须有具体可行的实施方案，并依法按程序报批。要有必要手段确保《保护规划》的依法实施，既要有很明确的要求，还要有相应的处罚。要首先管住领导者执行规划的随意行为，要有人对领导者进行监督；真正改变"规划、规划，墙上挂挂，不如领导一句话"的尴尬。

（4）历史文化名镇名村旅游开发项目，要规范实行"公示、听证制度和公众监督制度"。在保护区内进行历史建筑的维修，必须严格按照专家论证后的维修方案进行维修。其中涉及古民居、拆除旧建筑和建设新建筑，须进行公示和听证会，广泛听取公众意见和接受社会监督。

4. 科学作出历史文化名村名镇保护利用的制度安排，激励地方政府有效保护、合理利用、加强监管，正确处理保护与发展的关系

（1）科学设置国家、省、市三级"历史文化名村名镇"的标准制度。获得称号的名村名镇，应尽快划定出保护区域范围；规定禁止性建设项目；做好"四有"工作，即有保护范围，有标志说明，有记录档案，有专门机构或专人负责管理；以切实加强名镇名村保护的力度和有效性。

（2）实行名村名镇称号等级"上下浮动制度"和"濒危、撤牌制度"。严格申报制度，

对获得称号后不积极有效保护，并造成历史村镇遗产严重损害的，应列入"名村镇濒危名录"；对在限定期限内不能及时采取挽救措施的，将取消其称号，并依法追究当地政府负责人的法律责任。

（3）建立动态监测、预警系统和实行"年度评估制和成效测算制"。对已获得国家、省级历史文化名镇名村称号的村镇，建设规划、文物管理部门应建立动态跟踪监测体系及其预警系统；地方政府每年应提供保护管理的现状报告，由专家评估委员会考核评估、鉴定级别称号。

（4）要正确处理名镇名村保护与发展的关系。要坚持在严格保护中寻求发展，在合理利用中强化保护；在有效保护前提下创新可持续发展。要保护和延续历史村镇传统格局和历史风貌，传承传统文化，发展地方特色，延续历史文脉，提升历史村镇软实力和竞争力，使名镇名村文化遗产真正成为世代增值，永续利用和可持续发展的财富。

5. 建立地方政府、社会公众、企业团体共同参与的保护体系，发挥专家保护作用，加强文保人才队伍建设，形成全社会参与历史村镇保护管理的良好氛围

（1）地方政府应发挥多学科专家的研究保护作用，建立"历史村镇保护专家委员会"，负责对历史村镇文化与自然遗产保护对象、范围的认定和保护利用项目的评审等，为政府提供决策咨询意见。凡涉及历史村镇保护开发、建设项目等可行性方案、重大事项，都应召开专家审议会；但必须避免"表面上按照程序，实质是请外行专家，走过场"的倾向。

（2）地方政府应重视吸收专家学者和新闻媒体的保护建议。专家学者的超脱和旁观者的清醒，不会受政绩，经济利益等负面影响，较少忌讳和顾虑，能提出较多具有理论性、前瞻性、专业性、可行性的高含金量建议，能使各级领导干部从中吸取保护"金点子"。如果没有他们，恐怕平遥、丽江古城镇、江南水乡古镇也像那些被破坏的古镇仅剩下一个名称而已。目前，要重点探索"有责任心的专家学者发起，得到社会公众和网络的广泛支持和各种媒体与社会公益组织的奔走呼吁"的公众参与保护机制，这是可贵而有效的办法。

（3）文物、建设部门应加快培养文保人才与传统技艺工匠队伍。应同高校、职校合作联办历史村镇保护培训班，定期培养保护、管理和技艺工匠等专业人才，逐步提高他们的业务素质和专业水平，使之担当起保护历史村镇的重任。

同时，社会上有众多熟知历史村镇保护的有识之士和志愿者，他们是历史村镇保护最有效的重要力量。因此，地方政府要鼓励有识之士和志愿者积极参与保护利用，可采取特聘"业余文保员"或"文保监督员"方式，加强"文保志愿者队伍"建设，使民间自发的保护意愿通过有效的途径转化为具体的保护行动。

（4）各级政府应完善社会公众参与的制度保障和鼓励措施。名镇名村保护不是某一部门或某一系统的工作，而是全社会、全民重视历史村镇文化遗产保护管理的救援行动。因此，

各级政府要充分发挥社会公众的作用，大力推进社会公众为维护自身利益而被动参与，向公众为谋求社会公共利益平等、公平而主动参与保护利用的转变，明确社会公众参与的实质性内容。应积极发展民间团体、非营利机构、社区组织等非政府组织，可通过赋予参与历史村镇保护利用知情权、参与权、建议权、否决权、监督权，使之成为公众参与保护利用的权利载体，负责与政府、利益集团、社会公众、居民个人的沟通和对话，影响政府公共政策，以解决历史村镇保护利用中以发展经济的名义对社会公众权利侵犯等问题。

6. 加大历史文化名村名镇保护的财政支持力度，调动社会各界组织和个人的积极性，多层次多形式筹措历史村镇保护管理建设资金

（1）各级政府应加大历史村镇保护的财政支持力度。政府是历史村镇保护的主体投资者，这是政府公共职能所决定。各级政府财政每年都应加大历史村镇文化遗产保护的投入力度，或在城市维护费中确定一定比例的历史村镇保护费，逐年加大保护维修资金的投入；历史村镇所在地的县级政府更应把保护经费纳入本级财政预算；并随地方财政收入的增长而同步增加；以确保历史村镇保护工作正常运转。

（2）地方政府应充分调动乡镇、社会组织、城乡居民的积极性，采取政府补助、社会赞助、个人捐款等多种方式筹集历史村镇保护基金。历史村镇保护可以采取市场化运作方式，由政府牵头，理顺关系，通过合法的土地、房屋产权的置换或租赁等方式，鼓励、吸纳民营资本、风险投资基金、民间集资、使用人出资等资本，参与历史村镇文化遗产的保护利用。但是，切不可以牺牲历史遗产的风貌景观和周围环境为代价去获得保护开发资金，严禁以任何名义和方式承包或变相出让历史村镇文化遗产资源。更不能"一刀切"全部拆迁原住民。历史建筑应允许"居民自保"，由居民负责维修、管理和使用，政府应适当进行政策性补贴。

（3）地方政府应合理使用保护开发资金，切实解决保护与开发资金使用错位的倾向。目前有的名村名镇保护开发投入几亿、几十亿资金，并非主要用于保护，而大多数用于旅游开发、房地产项目。这实际上是借保护之名进行开发旅游赚钱，严重的甚至会带来"开发资金越巨大，旅游开发、新建项目也就越大越多，名镇名村遗产遭受破坏程度就愈大"的后果。因此，应规定投入名镇名村保护与开发资金的比例。

（4）名镇名村旅游收入应先提取"保护维修费后再分配"，对门票收入应至少有30%以上资金用于保护与维修；以解决目前旅游公司、广告公司拿大头，实际用于保护资金较少的不正常状况；旅游企业的地税收入应适当返还为保护经费，以形成建立以"历史村镇旅游收入来保养历史村镇"的良性运作机制。同时，地方政府应加强名镇名村旅游收入的审计督查工作，各级党委纪检部门要加强对地方政府旅游开发项目的检查。

7. 果断停用"旧城改造"口号，实施"新旧分开、有机更新"保护模式，借鉴国内外历史村镇保护的经验做法，探索社会化保护新路

（1）果断停用"旧城改造"模式，实施"新旧两利、有机更新"保护模式。要把"旧城改造"改提为"旧城保护"，一词之差，却会带来不同的导向和后果。尤其在当前新型城镇化、城乡一体化发展中，要慎防"旧城改造"蔓延，改提"旧村保护"，否则"旧城改造"决策失误使众多名城名镇"特色危机"的教训将会在历史名镇、传统村落中重演。

（2）学习借鉴西欧、日本对历史建筑采取"凝固保护法"和"保存保全法"等保护措施[①]：对已确定为文保等级的古建筑、构筑物应作完全性保护。按照文物保护法的规定保持原状。对未定级而具有历史文化、科技价值或者结构完整的历史建（构）筑物，应严格保持现状，破坏严重的应进行完全修复。对历史建筑中部分存留、部分受损或功能已改变的民居应保护改造，力求外立面保持原状；内部格局保留地方特色，装修与设施可符合提高生活质量的要求。对确有地方特色而结构已毁，或孤立的建筑，可实行旧地重建恢复原状。对于那些随意搭建而有损整体风貌的建构筑物应坚决拆除。

（3）历史村镇保护必须"以古为本"、"以居为本"，坚持"保护历史的真实性、保持风貌的完整性、维护生活的延续性"原则，切实做到"外部尽量做减法，改动得越少越好；内部适当做加法，符合居民生活需要"；要整体保护历史村镇的建筑格局、水系道路、桥梁河埠及其环境、风貌；形成历史村镇保护的"点、线、面"相结合保护体系。

（4）对于历史村镇中数以万计、暂未定级、但有保留价值的历史建筑，在政府缺乏资金无力全面保护的两难情况下，可吸纳社会组织、民营企业和居民个人购买、租用和置换，或由旅游公司或产权人加以整修后进行市场化出租，但必须在确保"原真性、整体性和可持续性"的前提下加以利用、经营和管理；也可作为社会、企业进行文化交流的平台，以充分发挥历史建筑的使用价值。

结语：历史文化名镇名村保护工作任重道远，艰难而又繁复，必须学习借鉴国内外历史村镇保护的先进理念和实践经验，在当前新型城镇化、城乡一体化发展高潮中，要以敬畏历史、敬畏文化、敬畏先人之心，努力探索一条历史村镇文化遗产保护和经济社会协调发展的共赢道路。

[①]   国际古迹遗址理事会2005年通过的国际性文件《保护历史建筑、古遗址和历史地区的环境》.

第五章

中国传统村落保护利用的现状问题与对策思考

中国传统村落的历史文化信息和自然生态景观资源，传承着各民族的历史记忆、生产生活智慧、文化艺术结晶和民族地域特色，寄托着中华各族儿女的乡愁，是我国乡村历史、文化、自然遗产的"活化石"和"博物馆"，也是中华传统文化的重要载体和中华民族的精神家园。然而长期伴随着"农业现代化、乡村城镇化、郊区城镇化和新农村建设、乡村旅游开发、城乡统筹发展"的多重挑战和冲击，传统村落保护不断遭到破坏的状况日益严峻，"千村一面、万村一貌"的"特色危机"正成为共性问题，不少传统村落正在遭受"持续性破坏"，加强传统村落保护迫在眉睫。①

一、我国传统村落的概念范围、特点标准及其价值功能

（一）传统村落保护的提出与概念解读

1. 中国传统村落概念的提出过程

传统村落是我国新提出的特定概念。2012年4月，由国家住房和城乡建设部、文化部、国家文物局、财政部联合启动了中国传统村落的摸底调查。通过各地政府组织专家的半年多的普查调研，基本摸清了传统村落现状。全国31个省市共登记上报具有传统性质的村落11567个，推荐了5121个村落申请列入中国传统村落名录。2012年9月，由住房城乡建设部、文化部、国家文物局、财政部联合成立了冯骥才为主任委员，由建筑学、民俗学、规划学、艺术学、遗产学、人类学等专家组成的专家委员会，制定了《中国传统村落名录》评价认定指标。2012年12月，住房城乡建设部、文化部、财政部联合发布《关于加强传统村落保护发展工作的指导意见》，并经专家委员会评审认定，公布了"第一批中国传统村落名录"，全国28个省共646个传统村落入选该名单。②这项工作得到了党中央、国务院领导的高度重视，有关工作要求写入了2013年中央1号文件，并在社会各界引发强烈反响。2013年2月，住房城乡建设部等三部门又启动了传统村落补充调查和推荐上报工作，各地共补充调查了5000多个村落，并择优向三部门进行了推荐。经各地调查初筛、专家委员会评审、公示，最终确定了915个村落列入第二批中国传统村落名录。③截至2013年底，我国共有"中国传统村落"1561

---

① 本章部分内容分别在《光明日报》、《中国建设报》发表，也是呈送国家住房与城乡建设部的两项阶段性成果：《我国传统村落保护的现状问题与对策思考》和《城镇化过程中加强我国传统村落保护的对策建议》，都获得原国家住房与城乡建设部副部长仇保兴的重要批示："周乾松同志的两文章写得很好，很值得村镇司全体干部学习，并可登《中国建设报》".

② 住房城乡建设部、文化部、财政部《关于公布第一批列入中国传统村落名录村落名单的通知》，中央政府门户网站www.gov.cn，2012年12月20日.

③ 又有915个村落列入中国传统村落名录[N]. 中国建设报，2013-09-20.

个。目前，住房城乡建设部、文化部、财政部已联合推进建立中国传统村落档案、编制中国传统村落保护发展规划和探索开展保护性修复试点等基础性工作，进一步加大传统村落乡土文化遗产的保护力度。

2．中国传统村落的概念解析

2012年，住房城乡建设部、文化部、财政部《关于加强传统村落保护发展工作的指导意见》中首次确定了传统村落概念，是指拥有物质形态和非物质形态文化遗产，具有较高的历史、文化、科学、艺术、社会、经济价值的村落。

笔者认为，传统村落以前在我国一般俗称古村落，在学术上称之为"历史文化村落"或"历史村落"。传统村落应是建造于民国以前、拥有较丰富的文化与自然遗产，承载历史文化传统的较大聚落或多个聚落群体形成的自然村落、村庄区域等。现将古村落更名"传统村落"，可突出其文明价值及其传承意义。[①]但应当注意的是，传统村落范围既包括已申报命名国家、省、市级的历史文化名村，也包括有历史文化价值但尚未申报命名为历史文化名村的古村落，还包括具有优美自然景观、生态环境的自然村落。需要明确的是，历史文化名村是优秀的传统村落，中国历史文化名村就是中国传统村落的精华和佼佼者。传统村落不一定是历史文化名村，但传统村落包括大量的历史村落和自然生态村落。中国历史文化名村是基于《名城名村保护条例》的法定概念，适用于立法保护；而中国传统村落是行政概念，尚未纳入法制轨道。因此，传统村落保护的重要性和复杂性，尚未引起全社会的普遍重视。[②]为此，笔者建议国家、地方政府应切实加强中国传统村落保护的立法和推荐列入中国历史文化名村名单和全国重点文物保护单位。

（二）中国传统村落的主要特点与认定标准

1．中国传统村落的主要特点

中国传统村落是与物质文化遗产、非物质文化遗产相区别又相联系的第三类遗产，可称之为由物质与非物质文化遗产相结合，文化遗产与自然遗产相结合的混合遗产。传统村落不是"文保单位"，而是一种生产、生活中活着的遗产，不仅兼有物质文化遗产、非物质文化遗产、自然遗产的特性，而且这三种遗产在传统村落里互相融合依存，形成一个独特的整体，并且同属一个传统文化与审美的基因。然而，以前认为传统村落属于物质文化遗产范畴，一般多注重传统村落乡土建筑的保护利用，而忽略了传统村落自然遗产保护利用和非物

---

① 冯骥才．中国传统村落保护工作已经启动[EB/OL]．新华网，http://news.xinhuanet.com/local/2012-09/28/c_113248211.htm，2012-09-29．

② 李绍心．传统村落不发展就会"被消失"[N]．中国文化报，2013-06-06．

质文化遗产灵魂及其精神文化内涵的挖掘传承。因此，传统村落混合遗产保护必须进行组合式的整体保护。

传统村落乡土建筑的突出特点属于现在时，它不同于古建筑属于过去时。而乡土建筑内全都有人居住和生活，必须不断地修缮乃至更新；传统村落有机更新直接关系着村落居民生活质量的提高。因此，传统村落乡土建筑保护，一是必须维护村民居住和生活的延续性，进行持续性的活态保护与文化传承；二是必须与发展农业生产和改善农民生活相结合。

传统村落文化遗产既包含各类非物质文化遗产，又含有大量独特的历史信息、文化记忆、方言习俗、宗族传衍、乡约乡规、生产方式等。它们作为一种独特的精神文化内涵，因传统村落存在而存在，并使村落传统厚重鲜活，是村落中各种"非遗"不能脱离的"生命土壤"。[①]

2. 中国传统村落的申报程序与认定标准

中国传统村落评价具有一个严格的标准。根据住房和城乡建设部、文化部、国家文物局和财政部联合发布《传统村落评价认定指标体系（试行）》的通知，传统村落的申报程序，要求县级地方政府根据《传统村落评价认定指标体系（试行）》对本地区传统村落的保护价值进行评价认定，按照统一分值要求推荐中国传统村落；然后报到省一级，由省一级报到中央之后，再由中国传统村落专家委员会进行技术审查，这个过程非常严格，而且要求所申报的资料按照标准报足充分的资料，在中央层面就经过三次审查，还要进行公示，最后以国家三部门的联合名义正式公布。

中国传统村落的申报与认定标准。根据《传统村落评价认定指标体系（试行）》规定，应具备以下3方面条件：① 村落传统建筑评价指标体系：要求现存建筑有一定的久远度，文物保护单位的等级达到标准，传统建筑的占地规模、现存传统建筑（群）和周边环境保存有一定的完整性，建筑的造型、结构、材料及装饰有一定的美学价值，并有对传统技艺的传承。② 村落选址和格局评价指标体系：要求传统村落在选址、规划等方面，代表了所在地域、民族及特定历史时期的典型特征，并具有一定的科学、文化、历史以及考古的价值，并与周边的自然环境相协调。③ 非物质文化遗产评价指标体系：要求承载了一定的非物质文化遗产，包括非物质文化遗产级别、种类、至今连续传承时间、传承活动规模，是否有明确代表性传承人，传承情况，相关的仪式、传承人、材料、工艺以及其他实践活动等与村落及其周边环境的依存程度（表5-1）。

---

① 冯骥才. 传统村落的困境与出路[N]. 人民日报，2012-12-07.

传统村落评价认定指标体系　　　　　　　　　　　表5-1

（一）村落传统建筑评价指标体系

类别	指标	指标分解	分值标准及释义	满分
定量评估	久远度	现存最早建筑修建年代	明代及以前，4分；清代，3分；民国，2分；新中国成立至1980年以前，1分	4
		传统建筑群集中修建年代	清代及以前，6分；民国，4分；新中国成立初至1980年以前，3分。	6
	稀缺度	文物保护单位等级	国家级，5分，超过1处每处增加2分；省级，3分，超过1处每处增加1.5分；市县级，2分，超过1处每增加处1分；列入第三次文物普查的登记范围，1分，超过1处每增加1处0.5分，满分10分	10
	规模	传统建筑占地面积	5hm^{2}以上，15~20分；3~5 hm^2，10~14分；1~3 hm^2，5~9分；0~1 hm^2，0~4分	20
	比例	传统建筑用地占全村建设用地面积比例	60%以上，12~15分；40%~60%，8~11分；20%~40%，4~7分；0~20%，0~3分	15
	丰富度	建筑功能种类	居住、传统商业、防御、驿站、祠堂、庙宇、书院、楼塔及其他种类，每一种得2分，满分10分	10

类别	指标	指标分解	分值标准及释义	满分
定性评估	完整性	现存传统建筑（群）及其建筑细部乃至周边环境保存情况	1. 现存传统建筑（群）及建筑细部乃至周边环境原貌保存完好，建筑质量良好且分布连片集中，风貌协调统一，仍有原住居民生活使用，保持了传统区的活态性，12~15分； 2. 现存传统建筑（群）及细部乃至周边环境基本上原貌保存较完好，建筑质量较好且分布连片，仍有原住居民生活使用，不协调建筑少，8~11分； 3. 现存传统建筑（群）部分倒塌，但"骨架"存在，部分建筑细部保存完好，有一定时期风貌特色，周边环境有一定破坏，不协调建筑较多，4~7分； 4. 传统建筑（群）大部分倒塌，存留部分结构构件及细部装饰，具有一定历史与地域特色风貌，周边环境破坏较为严重，0~3分	15
	工艺美学价值	现存传统建筑（群）所具有的建筑造型、结构、材料或装饰等美学价值	1. 现存传统建筑（群）具有的造型（外观、形体等）、结构、材料（配置对比、精细加工、地域材料）、装修装饰（木雕、石雕、砖雕、彩画、铺地、门窗隔断）等具有典型地域性或民族性特色，建造工艺独特，建筑细部及装饰十分精美，工艺美学价值高，9~12分； 2. 建筑造型、结构、材料或装饰等具有本地域一般特征，代表本地文化与审美，部分建筑具有一定装饰文化，美学价值较高，5~8分； 3. 建筑造型、结构、材料或装饰等不具备典型民族或地域代表性，建造与装饰仅体现当地乡土特色，美学价值一般，0~4分	12

续表

类别	指标	指标分解	分值标准及释义	满分
定性评估	传统营造工艺传承	至今仍大量应用传统技艺营造日常生活建筑	1. 至今日常生活建筑营造仍大量应用传统材料、传统工具和工艺，采用的传统建筑形式、风格与传统风貌相协调，具有传统禁忌等地方习俗，成为非物质文化遗产，技术工艺水平有典型地域性，8~10分； 2. 至今日常生活建筑营造较多应用传统材料、传统工具和工艺，采用的传统建筑形式、风格与传统风貌相协调，具有传统禁忌等地方习俗，技术工艺水平有地域代表性，5~7分； 3. 至今日常生活建筑营造较少应用地域性传统材料、传统工具和工艺，采用的传统建筑形式与风格与传统风貌一定程度上协调，营造特色有地域代表性0~4分	8
合计				100

（二）村落选址和格局评价指标体系

类别	指标	指标分解	分值标准及释义	满分
定量评估	久远度	村落现有选址形成年代	明清及明清以前，5分；民国，3分； 新中国成立后，1分	
	丰富度	现存历史环境要素种类	古河道、商业街、公共建筑、特色公共活动场地、堡寨、城门、码头、楼阁、古树及其他历史环境要素种类，每一种得2分，满分15分	
定性评估	格局完整性	村落传统格局保存程度	1. 村落保持良好的传统格局，街巷体系完整，传统公共设施利用率高，与生产生活保持密切联系，整体风貌完整协调，格局体系中无突出不协调新建筑，26~30分； 2. 村落基本保持了传统格局，街巷体系较为完整，传统设施活态使用，与生产生活有一定联系，格局体系中不协调新建筑少，不影响整体风貌，16~25分； 3. 村落保留了一定的集中连片格局，保持了较为完整的骨架体系，能较为完整看出原有的街巷体系，传统设施基本不使用，格局体系中不协调新建筑较多，影响了整体风貌，6~15分； 4. 传统区保持了少量的传统基本骨架体系，能零散看出原有的街巷体系，传统设施完全不使用，传统区存在较多新建不协调建筑，风貌非常混乱，0~5分	
	科学文化价值	村落选址、规划、营造反映科学、文化、历史、考古价值	1. 村落选址、规划、营造具有典型的地域、特定历史背景或民族特色，村落与周边环境能明显体现选址所蕴含的深厚的文化或历史背景，有很高的科学、文化、历史、考古价值，25~35分； 2. 村落选址、规划、营造具有一定地域和文化价值，村落与周边环境能体现选址所蕴含的深厚的文化或历史背景，有较高的科学、文化、考古、历史价值，15~24分； 3. 村落选址、规划、营造保持本地区普遍的传统生活特色，村落与周边环境勉强体现选址所蕴含的深厚的文化或历史背景，科学、文化、历史、考古价值一般，0~14分	

续表

类别	指标	指标分解	分值标准及释义	满分
定性评估	协调性	村落与周边优美的自然山水环境或传统的田园风光保护有和谐共生的关系	1. 村落周边环境保持良好，与村落和谐共生，清晰体现原有选址理念，11~15分； 2. 村落周边环境有一定程度改变，但与村落较和谐，能够体现原有选址理念，5~10分； 3. 村落周边环境遭受较为严重的破坏，与村建设相冲突，几乎不能体现原有选址理念，0~4分	
合计				

（三）村落承载的非物质文化遗产评价指标体系

类别	指标	指标分解	分值标准及释义	满分
定量评估	稀缺度	非物质文化遗产级别	世界级15分；国家级10分；省级5分 （多项不累加）	15
	丰富度	非物质文化遗产种类	省级，每项1分；国家级，每项2分；满分5分	5
	连续性	至今连续传承时间	至今连续传承100年以上，15分； 连续传承50年以上，8分	15
	规模	传承活动规模	全村参加5分；30人以上4分； 10~30人3分；10人以下2分	5
	传承人	是否有代表性传承人	有，且为省级以上，5分； 有，且为市级以上，3分；无，0分	5
	活态性	传承情况	1. 传承良好，具有传承活力，25分； 2. 传承一般，无专门管理，18分； 3. 传承濒危无活力，10分	25
	依存性	非物质文化遗产相关的仪式、传承人、材料、工艺以及其他实践活动等与村落及其周边环境的依存程度	1. 遗产相关生产材料、加工、活动及其空间、组织管理、工艺传承等内容与村落特定物质环境紧密相关，不可分离，26~30分； 2. 遗产活动空间、工艺传承与村落空间具有一定依赖性，活动组织与村民联系密切，具有民间管理组织，16~25分； 3. 遗产活动组织与工艺传承与村落较为密切，为本地域共有特色遗产，具有代表性，6~15分； 4. 遗产可不依赖村落保持独立传承，0~5分	30
合计				100

来源：住房城乡建设部、文化部、财政部《关于公布第一批列入中国传统村落名录村落名单的通知》附件：《传统村落评价认定指标体系（试行）》，中央政府门户网站，http://www.gov.cn，2012年12月20日。

（三）中国传统村落的多元价值与主要功能

1．我国传统村落具有文化与自然遗产的多元价值

我国广袤的国土上遍布着众多历史悠久、形态各异、风情各具的传统村落。我国大多数传统村落既有悠久的历史与深厚文化底蕴，又有丰富的物质文化遗产与非物质文化遗产，还有优美生态的自然景观遗产。它们凝结着历史的记忆，反映着文明的进步，承载着中华传统文化的精华，是我国农耕文明不可再生的文化遗产，也是全人类的宝贵遗产。

我国优秀传统文化最深远绵长的根基、文脉都在传统村落，大量重要的历史人物和历史事件都跟传统村落有密切关系。每一个传统村落都体现着当地的传统文化、建筑艺术和村镇空间格局，反映着村落与周边自然环境的和谐关系，都是活着的文化与自然遗产，体现了一种人与自然和谐相处的文化精髓和空间记忆，是具有不可再生性、具有潜在利用价值的重要旅游资源。

我国传统村落是中华民族千百年留下的最大遗产，各民族的历史都是从村庄聚落发展起来的，不同民族在不同自然环境中形成不同特色的自然村落形态，文化传统丰富多样。保留着中华民族文化的多样性，是繁荣发展民族文化的根基。传统村落凝聚着中华民族精神，是维系华夏子孙文化认同的纽带。

传统村落是我国文化遗产信息量最大的最后一块阵地，具有独特的历史价值、文化价值，具有科学"史考"的见证价值、研究价值，具有"史鉴"的学术价值、教育价值，具有"史貌"的审美价值、欣赏价值，具有发展旅游的经济价值，具有中华民族的独特精神价值。可以说，传统村落是我国乡村历史、文化、自然遗产的"活化石"和"博物馆"，是中华民族的根脉，"人类与自然结合的共同作品"，"东方文化的精神家园"，是维系华夏子孙文化认同的纽带。

2．我国传统村落的主要功能

保护传统村落对于传承中华优秀传统文化，增强国家文化软实力，促进农村、农业、农民现代化发展，建设生态文明，建设美丽中国等方面都具有积极功能：① 传统村落具有丰富的物质与非物质文化遗产和优美的自然景观遗产，是不可再生的、潜在的旅游资源。② 传统村落是建设生态文明、建设美丽中国的最重要场所，也是维持传统农业循环经济特征的关键，是发展我国传统的优质农副产品、提高其附加值的最佳场所。③ 保护好传统村落是发展农家乐、乡村旅游的重要前提，也是促进农村、农业现代化发展、开辟农民致富新道路的基础。④ 传统村落是广大农民心理认同的地理环境及其生存发展的社会资本，更是众多地方方言、风俗、手工艺品、传统节庆等非物质文化的有效载体。⑤ 传统村落是连接家族血脉、传承族

群文化的重要载体，也是世界华侨、港澳台同胞的文化之根、寻根问祖的归属地。⑥ 传统村落是国土安全的重要屏障。我国漫长国境线的传统村落、岛屿变成了无人村、无人岛，在领土和领海争端中无异于"自废武功"。从历史的教训和国际经验看，保护和发展传统村落对于国土安全也具有重大意义。①

因此，切实加强我国传统村落保护发展，保护和传承前人留下的历史文化遗产，体现了国家和广大人民群众的文化自觉，有利于增强国家和民族的文化自信；加强传统村落保护发展，延续各民族独特鲜明的文化传统，有利于保持中华文化的完整多样；加强传统村落保护发展，保持农村特色和提升农村魅力，为农村地区注入新的经济活力，有利于促进农村经济、社会、文化的协调可持续发展。

二、中国传统村落保护利用的主要任务和基本要求

（一）中国传统村落保护利用的主要任务②

1. 保护传统村落文化与自然遗产

保护村落的传统选址、格局、风貌以及自然生态、山形水势和周边农田林地、池塘湖泊、田园景观等整体空间形态与环境。全面保护文物古迹、历史建筑、传统民居等传统建筑，重点修复传统建筑集中连片区。保护古道古桥古涵洞、古墙垣、古井鱼塘、古树藤等历史环境要素。保护非物质文化遗产以及与其相关的实物和场所。

2. 改善传统村落基础设施和公共环境

整治和完善村内道路、供水、垃圾和污水治理等基础设施。完善消防、防灾避险等必要的安全设施。整治文化遗产周边、公共场地、河塘沟渠等公共环境。

3. 合理利用传统村落文化与自然遗产

挖掘社会、情感价值，延续和拓展使用功能。挖掘历史科学艺术价值，开展研究和教育实践活动。挖掘经济价值，发展传统特色产业和旅游。

4. 建立传统村落保护管理机制

建立健全法律法规，落实责任义务，制定保护发展规划，出台支持政策，鼓励村民和公

---

① 仇保兴．深刻认识传统村落的功能[N]．人民日报，2012-11-29．
② 国家住建部、文化部、国家文物局《关于切实加强中国传统村落保护的指导意见》，建村[2014]61号．

众参与，建立档案和信息管理系统，实施预警和退出机制。

（二）中国传统村落保护利用的基本要求①

1．保护传统村落的完整性

注重村落空间的完整性，保持建筑、村落以及周边环境的整体空间形态和内在关系，避免"插花"混建和新旧村不协调。注重村落历史的完整性，保护各个时期的历史记忆，防止盲目塑造特定时期的风貌。注重村落价值的完整性，挖掘和保护传统村落的历史、文化、艺术、科学、经济、社会等价值，防止片面追求经济价值。

2．保护传统村落的真实性

注重文化遗产存在的真实性，杜绝无中生有、照搬抄袭。注重文化遗产形态的真实性，避免填塘、拉直道路等改变历史格局和风貌的行为，禁止没有依据的重建和仿制。注重文化遗产内涵的真实性，防止一味娱乐化等现象。注重村民生产生活的真实性，合理控制商业开发面积比例，严禁以保护利用为由将村民全部迁出。

3．维护传统村落的延续性

注重经济发展的延续性，提高村民收入，让村民享受现代文明成果，实现安居乐业。注重传统文化的延续性，传承优秀的传统价值观、传统习俗和传统技艺。注重生态环境的延续性，尊重人与自然和谐相处的生产生活方式，严禁以牺牲生态环境为代价过度开发。

三、中国传统村落保护利用的现状与问题原因

（一）中国传统村落的保护现状

我国传统村落是7000年农耕文明的结晶，不仅数量众多、分布广泛，而且历史积淀深厚、文化个性鲜明。主要分布在安徽、江西、福建、湖南、贵州、云南、山西、浙江、广东、甘肃、宁夏、湖北、河北省等地。传统村落大多始建于明清时期，有的可追溯到南宋时期。这些村落之所以能保存至今，就在于传统村落具有浓郁的历史风貌、优美的自然生态环境、科学布局的人文景观、姿彩纷呈的民族特色，丰厚的物质与非物质文化遗产，使其成为中国乡村社会的特殊聚落群体；并具备和谐中华的历史风范和诸多宝贵的村落管理与繁衍发

---

① 国家住建部、文化部、国家文物局《关于切实加强中国传统村落保护的指导意见》，建村[2014]61号．

展的经验。^①

我国自21世纪以来逐步重视传统村落保护。国家建设部、国家文物局从2003年开始在全国范围内选择保存文物特别丰富并且具有重大历史价值或革命纪念意义、能较完整地反映一定历史时期的传统风貌和地方民族特色的村镇，评审"中国历史文化名镇名村"。截至2014年2月，我国先后共公布6批528个中国历史文化名镇名村。目前，我国不可移动文物约有77万多处，其中近7万多处各级文物保护单位中，有半数以上分布在农村乡镇；还有1300多项国家级"非遗"和7000多项省市县级"非遗"，绝大多数都在传统村落里，少数民族的"非遗"更是全部在传统村落中。正如冯骥才所说："传统村落本身就是最大的文化遗产，价值不比长城小"，"万里长城是一条线，古村落遍布中国"。^②因为中华民族文化的灿烂性、多样性和地域性都体现在传统村落，文化的创造性也在传统村落里。

然而，在现代化、乡村城镇化、新农村建设进程中，我国传统村落不断遭受"建设性、开发性、旅游性"的破坏，近年来传统村落大量消失。国务院新闻办2013年10月17日公布，目前我国现存传统村落数量仅占全国行政村总数的1.9%。据调查数据，全国在2000年拥有363万个自然村，到2012年只有230万个^③，12年共消失133万个自然村，平均每天消失300多个，令人震惊，非常遗憾！可见自然村落（包括传统村落）消亡势头之迅猛。直到2012年全国传统村落调查也表明，31个省（市）共登记上报传统村落11567个，其中有较高保护价值、符合推荐申报中国传统村落名录仅5121个村落。而截至2014年，国家三部门最终评定命名了3批中国传统村落，全国仅2555个。由此可见，中国传统村落保护亟待加强。

上述可见，我国传统村落保护不容乐观，目前正处于"生死存亡"的关头。许多传统村落仍在遭受持续性破坏，消失速度加剧；大量乡土建筑年久失修，满目疮痍；各种新式建筑频频出现，与传统风貌格格不入；不少传统村落的过度开发利用，很多不恰当的仿古新建筑，使众多传统村落不伦不类；许多文化和自然遗产仍在遭受各种各样的破坏，最重要的民族、民间、民俗文化正在加速消逝，中华优秀传统文化面临传承危机。正如民俗学家冯骥才痛惜地说："很多古村落就是本厚厚的古书，只是很多还来不及翻阅，就已经消亡了。古村落没有了，非遗也没了。如果没有文化，没有文化身份，民族的自豪感、凝聚力不用说，连民族本身也没有了，无法识别。这就是我们保护村落的非常重要的一个原因。"^④

未来10年，我国传统村落将面临新一轮城镇化、城乡发展一体化、乡村旅游开发的多重挑战。"如不及时加强保护，分散在全国各地、各具特色的传统村落及乡土建筑，将随时面临着被：'拆、迁、整、改、并'等种种危险，保护形势相当严峻。因此，在加快城镇化过

①　周乾松. 新型城镇化过程中加强传统村落保护与发展的思考[J]. 长白学刊，2013（5）.
②　冯骥才. 中国传统村落保护——"传统村落成为被失落的角落"[EB/OL]. 济南纵论，2011-06-12.
③　冯骥才. 中国传统村落保护——"传统村落成为被失落的角落"[EB/OL]. 济南纵论，2011-06-12.
④　冯骥才. 中国传统村落保护——"传统村落成为被遗忘的角落"[EB/OL]. 济南纵论，2011-06-12.

程中，切实加强我国传统村落乡土建筑保护、自然生态资源保护和非物质文化遗产抢救，迫在眉睫，意蕴深远。"[①]

（二）我国传统村落保护利用的问题与原因

1. 传统村落的价值认识不足、保护乏力，造成乡土建筑"自然性毁损"

（1）对传统村落遗产的稀缺性、重要性认识不足、保护乏力。长期以来，有的地方对传统村落的稀缺性和不可再生性认识不足，许多传统村落的格局风貌、生态环境不断遭受破坏，一些民间民俗文化濒临消亡，不少传统技能和民间艺术后继乏人，面临失传危险。

（2）传统村落乡土建筑处于"老龄化、空巢化"的"自然性颓废"状态。传统村落大多年代久远，散落在相对偏僻、贫困落后的地区，破败严重。除了极少数传统村落被列为历史文化名村得到较好保护外，大多数传统村落仍"散落乡间无人识、无钱修"，处于自生自灭的状态，得不到有效保护。再加上近年来大量农村人口进城务工，不少传统村落逐渐变得"老龄化"、"空巢化"，还有可能出现"无人村"。近年来，一些有重要保护价值的文物建筑的精美木雕构件、门窗被一些文物贩子盗卖；一些文物贩子以购买"旧木料"名义低价拆除，转卖给私人企业或国外收藏者；还有人把整个古镇古村落"吞下"，整体包装进行旅游开发，甚至拿去上市。

2. 农村规划无序性和土地政策不完善，导致拆旧建新的"自主性破坏"

（1）农村规划无序性使传统村落频遭"撤并扩张性破坏"，失去"可印象性"。自20世纪80年代以来，乡村城镇化和行政地域调整使不少行政村、自然村大量撤并；异地脱贫、下山移民、海岛和库区整村搬迁，使不少传统村落迁移消失；城镇化扩张性发展使许多村落被圈进城中村；新农村建设误区及其对传统村落实行"萎缩"管理，使不少传统村落渐趋消失或衰败。最近，一些地方政府以城乡统筹发展、调整土地资源为名，进行大规模的行政村撤并、迁并活动，或整村推倒重建，或整村搬迁合并，使不少传统村落被破坏或消失。上述无规划、无秩序的撤并扩张活动，是我国传统村落不断遭受毁坏、大量消失、持续失去"可印象性"的重要原因。

（2）农村用地政策不完善及随意"拆旧建新"，导致传统村落"自建性破坏"。农民对现代生活方式和品质的合理追求，对原有居住环境的不满意构成传统村落保护的内部压力。尤其是经济较发达地区，富裕起来的农民改善居住条件，不断以"新"代"旧"，以"洋"代"土"，以"今"代"古"，拆建改造了大量乡土建筑。导致这种情形的最直接原因是我国农

---

① 周乾松. 新型城镇化过程中加强传统村落保护与发展的思考[J]. 长白学刊，2013（5）.

村长期实行"一户一宅"政策,即乡土建筑"旧房宅基不拆,新房地基不批"的用地政策,迫使传统村落原住民在原址上"拆旧建新"、"弃旧建新",使众多传统村落乡土建筑遭到普遍的"自主自建性破坏"。

3. 新农村建设的认识误区和急功近利追求政绩所导致"建设性破坏"

(1)新农村建设中"求新求洋"与"旧村改造"决策误导的"建设性破坏"。在新农村建设中,有的地方不考虑传统村落文化遗产的保护传承,简单地提出"旧村改造"口号。有的地方把新农村建设变成"新村庄建设",盲目高起点、高标准,大搞整齐划一的高层住宅模式;有的"贪大求洋,新建小洋楼",把一些依山傍水、古朴宁静的村落推倒重新规划,建设一排排整齐划一的欧式别墅,使传统村落格局风貌和乡土建筑遭受"毁灭性破坏"。

(2)急功近利、追求政绩及形象工程导致的"建设性破坏"。有的地方为追求政绩而急功近利,急于搞"千村一面"的形象工程,随意推倒重建或盲目大拆大建,甚至按照城市模式大搞"村庄建设城镇化"。有的大搞村容整治,修建马路,使一些乡土建筑原有的生态环境、历史风貌格局被肢解、破坏,甚至建筑本体也难逃被拆毁或迁移的命运;有的搞"花架子"建设,在修缮整治中将古建筑的墙体粉刷一新,真文物硬生生被修成了假文物。

4. 地方政府"重开发轻保护"和过度商业化导致"旅游性破坏"

(1)不少地方政府"重开发利用,轻保护管理"的现象相当普遍。由于长期以来以GDP为政绩考核的体制弊端,不少领导干部对传统村落保护意识十分淡薄,对乡土建筑价值的认识只停留在旅游开发上,而对于其丰富的历史、科学、社会、艺术等价值知之甚少。不少地方政府片面追求传统村落乡土建筑的经济价值,"重开发利用,轻保护管理"的现象相当普遍。一些具有重要价值的乡土建筑因保护管理不善遭到损毁,尤其是成功申报定级的历史文化名村,面临着旅游性、开发性的破坏,正在走上文化遗产"加速折旧"、"文化变异"之路。

(2)有的地方政府将名村文化遗产当作旅游资源进行违规转让经营。一些地方政府盲目对传统村落进行旅游开发,未制定保护利用规划,简单采取商业化模式运作:"把古迹当景点,把遗产当卖点",将传统村落变成赚钱的新路,甚至将传统村落整体转让承包,或将经营权变相转卖给旅游公司开发经营。尤其是有的国家级历史文化名镇名村,违背《文物保护法》规定的管理体制,无原则顺从开发商意愿过度开发,使传统村落失去历史信息记忆,成为一个"文化空壳"。

(3)一些传统村落过度商业化开发的"旅游性破坏"正在蔓延。近年来,一些旅游开发公司把传统村落当作开发旅游的赚钱工具,乡土建筑开发利用无序,维修质量粗糙低劣,随意改变原生态文化的真实性,甚至擅自进行迁建、移建,新建"仿古街"、"假遗存",严重破坏传统村落原真性文化特征和原生态自然环境。

5. 法规政策制度弊端、产权不清给传统村落保护带来困难

（1）传统村落保护法规不健全。传统村落保护在我国兴起较晚，有关的法规制度建设相对滞后；传统村落保护范围不明确；《文物保护法》、《国家历史文化名城名镇名村条例》没有对传统村落作出保护要求与规定；各地的地方性保护法规都具有明显的局限性和地域性。

（2）行政体制存在"多头管理"缺陷。在我国，村镇的建设规划、自然遗产由住房和城乡建设部管理，物质文化遗产由国家文物局管理，非物质文化遗产由文化部管理。传统村落具有物质和非物质文化遗产及自然遗产，应该说三部门都该管，但至今没有一个明确的部门专门负责。

（3）新农村建设有关政策存在弊端。现在，有的政策鼓励农民将未列入文物保护单位的乡土建筑自愿拆除改造。如政府制定新农村建设项目的财政补贴政策，是按村镇实际投入金额的百分比予以补贴。这种按投入金额的补贴政策，可能致使千百年来幸存的传统村落遗产遭遇灭顶之灾。

（4）乡土建筑产权分散不清使保护困难。由于传统村落乡土建筑经过数代传承，有的产权不清，有的产权分散，有些建筑早已人去楼空，处于"空壳化"，有的房主不愿维修，任其日益破败毁灭。这些问题都给保护利用带来较大困难。

6. 传统村落保护范围广，保护资金缺乏，研究保护人才匮乏

（1）传统村落保护范围广，制定标准规范难。传统村落保护范围既包括物质与非物质文化遗产，又包含自然景观与生态环境，再加上各地情况差别很大，保护对象较为复杂且有交叉，有关的研究工作基础相对薄弱，较难制定统一的保护标准和规范。

（2）乡土建筑数量多、规模大，维修费用高、资金匮乏。在现行制度下，地方政府与开发公司对投资维修的积极性普遍不高。许多乡土建筑的维修费用要高于新建建筑，现行政策规定文保专项资金不能补贴私人产权的建筑，使乡土建筑无法及时维修保护，只能"任其毁损"。

（3）地方财政对传统村落保护投入严重不足。长期以来，各级财政用于文化遗产保护的资金主要投资在城区文化遗产，"欠债"于农村传统村落，造成众多传统村落乡土建筑缺乏保护经费而得不到保护和修缮。近年来，虽然各地对文化遗产的保护越来越重视，专项经费也逐年增多，但对面广量大的传统村落来说仍是杯水车薪。

（4）传统村落乡土建筑保护的技术力量十分缺乏。长期以来，由于乡土建筑市场的"萎缩"，建造、修缮乡土建筑的民间工匠早已纷纷改行，熟知乡土建筑的形制样式和特色工艺的工匠已经后继无人。近年来，由高校培养的相关专业人才极少，具备专业技能的木工泥工奇缺，严重制约了乡土建筑保护工作的正常开展；加之有关部门缺乏对乡土建筑保护维修的技术指导和政策扶持，仅凭农民自身力量难以做好乡土建筑保护与维修工作。

四、新型城镇化过程中加强传统村落保护利用的对策思考

认真吸取我国城市改造和新农村建设中的历史经验和教训，对我们在新型城镇化过程中切实加强传统村落的保护利用，具有重要的借鉴意义。传统村落是我国文化遗产保存相对完整的最后一块阵地，也是各级政府和建设、文化、文物、旅游、国土资源、环境保护等部门不可推卸的政府职能和历史责任。笔者认为，当前乃至未来5年应重点抓好以下工作：

（一）切实发挥各级政府保护的主要职能，改革"政绩考核"弊端，建立传统村落保护领导小组，加强人大、政协的检查督察

1. 各级政府应完善"保护责任追究制"，将传统村落保护纳入政绩考核

（1）端正决策指导思想，确立保护传统村落就是发展文化生产力、增强文化软实力的新理念，将保护列入重要议事日程。

（2）改革"政绩考核"弊端，把传统村落保护作为新型城镇化的主要任务，纳入各级政府及领导的政绩考核，完善"保护责任追究制"。

（3）遵循科学规划、整体保护、传承发展、注重民生、稳步推进、重在管理的方针，加强传统村落保护，改善人居环境，创新探索保护与发展相互促进、相得益彰的双赢新路。

2. 地方政府应建立传统村落保护领导小组，职能部门应明确分工，各司其职

（1）地方政府应建立传统村落保护领导小组。由领导小组负责该市、县范围内的传统村落保护利用的协调指导工作，并作为考核政绩的重要内容。组织、指导和监督传统村落保护发展规划的编制和实施等，并会同有关部门安排财政补助资金。定期研究、协调解决具体问题。

（2）地方政府应明确分工，各司其职。省级四部门负责本地区的传统村落保护发展工作，编制本地区传统村落保护发展规划，制定保护发展政策和支持措施。地市级人民政府负责编制本地区传统村落保护整体实施方案，制定支持措施，建立健全项目库。县级人民政府对本地区的传统村落保护发展负主要责任，负责传统村落保护项目的具体实施。乡镇人民政府要配备专门工作人员，配合做好监督管理。

（3）政府职能部门应各司其职，密切配合。文化、文物部门应负责对古民居建筑群和非物质文化遗产进行保护管理，建立文保档案，明确专人负责；建设规划、土地管理部门负责对传统村落内的建设活动进行管理；旅游主管部门负责传统村落开发旅游的监督管理；宣传部门加大宣传力度，创造全社会重视传统村落保护的良好氛围和舆论环境，增强村民的自发保护意识。

3．各级人大、政协组织专家检查团对传统村落保护进行巡回督察和指导

各级人大、政协应尽快组织专家检查团进行巡回督察，切实解决传统村落保护开发存在的问题，并对以后如何加强保护利用提出政策性、规范性、可操作的意见和措施。地方人大应尽快制定地方法规，严禁拆并中国传统村落，并组织专家检查团对传统村落保护利用进行整治检查，对未制定保护规划或保护发展规划未经批准擅自开发建设，影响整体风貌和传统建筑的建设活动一律暂停。

（二）加强传统村落保护宣传教育和技术指导，全面调查评估传统村落遗产，建立传统村落名录制度，实行分类保护与分级管理

1．各级政府应加强领导干部文化遗产保护理论培训和社会公众的宣传教育

（1）加强领导干部培训和社会宣传教育。各级党校、行政学院干部院校应设置"文化遗产保护专题课"，以增强各级官员的文保意识和文化自觉。充分利用各种媒体进行宣传，增强全社会对传统村落文化与自然遗产的保护意识和责任感。

（2）各级新闻媒体应充分发挥舆论宣传及监督曝光的作用，营造全社会重视传统村落文化遗产保护利用的良好氛围。

（3）政府职能部门要做好技术指导。组织保护技术开发研究、示范和技术指南编制工作。每个中国传统村落要确定一名省级专家组成员，参与村内建设项目决策，现场指导传统建筑保护修缮等。

2．地方政府应完善传统村落普查评估，建立传统村落保护管理信息系统

（1）应完善传统村落的普查调研与价值评估。组建多学科专家队伍，继续开展"三不漏"（不漏村镇、不漏线索、不漏项目）的普查调研，摸清传统村落底数。

（2）高标准做好传统村落保护的价值评估工作，并在研究建立价值体系、评估标准的基础上，对传统村落进行甄别、分类、评级；实施分类分级保护。

（3）建立传统村落保护管理信息系统，登记村落各类遗产的数量、分布、现状等情况，记录文化遗产保护利用、村内基础设施整治等项目的实施情况。推动建立健全项目库，为传统村落保护项目选择、组织实施、考核验收和监督管理奠定基础。

3．各级政府职能部门应合力抓好传统村落的申报和定级工作

（1）应保尽保，加强传统村落及其文保单位的申报定级工作。抓紧将有重要价值的村落列入传统村落名录；做好村落文化遗产详细调查，对未列入文保单位的一般性文物古迹也要

形成鉴定意见。按照"一村一档"要求建立中国传统村落遗产档案。统一设置"中国传统村落"的保护标志，实行挂牌保护。

（2）制定乡规民约，强化传统村落非物质文化遗产保护。抓紧民间艺术传承人的申报和认定，建立传统村落非遗保护志愿者队伍，加紧传统村落非物质文化遗产保护法规政策的制定与宣传。

（三）地方政府应制定《传统村落保护与发展规划》，将传统村落保护纳入新型城镇化、城乡一体化和文化发展的总体规划中管理

1．地方政府应制定传统村落保护发展规划及其实施办法

（1）尽快制定保护发展规划。地方政府要在摸清区域内传统村落整体情况后，按照高标准、高起点、有特色、规范化的要求，科学编制保护发展总体规划，规定传统村落保护、整治、更新的区域和范围，明确具体实施的政策和措施。

（2）要严格限制核心保护区的改建、扩建、室外装修，建设控制区要严格限定改造区域，严格保存传统村落原有肌理，限定拆迁范围，限定建筑风格、高度、密度、色彩等控制指标。

（3）要制定传统村落的近期、中期、长期保护与发展工程，针对性制定保护措施和方案。涉及文物保护单位与非遗保护项目的，要编制文物保护规划和非遗保护措施，并履行相关程序后纳入保护发展规划。

2．不同传统村落应有区别制定不同的《传统村落保护与发展规划》

（1）对一些古民居分布较多、乡土建筑价值较高、自然生态环境较好的传统村落，要单独编制保护规划和控制性详细规划，实施原真性保护，做到先规划再建设。

（2）对一些规模较小、乡土建筑价值不高的传统村落，坚持文化和自然遗产保护优先，处理好改善村民生活居住环境与保护乡土建筑的关系，结合村庄整治、农居改造、灾害避险、农家乐休闲旅游等编制工程建设规划，统筹推进传统村落的保护与发展。

3．传统村落保护与发展应纳入新型城镇化、城乡一体化的总体规划

（1）地方政府应将传统村落保护内容纳入到新型城镇化、城乡一体化的总体规划中，切实把传统村落保护好、利用好。

（2）在新型城镇化和文化发展规划中，既要注重改善传统村落基础设施条件，更要加强传统村落文化遗产、人文环境、自然生态的有效保护和合理利用，使广大村民在开发旅游中增加收入，尝到甜头。

4．传统村落保护规划应纳入省、市建设规划、文化文物部门的管理范围

（1）对传统村落的主要建设活动必须经过市级以上建设、规划、文物等部门审查同意，凡涉及传统村落保护开发的建设项目，必须依法接受文物部门专家小组评估和认定程序。

（2）建立有效保护的监控制度，及时听取社会各阶层的意见和建议，及时掌握并预测保护发展的各种动态，有效促进传统村落保护与发展。

（四）各级政府应出台传统村落保护法规，完善保护管理体制，创新制度设计安排，强化传统村落遗产的有效保护利用

1．制定"中国传统村落保护利用条例"，完善法规体系和保护制度

（1）尽快出台保护法规。省级政府可先行出台传统村落保护利用管理条例，明确规定传统村落"有效保护、合理利用、适度开发、科学管理"的方针，强化"历史真实性、风貌完整性、生活延续性"的保护原则。

（2）完善保护制度，扩大历史文化名村的评选范围，让更多的传统村落乡土建筑在新型城镇化过程中得到有效保护。

（3）完善土地置换"一户一基"的政策，加大传统村落保护用地的保障力度，支持村民通过城镇保障房建设进行异地搬迁或原地修缮等方式改善居住条件。

2．完善传统村落保护体制政策，强化科学化、规范化、法制化管理

（1）加强科学管理，分级保护。对不同价值的传统村落、乡土建筑制定详细的保护档案，及时采取相应的保护措施。

（2）重点抢救发掘传统村落非物质文化遗产，加强发掘、研究、展示、传承、利用，建立保护数据库，利用微机建档，方便查询。

（3）发动全民参与传统村落保护管理，建立"政府为主、企业为辅、社会参与"的传统村落保护新机制，把传统村落保护开发纳入科学化、规范化、法制化的轨道。

3．创建传统村落称号"浮动濒危制度"，实行动态保护，强化监督机制

（1）创建"传统村落称号"制度、"称号浮动制和濒危撤牌制"、"年度评估制和成效测算制"等制度，实行动态保护。

（2）严格执行保护规划和重大建设项目审批、核准和备案制度，并实行旅游开发项目公示、听证制度。

（3）采取必要手段确保保护规划依法实施，建立定期专家检查、通报制度和公众舆论监督机制。

（五）各级政府应将传统村落保护列入财政预算，地方政府要加强政策支持力度，多种方式筹集保护管理资金

1. 各级政府应加大投入力度，将传统村落保护纳入本级财政预算

（1）省、市级政府应统筹农村环境保护、"一事一议"财政奖补及美丽乡村建设、国家重点文物保护、中央补助地方文化体育事业发展、非物质文化遗产保护等专项资金，分年度支持传统村落保护发展。

（2）县级政府应将传统村落保护经费纳入本级财政预算，并随地方财政收入的增长而同步增加，并在新农村建设费、城镇维护费中确定一定比例的传统村落保护费，以确保传统村落乡土建筑等重点文化遗产保护经费的投入。

（3）地方财政应将历史村镇出让土地所得部分返还传统村落用作保护，市级财政也可以考虑在土地出让收益中提取适当比例，建立传统村落保护利用发展基金，用于支持重点扶持项目。建议将国家级、省级历史文化名镇名村纳入生态保护补偿范围。

2. 地方政府应采取多层次、多种方式筹集传统村落保护发展基金

（1）采取市场化运作方式。由政府牵头，理顺关系，通过捐资捐赠、投资、入股、土地、房屋产权的置换或租赁等方式，鼓励、吸纳多种资本参与传统村落乡土建筑的保护与开发。

（2）建立政府奖励制度，对传统村落、乡土建筑保护的优秀项目和有突出贡献的个人给予奖励，发挥财政资金的引导促进作用。

（3）建立"传统村落保护发展基金会"，向社会、企业募集资金用于传统村落的保护利用，加大传统村落的保护开发力度。

（4）旅游企业的地税收入应适当返还为保护经费，形成以"传统村落旅游收入来保护传统村落"的良性运作机制。

3. 地方政府应规范保护与开发资金的比例，解决保护与开发错位的倾向

（1）地方政府应规范保护与开发资金的比例，防止和避免以保护为名的巨额资金，实际上用于旅游开发的违规现象。

（2）合理分配旅游收入。名镇名村旅游收入应先提取"保护维修费后再分配"，门票收入应至少有30%以上资金用于保护与维修。

（3）严禁变相出让传统村落遗产资源。防止和避免社会公共资源、集体资产"变相"转让为企业资产和私人资产。

（六）创新"村民自保、私保公助、产权转移、公保私用、认领认养认保"等方式，实行"多元化、社会化、转移性"保护

1. 鼓励村民自保，村集体筹资保护和产权转移村集体或政府收购保护

（1）"村民自保、私保公助"。鼓励扶助村民依靠自身力量"自保"，在文物部门指导下负责乡土建筑的维修、管理和使用，政府给予适当补助维修经费。但明确要求所有者不能随意拆毁乡土建筑，享受补助者在乡土建筑的使用、管理、开放、展示和处分等方面应履行相应的义务。

（2）"产权转移、公保私用"。产权人无能力承担修缮经费时，可将产权转移村集体或由政府收购产权，垫资修缮乡土建筑，产权人享有看管居住权，待以后有能力可以回购产权。

（3）村集体筹资保护。村集体利用旅游收入、信贷资金维修集体所有建筑，补贴经济困难的村民或者垫资抢修乡土建筑，村集体对修缮好的乡土建筑享有相应的权益。

2. 鼓励社会公众以认领、认养、认保和租用购买等方式参与保护利用

（1）转移性保护。探索建立传统建筑认领保护制度，鼓励社会组织、企业和个人认领、认养、认保等方式参与保护利用；引导农民与社会公众在自愿基础上实现乡土建筑产权或使用权的转移性保护。

（2）社会化保护。对村民"自保"有困难又需要抢救保护的乡土建筑，可以通过单体出让、整体出租使用年限等方式，允许企业和个人租用或购买产权实现保护利用。

（3）产权置换保护。将乡土建筑的所有权与经营权分开，由农户出让经营权，或由村集体以屋基置换建新居的形式，获取乡土建筑的产权，再由集体出让经营权，由企业或个人来经营管理，以加快传统村落保护利用。

（七）传统村落的有效保护利用要与"合理整治、适度开发、发展旅游"相结合

1. 传统村落保护利用要与改变贫困落后面貌、改善农民生活需求相结合

（1）传统村落保护利用要与改变贫困落后面貌相结合。既要高度重视乡土建筑的抢救保护，又要热切关注群众民生，合理安排保护利用项目；既要科学整治村落格局风貌及其自然生态环境，又要加强传统村落的交通、水电、通信等基础设施建设，使原村民能享受到现代生活的便利，又能延续原有的文化传统和生活方式。

（2）传统村落保护利用要与改善农民生活需求相结合。地方政府应出台政策措施，将引导居民自保获益与传统村落保护利用有机结合起来，达到既保护好传统村落遗产，又充分发挥其历史、研究、教育、审美、观赏等价值和作用。

2. 传统村落有效保护与发掘研究、合理整治、适度开发相结合，实现保护促利用、利用强保护的良性循环

（1）传统村落有效保护必须发掘研究、利用遗产。只有充分发掘、研究好传统村落的历史文化与自然遗产，才能作为资源利用，才能在合理开发中发挥其历史文化价值和自然景观价值。

（2）合理整治环境是传统村落有效保护的具体途径。有效保护既要整治传统村落格局风貌，又要保护乡土建筑、田园山水等文化自然遗产，更要传承乡土民俗文化等非物质文化遗产；在此基础上进行科学有序的合理利用、适度开发、发展乡村文化休闲旅游，让城市居民和旅游者参与其中。

（八）传统村落保护利用必须以民为本，调动农民积极性，让保护发展成果惠及全体村民和社会共享

1. 传统村落保护利用必须依靠农民，调动农民积极性，尊重村民自治权利

（1）传统村落保护利用要调动农民积极性。广大农民是传统村落保护的重要力量，要加大宣传力度，使农民群众认识到保护传统村落的意义以及与其切身利益的关系，引导和鼓励全体村民参与传统村落保护与利用。

（2）保护利用要尊重村民自治的权利。地方政府应充分尊重原住民的知情权、自治权、参与经营权、决策权和监督权，不应以各种形式取代村民权利的行使，尤其不能采用迁走原村民的全封闭博物馆的保护方式，更不能一味想着开发和旅游，把传统村落变成纯粹的赚钱工具。

2. 传统村落保护发展要写入村民公约，要让开发成果惠及村民，全民共享

（1）传统村落保护发展要求应写入村民公约。这是传统村落有效保护的重要前提和基本保障，既有助于约束村民无序的建设行为，提高村民热爱遗产、自我保护的意识，又有助于村民积极整治乡村环境，开发自然生态景观，利用乡土建筑及其非物质文化遗产优势，实现传统村落保护与发展双赢的新路。

（2）传统村落保护发展要注重村民经济和文化利益。要把注重增加村民的经济利益和尊重维护村民习俗的文化权益作为保护发展的出发点和落脚点，确保村民在保护发展中获取收益，让保护发展成果惠及全体村民，社会共享。让传统村落这份中华民族珍贵的文化财富得到更好的有效保护和永续利用。

第六章

中国历史文化名镇名村保护的规划编制与实施管理

2005年，国家建设部《历史文化名城保护规划规范》第一次从标准规范层面规定了历史文化名城、历史文化街区保护规划的编制要求，并指出历史文化名镇名村可参照执行，使我国历史文化名城名镇名村保护规划的编制开始规范化。

2008年，国务院正式颁布的《历史文化名城名镇名村保护条例》，明确规定了历史文化名城名镇名村保护规划的编制内容和具体要求。并明确要求"历史文化名镇名村批准公布后，所在地县级人民政府应当组织编制历史文化名镇、名村保护规划。保护规划应当自历史文化名镇、名村批准公布之日起1年内编制完成"[①]。2013年，住房和城乡建设部、国家文物局在总结5年来我国历史文化名城名镇名村保护规划编制实践的基础上，出台了《历史文化名城名镇名村保护规划编制要求》，对保护规划的编制原则、内容、要求和成果等都做出明确规定，为我国历史文化村镇保护利用提供了技术支持，为深化名镇名村保护规划备案管理、保护措施、监督管理等作出了明确而具体的规范。

然而目前，并不是所有历史文化名城名镇名村都依法编制了保护规划。如2011年全国119个国家历史文化名城中，有20多座国家级名城未编制保护规划或到期未及时修编；更有不少历史文化名镇名村未编制保护规划，或未获批准和尚未申报的现象较为普遍。保护规划编制的滞后，是严重影响历史文化名镇名村保护工作的重要原因，不仅使保护工作实施缺乏依据，而且因缺乏保护规划，不少名镇名村保护工作或者停滞，或者依照常规的村庄发展方式进行大拆大建，对名镇名村风貌格局考虑较少，大量历史建筑遭受严重破坏。同时，即使是编制了保护规划的历史文化名城名镇名村，也存在保护规划的公布内容不全、依法实施不严和缺乏监督管理等问题，尤其是不少保护规划朝令夕改，甚至变成一纸空文。

上述可见，加强历史文化名镇名村保护规划的编制工作，严格依法实施，强化监督管理，已成为我国历史文化名镇名村保护最为迫切的主要任务和重点工作。

一、中国历史文化名镇名村保护规划的编制理论与原则要求

（一）历史文化名镇名村保护规划的含义、性质与特点

1. 历史文化名镇名村保护规划的含义性质

历史文化名镇名村的含义是指保存文物丰富，具有一定历史价值，能较完整的反映一定历史时期的传统风貌和地方民族特色，并经规定程序申报、批准、公布为历史文化名镇名村的村镇。

---

① 历史文化名城名镇名村保护条例[G]//中国文化遗产法规文件汇编. 北京：文物出版社，2009：665.

历史文化名镇名村保护规划的含义，是以保护历史村镇文化遗产与自然遗产及其历史环境为目的，以制定保护目标与原则、确定保护内容与范围，以及提出空间格局、历史街巷、历史建筑和环境要素等保护措施为主要内容的专项规划，是传承中华优秀文化，增强文化软实力，促进历史村镇发展的重要公共政策，应纳入城镇、乡村总体规划。

历史文化名镇名村保护规划的性质，是名镇名村保护与发展必须遵循的法规性文件和法律保障，也是指导、规范历史村镇遗产进行科学保护、有效利用的基本依据和必要手段。

名镇名村保护规划从范围上讲属于历史村镇总体规划的专项规划，但比其他专项规划更具有综合性质，当它单独审批后又具有村镇总体规划同样的法律效力，可以相互影响、相互促进。从内容上讲，历史文化名镇名村保护规划是重在保护历史村镇遗产及其环境为主要内容；它不同于旅游发展规划是以开发利用文物古迹、历史建筑等旅游资源为主要内容。[①]但是，从编制组织和审批单位来看，名镇名村保护规划由所在地县级人民政府组织编制，报省级人民政府审批；而镇总体规划由镇级人民政府组织编制，报上级人民政府审批。可见名镇名村保护规划的组织编制主体，比镇总体规划更高。在法律地位上，《文物保护法》中规定名镇保护规划应纳入城市总体规划，而城市总体规划是镇总体规划编制时应尊重的上位规划。因此，从名镇保护规划的编制要求、规划的组织和审批单位及法律地位等多方面看，名镇保护规划都应是镇总体规划编制的重要前提和基本原则。同样名村保护规划是村庄规划的重点和前提，应贯穿于村庄总体规划和建设规划的全过程。

历史文化名镇名村保护规划作为控制性详细规划，对于指导名镇名村的规划管理和实施建设具有两方面作用：① 以保护名镇名村文化自然遗产及其传统格局风貌与历史空间环境，协调保护利用与建设发展关系；确定保护的目标、原则、方针和明确保护的内容、重点；划定保护和控制范围，提出保护利用措施等。② 传承中华优秀传统文化、增强地方文化软实力、推动文化事业繁荣和文化产业发展、促进经济与社会可持续发展的公共政策和国家战略。

2. 历史文化名镇名村保护规划的特点

编制历史文化名镇名村保护规划是一项专业性、技术性很强的工作，要重视科学性、固定性、客观性、唯一性、翔实性、完整性等特点与要求。

（1）强调保护规划的统一性和协调性。有效保护历史文化名镇名村的前提和关键，必须编制科学的保护规划。首先，保护规划要从全局和整体发展出发，坚持保护第一的原则，以保护历史村镇文化与自然遗产及其环境为主要内容和目标；然后，在有效保护的前提下注重合理利用和适度开发，为旅游业发展提供基础条件。历史文化名镇名村保护利用与开发建设必须统一起来，协调发展，才能实现双赢。有效保护名镇名村，才能为开发旅游提供文化资

源与开发项目；合理利用和适度开发名镇名村遗产，才能反哺名镇名村、促进有效保护，并给原居民带来经济利益。

（2）编制保护规划的专业性和唯一性。编制名镇名村保护规划具有很高的专业性要求。首先，要对物质文化遗产中的文物古迹、历史建筑、一般民居，采取不同的保护措施与方法。同时要对非物质文化遗产中的乡土文化、民间文学、民俗习惯、手工技艺、传统生产方式等采取不同的保护措施与方法。其次，编制名镇名村保护规划的方案具有唯一性，不同的名镇名村，各有不同的特色价值，保护的对象范围各有差异，应根据各个名镇名村的个性特点，科学编制富有个性与共性结合的保护规划方案。

（3）保护规划资料的翔实性与完整性。保护规划编制是专业技术性很强的复杂工作。在编制保护规划前，必须对名镇名村进行深入细致的翔实调查，全面收集名镇名村的历史沿革、历史文脉、聚落变迁、文物古迹、历史建筑、民俗文化、文化传统、自然条件以及社会经济条件和旅游开发条件等完整的基础资料，然后进行分析归纳和整理汇编，在此基础上总结、研究、把握保护文化遗产与开发旅游的利弊因素，最后确定各类遗产资源的价值特色和保护规划编制的总体思路、基本框架和具体内容。

（4）保护规划要求的整体性与和谐性。由于名镇名村文化遗产依附于乡土自然环境并构成统一的整体，具有鲜明的地方特色和自然景观特征。因此，保护规划编制应注重综合保护名镇名村文化遗产、自然景观、生态环境、历史人文空间特征的整体性与和谐性，以全面实现名镇名村文化遗产保护结合自然遗产保护的可持续发展。

（5）保护规划内容的广泛性和综合性。名镇名村保护规划是根据名镇名村的历史价值、文化遗产、格局风貌、地理条件、建设需要和发展限度而作出的专项规划，比其他专项规划更带有综合性的特点。保护规划不仅涉及文化遗产与自然遗产保护等各方面的内容，需要从宏观地域环境风貌到微观建筑古迹等点、线、面相结合制定保护规划；而且还要涉及地方特色、乡土文化传统的保护传承及其为开发旅游服务；更要重视名镇名村基础设施建设和原住生活条件的改善等许多综合性问题。

（二）历史文化名镇名村保护规划的指导思想与目标依据

1．历史文化名镇名村保护规划的指导思想

历史文化名镇名村保护规划必须坚持以科学发展观为指导，贯彻习近平总书记重要讲话精神，以建设文化强国、建设美丽中国为宗旨，加大名镇名村文化自然遗产保护的力度，构建科学有效的遗产保护管理体系，提高全社会参与遗产保护的意识，充分发挥名镇名村遗产在传承中华优秀传统文化，提高人们文化自信、自觉、自强的素质和能力，增强国家文化软实力和民族凝聚力，推动文化事业繁荣和文化产业发展，促进我国经济社会协调与可持续发展。

2．历史文化名镇名村保护规划的目标

历史文化名镇名村保护规划的目标，是为了加强我国历史文化名镇名村的保护和管理，传承中华优秀传统文化，建设中华民族的精神家园，增强国家文化软实力，推动文化大发展大繁荣，建设文化强国、文化强镇，建设美丽乡村、美丽中国，促进我国经济、社会、文化的和谐协调可持续发展。历史文化名镇名村保护规划，应当以有效保护和合理利用文化自然遗产及其历史环境，保护和延续传统格局和风貌，继承和弘扬民族与地方优秀传统文化为基本目标，改善人居环境和生产条件，切实维护原住民的基本利益，正确处理经济发展与历史文化与自然资源保护的关系，以促进我国经济、社会、文化和谐可持续发展。

3．历史文化名镇名村保护规划的依据

应根据《中华人民共和国城乡规划法》、《中华人民共和国文物保护法》、《中华人民共和国文物保护法实施条例》、《历史文化名城名镇名村保护条例》、《中华人民共和国文物保护法实施条例》和《国务院关于加强文化遗产保护的通知》（国发[2005]42号）、住房城乡建设部与国家文物局组织编制的《历史文化名城名镇名村保护规划编制要求（试行）》等相关法律法规、政策文件和规章，规范名镇名村保护规划的编制内容、深度和成果要求，提高历史文化名镇名村保护规划的规范性和科学性。

（三）历史文化名镇名村保护规划的基本方针与基本原则

1．历史文化名镇名村保护规划的基本方针与要求

（1）编制历史文化名镇名村保护规划应当以政府为主导，坚持"保护为主、合理利用、改善环境、有效管理"的基本方针；对于物质文化遗产保护，要贯彻"保护为主、抢救第一、合理利用、加强管理"的方针；对于非物质文化遗产保护，要贯彻"保护为主、抢救第一、合理利用、传承发展"的方针。

（2）编制历史文化名镇名村保护规划，必须坚持保护文化遗产的真实性和完整性，坚持依法和科学保护，正确处理经济社会发展与文化遗产保护的关系，统筹规划、分类指导、突出重点、分步实施。应当进行科学论证，并广泛征求有关部门、专家和公众的意见。[1]

（3）编制历史文化名镇名村保护规划，必须坚持以人为本，名镇名村保护与发展都是为着人，服务人；为了当代人，更要顾及后代子孙；考虑本地人，也要胸怀全民族乃至全人类；还要有先知先觉先行者的历史认知和文化推广。尤其是编制名镇名村保护规划的地方政府及其编制者，有责任、有义务编制好科学、长远、全面、合理的名镇名村保护发展规划。

---

[1]　住房和城乡建设部、国家文物局：《历史文化名城名镇名村保护规划编制要求（试行）》，2013年．

同时，编制名镇名村保护发展规划应注意几个重点：①要从保护的角度考虑名镇名村新产业和新经济增长点的发展；②保护规划要突出特色、因地制宜，要体现名镇名村的特殊之处和价值所在。③要有公众参与，要解决原居民的困难问题，要使原居民从保护发展中获得较大利益，要使居民知道村镇的价值特色，使之自觉为名镇名村保护发展作出贡献。④旅游开发规划要以保护为前提，要提倡"负责任的旅游"，要兼顾多方要求，做到遗产资源无虞，原居民受益，旅游者满意，经商者获利等。

2. 历史文化名镇名村保护规划的基本原则与要求

根据《历史文化名城名镇名村保护条例》规定，依照2013年住房和城乡建设部、国家文物局关于《历史文化名城名镇名村保护规划编制要求（试行）》规定，编制保护规划，应当以科学发展观为指导，遵循保护遗产本体及其环境的真实性、完整性和保护利用的可持续性的原则；保护历史文化遗产，改善人居环境，促进经济社会协调发展。

（1）坚持保护名镇名村文化与自然遗产的真实性原则。历史真实性是指名镇名村内保存了一定数量的记载真实历史信息的物质实体。因此，严格保护名镇名村的文物古迹、历史建筑及其环境的真实性，是保护名镇名村价值特色的根本关键。根据《文物保护法》等有关法规，对文物古迹"必须遵守不改变文物原状的原则"；对历史建筑、构筑物及其格局风貌特色必须有效保护，不得损毁、严禁拆除控制和改建添建。在名镇名村保护整治中，应防止不合理使用及额外添加对建筑、构筑物造成真实性损害，所有修复修缮都应力争做到最低限度的干预，应使用原材料并采用可逆性技术。根据《世界遗产公约实施行动指南》规定："具有突出的普遍价值的至少一项标准和真实性标注，每项被认定的项目都应满足对其设计、材料、工艺或背景环境，以及个性和构成要素等方面的真实性的检验。"①

（2）坚持名镇名村文化与自然遗产结合保护的整体性原则。根据当今世界遗产保护的共识，完整性原则既要保护遗产对象物质空间的静态完整，又要保护历史演变和空间环境的完整系列，包括自然与人工、有形与无形、传统与当代等所有要素的完整性。因此，名镇名村保护的整体性原则包括历史街区、历史建筑、格局风貌、自然景观、生态环境、空间格局以及非物质文化遗产和居民各种活动等元素在内的统一整体，所有组成元素与整体都具有相辅相成的联系和价值意义。因此，名镇名村保护规划应坚持重点保护与系统保护相结合原则，整体性保护名镇名村的街巷形态功能及其环境；各个保护、利用、开发项目不能人为割裂组成元素，而应从整体上考虑保护所有组成元素及其关系，注重整体保护街巷肌理和"镶牙式的"局部更新办法；以确保名镇名村文化与自然遗产的完整性。

（3）坚持名镇名村有效保护与永续发展的相促进原则。名镇名村保护规划和村镇建设、

---

① 世界遗产委员会. 世界遗产公约实施行动指南[Z]. 1997.

经济社会发展和提高人民生活质量，都是相辅相成的统一。保护是为了保证名镇名村遗产不受破坏，并不是要限制当地的经济发展；保护不是原封不动，也不是不可以开发；实际上，保护也是利用，利用就是保护，合理利用就是有效保护；有效保护才能使旅游开发适度而健康发展。因此，名镇名村保护发展规划在吸纳保护资金、展示文物，利用遗产、开发产业、提高居民收入和生活质量等方面都具有积极的促进作用。

（4）坚持名镇名村实施"新旧分开、新老建筑"相协调原则。名镇名村历史街区、历史建筑是历经千百年发展的有机生命体。是反映名镇名村历史文化价值和传统风貌的核心所在。因此，名镇名村保护规划应坚持古村镇保护与新区开发建设相接分开的原则，采取"古今兼顾、新旧两利、有机更新、传承文脉、创造特色"等方法措施，这应该成为我国名镇名村保护利用与旅游开发实现双赢的基本模式。编制保护规划应保持新建筑与老建筑在形式与风格上的统一，新建筑应该从建筑高度、体量、色彩乃至细部等方面与老建筑相协调，以有效保护名镇名村的历史建筑、格局风貌及其地方特色等标志性特征，使我国丰富多彩的民族文化和地方传统建筑文化得以延续和继承。对不同时代、不同状况下的所有建筑，应采用不同的处理方式，并保持历史延续性。对于质量、风貌较好的建筑，以日常保养、现状整修为主；与传统风貌不协调的建筑进行较大规模改建，包括平改坡、降低层数、加建等；对风貌、质量均较差的建筑将予以拆除。

（5）坚持名镇名村保护发展规划的近期目标与远期目标相结合原则。名镇名村保护利用是一个系统工程和复杂的长期过程，因此，编制保护规划要正确处理近期保护与中期保护和远景发展的关系，应根据名镇名村的保护现状、经济状况、发展要求，科学制定规划的短期、中期、长期保护规划的目标、任务及实施措施，有步骤地、分期实施保护利用和旅游开发项目，防止和避免保护、整治、开发过程中出现急功近利的短期行为，以实现名镇名村保护和旅游开发的可持续发展。

（6）坚持名镇名村保护规划与村镇发展总体规划相一致原则。历史文化名镇名村保护规划从性质上属于乡镇总体规划的专项规划，因而名镇保护规划的范围、深度与镇总体规划的范围一致，重点保护的地区应当进行深化。名村保护规划与村庄规划的范围一致；"对于在总体规划层次基于保护因素而做出的诸如人口规模控制、古村镇格局保护、建设用地及道路交通布局的调整、市政基础设施的安排等，保护规划都要以其为依据并与之相衔接，对确有不完善之处，可根据需要作进一步补充调整"[①]。同时，历史文化名镇名村保护规划为控制性详细规划层面，用于指导历史文化名镇名村的规划管理和实施建设。因而保护规划还要坚持统一规划、合理布局、因地制宜、综合开发、配套建设的原则。

---

① 赵勇．中国历史文化名镇名村保护理论与方法[M]．北京：中国建筑工业出版社，2008：170．

（四）历史文化名镇名村保护规划的主要任务与保护对象

1. 历史文化名镇名村保护规划的主要任务

2013年住房和城乡建设部、国家文物局关于《历史文化名城名镇名村保护规划编制要求（试行）》规定了保护规划的主要任务：① 提出保护目标，明确保护内容，确定保护重点，划定保护和控制范围，制定保护与发展的规划措施。② 编制历史文化名镇名村保护规划的范围，应当与该村镇总体规划的范围一致。③ 历史文化名镇保护规划应单独编制，历史文化名村的保护规划与村庄规划同时编制；凡涉及文物保护单位的，应考虑与文物保护单位保护规划相衔接。④ 历史文化名镇名村保护规划为控制性详细规划，用于指导历史文化名镇名村的规划管理和实施建设。保护规划包括土地利用控制、城市设计要求、历史文化遗产保护等内容。

2. 历史文化名镇名村保护规划的保护对象

根据《历史文化名城名镇名村保护规划编制要求》规定，历史文化名镇、名村保护的对象包括以下方面[1]：① 保护和延续历史文化名镇名村的传统格局、历史风貌和空间尺度，不得改变与其相互依存的自然景观和环境。② 保护历史文化街区和其他有传统风貌的历史街巷，以及聚落自然环境、传统生产方式所构成的文化景观，③ 保护文物保护单位、已登记尚未核定公布为文物保护单位的不可移动文物。④ 保护历史建筑，包括优秀近现代建筑，保护乡土建筑、传统风貌建筑。⑤ 保护历史环境要素：包括反映历史风貌的古井、围墙、石阶、铺地、驳岸、古树名木等，以及在一定历史阶段具有代表性的生产设施和场所等历史环境要素。⑥ 保护非物质文化遗产：主要包括传统口头传说、表述和相关的语言；传统表演艺术；传统工艺；民俗、节庆、礼仪；集中体现非物质文化遗产或为其服务的物质载体，以及各民族、各地方优秀传统文化的继承和弘扬。从上可见，《历史文化名城名镇名村保护规划编制要求》规定，比《历史文化名城名镇名村保护条例》规定的保护对象更加广泛细化，保护内容范围更加明确具体。

二、中国历史文化名镇名村保护规划编制要求与控制措施

（一）编制历史文化名镇名村保护规划的基础工作

根据《历史文化名城名镇名村保护规划编制要求》规定，编制保护规划应符合国家有关

---

[1] 住房和城乡建设部、国家文物局：《历史文化名城名镇名村保护规划编制要求（试行）》，2013年.

法律法规、标准规范的规定，做好以下基础工作：

1. 研究、分析、收集名镇名村的基础资料

在编制规划之前，必须对历史文化名镇名村进行多学科的系统研究和分析，重点解决保护什么、如何保护、怎样发展等问题，这就需要对历史文化与自然资源的价值、特色、现状、保护情况等进行调研与评估，并收集以下基础资料（表6-1）。

名镇名村的基础资料内容　　　　　　　　　　表6-1

自然地理	地理位置、地质地貌、水文气象、土壤生物、生态环境、自然灾害等。
社会经济	社会、经济、人口、土地利用、建设发展等。
历史沿革	地方史志、建制沿革、聚落变迁、重大历史事件等。
传统格局	构成村镇传统格局的地形地貌、河湖水系、传统轴线、历史街巷、公共空间和重要公共建筑等。
建筑遗存	现存文物保护单位、文物古迹、历史建筑和其他建筑物、构筑物、地下遗存等的使用性质、年代、质量、风貌等详细信息。
历史街巷	传统街巷、建筑物和构筑物的年代、质量、风貌、高度、材料等信息。
历史环境要素	反映历史风貌的古塔、古井、牌坊、戏台、围墙、石阶、铺地、驳岸、古树名木等。
非物质文化遗产	包括方言、民间文学、宗教信仰、礼仪节庆、民俗习惯、地方传统、表演艺术、传统工艺、传统体育和游艺等。
公共设施现状	基础设施、公共安全设施和公共服务设施现状。
保护工作现状	保护管理机构、规章制度建设、保护规划与实施、保护资金等情况。

根据历史文化名镇名村具体情况的不同，相关基础资料收集应有所侧重。

2. 评估名镇名村价值，确定保护对象

（1）明确评估价值：应在分析和评估历史文化名镇名村现状的基础上，结合本地区社会经济的发展现状，明确名镇名村的历史价值、科学价值、艺术价值和社会价值；确定名镇名村保护的对象、原则、重点与总体策略。

（2）确定保护对象：根据历史文化名镇名村文化自然遗产的资源调查、价值评估的结果，确定重点保护对象。① 物质文化遗产：不可移动文物、历史建筑、历史街巷、传统格局、聚落自然环境、传统生产方式所构成的文化景观，以及在一定历史阶段具有代表性的生产设施和场所等历史环境要素。② 非物质文化遗产：主要包括传统口头传说、表述和相关的语言；传统表演艺术；传统工艺；民俗、节庆、礼仪；集中体现非物质文化遗产或为其服务

的物质载体。

（二）编制历史文化名镇名村保护规划的总体要求和策略措施

根据《历史文化名城名镇名村保护规划编制要求》规定，编制保护规划应根据名镇名村的价值特色、保护对象、社会经济与环境条件等，提出总体的保护要求、保护策略和规划措施：

1．编制历史文化名镇名村保护规划的总体保护要求[①]

（1）编制保护规划应当对历史文化名镇名村的传统格局、历史风貌、空间尺度、与其相互依存的自然景观和环境提出保护要求。

（2）编制保护规划应当确定历史文化街区的保护范围和保护要求，提出保护范围内建筑物、构筑物、环境要素的分类保护整治要求和基础设施改善方案。

（3）编制保护规划应当依据文物保护规划，对文物保护单位、尚未核定公布为文物保护单位的登记不可移动文物提出必要的保护措施建议。

（4）编制保护规划应当对历史建筑，以及符合历史建筑认定标准、尚未被列为历史建筑的建筑物、构筑物提出总体保护要求和保护整治措施。

（5）编制保护规划应当发掘传统文化内涵，对非物质文化遗产的保护和传承提出规划要求。

（6）编制保护规划应当在保护的前提下，明确历史文化遗产展示与利用的目标和内容，核定展示利用的环境容量，提出展示与合理利用的措施与建议。

（7）编制保护规划应当提出实施管理措施，包括法规、政策和资金的保障、人才的培养、宣传教育工作等。

（8）修编保护规划时应当对原保护规划实施情况进行分析总结。

2．编制历史文化名镇名村保护规划的总体策略措施[②]

（1）保护规划应当正确处理好历史文化遗产保护与利用的关系，协调好新镇区与老镇区、新村与老村的发展关系。

（2）保护规划应当控制人口规模，对构成历史文化名镇名村传统格局、历史风貌特征，以及自然与人文环境的山水格局、植被、历史地形地貌等方面提出保护要求和规划控制措施。

---

① 住房和城乡建设部、国家文物局：《历史文化名城名镇名村保护规划编制要求（试行）》，2013年.
② 住房和城乡建设部、国家文物局：《历史文化名城名镇名村保护规划编制要求（试行）》，2013年.

（3）保护规划应当改善交通设施，保护范围内要控制机动车交通，交通性干道不应穿越保护范围，交通环境的改善不宜改变原有街巷的宽度和尺度。

（4）保护规划应当完善基础设施保护范围内市政设施，应考虑街巷的传统风貌，要采用新技术、新方法，保障安全和基本使用功能。

（5）保护规划应当对常规消防车辆无法通行的街巷提出特殊消防措施，对以木质材料为主的建筑应制定合理的防火安全措施。

（6）保护规划应当合理提高历史文化名镇名村的防洪能力，采取工程措施和非工程措施相结合的防洪工程改善措施。

（7）保护规划应对布置在保护范围内的生产、储存易燃性、爆炸性、毒害性、腐蚀性、放射性物品的工厂、仓库等，提出迁移方案。

（8）保护规划应对保护范围内污水、废气、噪声、固体废弃物等环境污染提出具体治理措施。

3. 编制历史文化名镇名村保护规划应确定村镇发展的总体思路

（1）定位名镇名村功能：在尊重历史文化名镇名村既有环境特点、传统格局、历史风貌和建筑形制的基础上，对村镇进行功能定位。

（2）维持社会结构多样化：为保持历史文化名镇名村的多样性与活力，延续多元化的村镇人居文化特色，提出维持社会结构多样化的方法和措施。

（3）控制适度人口规模：历史文化名镇名村应控制适度人口规模，合理分布人口密度，使村镇功能适应环境资源的承载能力、保证居民的生活质量与品质。

（4）确定保护与发展模式：历史文化名镇名村的保护利用和发展应采取有机更新的方式，充分发挥原住民的参与作用，在保护的基础上不断完善和提升，满足人们对现代化生活的需求。村镇发展要留有一定的发展备用地，用于解决原住民的生活和生产需求，同时，对保护范围内用地进行地块细分控制，并确定各项控制指标。

（三）编制历史文化名镇名村保护规划的范围要求与控制措施

根据2013年《历史文化名城名镇名村保护规划编制要求》规定，编制保护规划应在综合评价历史文化遗产价值与特色的基础上，结合不同历史村镇的现状规模、遗产体量、自然环境及保护利用需要等情况，将传统格局与历史风貌特征较为完整的保护范围划定为：核心保护范围与建设控制地带，并可根据实际情况在保护范围外围划定环境协调区；并对不同保护范围提出明确而具体的保护要求与控制措施。具体方法与要求见表6-2~表6-6。

名镇名村保护规划对核心保护范围的保护要求与控制措施　　表6-2

核心保护范围的含义、价值	核心保护范围是历史文化名镇名村内传统格局和历史风貌较为完整、历史建筑和传统风貌建筑集中成片的地区，它集中体现了名镇名村历史文化与自然遗产的价值特色。
核心保护范围的划定原则	保护规划应把历史文化街区、名镇、名村内传统格局和历史风貌较为完整、历史建筑和传统风貌建筑集中成片的地区划为核心保护范围。在核心保护范围之外划定建设控制地带。核心保护范围和建设控制地带的确定应边界清楚，便于管理①。
核心保护范围的保护要求与控制措施	1. 保护规划应对核心保护范围内的历史街道、包括街巷地段尺度、沿街建筑立面、铺地形式以及周围环境等方面，都提出具体的保护要求和控制措施。 2. 核心保护范围内应对文物、建筑物、构筑物进行分类分级采取保护措施。 3. 核心保护范围内应以保护与修复为主，可对区内建筑实行局部改造和内部有机更新。原则上禁止进行新建、扩建活动。新建、扩建必要的基础设施和公共服务设施除外，但应提出相应的规划控制措施②。

名镇名村保护规划对建设控制地带的保护要求与控制措施　　表6-3

建设控制地带的含义、作用	建设控制地带是在核心保护范围之外作为名镇名村历史风貌的背景区域，能够起到核心保护范围的"衬景"作用。
建设控制地带的划定原则	建设控制地带的划定应本着"延续风貌、渐近过渡"的原则，结合街道、河流、山地等明显的地理界线进行。
建设控制地带的保护要求与控制措施	1. 保护规划应当对建设控制地带内的新建、扩建、改建和加建等活动，在建筑高度、体量、色彩等方面提出相应的规划控制措施。 2. 建设控制地带可以保护、建设并重，新建筑要延续历史风貌特征。

名镇名村保护规划对环境协调区的保护要求与控制措施　　表6-4

环境协调区的含义作用	环境协调区是名镇名村历史风貌的外延区域，能对名镇名村整体风貌产生一定影响。
环境协调区的划定原则	环境协调区的划定应本着"整体和谐，浑然一体"的原则，考虑由村镇内外的视觉眺望点（如古塔、山峰等）向四周眺望时景观的完整性，结合地貌、植被等自然环境的整体性，并兼顾行政区划界线进行。
环境协调区的保护要求与控制措施	1. 保护规划应当协调新镇区与老镇区、新村与老村的发展关系。对环境协调区内的建设活动，应提出相应的规划引导。 2. 环境协调区以建设发展为主，协调区内建筑要与整体历史环境尽量协调一致；不产生明显的视觉冲突。

来源：住房和城乡建设部、国家文物局：《历史文化名城名镇名村保护规划编制要求（试行）》，2013年。

---

① 住房和城乡建设部、国家文物局：《历史文化名城名镇名村保护规划编制要求（试行）》，2013年.
② 天津市规划局：《天津市历史文化名镇名村保护规划编制技术标准》，冀建村〔2013〕40号2013-01-1.

名镇名村保护规划对非物质文化遗产的保护要求与控制措施 表6-5

非物质文化遗产的保护范围	保护范围包括方言、民间文学、宗教信仰、礼仪节庆、民俗习惯、地方传统、表演艺术、传统技艺、传统体育和游艺等。
非物质文化遗产的保护要求与控制措施	1. 保护规划应当提出延续传统文化和保护非物质文化遗产的规划，并对非物质文化遗产的物质载体提出相应的保护要求和具体措施。 2. 应当对保护范围内的各类非物质文化遗产应进行登记建档。

名镇名村保护规划对自然遗产环境的保护要求与控制措施 表6-6

自然遗产环境保护范围	保护范围包括反映历史风貌的古塔、古井、牌坊、戏台、围墙、石阶、铺地、驳岸等，尤其古树名木应登记建档，养护技术要实现规范化、制度化。
自然遗产环境的保护要求与控制措施	1. 保护规划应当对构成名镇名村自然与人文环境的山水格局、植被、历史地形地貌、传统格局和历史风貌特征等提出保护要求和规划控制措施。 2. 应对保护范围内污水、废气、噪声、固体废弃物等环境污染提出具体治理措施。应当合理提高名镇名村的防洪能力，采取防洪工程改善措施等。

（四）名镇名村保护规划对各类建构筑物的保护要求和控制措施

根据《历史文化名城名镇名村保护条例》和《历史文化名城名镇名村保护规划编制要求》等法规规定，编制历史文化名镇名村保护规划，在对保护范围内各类建筑物、构筑物的历史文化价值、保存现状、质量进行评估、认定和分类、分级的基础上，对保护范围内各类建筑（构）筑物（分为文物保护单位、历史建筑、传统风貌建筑、与传统风貌协调建筑和不协调建筑），区分不同情况，分别提出修缮、维修、改善、保留、整修、拆除等不同的保护要求和控制措施（表6-7~表6-11）。

名镇名村保护规划对不可移动文物的保护要求与控制措施 表6-7

不可移动文物保护的含义范围	不可移动文物是指各级文物保护单位及已登记的不可移动文物。 保护范围以各级人民政府公布的各级文物保护单位的保护范围、建设控制地带以及地下文物埋藏区的界线为准。
不可移动文物保护要求与控制措施	1. 保护规划应按《中华人民共和国文物保护法》的有关规定执行；应严格、科学、有效保护不可移动文物。 2. 文物保护单位应严格按批准的文物保护规划的要求，落实具体保护措施。

名镇名村保护规划对历史建筑的保护要求与控制措施 表6-8

历史建筑的含义与保护范围	历史建筑指具有一定历史、科学、艺术价值，能突出反映历史文化名镇名村历史风貌和地方特色的建筑物、构筑物。 历史建筑保护范围，包括建筑本身及其必要建设控制区，环境风貌协调区。

历史建筑的保护要求与控制措施	1. 保护规划应对历史建筑有效保护，科学维修和再利用，合理改善生活设施。任何单位或个人不得损坏或者擅自迁移、拆除历史建筑。经专家认定确需落地重建、落地大修的，必须进行详细的建筑测绘，并利用原有的建筑构件等。 2. 历史建筑的所有权人应当按照保护规划的要求，负责历史建筑的维护和修缮；县级以上人民政府可以从保护资金中对历史建筑的维护和修缮给予补助；历史建筑进行外部修缮装饰、添加设施以及改变历史建筑的结构或者使用性质的，应当依照有关法律、法规的规定办理相关手续等等。

来源：住房和城乡建设部、国家文物局：《历史文化名城名镇名村保护规划编制要求（试行）》，2013年。

名镇名村保护规划对传统风貌建构筑物的保护要求与控制措施　　表6-9

传统风貌建筑的含义与保护范围	传统风貌建筑是指具有一定建成历史、能够反映历史文化名镇名村不同历史时期风貌的建筑物、构筑物，是构成历史文化名镇名村街巷空间格局与风貌的重要组成部分。
传统风貌建筑的保护要求与控制措施	1. 保护规划应当对历史建筑之外的传统风貌建筑进行保护性利用；允许扩建、改建或拆除重建的应与名镇名村的传统风貌相协调，并提出控制要求。 2. 应保护利用传统风貌建筑，在不改变外观风貌的前提下，维护、修缮、整治，改善设施。

名镇名村保护规划对与传统风貌相协调建筑的保护要求与控制措施　　表6-10

与传统风貌相协调建筑含义	与传统风貌相协调的建筑是指历史文化名镇名村内，在高度、体量、形式等方面与传统风貌建筑相协调的建筑物、构筑物。
传统风貌建筑的维护要求与措施	1. 保护规划应当进行合理的维修和使用，可以扩建、改建和拆除，但应与名镇名村的传统风貌相协调，提出控制要求。 2. 应保存更新与传统风貌相协调的建筑。根据具体的建筑情况采取修缮、维修、改善、保留等不同方式进行保护更新。

名镇名村保护规划对与传统风貌不协调建筑的要求与控制措施　　表6-11

与传统风貌不协调建筑含义	与传统风貌不协调的建筑是指历史文化名镇名村内，在高度、体量、形式等方面与传统风貌有冲突的建筑物、构筑物及危棚、简屋、违章建筑等。 与传统风貌不协调的建筑也称其他建筑（一般以新建筑物、构筑物为主）。
与传统风貌不协调建筑的控制要求与措施	保护规划应当提出有针对性的规划控制引导；与传统风貌不协调的建筑应根据对历史风貌的影响程度，分别采取保留、整治、改造、拆建等措施。 （1）整治：可以通过改变建筑色彩、屋顶形式、减层、局部拆除等整治措施与历史名镇名村的传统风貌相协调。 （2）建议拆除：对传统风貌的负面影响较大，规划建议在条件许可的情况下，结合更新改造予以拆除重建，新建筑应与历史名镇名村的传统风貌相协调；也可根据实际情况决定拆除或改造的方式进行保护更新。 （3）必须拆除：危棚、简屋及违章建筑不得进行扩建和改建，应当予以拆除，拆除后的空地必须按照规划要求进行建设。

来源：天津市规划局：《天津市历史文化名镇名村保护规划编制技术标准》，冀建村〔2013〕40号2013-01-1。

（五）名镇名村保护规划对历史街巷河道的保护要求与整治措施

根据国务院关于《历史文化名城名镇名村保护条例》和《历史文化名城名镇名村保护规

划编制要求》等规定，应当根据历史文化名镇名村街巷河道的格局和空间形态，在保持原有历史风貌特征的前提下，对历史街道、街巷和河道分别提出保护要求和整治措施。

1．历史街道

历史街道在保护规划中应分为三个等级，采取分类保护与控制。历史街道的路段，道路红线宽度和转弯半径、两侧建筑高度及行道树等都应严格控制（表6-12）。

历史街道的分类保护与控制措施

表6-12

街道分类	分类保护要求	保护控制措施
一类 历史街道	历史街道沿线保护建筑分布集中，历史文化特色十分明显，基本保持着历史宽度和空间尺度。	一类历史街道应当保持现状或恢复历史上的道路红线宽度、转弯半径和断面形式
二类 历史街道	历史街道沿线分布一定数量的保护建筑、一般建筑和开发地块；历史文化特色略逊一类，道路一般保持着历史宽度和尺度	二、三类历史街道的道路规划红线宽度，除保护现状或恢复历史上的道路红线宽度外，可以根据沿街保护建筑的位置、交通、行道树、绿化等因素予以适当调整
三类 历史街道	历史街道沿线分布的保护建筑所占的比例较小，但道路的路网格局、尺度和线形有一定特色的道路	

2．历史街巷

历史街巷是历史风貌特色明显、基本维持原有空间尺度的巷道和里弄。历史街巷的保护应当通过对街巷走向、街巷宽度、两侧建筑高度与界面连续性等方面进行控制，以保持现状或恢复历史原有的历史风貌特色及空间尺度。走向与宽度通过街巷控制线进行控制，不允许任意拓宽或取消。

3．河道保护

历史河道应当通过对河道走向、宽度、堤岸景观、通河视线走廊、河道两侧城市肌理、建筑高度与界面的控制等手段，强化河流两岸的文化特色，控制合理的空间尺度。

（六）名镇名村保护规划对公共环境设施、道路交通指引

1．环境指引

环境指引是对与历史文化名镇名村外部环境特征相关的环境设施提出设计引导，内容主要包括街道绿化、街道家具、院落装饰、广告标识、夜景照明等。

2．公共设施

历史文化名镇名村保护范围内的公共设施配套，应以保护文化自然遗产为前提，采取恰当的方式逐步实现公共设施环境的改善和配套设施的完善。要确定各类公益性公共设施和配套公共设施的用地范围、规模、建设方式及规划控制要求。

3．市政基础设施

历史文化名镇名村内的市政、防灾等工程设施规划应以历史文化遗产保护为前提，采取绿色环保、与环境协调、因地制宜的方式逐步实现配套设施的完善。应确定各类市政工程设施的来源以及各类场站设施的用地范围、规模、控制指标和建设要求。明确新建基础设施需占用地下、地面、上空的控制范围及其相关要求。历史文化名镇名村市政基础设施规划，可根据实际需求编制管线综合等内容。保护规划应当指导下一阶段市政基础设施专项规划的编制工作。

4．道路交通

以保持历史及现有道路的宽度和断面形式为主要原则，提出道路交叉口形式、停车方式和交通组织的原则和要求，确定各类交通场、站设施的范围、规模、控制指标和要求。道路交通规划要尊重历史文化名镇名村的现状，在考虑切实可行的前提下，改善交通条件。

（七）名镇名村保护规划的近期目标措施和档案名录

根据《历史文化名城名镇名村保护规划编制要求》规定，编制历史文化名镇名村保护规划，应确定近期的保护目标、保护重点和保护内容，提出相关措施与建议，以及建立保护名录和保护档案。

（1）抢救已处于濒危状态的文物保护单位、历史建筑、重要历史环境要素，列为近期保护整治内容，制定保护措施。

（2）对已经或可能对历史文化名镇名村传统格局和历史风貌造成破坏威胁的各种自然、人为因素提出防治措施。

（3）提出能够有效推进基础设施和生产生活环境的近期建设项目，以及改善历史文化名镇名村保护工作的其他措施和建议。并提出近期投资估算。

（4）要对名镇名村保护范围内的历史建（构）筑物的类型、风貌特征、保存状况及文化特征，进行评价、分类、归类和登记造册、建立档案。档案应当包括：建筑物、构筑物的相关技术资料、使用现状和权属变化情况，以及修缮、装饰装修形成的文字、图纸、图片、影像等资料。[1]

---

[1]　住房和城乡建设部、国家文物局：《历史文化名城名镇名村保护规划编制要求（试行）》，2013.

（八）历史文化街区保护规划编制的原则内容与措施要求

1．历史文化街区保护规划的保护原则

根据《历史文化名城名镇名村保护规划编制要求》规定，历史文化街区保护应当遵循下列原则：① 保护历史街区遗存的真实性，保护历史信息的真实载体。② 保护历史街区风貌的完整性，保护整个街区的空间环境。③ 维持社会生活的延续性，继承文化传统，改善基础设施和居住环境，保持街区活力。④ 历史文化街区保护规划的深度应达到详细规划的深度。

2．历史文化街区保护规划的保护内容

根据《历史文化名城名镇名村保护规划编制要求》规定，历史文化街区保护规划深度应达到详细规划的深度，包括以下内容：① 评估历史文化价值、特点和现状问题。② 确定保护原则、保护内容和保护范围，包括核心保护范围和建设控制地带界线，制定相应的保护控制措施。③ 提出保护范围内建筑物、构筑物和环境要素的分类保护整治要求；④ 提出保持地区活力、延续传统文化的规划措施。⑤ 提出改善交通和基础设施、公共服务设施、居住环境的规划方案、规划实施保障措施。

3．历史文化街区保护范围内的建筑物、构筑物分类保护措施

根据《历史文化名城名镇名村保护规划编制要求》规定，对历史文化街区保护范围内的建筑物、构筑物进行分类保护，分别采取修缮、改善、整治和更新等措施：① 文物保护单位应按照批准的文物保护规划的要求落实保护措施。② 历史建筑应按照《历史文化名城名镇名村保护条例》要求保护，改善设施。③ 传统风貌建筑应不改变外观风貌的前提下，维护、修缮、整治，改善内部设施。④ 其他建筑应根据对历史风貌的影响程度，分别提出保留、整治、改造要求。

4．历史文化街区的核心保护范围与建设控制地带的分类保护措施

根据《历史文化名城名镇名村保护规划编制要求》规定：① 历史街区核心保护范围内应按照建筑物保护分类，提出建筑高度、体量、外观形象及色彩、材料等控制要求。② 建设控制地带应当按照与历史风貌相协调的要求，控制建筑高度、体量、色彩等。③ 不改变街道空间尺度和风貌，优化历史街区内的交通环境；改善历史街区基础设施和消防措施。④ 对户外广告、招牌、空调室外机、太阳能热水器等建筑外部设施以及垃圾箱、电话亭、铺地、检查井盖等街道公共设施的尺寸、形式、材料和位置等提出规划控制要求。

三、中国历史文化名镇名村保护规划编制的标准规范

编制历史文化名镇名村保护规划的成果包括规划文本、规划图纸和附件。规划说明书、基础资料汇编收入附件。规划成果应当包括纸质和电子两种文件。规划文本和图纸具有同等的法律效力。

（一）历史文化名镇名村保护规划文本

保护规划文本应当完整、准确地表述保护规划的各项内容。表达语言应当简洁、规范、准确、肯定、含义清楚。一般包括以下内容：

（1）保护规划总则概述：说明编制的目的依据、地位作用、指导思想，规划目标、原则等。

（2）评价村镇价值特色。评价名镇名村的历史、文化、科学、艺术价值和教育、鉴赏、展示、开发旅游价值等。

（3）确定保护重点内容。确定保护名镇名村的真实性、完整性等基本原则，确定物质文化遗产与非物质文化遗产的保护要素、内容和保护重点。

（4）制定保护策略措施。整体层次上制定名镇名村的"核心保护范围、建设控制地带、历史风貌相协调区"的功能改善、用地指标及布局的调整，村镇空间形态或视廊的保护、村镇周围自然历史环境的保护等。

（5）划定保护范围要求。划定各级文物保护单位的保护范围；划定各类历史文化街区的范围界线；划定建设控制地带；并明确有效保护的具体要求，整治改造环境的措施要求，控制保护范围的层次、要求等。

（6）整体保护格局风貌。明确提出名镇名村、历史街区、历史建筑的传统格局、历史风貌、自然环境等方面整体保护要求，提出建筑高度、规模及视廊控制等具体保护指标。

（7）明确街巷地段保护。明确提出名镇名村传统街巷和地段尺度、沿街建筑立面、铺地形式以及周围环境等方面保护要求和措施。

（8）确定保护整治建筑。对名镇名村建筑物、构筑物进行分类，建立建筑档案，确定保护方式与整治要求。

（9）重点保护非物质文化遗产：提出名镇名村非物质文化遗产的保护方式与要求，安排物质空间环境，扶持非物质文化遗产传承人展示等。

（10）改善环境和基础设施。对名镇名村环境整治、基础设施改造等提出方案、措施和目标要求。

（11）制定旅游发展规划。确定名镇名村旅游开发目标、市场定位，景区划分，线路布

置，以及旅游环境、容量、规模设计等。

（12）规划其他重要内容。重点文化遗产保护利用的规划意见；重点保护整治项目详规方案；规划实施管理措施，调查研究和分析的资料归入基础资料汇编。

（二）历史文化名镇名村保护规划图纸

历史文化名镇名村保护规划图纸是用图像表达现状和规划内容，要求清晰准确，图例统一，图纸表达内容应与规划文本一致。图纸应以近期测绘的现状地形图为底图进行绘制，规划图上应显示出现状和地形。图纸上应标注图名、比例尺、图例、绘制时间、规划设计单位名称。规划图纸内容的具体要求如下：

1. 历史资料图与现状分析图

（1）历史资料图：应标明不同时期名镇名村传统格局的历史演变分析等。

（2）村镇区位图：应标明名镇名村区域位置、交通现状、对外联系等。

（3）现状测绘图：应标识名镇名村建筑单体位置及层数、道路、街巷、树木等，附有航拍片。

（4）镇域遗产资源分布图：比例尺应为1/5000~1/25000，图中标注名镇名村内主要文化与自然遗产分布，包括各类文物古迹、名村、风景名胜的名称、位置、等级和已公布的保护范围等。

（5）格局风貌及历史街巷现状图：应标明名镇名村内历史街巷现状、格局风貌等。

（6）历史建筑分析图：应标明名镇名村内历史建筑物、构筑物的建造年代、高度、风貌及质量等的现状图；重点标明村镇内典型历史建筑的价值特色、保存状况及使用情况分析图，比例尺为1：200~1：500。

（7）道路交通与视廊景观分析图：应标明名镇名村内道路交通分析、视廊景观分析。

（8）用地现状图：应标明名镇名村内各类用地的使用性质、占地范围界限等。

（9）历史环境要素现状图：应标明名镇名村内山体河流、名木古树等历史环境要素。

（10）基础设施现状图等：应标绘名镇名村基础设施、公共安全设施、服务设施等现状图等。

2. 历史文化名镇名村保护规划图

（1）保护区划总图：应标绘名镇名村保护范围，及各类保护区和控制界线，包括文物保护单位、地下文物埋藏区的界线和保护范围等。

（2）建筑分类保护规划图：应标绘核心保护范围内文物保护单位、历史建筑、传统风貌建筑、其他建筑的分类保护措施，其中其他建筑要根据对历史风貌的影响程度再行细分等。

（3）高度控制规划图：应标明名镇名村不同高度分区的范围、限制高度分区及景观视廊控制等。

（4）人口与用地规划图：应标明名镇名村不同性质的用地范围、人口分布等。

（5）道路交通规划图：应标绘名镇名村道路交通系统的布局等。

（6）基础设施和公共服务设施规划图：应标绘名镇名村主要基础设施与公共服务设施的布局等。

（7）近期保护规划图：应标明名镇名村近期保护和整治的重点、范围和项目等。

（8）旅游规划图：应标明名镇名村旅游景点位置、景区布局及旅游线路组织等。

以上历史文化名镇名村保护规划的各项图纸，比例一般用1/2000，也可用1/500或1/5000；保护规划图比例尺、范围宜与现状分析图一致。

（三）历史文化村镇保护规划的附件

保护规划的附件，包括规划说明书和基础资料汇编等。

1．保护规划说明书

历史文化名镇名村保护规划说明书，应当分析保护规划中的重要观点、论证规划意图、解释规划文本等；主要包括名镇名村的各种价值和特色的评估、保护现状、问题的总体分析、规划制定意图与特点阐释等内容。

2．保护规划的基础资料汇编

历史文化名镇名村保护规划基础资料汇编，应包括自然地理、历史沿革、传统格局、社会经济、人口结构、文物保护单位、历史建筑清单与档案数据库、历史街巷清单、历史环境要素清单、承载非物质文化遗产的文化空间清单等各类基础资料和现状分析。调查研究和分析的资料归入基础资料汇编。

四、中国历史文化名镇名村保护规划的实施监督与管理要求

（一）历史文化名镇名村保护规划的编制、审批、修改和监督

1．保护规划编制与期限

根据《历史文化名城名镇名村保护条例》规定："历史文化名镇、名村批准公布后，所在地县级人民政府应当组织编制历史文化名镇、名村保护规划。保护规划应当自历史文化名

镇、名村批准公布之日起1年内编制完成。历史文化名镇保护规划的规划期限应当与城镇总体规划的规划期限相一致；历史文化名村保护规划的规划期限应当与村庄规划的规划期限相一致。"①

2. 保护规划审批及备案

历史文化名镇、名村保护规划由省、自治区、直辖市人民政府审批。保护规划报送审批前，组织编制机关应当广泛征求有关部门、专家和公众的意见；必要时可以举行听证会。保护规划报送审批文件中应当附有意见采纳情况和理由，经听证的应当附有听证笔录。同时，保护规划的组织编制机关应当将依法批准的中国历史文化名镇、名村保护规划，报国务院建设主管部门和国务院文物主管部门备案。

3. 保护规划公布和修改

保护规划的组织编制机关应当及时公布经依法批准的保护规划。经依法批准的保护规划，不得擅自修改；确需修改的，保护规划的组织编制机关应当向原审批机关提出专题报告，经同意后，方可编制修改方案。修改后的保护规划，应当按照原审批程序报送审批。②

4. 保护规划实施的监督检查

国务院建设主管部门会同文物主管部门应当加强对保护规划实施情况的监督检查。县级以上地方人民政府应当加强对本行政区域保护规划实施情况的监督检查，并对历史文化名镇、名村保护状况进行评估；对发现的问题，应当及时纠正、处理。③

（二）历史文化名镇名村保护规划实施与监督的原则要求

1. 地方政府职责

历史文化名镇名村所在地县级以上地方人民政府，应当根据当地经济社会发展水平，按照保护规划，控制名镇名村的人口数量，改善名镇名村的基础设施、公共服务设施和居住环境。④

---

① 历史文化名城名镇名村保护条例[G]//中国文化遗产法规文件汇编. 北京：文物出版社，2009：665.
② 历史文化名城名镇名村保护条例[G]//中国文化遗产法规文件汇编. 北京：文物出版社，2009：665.
③ 历史文化名城名镇名村保护条例[G]//中国文化遗产法规文件汇编. 北京：文物出版社，2009：665.
④ 历史文化名城名镇名村保护条例[G]//中国文化遗产法规文件汇编. 北京：文物出版社，2009：665.

2．严格整体保护

历史文化名镇名村保护应当整体保护，严格保护名镇名村的传统格局、历史风貌和空间尺度，不得改变与其相互依存的自然景观和环境；要对名镇名村的街巷和外围景观提出严格保护要求；名镇名村内涉及文物保护的，严格执行文物保护法规定；对名镇名村的保护范围内用地进行地块细分控制，并确定各项控制指标。①

3．规范建设活动

（1）在历史文化名镇名村保护范围内从事建设活动，应当符合保护规划的要求，不得损害历史文化遗产的真实性和完整性，不得对其传统格局和历史风貌构成破坏性影响。

（2）在历史文化名镇名村保护范围内禁止开山、采石、开矿等破坏传统格局和历史风貌的活动；禁止占用保护规划确定保留的园林绿地、河湖水系、道路等；禁止修建生产、储存爆炸性、易燃性、放射性、毒害性、腐蚀性物品的工厂、仓库等；禁止在历史建筑上刻划、涂污。②

（3）在历史文化名镇名村保护范围内进行改变园林绿地、河湖水系、进行影视摄制、举办大型群众性活动；其他影响传统格局、历史风貌或者历史建筑等活动，都要制定保护方案，需经城市、县人民政府城乡规划主管部门会同同级文物主管部门批准，并依照有关法律、法规的规定办理相关手续。③

4．核心保护范围

历史文化名镇名村核心保护范围内的建筑物、构筑物，应当区分不同情况，采取相应措施，实行分类保护。

5．建设控制地带

历史文化名镇名村建设控制地带内的新建、扩建、改建等活动，应当符合保护规划确定的建设控制要求。对环境协调区内的建设活动也应作出规划引导。

6．历史建筑保护

（1）城市、县人民政府应当对历史建筑设置保护标志，建立历史建筑档案。

（2）历史建筑的所有权人应当按照保护规划的要求，负责历史建筑的维护和修缮。县级

---

① 历史文化名城名镇名村保护条例[G]//中国文化遗产法规文件汇编．北京：文物出版社，2009：665．
② 历史文化名城名镇名村保护条例[G]//中国文化遗产法规文件汇编．北京：文物出版社，2009：665．
③ 历史文化名城名镇名村保护条例[G]//中国文化遗产法规文件汇编．北京：文物出版社，2009：665．

以上人民政府可以从保护资金中对历史建筑的维护和修缮给予补助。

（3）建设工程选址应当尽可能避开历史建筑；因特殊情况不能避开的，应当尽可能实施原址保护。

（4）对历史建筑进行外部修缮装饰、添加设施以及改变历史建筑的结构或者使用性质的，应当依照有关法律、法规的规定办理相关手续。

7．辅助规范设置

（1）城市、县人民政府应当在历史文化名镇名村核心保护范围的主要出入口设置标志牌。任何单位和个人不得擅自设置、移动、涂改或者损毁标志牌。

（2）核心保护范围内的消防设施、消防通道，应当按照有关的消防技术标准和规范设置。确因历史文化名镇名村的保护需要，无法按照标准和规范设置的，由城市、县人民政府公安机关消防机构会同同级城乡规划主管部门制定相应的防火安全保障方案。[①]

五、世界文化遗产：皖南古村落西递保护规划简介[②]

（一）西递古村概况

西递古村是一个具有900多年历史、地方文化积淀深厚的古村落，现状人口1000多人，房屋300余幢，基本保持明清时期的风貌格局。

（二）规划构思

全面保护和延续古村落的风貌特色，合理利用古建筑，改善和加强基础设施建设。

（三）规划原则

保护区——为法定保护区界（即遗产区界）范围，重点保护村落的空间形态、水体体系、建筑群体环境、明清传统建筑以及具有地方特色的人文景观和民俗风情。严格保护历史形成的村落格局、街巷肌理、传统民俗文化，以及构成风貌的各种组成要素。严格控制建设，适当调整用地结构，确需重建、改建、修建的建筑必须对形式、高度、体量、材料、色彩以及尺度、比例进行严格控制管理。

建设控制区——是西递文化遗产区界的主要缓冲地带，可安排镇区发展需要建设的项

---

① 历史文化名城名镇名村保护条例[G]//中国文化遗产法规文件汇编. 北京：文物出版社，2009：665.
② 世界遗产：皖南古村落西递保护规划[EB/OL]. 黟县规划局网，2009-07-27.

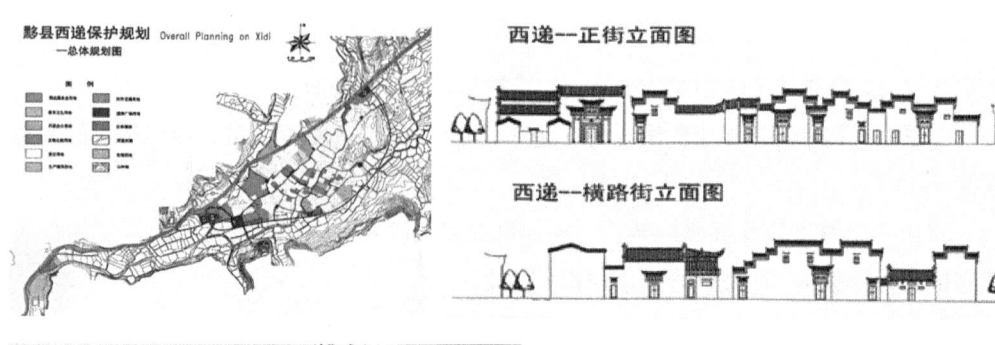

整治前的敬爱堂前街景

整治后的敬爱堂前街景

世界文化遗产——西递古村保护规划

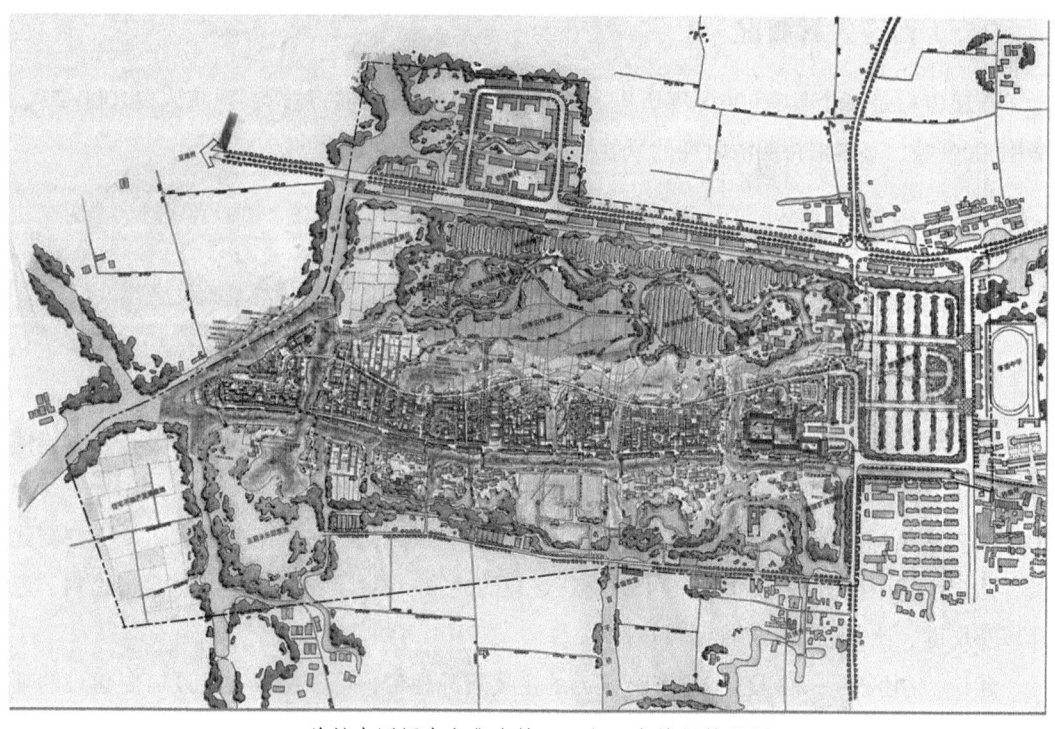

首批中国历史文化名镇——浙江乌镇保护规划

江南水乡古镇——甪直镇保护规划

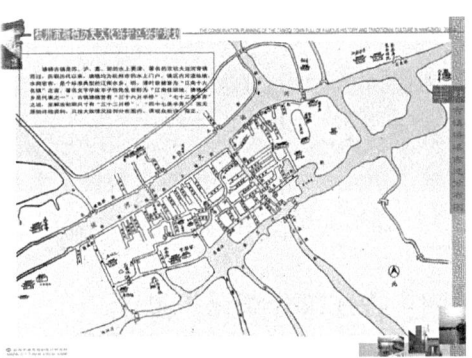

大运河世界遗产点：塘栖古镇保护规划

江南水乡古镇——震泽镇保护规划

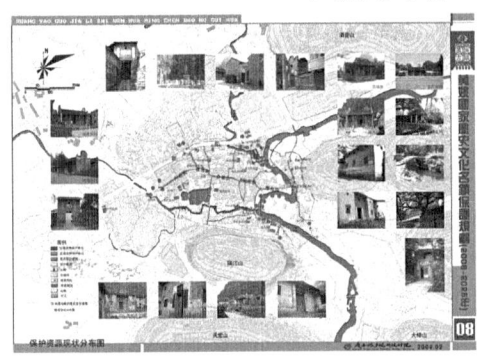

中国历史文化名镇：广西黄姚古镇保护规划

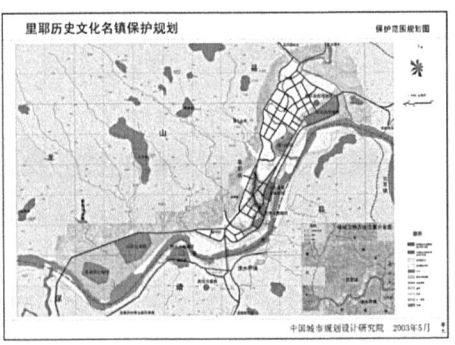

中国历史文化名镇：湘西里耶古镇保护规划

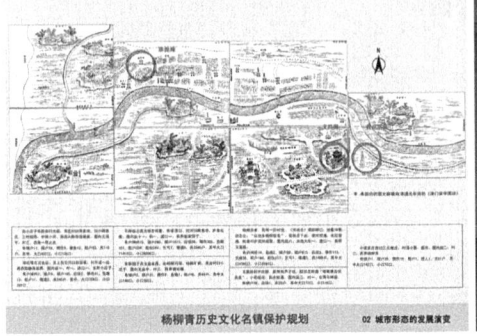

中国历史文化名镇：杨柳青古镇保护规划
（以上图片来自地方政府网）

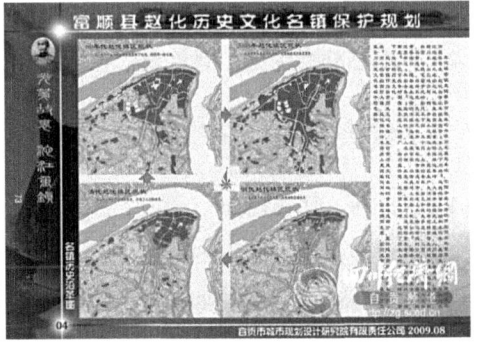

中国历史文化名镇：四川赵化古镇保护规划

目，但需控制建设项目规模，对需新建、改建、扩建的建筑须保持传统风貌，要与传统建筑风格相协调。

环境协调区——区内的山体、植被、水系和农田是古村落赖以生存的基础，采取严格的封山育林，进行水土保持，限制各种工业以及其他影响环境的建设项目。

（四）古建筑分级保护措施

根据对古建筑的历史、文化、科学价值分析，参考其建设年代、建筑形式特征、建筑保存的价值等因素，规划分为3级保护：

1．一级保护建筑

（1）严格保护，适当维修，用作各种类型的综合和专业博物馆、展览馆。

（2）采用原材料并严格按原样、原工艺保护修缮。

（3）不允许更改内部结构。

（4）主体建筑周边5m范围内严格限制任何新建建筑。

（5）迁出居民。

2．二级保护建筑

（1）保留原有格局，外观维修保存并进行定期维护修缮。

（2）内部适当更新改进，增加卫生设施。

（3）允许适当更改内部结构（如家庭旅馆）。

（4）以居住为主。

3．三级保护建筑

（1）外观立面进行修整，与传统村落空间协调。

（2）内部结构现代化，满足现代生活需要。

（五）主要技术经济指标

（1）保护区，面积24hm²。

（2）建设控制区，面积65hm²。

（3）环境协调区，面积300hm²。

（4）对古建筑明确分三个等级保护：一级，重点保护建筑，29幢；二级，保护建筑，173幢；三级，保留、改建建筑，47幢。

（六）实施效果

规划为西递申报世界文化遗产提供了基本依据，其成果体现在《皖南古村落——西递、宏村》世界文化遗产申报文本中。依据规划进行的西递遗产环境综合治理，已获联合国教科文组织委派的专家考察小组的好评。

第七章

中国历史文化名镇名村保护利用的评价指标体系

目前我国文化遗产保护理论研究，已经从单纯文物保护的学理性阐释，转向历史村镇文化遗产保护利用理论的研究阶段；尤其是历史村镇保护利用的实践走在理论前面，各地历史村镇保护实践已开始从"重申报、轻管理"、"重开发、轻保护"阶段，正在转向"申报与管理、保护与利用"都较为重视的阶段。历史村镇文化遗产保护与利用是一项长期、动态的过程，需要全过程的实时控制和调整。这就要求管理部门及时掌握各种动态信息，并全面准确评价，以此作为保护和管理的依据。建立和完善历史村镇保护评价指标体系，有利于进一步探索多层次、多样性的保护手段，有效实现全面性、整体性保护历史村镇文化遗产。因此，加强历史村镇文化遗产保护利用理论的系统研究，构建具有操作性的历史村镇保护评价指标体系，对于完善我国文化与自然遗产的理论体系，促进历史村镇遗产保护利用的实践发展，都具有极为重要的理论意义和现实价值。

一、中国历史文化名镇名村保护评价的研究现状与指标构建

（一）我国历史文化名镇名村保护评价指标的研究现状

近年来，我国对文化遗产保护的评价指标体系已经有了一些研究，但总体看研究者甚少，成果稀少，目前尚无科学完整的评价指标体系。刘世锦在2008年和2012年的《中国文化遗产事业发展报告》中，尝试性地将文物本体保护好、周边环境整治好、经济社会发展好、人民生活改善好的"四个好"标准转化为评估指标体系。孙志练在《河南省文化遗产价值指标体系研究》中，从文化遗产的影响价值、信息价值、资源价值等角度，利用成分分析和模式识别的方法，制定了河南省文化遗产价值指标体系。陈军科在《建立国家历史文化遗产保护领域创新体系与监测指标体系》中，认为建立国家文化遗产保护创新体系与监测指标体系已是势在必行。温州大学郑乐丹在《非物质文化遗产资源价值评价指标体系构建研究》中，从非物质文化遗产保护现状、价值特点两个方面筛选出25个指标，，尝试性建立了非物质文化遗产价值评价指标体系框架。此外，崔卫华对文化遗产资源的价值评价进行了研究；符全胜等对中国文化自然遗产管理评价指标作了研究；还有不少学者对非物质文化遗产的评价体系、建筑遗产的可利用性评估、开发利用绩效评价、民俗文化遗产评价等进行了探索性研究。

总体来看，上述研究范围大多是物质文化遗产与非物质文化遗产保护评价的宏观性、综合性研究，一般都侧重于文化遗产保护的定性评价，对于保护利用效果所需要的量化指标评价较少；大多数研究成果对于文化遗产的价值特色与保护评价，一般都是研究者主观感受的评价。因此，我国文化与自然遗产保护的理论研究，至今仍滞后于实践；尤其是历史村镇文化遗产保护评价指标等方面的研究成果甚少。

值得提出的是赵勇等学者结合我国历史文化名镇名村的评选，从价值特色和保护措施两方面进行系统研究，初步制定了历史文化名镇名村评价指标体系。该体系在选取典型的江南名镇周庄镇为参照体系的基础上，"运用因子分析法提取环境风貌、建筑古迹、民俗文化、街巷空间和价值影响5个公因子，进而计算出不同村镇的评价分值"[①]；并对第一、第二批中国历史文化名镇名村的保护状况进行评价，为公布中国历史文化名镇名村提供了一些评价方法和技术依据，在我国文化遗产从定性评价到定量评价方面进行了有益探索。但评价操作上存在一定的难度，评价指标的比较，也会因评价者的不同专业、年龄、知识结构、职业偏好、价值理念等差异，而存在评价结果的差异。

（二）我国历史文化名镇名村评价指标体系的构建思路

为使我国历史文化名镇名村保护评价指标体系更加科学有效，应进一步突出客观性定量评价，进行直接测度、增加可操作性等方面进行构建。

1. 细化名镇名村保护指标分解，增加物质文化遗产指标的定量评价

目前，国家颁布的历史文化名镇名村的评选办法中，只是规定了现存历史建筑面积：历史文化名镇5000m^2，名村2500m^2以上，这是一项很重要的定量指标，但还应增加更多评价名镇名村的量化指标，并细化分解指标，明确指标释义，注重突出各项指标的定量评价。如名镇名村价值特色虽偏于主观，但也可以通过更加客观标准加以细化分解，如文保单位、文物古迹遗存的有无、多少、规模、大小、历史年代、真实性、完整性、特色价值等，都可以确定量化评价指标，通过客观数据直接反映出来。又如名镇名村核心地带与建控地带的保护范围、面积及其两者比例，保护区的历史真实性、风貌完整性，历史建筑、构筑物的典型性、完整程度，以及各类建筑物、构筑物、重要的职能特色、核心保护区的格局风貌、历史建筑的真实性、典型性，以及保护管理措施等方面，也都是可以通过客观数据直接反映，进行量化评价，从而增强不同历史村镇价值特色评价的量化指标和比较的科学性。

2. 注重名镇名村自然景观、生态环境、空间形态等自然遗产的量化评价

自然景观、生态环境是历史村镇的自然遗产，也是历史村镇街巷、建筑所依存的根基文脉之地，更是评价历史文化名镇名村保护利用的重要量化指标。历史村镇规模大小和自然环境完整度，历史街巷的规模形态、空间格局，历史环境完整性、风貌连续性，都是承载着历史村镇变迁发展的历史信息记忆，也都是集中反映名镇名村历史价值与文化特色所不可缺少的评价指标，并可以细化为名镇名村价值评价的重要量化指标。因此，探索这些指标的基本

---

① 赵勇，张捷，卢松，刘泽华等. 历史文化村镇评价指标体系再研究[J]. 建筑学报，2008（3）.

释义和定量化评价方法，是构建我国历史文化名镇名村评价指标体系的重要内容。

3. 强化名镇名村非物质文化遗产的分级分类指标的定量评价

历史村镇是非物质文化遗产赖以生存和传承发展的最理想场所。非物质文化遗产是历史文化名镇名村的生命力和特色所在，反映了名镇名村的历史文化传统和特色遗存。因此，应把非物质文化遗产作为评价名镇名村的重要指标量化列入"名镇名村办法"，不仅要加大历史名人、重大事件等内容进行量化评价的比分；而且要增加原住民生活延续性、地方传统文化、民俗传统习惯、礼仪习惯节日、特色民俗类型、传统手工艺，甚至包括广为流传的诗词、歌赋等都应作为名镇名村的价值评价，制定量化指标。

4. 增加名镇名村保护措施、资金、人才、管理成效等指标列入评价体系

在我国历史文化名镇名村评选办法中，已对编制村镇总体规划和保护规划，建立保护管理机构，配备专业保护人员，设有专门的保护资金等列为保护评价指标。因此，在保护评价指标体系中应增加体现上述要求的量化指标，如保护规划是否按时编制、编制延期设定加分、扣分指标；又如规划内容是否科学合理，依照法规标准程度；保护修复措施是否具有可行性和有效性；保护专业人才、保护管理资金是否到位；保护、管理、监督机构是否设置，独立有效；人、财、物保障机制能否得到保证等等，都可以量化为具体指标，并增加指标分值后列入名镇名村评价指标体系。这也应该成为我国目前评估考核各地历史文化名镇名村保护的必要手段和重要保障。

二、中国历史文化名镇名村保护评价指标体系的主要指标

从2003年至今，国家住房城乡建设部和国家文物局先后开展了6批中国历史文化名镇名村的评选和命名工作，并结合历史文化名镇名村的评选，从价值特色和保护措施两方面，经过不断完善已初步形成了《中国历史文化名镇名村评价指标体系》。2013年1月，住房城乡建设部、国家文物局《关于组织申报第六批中国历史文化名镇名村的通知》附件规定，《中国历史文化名镇名村评价指标体系》由2大类、13中类、24小类指标组成，评定分值共为100分，其中，价值特色为70分，保护措施为30分。这指标体系为我国历史文化名镇名村遗产的定量评价提供了科学方法和技术依据，也是目前各地对历史村镇保护和申报中国历史文化名镇名村及其管理，进行综合评价考核、评定各项指标分值的法规标准和重要依据。

（一）历史文化名镇名村的价值特色评价的主要指标

历史文化名镇名村价值特色是历史村镇世代居民在各自特定的自然地理环境中不断创造形成的，集中体现为历史、文化、科学、建筑、艺术、美学等方面的价值和特点。它不仅反映在历史村镇选址、聚居生活形态、历史街巷布局、历史建筑特色、建造材质工艺、空间格局风貌、自然景观环境等物态方面；而且反映出历史村镇的文化功能、地方传统、民俗文化、历史文脉、原住民生活习俗和非物质文化遗产传承等文态方面。简言之，历史文化名镇名村价值特色是"物态环境"价值与"文态环境"价值的集中反映。因此，价值特色是评价和确定历史文化名镇名村的基础和核心。

根据《中国历史文化名镇名村评价指标体系》的规定，历史文化村镇的价值特色分别涉及名镇名村的历史影响、文物保护单位与历史建筑的数量、规模、重要职能特色、历史环境要素、聚落与自然环境、原住居民比例、生活延续性、非物质文化遗产等方面。

1. 历史文化名镇名村建成区内文物保护单位数量与最高等级的指标①

（1）评分标准：以名镇名村内现存文物的等级与数量来确定（共10分）。

1）文物保护单位现存数量：现有文物保护单位1处为1分，每增加1处加1分，共5分。

2）文物保护单位最高等级：现有县、市级文物保护单位每处1分；省级文物保护单位每处3分；国家级文物保护单位或属世界文化遗产每处5分，共5分。

（2）评价指标：这两项指标主要评价名镇名村拥有文化遗产的历史、文化、科学、艺术价值及其稀缺程度，是以拥有文物保护单位的数量、级别（全国重点文物保护单位、省、市县级文物保护单位三个层次）来确定。但也存在不足，如有的历史村镇文物保护单位的数量较多、级别较高，按标准远远超出最高为5分的分值。因此，该指标体系应调高"现存文物"的分值，或增加补充条款，如具有一项以上国家级和世界级遗产的村镇，就列入中国历史文化名镇名村名单。

（3）资料填报：应准确注明名镇、名村拥有文物保护单位的最高级别，所有各级文物保护单位的名称、等级、数量、公布时间等必要信息，提供每一处文物保护单位的文字简介和现状照片。

2. 历史文化名镇名村建成区内历史建筑数量的指标②

（1）评分标准：以市、县以上政府公布的历史建筑数量来确定，即具有市级或县级历史建筑10处为1分，每增加5处增加1分，共6分。

---

① 住房城乡建设部、国家文物局：《中国历史文化名镇名村评价指标体系》，2013年1月17日.
② 住房城乡建设部、国家文物局：《中国历史文化名镇名村评价指标体系》，2013年1月17日.

（2）评价指标：本项指标主要反映评价名镇名村建成区范围之内，目前尚存历史建筑、传统建筑的最早修建年代；修建年代以历史上经过部分修复或完全修复的，应以尚能观察到和鉴别的建筑遗迹的最早年代为准；最早修建年代反映了历史久远度。对历史建筑的价值评价，重在其典型性及建筑特色，并分别从传统建筑物（反映地方特色的宅院府第、祠堂、驿站、书院等）和传统构筑物（如城墙、牌坊、古塔、园林、古桥、古井等）的数量进行评价，并对古迹建筑的建造工艺水平作出综合评定。

（3）资料填报：应注明名镇、名村内历史建筑、传统建筑的具体名称、最早修建年代（附有效证明文件，包括县级以上史志资料或文物行政部门的鉴定意见）。并提供每处历史建筑、传统建筑的文字简介和现状照片。

3．历史文化名镇名村内历史建筑（群）重要职能特色与保存完好的指标[1]

（1）评分标准：以反映历史建筑（群）的重要职能与特色的程度来确定，共3分。保存等级分为3级：一级3分，二级2分，三级1分。

1）一级：历史建筑（群）及其建筑细部乃至周边环境基本上原貌保存完好。

2）二级：历史建筑（群）及其周边环境虽部分倒塌破坏，但"骨架"尚存，部分建筑细部亦保存完好，依据保存实物的结构、构造和样式可以整体修复原貌。

3）三级：因年代久远，历史建筑（群）及周边环境虽曾倒塌破坏，但已按原貌整修恢复。

（2）评价指标：本项指标主要评价反映重要职能与特色的历史建筑（群）及其建筑细部乃至周边环境原貌的保存完好情况。

（3）资料填报：应翔实说明重要职能特色，主要是指历史上曾作为区域政治中心、军事要地、交通枢纽和物流集散地；或少数民族宗教圣地；传统生产、工程设施建设地；集中反映地区建筑文化和传统风貌；或是重大历史事件发生地或名人生活居住地。[2]

4．历史文化名镇名村建成区内文物保护单位与历史建筑规模的指标[3]

（1）评分标准：以历史村镇内现存文物保护单位与历史建筑的总规模来确定，共5分。

1）名镇：现存文物保护单位与历史建筑规模有5000m²为1分，每增加2500m²增加1分。

2）名村：现存文物保护单位与历史建筑规模有2500m²为1分，每增加1000m²增加1分。

（2）评价指标：本项指标主要评价位于历史文化名镇、名村的建成区范围之内，拥有现存文物保护单位与历史建筑的规模总量和建筑总面积的大小，可以反映历史文化名镇、名村规模大小。具体确定数值应大于或等于核心保护区历史传统建筑面积，也就是申报名镇的文

---

① 住房城乡建设部、国家文物局附件：《中国历史文化名镇名村评价指标体系》，2013年1月17日．
② 住房城乡建设部、国家文物局附件：《中国历史文化名镇名村评价指标体系》，2013年1月17日．
③ 住房城乡建设部、国家文物局附件：《中国历史文化名镇名村评价指标体系》，2013年1月17日．

物保护单位与历史建筑底限量必须有5000m²，申报名村的底限量必须有2500m²。

（3）资料填报：应注明现存历史传统建筑总面积，以名镇名村保护规划的数据为准，并提供反映现存历史传统建筑的文字简介、具有代表性的现状照片。

5．历史文化名镇名村的历史环境要素指标[①]

（1）评分标准：以历史文化村镇内保存有体现村镇传统特色和典型特征的历史环境要素数量来确定，共5分。每2处为1分，每增加2处增加1分。

如拥有50%保存完好的城墙为1分，每增加10%增加1分，以保存城墙的长度为基准衡量，出现明显断裂坍塌的分值减半。

（2）评价指标：本项指标主要评价反映能体现传统特色和典型特征的环境要素，具体是指城墙、城（堡、寨）门、牌坊、古塔、园林、古桥、古井、100年以上古树等。但以牌坊、古塔与古桥、古井的数量来评价指标分值，还有待从质与量和历史久远度等价值来完善。

（3）资料填报：应提供反映历史村镇现存体现传统特色和典型特征的环境要素的文字简介、具有代表性的现状照片[②]。

6．历史文化名镇名村的历史街巷、河道的规模指标[③]

（1）评分标准：以历史村镇内拥有完整形态、传统风貌连续的历史街巷、河道的数量、总长度两方面确定，共9分。

1）保存有形态完整的、传统风貌连续的历史街巷、河道的数量：每2条为1分，每增加1条增加1分（共6分）。

历史街巷或河道的走向、宽度均应保持历史原貌，且长度不应低于50m，3条及以上需有相交街巷，否则分值减半。

2）保存有形态完整、传统风貌连续的历史街巷（河道）总长度：200m为1分，每增加200m增加1分（共3分）。

两侧或一侧有建筑的街巷（河道），历史建筑比例应为60%以上；对所有历史街巷（包括两侧均无建筑的街巷、河道），其路面（河岸）保持传统材料及铺砌方式的比例均应为75%以上[④]。

（2）评价指标：本项指标主要评价反映名镇名村历史街巷、河道的规模指标及其保存完整性和景观连续性。历史街巷形态完整且传统风貌连续，是指街巷两侧的建筑高度、体量色

---

① 住房城乡建设部　国家文物局附件：《中国历史文化名镇名村评价指标体系》，2013年1月17日．
② 住房城乡建设部　国家文物局附件：《中国历史文化名镇名村评价指标体系》，2013年1月17日．
③ 住房城乡建设部　国家文物局附件：《中国历史文化名镇名村评价指标体系》，2013年1月17日．
④ 住房城乡建设部　国家文物局附件：《中国历史文化名镇名村评价指标体系》，2013年1月17日．

彩、形式风格基本协调一致，且历史传统建筑面积规模要占到街巷两侧建筑面积总规模的80%以上。[1]

1）拥有保存较为完整的历史街区数量指标，反映名镇名村历史街巷格局保存状况，完整且景观连续的历史街巷数量越多，则反映出名镇名村传统格局保存较好，从侧面说明街巷两侧保存的历史传统建筑数量也较多。

2）拥有传统建筑风貌连续的最长历史街区长度指标，反映名镇名村有历史传统风貌连续和丰富程度，以最长历史街区的长度来衡量。历史街巷长度要按照完整且景观连续的标准计算，不能出现景观间断点，即不能出现与历史街巷主体建筑群的建筑高度、体量色彩、形式风格不相协调的新建筑；或是破坏已较为严重的原有历史建筑[2]。

（3）资料填报：历史街巷、河道的数量、总长度两项指标的资料填报，应注明历史街巷、河道的总条数，主要历史街巷、河道的名称、长度，相交街道的名称，以名镇名村保护规划（标明章节页码）的数据为准，并提供主要历史街道的文字简介和现状照片。

7. 名镇名村核心保护区风貌完整性、历史真实性、空间格局特色功能指标[3]

历史文化名镇名村核心保护区的风貌完整性、历史真实性、空间格局特色功能，由聚落与自然环境完整度、空间格局及功能特色、核心保护区用地面积规模、核心保护区历史建筑、文物保护单位用地面积占核心保护区全部用地面积比例、核心保护区历史建筑数量等5个方面来评价（图7-1）[4]：

图7-1 中国历史文化名镇：乌镇是文学臣匠茅盾的故乡，明清古街区古民居格局风貌保存完好

---

① 住房城乡建设部、国家文物局附件：《中国历史文化名镇名村评价指标体系》，2013年1月17日.
② 住房城乡建设部、国家文物局附件：《中国历史文化名镇名村评价指标体系》，2013年1月17日.
③ 住房城乡建设部 国家文物局附件：《中国历史文化名镇名村评价指标体系》，2013年1月17日.
④ 住房城乡建设部 国家文物局附件：《中国历史文化名镇名村评价指标体系》，2013年1月17日.

（1）名镇名村聚落与自然环境完整度指标：

1）评分标准：以历史村镇内保存聚落与自然环境的和谐度、完整度来确定，共2分。其中：A. 聚落自然环境完整优美2分；B. 聚落自然环境一般为1分。

2）评价指标：本项指标主要评价反映历史村镇聚落与周围自然环境的和谐、优美状况，按照聚落与自然环境和谐程度分为优美、较完好、一般（有一定破坏）3个等级。聚落与自然环境和谐度一般（有一定破坏），包括自然环境的完整性遭到一定破坏，或是环境质量下降，或是人工建筑物破坏了原有自然环境的和谐景观氛围。

3）资料填报：应注明历史村镇聚落与自然环境的和谐程度，提供相应的文字简介和现状照片[①]。

（2）名镇名村空间格局及功能特色指标：

1）评分标准：（共3分），其中：

A. 聚落空间格局保持较为完整，传统功能尚在为1分；

B. 聚落空间格局保持十分完整或仍保存有明显特殊功能（消防、给排水、防盗、防御等）反映传统布局特色理论的为2分；

C. 聚落空间格局既保持十分完整，并且保存有明显特殊功能反映传统布局特色理论的为3分[②]。

2）评价指标：本项指标主要评价反映聚落空间格局保存的完整程度，以及在传统布局方面的功能和特色理论。指标包涵空间格局完整情况、空间布局的特殊功能、空间格局的特色理论3方面2个层次。

一类是街巷格局基本完整，传统功能尚在：指名镇名村的街巷格局基本保持完整，而且历史街巷、河流仍旧担负着供居民出行交通和日常生活的传统功能。

另一类是空间格局保持十分完整，具有明显特殊功能或反映特色规划布局理论：是指名镇名村的街巷格局仍旧保持着完整的原貌，且村镇空间布局还具有诸如消防、给排水、防盗、防御等特殊功能，或者是空间布局能体现我国传统的选址和规划布局经典理论。

3）资料填报：应注明名镇名村空间格局的完整性、特殊功能以及特色理论情况；注明有历史记载的史志性资料名称、作者、年限、文献页码范围及原文，同时提供复印件；提供空间格局现状照片。

（3）名镇名村核心保护区的用地面积规模指标：

1）评分标准：（共5分）核心保护区内历史建筑、文物保护单位建筑面积至少占50%以上，其中：

---

① 住房城乡建设部 国家文物局附件：《中国历史文化名镇名村评价指标体系》，2013年1月17日.
② 住房城乡建设部 国家文物局附件：《中国历史文化名镇名村评价指标体系》，2013年1月17日.

A．名镇5 hm²及以下1分；每增加2 hm²增加1分。

B．名村2 hm²及以下1分；每增加2 hm²增加1分。

2）评价指标：本项指标主要评价反映名镇名村传统风貌集中体现区域的规模大小。核心保护区保持一定的占地面积规模，以达到该区域内视野所及范围的传统风貌基本一致。

3）资料填报：应注明核心保护区的占地面积和保存状况，以名镇名村保护规划（标明对应的章节页码）为准，并提供文字简介（要确保护区的范围界限）和现状图片。

（4）名镇名村核心保护区的历史建筑、文物保护单位用地面积，占核心保护区全部用地面积比例的指标：

1）评分标准：（共5分）50%及以下1分，每增加10%增加1分。

2）评价指标：本项指标主要评价核心保护区的历史真实性，由核心保护区现存历史建筑及环境占地面积，占核心区全部用地面积的比例来具体确定。历史建筑及环境占地包括，历史建筑基底面积、院落面积，以及被历史建筑所围合的水域、绿化、街巷等面积。

3）资料填报：应以名镇名村保护规划（标明对应的章节页码）为准，提供必要文字简介和现状图片。

A．以反映核心保护区的历史建筑面积比例的第一行数据，核心保护区现存历史建筑面积（应小于等于《基础数据表》第5项的现存历史传统建筑面积），核心区全部建筑面积，核心区现存历史建筑占全部建筑面积比例。

B．以反映核心保护区的历史建筑占地面积的第二行数据，核心区现存历史建筑占地面积，核心保护区全部（建筑）占地面积（应等于《基础数据表》第10项的核心保护区面积），核心保护区现存历史建筑占地面积占全部（建筑）占地面积比例（作为《评价体系》第14项指标的评价数值）[1]。

（5）名镇名村核心保护区现存的历史建筑数量指标：

1）评分标准：以核心保护区现存历史建筑数量来确定，以5处为1分，每增加5处增加1分（共6分）。

2）评价指标：本项指标主要评价反映名镇名村历史传统风貌集中体现区域保存状况的真实程度。

3）资料填报：应以名镇名村保护规划（标明对应的章节页码）为准，提供必要文字简介和现状图片。[2]

---

① 住房城乡建设部、国家文物局附件：《中国历史文化名镇名村评价指标体系》，2013年1月17日．

② 住房城乡建设部 国家文物局附件：《中国历史文化名镇名村评价指标体系》，2013年1月17日．

8．历史文化名镇名村核心保护区内原住居民的生活延续性指标

评分标准：以核心保护区中原住居民比例确定，共5分。原住居民比例占50%及以下1分，每增加10%增加1分。每公顷用地面积常住人口不得小于50人，否则分值减半①。

9．历史文化名镇名村的非物质文化遗产的数量等级指标与补充指标②

（1）拥有非物质文化遗产的数量指标

1）评分标准：以名镇名村内拥有地方特色的传统节日、传统手工艺和传统风俗类型等非物质文化遗产的数量来确定：2个1分；每增加2个增加1分，共3分。

2）评价指标：主要评价反映名镇名村内特色传统民俗文化的保有程度和多样性。不具有地方特色或不能有别于其他地域和民族的，不在此评价之列（如春节、中秋节等）。

3）资料填报：应注明节日、手工艺、传统风俗的总数量以及相应名称，注明相应史志资料的名称、作者、出版社、年限，以及对应文献出现的页码范围及原文，同时要提供相应的资料复印件③。

（2）拥有非物质文化遗产的等级指标

1）评分标准：以历史村镇内拥有源于本地、并广为流传的非物质文化遗产的范围等级来确定，共3分。

A．省级非物质文化遗产为1分；

B．国家级非物质文化遗产为3分。

2）评价指标：本项指标主要评价反映在名镇名村本地发源，并以口头表达为特征的非物质文化遗产流传的范围及保存和传承状况。一些非本地起源，虽然在本地被接受和广为流传的口头遗产不在此评价之列。

3）资料填报：注明流传的口头遗产名称、流传地域；以及证明口头遗产起源于本地、在何种地域流传的史志资料名称、作者、出版社、年限、文献页码范围及原文，同时提供复印件。在全国性史志资料出现的则为全国性流传，省级及以下史志资料上出现的则为地域性流传。④

（3）关于非物质文化遗产评价的补充指标

由于《中国历史文化名镇名村评价指标体系》颁布时，尚缺乏非物质文化遗产保护的评价研究，只列入拥有非物质文化遗产的数量与质量的两项指标。因此，建议国家住房城乡建

---

① 住房城乡建设部 国家文物局附件：《中国历史文化名镇名村评价指标体系》，2013年1月17日．
② 住房城乡建设部 国家文物局附件：《中国历史文化名镇名村评价指标体系》，2013年1月17日．
③ 住房城乡建设部 国家文物局附件：《中国历史文化名镇名村评价指标体系》，2013年1月17日．
④ 住房城乡建设部、国家文物局附件：《中国历史文化名镇名村评价指标体系》，2013年1月17日．

设部和国家文物局尽快修改《中国历史文化名镇名村评价指标体系》，应增加非物质文化遗产分值指标和补充以评价内容：

1）增加名镇名村历史价值影响的评价指标。历史文化名镇名村都是经历了一定的历史发展变迁，在历史长河中往往受到重大历史事件和重要人物（名人）的影响，这是历史村镇的无形文化资产。一般可以通过历史古迹建筑的修建年代、历史事件发生的影响程度、事件发生地和名人居住地的保护完好情况等要素来评价无形的历史影响。

2）增加对地方传统文化民俗的评价指标。历史文化村镇往往具有特殊的民俗文化，民俗文化是该地域历史精神风貌的重要表征和要素体现。对于历史文化民俗的评价关键要把握住民俗的基本属性，关键要分析民俗文化的基本类型和流传影响。一般而言，传统节日、传统手工艺、当地的社会风俗、特殊礼仪以及传统手工艺技能都是联合国教科文组织在《非物质文化遗产保护公约》中规定的内容，源于本地的诗词、歌赋、戏曲等也体现了村镇的文化属性和特色，都是当地带有特殊乡土风情的地域民俗文化。

3）增加原住居民生活延续性的评价指标。历史文化名镇名村是一个"活的社会有机体"，当地居民延续了历史遗传下来的生活方式、行为方式、交往习惯，并且深深反映在居民的衣食住行等日常生活行为之中。考虑到生活延续评价的特殊性，关键要抓住"居民"这一生活实践的主体，排除日益流入的外地人员的影响。核心保护区中原住居民的比例能够反映这一生活延续的基本面，一般而言本地居民要达到60%左右，才能基本保证当地生活方式不被大范围破坏和侵蚀。

（二）历史文化名镇名村保护措施的评价指标

对历史文化名镇名村保护措施是否到位，是实现历史村镇遗产有效保护的前提条件和关键环节。科学评价保护措施的指标，应从保护规划、保障机制和保护修复三方面建立评价指标，注重规划的编制和实施，反映对历史村镇保护的重视程度；重视修复措施落实到位；人、财、物的到位和保障机构、机制，都反映了名镇名村保护措施是否到位的程度。而保护措施的评价关键，就在于使每个具体指标能够充分反映历史村镇的价值特色，又能够评价保护措施的可操作性。

根据《中国历史文化名镇名村评价指标体系》规定。保护措施的评价指标由3个中类、7个小类指标组成，分别涉及名镇名村保护规划编制、保护修复措施、保障机制等3方面[1]。

---

[1] 住房城乡建设部、国家文物局附件：《中国历史文化名镇名村评价指标体系》，2013年1月17日.

1. 历史文化名镇名村保护规划的评价指标①

保护规划是历史文化名镇名村保护法规文件，具有很强的指导性、政策性，有利于切实保障对名镇名村实施有效保护利用，并为保护利用项目的具体实施提供可操作指导和规范制定。在内容方面，保护规划要涵盖保护范围划定、历史建筑维护修缮与村镇格局、风貌、环境整治等。在保护措施上，历史文化名镇名村的保护与发展项目，都应严格控制在保护规划范围内执行。在评价指标方面，主要是保护规划的编制和实施，并确保规划能够得到正式批准，在规划的具体实施过程中，要严格按照规划办事，不能对历史文化遗产造成不必要的新破坏。

1) 评分标准：以保护规划的编制、审批以及具体实施情况来确定，共8分。

A. 已依法按规编制完成保护规划为3分；

B. 保护规划已经省政府批准、并按照规划实施为8分；

C. 没有按保护规划实施，造成新的破坏的，此项不得分。

2) 评价指标：本项指标主要评价反映对名镇名村保护规划的编制、审批以及实施执行情况。名镇名村保护规划编制后要得到正式审批，才具有法律效力，并在实施过程中不能造成新的破坏。

3) 资料填报：应注明保护规划的编制单位、时间；规划审批单位、时间；注明是否按照保护规划实施，是否造成新的破坏。提供反映保护规划实施情况的文字简介和现状照片②。

2. 历史文化名镇名村保护修复措施的评价指标③

保护修复措施反映名镇名村开展保护工作的力度。对历史文化名镇名村的保护修复措施很多，包括对建筑、街巷、环境、设施等多方面。如对历史建筑的挂牌保护、保护修复的公示情况、是否设立警示标志等。相应的评价指标主要从遗产资源的登记挂牌、规划公示、保护标志等三方面评定。

（1）评价历史建筑、文物古迹、环境要素登记建档并挂牌保护的情况

1) 评分标准：以历史建筑、文物古迹、环境要素登记建档并挂牌保护的比例来评定，共10分。

A. 历史建筑、文物古迹、环境要素已登记、挂牌保护50%及以下1分；每增加10%增加2分。

B. 其中未在挂牌上标注简要信息的分值要减半（简要信息包括历史建筑、文物古迹、

---

① 住房城乡建设部、国家文物局附件:《中国历史文化名镇名村评价指标体系》,2013年1月17日.

② 住房城乡建设部、国家文物局附件:《中国历史文化名镇名村评价指标体系》,2013年1月17日.

③ 住房城乡建设部、国家文物局附件:《中国历史文化名镇名村评价指标体系》,2013年1月17日.

环境要素的名称位置、面积高度、形式风格、营造年代、建筑材料、修复情况、产权归属、保护责任者等情况）。

2）评价指标：本项指标主要评价反映名镇名村历史建筑、文物古迹造册登记并挂牌保护的比例情况，以此评价村镇建筑古迹名称、位置面积、年代、材料、高度、保护状况等级、修复情况、产权归属等情况。并从侧面体现了名镇名村对历史建筑、文物古迹等各种遗产资源的普查整理、登记造册和评估工作情况。

3）资料填报：应注明是否对历史建筑和文物古迹已造册登记，是否已挂牌保护，挂牌保护的比例。提供名镇名村历史建筑、文物古迹的名册清单，反映挂牌保护的文字简介和现状照片。①

（2）评价建立保护规划及修复建设公示栏情况的指标

1）评分标准：以建立保护规划、修复、建设公示栏的数量来评定，（共2分）

A. 建立保护规划公示栏为1分；

B. 建立保护规划、修复、建设公示栏为2分。

2）评价指标：本项指标反映居民对名镇名村保护规划建设的公众参与状况；主要评价名镇名村在保护规划、修复、建设过程中实施公示制度，推行公众参与的情况。规划公示栏应标注的基本信息有：保护修复的项目名称、位置、规模、时间、资金、建设单位名称、责任单位名称、修复基本内容、反馈意见的途径及截止期限等。

3）资料填报：应注明是否已建立规划公示栏，并提供已建立过的规划公示栏文字简介和现状照片。②

（3）评价对居民和游客设置保护标志的情况

1）评分标准：以建立对居民和游客设置有警醒意义的保护标志数量来评价，共2分。

A. 设置2处为1分，4处及以上为2分；

B. 未设置核心保护区保护范围标志的分值减半。

2）评价指标：本项指标主要反映名镇名村对居民和游客是否设置警醒意义的保护标志情况的评价。保护警醒标志分为保护历史建筑、文物古迹；保护自然环境；保护居民、游客安全等多种保护标志，这指标可以进一步表证对名镇名村自然环境生态和游客人身安全的保护和预防状况。

3）资料填报：应注明是否已设置对居民和游客具有警醒意义的标志，并提供设置警醒意义标志的文字简介和现状照片。③

① 住房城乡建设部、国家文物局附件：《中国历史文化名镇名村评价指标体系》，2013年1月17日.
② 住房城乡建设部、国家文物局附件：《中国历史文化名镇名村评价指标体系》，2013年1月17日.
③ 住房城乡建设部、国家文物局附件：《中国历史文化名镇名村评价指标体系》，2013年1月17日.

3. 历史文化名镇名村保障机制的评价指标[1]

对于历史文化名镇名村的保护活动，关键要得到人、财、物和组织机构、运行机制的支持。保障机制的评价指标涉及保护管理办法的制定落实、保护人才和机构、每年的维修资金等三项指标。

（1）对制定保护政策法规的评价指标

1）评分标准：以制定保护管理办法的保障情况来评价，共2分：

A. 已制定保护管理办法为1分；

B. 正式颁布保护管理办法为2分。

2）评价指标：本项指标主要反映名镇名村是否已制定和颁布保护管理办法，主要评价名镇名村保护在管理办法等政策制度层面上的保障情况，是否对保护利用开展监督和为保护运行提供必要保障。

3）资料填报：应注明名镇名村保护管理办法的名称、颁布时间、颁布单位等信息，并提供名镇名村保护管理办法的复印件。

（2）对保护机构及人员的评价指标

1）评分标准：以建立专门保护机构和具有专门保护管理人员来评价，共3分：

A. 具有专门保护管理人员1分；

B. 具有专门保护管理机构的2分；

C. 已成立政府牵头多部门组成的保护协调机构3分。

2）评价指标：保护的实施离不开具体的人才和机构，必须要有专门的机构负责此项保护工作。本项指标主要反映名镇名村保护在管理机构、协调机构和管理人员层面上的保障情况。

3）资料填报：应注明保护管理机构、协调机构的名称及成立时间，保护管理人员数量，提供批准成立保护管理机构和协调机构的相关文件[2]。

（3）评价全年保护维修资金占全年村镇建设资金的比例指标：

1）评分标准：以保护维修资金占全村镇建设资金的比例来评定，共3分：

A. 保护维修资金占全村镇建设资金的10%为1分；

B. 每增加10%增加1分。（注：资金使用范围内限于镇、村建成区范围内）。

2）评价指标：保护资金在村镇建设资金中应该占有一定比例和份额，这样才能确保保护活动有经费支持。本项指标主要反映名镇名村保护在资金支持层面上的保障情况，采用近三年保护维修资金占全村镇建设资金的比例来衡量评定。

3）资料填报：应注明近三年年均村镇建设资金总额，近三年年均保护维修资金数额，

---

① 　住房城乡建设部、国家文物局附件：《中国历史文化名镇名村评价指标体系》，2013年1月17日.

② 　住房城乡建设部 国家文物局附件：《中国历史文化名镇名村评价指标体系》，2013年1月17日.

保护资金占村镇建设资金的比例。提供名镇名村村镇建设资金、保护资金的来源情况，以及有效证明文件。[①]

中国历史文化名镇名村评价指标体系，对评价我国历史村镇的价值特色和更好地保护利用，具有较好的可操作性和重要的现实价值。这评价指标体系归纳为两大类：① 价值特色为70分，② 保护措施为30分，总计100分（表7-1）。

中国历史文化名镇名村评价指标体系表　　　　　表7-1

指标	指标分解及释义	最高限分
一、价值特色		70
1. 镇或村庄建成区文物等级与数量	（1）文物保护单位数量	5
	（2）文物保护单位最高等级	5
2. 镇或村庄建成区历史建筑数量	（3）市县政府公布的历史建筑数量	6
3. 重要职能特色	（4）反映重要职能与特色的历史建筑保存完好情况 （重要职能特色指历史上曾作为区域政治中心、军事要地、交通枢纽和物流集散地；或少数民族宗教圣地；传统生产、工程设施建设地；集中反映地区建筑文化和传统风貌；或是重大历史事件发生地或名人生活居住地）	3
4. 镇或村庄建成区文物保护单位与历史建筑规模	（5）现存文物保护单位与历史建筑的建筑面积	5
5. 历史环境要素	（6）保存有体现村镇传统特色和典型特征的环境要素数量	5
6. 历史街巷（河道）规模	（7）保存有形态完整的、传统风貌连续的历史街巷（河道）数量	6
	（8）保存有形态完整、传统风貌连续的历史街巷（河道）总长度	3
7. 核心保护区、风貌完整性、历史真实性、空间格局特色功能	（9）聚落与自然环境完整度	2
	（10）空间格局及功能特色	3
	（11）核心保护区用地面积规模	5
	（12）核心保护区历史建筑、文物保护单位用地面积占核心保护区全部用地面积比例	5
	（13）核心保护区历史建筑数量	6
8. 核心保护区生活延续性	（14）核心保护区中原住居民比例	5

---

① 　住房城乡建设部 国家文物局附件：《中国历史文化名镇名村评价指标体系》，2013年1月17日.

续表

指标	指标分解及释义	最高限分
一、价值特色		70
9. 非物质文化遗产	（15）拥有传统节日、传统手工艺和特色传统风俗类型，以及源于本地，并广为流传的诗词、传说、戏曲、歌赋的数量。	3
	（16）非物质文化遗产等级	3
二、保护措施		30
10. 保护规划	（17）保护规划编制与实施	8
11. 保护修复措施	（18）对历史建筑、环境要素登记建档并挂牌保护的比例	10
	（19）建立保护规划及修复建设公示栏情况	2
	（20）对居民和游客建立警醒意义的保护标志数量	2
12. 保障机制	（21）保护管理办法的制定	2
	（22）保护机构及人员	3
	（23）每年用于保护维修资金占全年村镇建设资金	3
总计	其中：价值特色为 分；保护措施为 分	

第八章

中国历史文化名镇名村的保护
预警的基本理论与指标体系

近年来，我国历史文化名镇名村经历了"新农村建设、旧村改造"、"城乡一体化、新型城镇化和旅游开发"的多重挑战和冲击，不少历史文化名镇出现了过度开发"人工化、现代化、商业化"等倾向；不同程度地存在"拆旧建新"的"建设性破坏"和"保护性拆迁、仿古性新建"的"旅游开发性破坏"，使许多历史村镇的宝贵遗产变"永久遗憾"，"千镇一面、万村一貌"的"特色危机"正成为共性问题。目前，从总体上看，历史文化名镇名村正处于"整体保护状况较好"与"过度开发的保护性破坏"并存的趋向；但尚未申报、定级的历史村镇"保护状况不容乐观"，只有老年人留守的"空壳村"现象较为普遍；更多乡土建筑的"局部环境还在持续恶化"等问题。可见，构建历史文化名镇名村预警系统显得十分重要而紧迫。因此，为了保护更多历史文化村镇和更科学有效保护好中国历史文化名镇名村，目前急需构建一套科学合理的历史文化村镇保护预警体系，在破坏和灾害来临之前发出警报，为历史村镇文化遗产的合理保护和科学管理提供依据，以实现我国历史文化村镇保护利用的可持续发展。

一、中国历史文化名镇名村保护预警的研究现状与基本理论

历史村镇文化遗产监测预警是历史村镇实现科学有效地保护管理的基础前提和重要内容，也是历史村镇遗产地实现可持续发展的重要保证。根据联合国教科文组织《实施保护世界文化和自然遗产公约操作指南》中对遗产监测工作的相关要求，以及我国文化遗产保护管理的实际需要，建立历史文化名镇名村遗产监测预警系统，实现历史文化名镇名村遗产保护的信息化动态管理势在必行。

（一）历史文化名镇名村保护预警系统的研究现状

目前，国内外预警研究主要集中在自然灾害、生态资源、环境保护、经济发展等领域。而文化遗产保护预警，直到1994年联合国教科文组织修改《保护世界文化和自然遗产公约》时，才首次将世界遗产保护监测作为世界遗产委员会必须履行的职责；并在《世界遗产公约操作规则》中明确规定，各缔约国应把建立世界遗产监测系统作为基本职责，要求拥有世界遗产的缔约国，每6年向世界遗产委员会及时提交世界遗产保护的监测报告。世界遗产委员会将根据报告及考察等手段，对各个世界遗产的保护状况进行专业评估，确保监测与预警工作的有效、持续的展开。此后，全球范围迅速展开了世界遗产的监测预警工作和濒危遗产的评定，许多缔约国政府纷纷响应，先后采取各种措施，投入大量资金，构建了高科技、现代化的保护监测系统，为加强世界遗产保护的监测和评估工作，取得了良好的保护预警效果。

近年来，我国文化遗产预警监测工作已引起国家文物局等部门的高度重视，先后出台了《世界文化遗产管理办法》和《中国世界文化遗产监测巡视管理办法》，初步建立了我国世界文化遗产的监测管理框架。但与发达国家相比，我国世界遗产保护的动态监测水平和预警的技术手段等方面，都还有不少差距。因此，在全国构建一整套科学先进、长期有效的文化与自然遗产保护预警监测系统，将是一项极为重要的长期任务。

2004年在第28届世界遗产大会上，我国向国际社会承诺了将建立高效的世界遗产监测预警系统。2005年，苏州市率先在全国开展世界遗产保护专项监测，并建立了世界遗产保护监测专门机构，于2006年启动了"古典园林动态信息和监测预警系统"，对苏州9处世界遗产点进行全面监测，覆盖了古典园林保护的主体和附属两大部分。2006年11月，国家文化部出台的《世界文化遗产保护管理办法》，明确规定世界遗产地应建立遗产管理动态信息系统和预警系统，目的就是要建立世界遗产监测预警模型，形成高效、统一、协调的预防保护模式，建立由国家、省、遗产地三级管理的世界文化遗产管理动态信息和预警系统。

目前，我国故宫博物院、敦煌研究院、苏州古典园林、大足石刻研究院等10多处世界文化遗产地，已初步建立了监测工作机制和监测技术平台，并开展了一系列针对遗产本体及其环境的基础性监测。2012年，杭州市西湖在申遗成功不久就较好地构建起世界文化景观保护的动态信息系统和监测预警系统，这一做法为世界遗产保护提供了可借鉴的经验办法。2013年，北京故宫、苏州古典园林、甘肃敦煌、杭州西湖等世界文化遗产地都已建立起一套数据全面、评估、分析、预警及时的世界遗产监测平台，并实现了监测指标管理、任务安排、数据上报、预警流程、协同处置等遗产监测各功能模块的成功运作。

但从全国来看，目前仅有37%遗产地建监测预警平台；大多数世界遗产地尚未建立完整动态监测平台和较全面的监测预警指标体系，一些世界遗产地仍采用人工使用相关专业仪器和传统的统计监测方式；无法及时发布预警信息，尚未形成以预防性为主的保护预警系统。

我国历史文化名镇名村保护，至今尚未形成一套科学的保护动态监测和预警系统。虽然，2008年颁布的《历史文化名城名镇名村保护条例》中明确提出了历史文化村镇保护、监督、管理、预警等问题，并规定："已批准公布的历史文化名城、名镇、名村，因保护不力使其历史文化价值受到严重影响的，批准机关应当将其列入濒危名单，予以公布，并责成所在地城市、县人民政府限期采取补救措施，防止情况继续恶化，并完善保护制度，加强保护工作。国务院建设主管部门会同国务院文物主管部门应当加强对保护规划实施情况的监督检查。县级以上地方人民政府应当加强对本行政区域保护规划实施情况的监督检查，并对历史文化名城、名镇、名村保护状况进行评估；对发现的问题，应当及时纠正、处理。"[①]

---

① 历史文化名城名镇名村保护条例［G］//中国文化遗产法规文件汇编．北京：文物出版社，2009：545．

但目前全国528个中国历史文化名镇名村，极大部分没有建立保护动态监测预警系统，这使得国家管理部门对历史文化名镇名村的保护现状、动态了解不够，无法及时发布预警信息，较难有效管理，尚未形成预防性为主的保护模式。国家住建部和国家文物局为了及时监测和掌握各地名镇名村的保护发展状况，十分重视中国历史文化名镇名村保护预警的研究工作，为实施名镇名村保护动态监测和预警奠定了基础。2011年以来，江苏、安徽、重庆等省市有的国家历史文化名镇，已先后提出运用现代科学技术，建立历史文化名镇名村保护跟踪监测制度和预警信息系统。

近年来，学术界不少学者较为重视历史文化村镇保护预警系统的理论研究。2008年，赵勇在《中国历史文化名镇名村保护理论与方法》中较系统构建了历史文化村镇保护预警指标体系。同时，赵勇、刘泽华、张捷等还以周庄历史文化名镇为例，运用层次分析法和时间序列曲线预测进行了保护预警研究。还有一些学者也在文化遗产保护预警、名城保护规划预警、历史城区公共安全事件预警等方面进行了一些研究。但由于历史文化村镇保护动态预警研究的较为复杂和困难较大，尤其是地方政府对保护历史文化村镇的动态预警工作，尚未提到重要议事日程，对名镇名村保护利用还存在认识误区和不同的观点；学术界对历史文化名镇名村保护的动态预警的研究不多，成果稀少。总体上说，目前我国历史文化名镇名村保护动态预警系统的研究尚处于起始阶段。因此，尽快构建一套科学的历史文化名镇名保护动态预警体系，已成为当务之急，这有利于国家、地方管理部门更好地掌握历史村镇文化遗产保护动态状况和预测变化趋势，对有效实施历史文化村镇动态监测和预警为主的预防性保护模式，具有重要的决策价值和现实意义。

（二）历史文化名镇名村保护预警系统的基本理论

1．预警定义与实质

（1）预警最早含义与目前定义。人类最初的预警是对自然界变化无常的预测，运用占星术、占梦、占相、占八卦等预测方法，对自然界和人类自身进行预测。《辞海》中"预"的解释是：预先、事先；"警"的解释是：戒备，告诫。可见，"预警"就是预先告诫、戒备、预先发出警报、保持警觉，也是事先提醒被告人的注意和警惕。因此，预警的定义，就是在灾害或灾难危险发生前的及时提示和紧急预告，以避免危险在准备不足或不知情的状况下造成更大的危害，最大限度地降低危险带来的损失或减少不必要的损失。

（2）现代预警及其实质。随着科学进步，人类预测从风水中的"相土得水"到《易经中》的"物极必反"，再到《老子》中的"福祸相依"，预测、预警已经历从经验型到哲理性的发展。直到近代利用雷达系统和现代的高科技手段，预警已成为对危险性作出事先预报和控制的信息反馈机制。现代预警就是在警情发生之前，运用现代科技知识和高科技预警系统，通过总结事物发展的规律变化，分析事物的现有状态及特定信息，从而判断预测事物发展的变化趋势，并与预期的目标量进行比较，利用设定的方式和信号，进行预测报警和示警，使预警主体有一定时间采取相应的对策和措施。[①]

2．预警的特点与分类

（1）预警的特点：

1）整体性与集中性：预警和预测具有相似性，但预警是一个具有复杂关联的整体系统，整个系统与各元素之间都存在相互联系，每个元素的变化都会影响整个系统的发展态势。预测是强调先知先觉的事物发展时序的预见性，而预警是在强调预见性基础上制定预防措施的超前性，重视"早预防早治疗"。因此，预警的系统性和预见性，集中体现在对事物发展演变现象进行预测的过程，着眼点是质量突变的分析，落脚点是对恶化过程中的危害趋向提出警告。

2）动态性与深刻性：预警和普通评价不一样，不只是反映静态的信息，也和预测结果不给出对策措施不一样。预警结果既要反映系统运行的动态信息，演变趋势、速度和质变点等；又要反映、判定预警系统运行的整体态势，并对恶化程度作出具体对策和应对措施。可见，从预测到预警的实现，必须对事物现状演化发展趋势进行大量分析评价，才能作出动态预测和开展预警工作。因此，预警要在深刻分析、评价和预测的基础上，使预警研究的目的性、针对性更加准确及时，从而使监督、警示和管理发挥更有效作用。[②]

（2）预警的分类：

综合国内外预警研究成果，根据不同的分类标准，预警分类如下（表8-1）。

预警按不同标准的分类表　　　　　　　　　　　　　　表8-1

从性质类型分	预警可分为：经济类预警、社会类预警、政治类预警、文化类预警、军事类预警、生态类预警、环境类预警等
从时间尺度分	预警可分为短期预警、中期预警、长期预警
从空间尺度分	预警可分为：寰观预警、宏观预警、中观预警、微观预警
按评价体系分	预警又可分为大系统预警、子系统预警和因子预警；按不同的预警方式，预警可分为指标预警、统计预警和模型预警等

来源：赵勇．中国历史文化名镇名村保护理论与方法[M]，引用时有所修改。

3．历史文化名镇名村保护预警系统的重要作用

历史文化名镇名村保护预警系统就是运用系统论方法对名镇名村遗产保护利用的动态趋

① 冷泠．历史文化村镇外部空间保护预警方法研究[D]．重庆：重庆大学，2011．
② 冷泠．历史文化村镇外部空间保护预警方法研究[D]．重庆：重庆大学，2011．

势进行科学的预测，准确预报遗产保护利用的不正常状态和危险程度，并及时提出防范措施的管理活动。预警系统包括明确警情、寻找警源、分析警兆、预报警度和排除警情的过程。

（1）明确警义警情是名镇名村保护的先决条件。

警义是对警素的划分，警素是警情的指标要素。名镇名村保护预警就是根据具体警情要素进行监测和预测并发出警报，并为应对危险的决策提供依据。警情是名镇名村历史建筑、文物古迹保护过程中出现的危险状态或不正常的情况。因此，历史文化名镇名村保护预警，要加以研判各种不正常的环境影响因素和破坏性警情要素带来的危险警情，从思想上认识和重视警素警情，从而采取有效措施防止和排除警情的出现。

（2）寻找警源是名镇名村保护预警的首要工作。

警情产生的根源即是警源，警源是产生警情根源的"火种"。名镇名村保护利用过程中出现的警源，一般有外生警源和内生警源两种。外生警源主要是由各种外部条件而引发产生的警源，如旅游开发的过度商业化，游客数量猛增带来的负面影响，外来居住人口的增多、外来文化及思想观念的入侵、自然灾害的发生、周围生态环境的恶化等警素，都会使名镇名村的文化与自然遗产带来警源和警情。内生警源主要是指内部自身条件和环境的变化而带来的警源。如文物古迹和历史建筑的毁坏，传统街巷格局的破坏，内部自然环境的破坏，地方政府保护责任意识不强，保护机制的不健全，居民的保护意识及自豪感差、村镇内部的违章建设、本地居民的逐渐外迁等（表8-2）。

历史文化名镇名村保护预警的警情与警源　　　　表8-2

警情	内生警源	外生警源
文物建筑遗产	文物古迹自然损坏、历史建筑老化、松动等	文物古迹、历史建筑遭受风吹雨打、冰雪的积压等
	经济发展过快、过度开发、旧城改造影响	文物古迹、历史建筑的年度维修资金不足
	保护意识不强、拆旧建新的误区影响	文物古迹、历史建筑的年度维修比例不足
	大量游客对古迹古构筑物的频繁踩踏	传统建筑改造后与原来形式风格不符
	铁路公路等交通设施的穿越，传统街巷格局的破坏	新建筑建造后与原有传统建筑产生冲突
	工厂建设、矿产开发、房地产开发建设	道路交通等设施破坏传统风貌的建设
民俗文化	本地居民外迁与人口增长率下降	外来务工经商人口的大量涌入
	超负荷、过量的游客涌入	本地居民生活水平下降
	外来思想、西方文化的影响	本地居民的老龄化现象
	现代生活方式、交通工具的影响	传统生活方式、生产工艺的改变
	传统节日、礼仪观念的淡化	外来文化及思想观念的入侵
	本地居民对古村镇生活满意度下降	现代文化与科技使民俗文化的变异

续表

警情	内生警源	外生警源
生态环境	过度开发、无序建设的自然环境破坏，	地震、洪水、台风、雷电、火灾等灾害的影响
	垃圾、污水的不及时有效处理	基地河流污染物流入等
	周围大区域生态环境的恶化	绿地、植被的减少和人为破坏
	游客数量增长带来的垃圾、生活污水	工矿业、供热、交通的废气的排放
	外来交通工具带来的废气	人均耕地面积的减少和土地被污染

来源：赵勇．中国历史文化名镇名村保护理论与方法[M]，引用时有所增改。

历史文化名镇名村保护利用过程中的警源多而复杂，较难根除。由于历史文化名镇名村保护、利用、建设是一个复杂的综合系统，它时刻处于发出危险的可能性中（如火灾与自然灾害等），这种可能性危险，通常是由内生警源和外生警源共同作用而产生的。因此，要排除警患就必须经常性寻找警源，排除警素，在确定警源之后，要进行全面系统地分析、研究各个警素与警源之间的替代共生、此消彼长等变化关系，也就是要分析、研究保护与利用与建设的关系，文化与自然遗产之间的关系，以及各个建筑或建筑内部可能存在的各种警源。

（3）分析警兆是名镇名村保护预警的关键环节。

警兆是警情爆发的先兆。由警源"危险因素"到发生警情"危险灾情"是较长时间变化的过程。警情的发生必然会经过一个孕育、潜伏、发展、扩大、爆发的过程。这个过程通常称之为警情的生命周期。一般在警情爆发前都会产生一定的先兆，通过分析这些先兆便可预测、预防警情。一般在警情爆发前，孕育期、潜伏期的危险指数不高，警兆也不明显；但在潜伏期后，警兆将快速增加，通过发展期最终直至爆发期，警情就开始显现出来，此刻如果不采取措施，将会给名镇名村遗产带来不必要的损失，在爆发期后则进入了休眠期，此时警兆数量将急剧下降，实际上对名镇名村遗产造成的灾难性破坏或灭失[1]。

（4）预报警度是名镇名村保护预警的主要目的。

警度是警情与警兆的严重程度，即"危险点"或"危险区"的危险程度或强度。预警的警度按照时间序列和轻重程度划分，可将名镇名村保护的警度分为无警、轻警、中等、重警4个等级。预报警度一般有3种方法：① 通过建立警素普通模型得到预测结果后，根据等限获取最后的警级。② 建立等度模型得到预测结果后，根据其警兆获取警素的警级。③ 通过咨询专家的系统分析和预测结果，或参考历史经验，可以增加警度预报的准确性和可靠性[2]。

我国历史文化名镇名村保护预警的难度大而复杂。一方面，由于地震、台风、雷电等自

---

① 张淞茜．重庆市历史文化村镇文化空间保护预警研究[D]．重庆：重庆大学，2012．

② 冷泠．历史文化村镇外部空间保护预警方法研究[D]．重庆：重庆大学，2011．

然灾害的发生偶然性大，可控性差。另一方面，由于我国正处在现代化、城镇化加速发展以及旅游开发不断升温的特殊时期，全国的历史文化名镇名村保护都面临着建设性、开发性、旅游性破坏的险情，再加上各地方政府的保护意识差异，历史文化名镇名村保护预警的难度大而复杂。

4. 历史文化名镇名村保护预警系统的基本特征

历史文化名镇名村保护预警既有同其他预警的系统性、层次性、相关性、参照性、灵敏性的共性，又有作为历史文化遗产保护预警的个性特征。

（1）保护预警影响的多因素性。

历史文化名镇名村保护预警的影响因素较多。如有历史村镇建设、经济社会发展、保护意识观念、开发行为价值等因素的影响，又有自然损坏、地质灾害影响、气候环境恶化等因素，这些影响因素导致历史文化名镇名村保护预警的多样性。因此，为了达到预警目的，要注意研究影响名镇名村保护的众多因素，全面分析各种不同的警素、警情，分别判断各种警情因素的危险点及危险区，从而针对各种警素、警情，设计、制定相应的调控、决策、指导、纠错等功能。

（2）保护预警数据的难获取性。

我国名镇名村保护预警数据的研究较晚，在制度建设、法律规范、技术规范等方面都不很成熟完善，特别对保护数据的统计制度和方法也缺乏系统性、规范性，数字化管理的普及程度较低[①]。加上近年来对名镇名村旅游开发与建设较为重视，而对历史村镇保护与研究较为忽视，大多数的名镇名村保护资料数据稀少，这在客观上都使得保护预警数据较难获取。尤其是名镇名村保护的定性指标更难确定，如名镇名村保护传统风貌的美感，聚落与环境的和谐程度，空间格局的完整性，以及价值观念、行为文化等指标，在实际操作中往往都难以确定，这就给名镇名村保护预警指标数据的获取带来很大困难。

（3）保护预警作用的有限性。

历史文化名镇名村保护预警的作用就是预测分析，发出"警报"。但由于名镇名村保护预警兼有经济预警、自然预警、安全预警等特点，预警指标的涉及范围广泛和影响因素复杂多样，预警无法对所有因素预测、预报，尤其对地质灾害、自然环境、保护意识、开发行为等影响的预警很难，数据不易度量又难以获取，只能进行有条件地预警[②]。特别是有些地方对历史村镇、传统民居进行拆迁改造的断然决策和突击实施，给保护预警带来极大难度。因此，名镇名村保护预警只是保护的辅助手段，其作用十分有限。

---

① 张淞茜. 重庆市历史文化村镇文化空间保护预警研究[D]. 重庆：重庆大学，2012.
② 冷泠. 历史文化村镇外部空间保护预警方法研究[D]. 重庆：重庆大学，2011.

二、中国历史文化名镇名村保护预警系统的构建原则与要求方法

（一）建立历史文化名镇名村保护预警系统的目的与作用

1. 建立历史文化名镇名村保护预警系统的目的

历史文化名镇名村保护预警的主要功能，是客观评价历史村镇的遗产价值和保护现状，并预测未来的保护趋势。因此构建名村名镇保护预警系统的最终目的，就是要通过预警系统来发现保护利用过程中的警素、警源，警兆，预报警情、警度，为排警提供加强保护的必要信息，力求使历史村镇遗产得到科学化的保护和可持续发展。因此，历史文化名镇名村保护预警系统的构建，应从数量和质量两方面分析文物古迹、历史建筑的数量质量互变以及发展态势的各种相关因素，预报名镇名村内的文物古迹、历史建筑数量增减，以及格局风貌破坏的危险状况等，为地方政府的建设、文物部门调整制定保护政策、调整战略等方面，提供准确、及时、有效的信息和依据。

2. 建立历史文化名镇名村保护预警系统的作用

（1）客观评价历史文化名镇名村保护的现状问题。

客观准确反映名镇名村的保护现状是否良好，是预警系统的基本任务。建立保护预警的指标，首先要客观反映名镇名村文化遗产的价值特色，客观地评价当前名镇名村保护状态，从而准确地对名镇名村保护发展趋势进行预测或预警。

（2）科学预测历史文化名镇名村保护利用的发展趋势。

科学预警是在名镇名村保护利用不协调，或历史建筑或自然环境可能发生重大破坏之前，及时发出预警信息，起到保护作用。实际上名镇名村遗产保护的问题，经常在保护指标变化中先行暴露，这类变量就是名镇名村保护预警的指示器。

（3）及时反映历史文化名镇名村保护利用的调控效果。

预警保护状态并不是保护最终目的，而是对名镇名村保护中不正常状态和危险因素进行及时调控，为调整保护政策与措施的提供决策依据。

（二）建立历史文化名镇名村保护预警系统的框架与方法

1. 确立历史文化名镇名村保护预警系统的框架

历史文化名镇名村保护预警的核心是预测未来，及早应对。首先，要在科学分析名镇名村保护与发展的影响因素中，选择能准确灵敏反映系统运行态势的指标体系。其次，在采集

历年预警指标变化的资料与数据基础上，采用一定的数理模型对各项预警指标进行未来预测。再次，根据历年变化情况，综合考虑社区居民和有关专家的意见，确定出名镇名村保护预警的警限和警区，对目前和未来做出警情、警度的判定，绘出预警信号图。最后，提出应对不同警情的措施办法，对名镇名村保护监测及预警提出调整完善的建议。

2. 确定历史文化名镇名村保护预警系统的警度警限

确定历史文化名镇名村保护预警的警度、警限。应在预测名镇名村保护指标变量的基础上，确定一个合理的预警指标尺度和预警区域的界限，作为衡量名镇名村保护预警优劣的标准，根据这一标准，可以用来判定某个预警指标或整体预警系统是否达到危险程度。

历史文化名镇名村保护预警系统的警度，可结合国际上关于文化和自然遗产的预警管理模式，分为无警、轻警、中警、重警4个等级，以反映不同警度的严重程度。可采用类似交通管理信号灯的基本做法，将无警对应为绿灯，轻警对应为蓝灯，中警对应为黄灯，重警对应于红灯。为有效评估名镇名村保护的状况，可将绿牌、蓝牌、黄牌和红牌分别对应良好、一般、较差、很差四种保护状况，对出现较差警情的名镇名村要发布黄牌警告，保护状况仍无好转的"红牌罚下"，取消名镇名村资格（图8-1）。

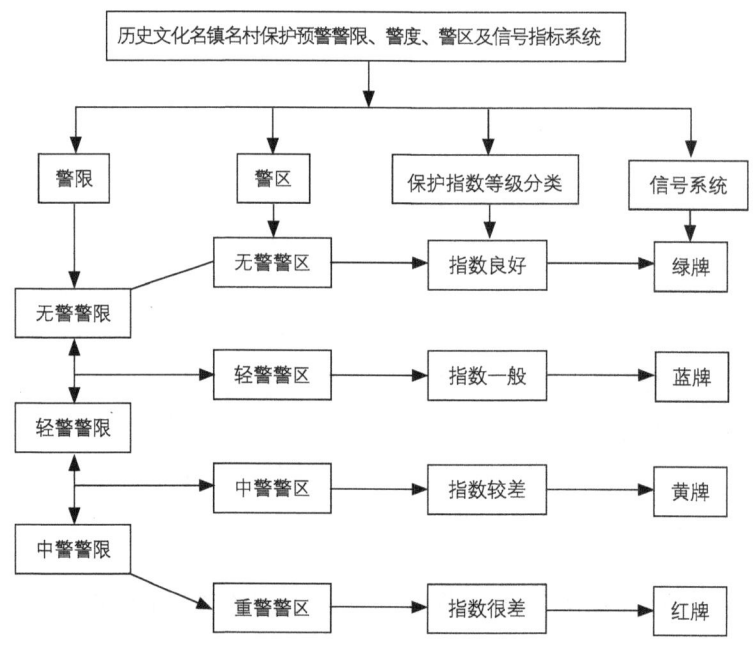

图8-1 历史文化名镇名村保护预警的警限、警度、警区及信号系统

来源：赵勇. 中国历史文化名镇名村保护理论与方法 [M]. 北京：中国建筑工业出版社，2008

历史文化名镇名村保护预警系统的警限，就是预警指标尺度和预警区域的界限，是区分不同警区之间的关键。但确定名镇名村保护预警的警限，是个十分复杂的难点。一方面，保护预警的警情程度本身是个模糊概念，预警的轻重、好坏的程度较难确定明确界限，这不仅与预警对象有关，而且与预警指标的选取有关；另一方面，名镇名村保护预警也是一个随着当地经济社会发展和保护环境、保护措施的变化而动态变化的复杂性系统。因此，保护预警确定好的警限也要进行适时的变化调整。

（三）建立历史文化名镇名村保护预警系统的基本原则

1．真实可靠与反应灵敏相结合原则

构建历史文化名镇名村保护预警指标体系，要真实反映历史村镇保护预警的基本现状、趋势，准确反映和监测保护实施效果，为此，应选择容易进行量化处理和可测定的指标，尽量不选抽象度过高和主观评价过难的指标，以便于降低预警误差，尤其是预警指标的反映要具有灵敏度，能够及时反映名镇名村保护的动态变化及其产生的负面效应，并对名镇名村保护利用进行有效控制和引导，监测有关政策措施的实施效果，起到报警器的作用。

2．个体指标与整体指标相结合原则

构建历史文化名镇名村保护指标体系，必须遵循整个指标体系结构的全面性和单体指标的代表性相结合原则。因此，制定名镇名村保护的预警指标，既要能反映历史村镇外部保护与发展的变化状况；又要注意与其他名镇名村保护情况进行比较，然后对本村镇保护预警指标的预警结果进行检验。由于地域、环境等因素的差异，绝对数值适合个案的预警，其预警结果对于其他村镇的保护往往并不具备一定的借鉴价值；而相对数值，如增长率、比率、人均水平等这些数据，则对其他村镇往往具有较普遍的参考价值。

3．保护指标与发展指标相结合原则

保护预警指标体系既要对名镇名村文化遗产保护与利用具有科学控制、预警作用，又要对名镇名村自然生态环境的优美完整，以及社区居民的安居乐业、生活水平的不断提高等要素，进行有效监测、预警和控制、以防止名镇名村在推进科学化、可持续发展进程中进入危险区域。因此，保护预警指标的选取，既要起到必要的保护警戒的作用，也要兼顾到名镇名村的经济社会发展，注重提高当地居民的生活水平和质量。

4．实用有效与可操作性相结合原则

保护预警指标既要立足于数据可取，方法简便可行，功能实用有效；又要对名镇名村保

护预警具有可操作性；能使各个名镇名村快速、高效的普及，具有较强的推广性。因此，控制预警指标的数量，所选指标不宜过多，要实用且易操作，避免指标之间存在内涵重复，增加了计算量与计算难度。同时，所选指标必须能够统计和度量，并应能及时获取这些资料。

（四）建立历史文化名镇名村保护预警指标体系的依据与内容

1. 建立历史文化名镇名村保护预警指标体系的依据

根据联合国教科文组织《濒危世界遗产清单》规定：当世界遗产面临被毁坏的危险时应预警濒危，包括蜕变加剧；大规模公共或私人工程的威胁；城市或旅游业迅速发展造成的消失危险；土地的使用变动或易主造成的破坏；未知原因造成的重大变化；随意摒弃；武装冲突的爆发或威胁；灾害和灾变，如火灾、地震、山崩、火山爆发、水位变动、洪水、海啸等。由于历史文化名镇名村保护预警是一个内容较全面，较为复杂的运行系统，兼有自然预警、经济预警、社会预警的特点，既涉及历史文化遗产本身，又涉及当地的居民生活、经济发展和生态环境等问题。因此，应根据濒危世界遗产预警指标的认定标准，结合我国历史文化名镇名村的实际情况，以《历史文化名镇名村保护评价体系研究》为依据来构建历史文化名镇名村保护的预警指标体系。

2. 建立历史文化名镇名村保护预警指标体系的内容

根据《历史文化名镇名村保护评价体系研究》中的指标体系，将历史文化名镇名村保护预警指标体系，划分为基础指标体系和参照指标体系两个层次。基础指标能直接反映预警系统整体状况的好坏，但有些基础指标历年变化或短期内不甚明显，而且较难获取，有时不能完全准确反映警情。而有些较易获取的参照指标，随时间变化较为明显、却能够从反映预警系统运行的可能态势，而且从侧面表明名镇名村保护出现警情，可见参照指标的作用也不容忽视。因此，在名镇名村保护预警过程中，要注重根据个案的典型价值特色、不同的保护情况、数据资料的获取情况，综合确定保护预警的基础指标体系和参照指标体系，在两个指标体系之间进行必要的调整、替换和合并应用。[1]

---

① 赵勇. 中国历史文化名镇名村保护理论与方法[M]. 北京：中国建筑工业出版社，2008：120.

三、中国历史文化名镇名村保护预警指标体系的主要内容与指标

（一）历史文化名镇名村保护预警的基础指标体系

历史文化名镇名村保护预警的基础指标，是直接反映名镇名村保护指标体系中最敏感的指标。当基础指标出现重度警情，将会导致名镇名村保护预警系统运行极不正常，也就表明名镇名村保护与利用出现了较大问题。如历史建筑的规模缩小和比例下降，本地居民占总人口的比例下降、游客占有的人均游览面积减少，这就表明物质文化遗产保护、名镇名村格局风貌与自然环境保护等方面出现了警情。又如名镇名村保护的环境限制指标出现了问题，包括名镇名村内植被覆盖率、水体质量、大气污染、垃圾处理率等指标波动或恶化，都会直接反映名镇名村文化遗产和自然环境保护状况的警情。

历史文化名镇名村保护预警的基础指标体系，包括"历史建筑遗产保护、社区生活与民俗文化保护、生态环境保护保护"的3个指标子系统。

1．历史建筑遗产保护预警指标[①]

历史建筑是物质文化遗产保护的核心，它的保护状况将对名镇名村的价值特色和传统风貌产生重大影响。影响建筑遗产的因素分为绝对因素和相对因素两类。绝对因素包括历史建筑面积规模、占地面积规模等方面，相对因素包括历史建筑的数量比例、占地比例以及保存完好率等方面，只有当古迹建筑成为名镇名村整体氛围和主导因素时，才能体现和保持名镇名村的历史风貌。同时，由于核心保护区作为名镇名村传统风貌的集中区域，其建筑遗产的保护状况更为关键。

历史建筑遗产保护指标子系统，包括"现存历史建筑面积、数量比例、风貌保存完好率、核心保护区占地面积、核心保护区内历史建筑及环境占地比例"等5项指标。

（1）现存历史建筑总面积指标。

这项指标主要表明历史村镇保存至今的文物古迹和历史建筑的建筑面积总和，也是国家建设部和国家文物局规定申报中国历史文化名镇名村的重要条件和评定标准：要保存有清朝以前年代建造或在中国革命历史中有重大影响的成片历史建筑群，名镇的总建筑面积要有5000m²以上，名村的总建筑面积要有2500m²以上，这是表明历史村镇传统风貌的重要指标。现存历史建筑只有达到一定规模时，才能让人从中寻觅到历史史迹的厚重感、场域感，使人感受到历史文化的特色价值和历史环境氛围。如果这项指标出现锐减，将直接影响到历史村镇整体价值和特色风貌的保护。

---

① 赵勇．中国历史文化名镇名村保护理论与方法[M]．北京：中国建筑工业出版社，2008：120．

（2）现存历史建筑风貌保存完好率指标。

这项指标主要反映名镇名村历史建筑风貌的保存质量。从风貌完整性和视觉景观美感角度出发，名镇名村内必须要保留一定数量及比例风貌较好的建筑。由于名镇名村大都经过较长的历史演变，必然会出现一些风貌一般或较差的建筑，但当这些风貌较差的建筑数量超过一定程度的时候，就将对名镇名村的历史氛围的整体性以及可整治性产生致命影响。借鉴有关研究，风貌好和较好的建筑比例应达到50%以上，最低不应低于30%；风貌差的建筑比例一般应控制在20%左右，不应高于30%。

（3）核心保护区现存历史建筑占全部建筑的数量比例。

这项指标反映历史建筑占全部建筑的比例，即新老建筑的比例情况，是表明名镇名村核心保护区价值的重要指标。要保持名镇名村历史风貌，不能只看现存历史建筑的绝对规模，也要看到新建建筑的规模情况，但许多发达地区名镇名村新建建筑的数量，实际上已经远远超出了历史建筑的规模。因此考虑到协调保护与发展的关系，这项指标只采用核心保护区内现存历史建筑所占新建筑的比例，而没有以整个古村镇为计算对象。

（4）核心保护区内文物古迹古建筑及环境占地面积比例的指标。

这项指标用以反映历史村镇相关文物古迹古建筑及其周围环境占到整个核心保护区占地面积的比例，是代表历史文化名镇名村的重要指标。核心保护区是集中体现名镇名村价值风貌的区域，历史建筑及环境在核心保护区的占地比例，直接体现出是"古村镇"还是"新村镇"的差别。因此，这项指标的比例大小，不仅能明显反映名镇名村的保护动态和好坏变化；而且要求在核心保护区内"三不能"：不能拆除古迹建筑，不能大量增加新式建筑；也不能破坏文物古迹、历史建筑周围的环境：如填河修路、填湖建房、砍伐古树名木等周围环境的破坏，也会使名镇名村的整体格局风貌受到破坏影响。

（5）核心保护区占名镇名村土地面积的规模指标。

核心保护区占地面积规模指标，直接反映了名镇名村的"遗产面"和规模空间保存状况，是体现名镇名村风貌完整性保护的重要指标。因此，整体保护名镇名村风貌完整性，保护规划的核心保护区占地面积必须要有一定的规模，并在保护规划实施过程中不能随意更改和减少；尤其是防止为了保持历史建筑及环境占地比例不变，而将核心保护区占地面积划小的做法。

（6）目前历史传统建筑遗产保护指标的总体评价。

由于新农村建设、美丽乡村建设和旅游开发的多重影响或破坏，我国历史名镇名村现存历史传统建筑面积，普遍呈现下降趋势，而大量尚未定级的历史村镇，尤其是古村落的传统建筑面积呈现急剧下降现象；再加上缺乏维修和无人保养，出现了历史传统建筑"老龄化"、古村落"空心化"的现象，我国历史村镇传统建筑的警限、警度、警区，整体止处于中度预警之上。

2. 名镇名村社区生活与民俗文化的保护预警指标[①]

社区生活与民俗文化保护是名镇名村非物质文化遗产保护最主要的内容。最为关键的就是保护名镇名村原住民，因为他们是民俗文化的见证者、使用者和传承者。只有当地居民生活水平和质量得到提高，原居民才愿意在名镇名村长期居住生活，才能使原有的历史民俗文化得以更好延续。因此居民人均收入水平、居民人口增长率情况、老龄化率、失业率都是影响名镇名村社区生活和民俗文化的因素；同时，本地居民占名镇名村总人口的比例也是保持生活真实性的重要方面。

社区生活与民俗文化保护指标子系统，包括"核心保护区原住居民人口增长率、社区原住居民数量比例、社区老年人口数量比例、居民人均纯收入、核心保护区高峰日游客人均占有游览面积、失业率"等6项指标。

（1）核心保护区原住居民人口增长率的指标。

原住居民人口增长率指标，直接反映了名镇名村核心保护区生活延续性和地方民间文化的保护程度，这是目前是名镇名村保护的最突出问题。一方面，随着现代化生活水平的提高，名镇名村居民对改善居住环境、维修历史建筑提出要求。但是由于种种原因，诸如维修成本高、改造难度大、维修资金多等问题，当地政府及有关管理部门对原居民维修历史建筑的资金补贴政策并没有很好地落实。因此一些名镇名村居民在核心保护区外新建成本相对较低的新房，直接造成了原居民外迁现象的增多；还有一些农民外出务工，老房子无人居住，古村落"老龄化、空壳化"现象日趋严重，这就导致名镇名村原有的生活延续性不能维持，原居民生活气息日渐淡薄，地方民间文化消失。另一方面，一些名镇名村旅游开发拆迁全部居民，割断丢失名镇名村历史文脉和灵魂。不少名镇名村保护普遍出现原住居民低增长或较大幅度的负增长，而核心保护区内外来经商人口快速增长，从而造成名镇名村的生活延续性、历史真实性、文化完整性的消失和破坏。因此，这是目前历史文化名镇名村保护预警体系中最重要的预警指标。

（2）原住居民占名镇名村全部人口的数量比例指标。

原住居民数量比例指标体现本地居民占名镇名村全部人口的比例，也反映了本地居民与外来经商人员的比例关系。由于不少名镇名村旅游开发的过度商业化，旅游服务企业大量增加，外来经商人员过多入驻名镇名村内，加之本地居民的老龄化和外迁现象的日益严重，从而使本地居民减少，外来人口增多、地方民族文化衰退与外来文化渗透等现象的出现，以致名镇名村历史文化特色和民俗生活的受到较大破坏。因此，保持本地居民人口与外来人口的适度比例，是维持居民生活延续性、保持名镇名村历史特色、传统文化的重要指标。

[①]　赵勇．中国历史文化名镇名村保护理论与方法[M]．北京：中国建筑工业出版社，2008：120．

（3）名镇名村老年人口的数量比例指标。

老年人口的数量比例指标反映了名镇名村的老龄化水平。名镇名村保持一定比例老年人居住，对继承传播地方传统文化，以及沿袭地方民俗生活习惯和传承发展手工技艺等非物质文化遗产，就连老年人生活中言语行为、穿着服饰等，都是保存名镇名村传统风貌的重要组成部分，对名镇名村有效保护具有十分重要的价值与作用。但是如果古镇老年人过多，中年、青少年和儿童比例过小，也会使名镇名村生活缺乏生机活力；而且等到现在的老年人过世后，有的古镇将会异化为外来商人为主的旅游商业市场；有的古村落可能会出现荒无人烟或变成无人居住的"遗址"。因此，名镇名村要保持适度的老年人口的数量与比例，也是名镇名村保护需要注意的预警指标。

（4）名镇名村原住居民人均纯收入指标。

社区居民人均纯收入指标反映了名镇名村居民的生活富裕程度。人均纯收入是目前我国用以衡量一个地区居民是否富裕的基本评价指标，也是用于评定名镇名村生活居民是否达到小康水平的基本标准。如果名镇名村的居民人均纯收入长期处于较低的状态，原住民将会对名镇名村失去眷恋感，也会对名镇名村的保护表现出不积极态度，同时还会离开名镇名村外出打工。因此，名镇名村地方政府和开发商要努力让原住民共同享用保护开发成果，从而增强原住民的文化自信、文化自爱，促进名镇名村保护与旅游开发的实现双赢。

（5）名镇名村原住居民失业率指标。

原住居民失业率反映了名镇名村居民生活的整体状况。原居民失业率过高，将直接导致原居民生活水平的下降。这不仅会引发原居民对名镇名村保护表现出不积极或不支持态度；并使名镇名村发展的不利因素增多；而且也表明名镇名村在处理保护与发展的关系上尚存在一些问题，比如保护拆迁有缺陷、开发成果不能共享等，都会影响名镇名村保护与发展。同时，原居民较长时期找不到就业岗位，就必定会使原居民自谋职业、破墙开店或外出打工，反过来又导致家家户户开店的商业化；原居民外出打工，也在一定程度上造成常住人口的减少和古村落的空壳化。因此，原居民失业率也是名镇名村保护预警体系中十分重要的指标。

（6）核心保护区高峰日游客人均占有游览面积指标。

高峰日游客人均占有游览面积指标，反映了名镇名村的旅游环境和容量饱和度。游客在游览名镇名村时，需要有优美的游览环境和足够的空间面积，才能达到满意的游览效果。如果占有空间面积过小，游人过于拥挤，游览环境就变差而大大降低旅游效果。同时，只有游人占有合理的游览空间面积时，才不会对当地居民的正常生活、古迹建筑以及自然环境造成不良影响和损害。因此，高峰日游客人均占有游览面积超出指标，反映了名镇名村接待游客的超饱和程度，也表明名镇名村自然人文环境和原居民生活各方面，都承受着超负荷压力和负面影响。

（7）社区生活与民俗文化保护指标的总体评价。

近年来，由于城市化、现代化和外来文化的侵入等多重影响，我国历史村镇社区生活与民俗文化保护的状况不容乐观，大量非物质文化遗产遭受严重破坏和灭失，传承人青黄不接，不少非物质文化遗产处于重度预警和濒危状态。

3. 名镇名村自然生态环境的保护预警指标[①]

自然生态环境是名镇名村保护和发展的基础。各地名镇名村不同的自然生态、山水风光等环境差异，就是形成不同名镇名村历史传统和自然风貌特色。因此，名镇名村自然生态环境的保护预警，直接反映出名镇名村的价值特色的变化。这些自然生态环境一旦恶化或被破坏，将对名镇名村保护发展产生严重影响。一般从自然植被、大气、山水、固体废弃物以及人均耕地的保有量等方面进行监测。尤其要注意保护好名镇名村原有自然格局和环境风貌特色的变化指标等问题。

生态环境保护指标子系统，包括"植被覆盖率、人均耕地面积增长率、水体质量、垃圾无害化处理率、污水综合处理率"等6项指标。

（1）名镇名村自然植被覆盖率的指标。

自然植被覆盖率指标是反映名镇名村内自然植被的覆盖情况，包括古典园林、新建的游憩绿地、沿街巷及河流的树木花草以及居民的庭院绿化等，这些绿地植被都对维持名镇名村自然生态环境起着重要的保护作用。一般来说，名镇名村的大背景是乡村区域，具有浓郁的田野风光。因此，名镇名村自然植被覆盖率大大高于名城人均公共绿地指标，但有的名镇名村核心保护区的自然植被覆盖率较低，还是应该值得重视的提高性指标。

（2）名镇名村人均耕地面积增长率的指标。

人均耕地面积增长率从侧面体现名镇名村人均占有土地资源和自然资源的拥有量。如果这个指标下降过快，由于名镇名村居民人口自然增长率一般较正常，就表明名镇名村建设占地过多，或新建筑大量增多，或旅游开发项目太大，或旅游商业设施的兴建大多等，这些指标都会对名镇名村格局和历史建筑风貌特色产生较大冲击，并对名镇名村传统文化和自然环境带来严重影响。

（3）名镇名村大气、水环境质量的指标。

包括年度日平均SO_2浓度、自然水体质量、污水综合处理率、垃圾无害化处理率。这3项指标集中反映了名镇名村自然环境保护状况。主要体现在大气、水的环境质量，以及污水、固体废弃物等面的处理情况。[②]

（4）生态环境保护指标的总体评价。

近年来，由于新农村建设、美丽乡村建设和旅游开发的多重影响或破坏，我国历史村镇

---

① 赵勇. 中国历史文化名镇名村保护理论与方法[M]. 北京：中国建筑工业出版社，2008：120.
② 赵勇. 中国历史文化名镇名村保护理论与方法[M]. 北京：中国建筑工业出版社，2008：120.

生态环境保护指标，总体上处于逐渐改善和修补状态，但污水综合处理率还不容乐观，水体质量尚处于预警状态。

（二）历史文化名镇名村保护预警的参照指标体系

参照指标是侧面反映基础指标产生影响而波及整体保护预警的指标。参照指标可以对名镇名村保护的趋势做出预警，但并不意味着整个系统会出现问题，而且参照指标出现的问题可能会立刻暴露出来，也可能会随时间推移逐渐显现：如年度古迹建筑维修面积和资金投入、年游客人数和外来经商人数的增长率，以及日产生活污水、垃圾的增长率、原居民满意度等参照指标，都会从不同侧面反映名镇名村保护中出现警情和潜藏危机，如没有及时采取应对措施，系统将会出现不正常的运行态势，也表明名镇名村保护与旅游开发出现了较大问题。

历史文化名镇名村保护预警的参照指标体系，分为"建筑遗产保护、社区生活与经济发展、生态环境保护"3大类指标。

1. 名镇名村建筑遗产保护预警的参照指标[1]

在建筑遗产保护中，有些指标虽然不直接反映目前古迹建筑的整体保存状况，但是它却能间接反映古迹建筑保护的水平，这些指标如果长期不在正常范围值内，也将对建筑遗产保护产生不利影响。如保障建筑遗产真实性和完整性的保护修复以及相应的资金投入，能说明建筑遗产基本价值和稀缺的文保单位数量，备受人瞩目的历史名人及事件发生地建筑保存状况，以及作为名镇名村风貌视觉走廊的街巷长度及景观链。

（1）年度历史建筑维修面积占历史传统建筑总面积的比例指标。

本项指标反映了名镇名村每年的维修力度。名镇名村历史传统建筑物、构筑物，大部分是以砖木、黄土为主要建筑材料的建筑，它们的保存与修复应有一个时间周期，每年或几年内应进行一定比例的维修保护，否则这些历史建筑将随着时间推移出现建筑表面甚至主体结构的"自然坍塌性破损"。目前不少名镇名村历史传统建筑都有一定程度的老龄化和"自然坍塌性破损"现象。因此，历史传统建筑按时间周期进行经常性维修保养，这是名镇名村保护预警参照指标体系中的重要指标。

（2）年度历史传统建筑的每平方米维修使用资金指标。

每平方米维修使用资金指标直接体现历史传统建筑的维修成本的保护质量。名镇名村的历史传统建筑必须保证每平方米的维修资金指标，否则达不到维修的质量效果，甚至会出现维修过程中"偷工减料"和"保护性损坏"工程。因此，历史传统建筑每平方米维修使用资

---

① 赵勇. 中国历史文化名镇名村保护理论与方法[M]. 北京：中国建筑工业出版社，2008：120.

金，应作为制定名镇名村年度维修投资计划的技术要求和质量指标。

（3）年度历史建筑保护资金投入增长率与旅游收入增长率的比值指标。

这项指标反映了名镇名村建筑遗产保护与旅游发展的比例关系。名镇名村旅游收入增长较快，就表明当年游客数量增长也较快，客观上对建筑遗产的人为利用率和无意识自然"损伤"也将增多，如大量游客对建筑遗产的频繁触摸、踩踏、坐卧、攀登等，久而久之都会对古建筑造成一定的损伤。因此，保持古建筑维修资金投入与旅游收入的一定比例的增长，是避免和缓解旅游性破坏的有效措施。同时，这项指标也是检验名镇名村在遗产保护与旅游开发成果，是否让原居民共享、是否保持良性比例关系的重要指标。

（4）名镇名村拥有县级以上文物保护单位的数量指标。

这项指标反映了名镇名村拥有文物保护单位的数量规模，也是申报评审历史文化名镇名村的关键指标。县级以上文物保护单位的多少及等级，集中反映了名镇名村古迹建筑的科学、艺术和历史文化价值，这些文物保护单位的数量如果减少，则说明名镇名村的价值特色已受到较为严重的破坏。因此，县级以上文物保护单位的数量与等级的变化，是我国名镇名村保护预警体系中的重要参照指标。

（5）历史名人或重大事件发生地的建筑保存状况指标。

这项指标一定程度上反映了名镇名村具有重大历史价值的建筑遗产保存状况。而历史名人居住过的古建筑和重大历史事件发生地的古建筑，都是名镇名村体现历史价值特色或重大纪念意义的物质载体，这些古建筑保存得好坏将影响名镇名村作为文化遗产的价值程度。因此，名镇名村历史名人和历史事件发生地建筑，既是形成名镇名村价值特色的重要方面，也是名镇名村保护预警体系中的重要参照指标。

（6）名镇名村内传统景观连续的历史街区总长度的指标。

历史街区总长度是反映了名镇名村"遗产线"保护状况，也是反映名镇名村历史街巷风貌的主要廊道。历史街巷是名镇名村的主要公共空间，也是名镇名村人们的居住生活、商业交往和游览观赏等多种活动。因此，历史街区必须保存有足够的长度，才能体现出名镇名村传统风貌的韵味，但前提必须是街巷景观连续，历史街区即两侧应是历史传统建筑连贯巷弄，而不能有新建筑插建，否则历史街区传统风貌的视觉连续性就受到破坏影响。

（7）年度历史建筑保护资金占村镇建设资金的数量比例指标。

这项指标反映了历史建筑保护资金占村镇建设全部资金的比例情况。历史建筑保护资金的含义范围很广，包括保护规划编制、维修古迹建筑、整治自然环境、改善基础设施等方面需要的资金。而村镇建设全部资金不仅包括历史建筑保护，而且包括全村镇所有建设项目的资金投入等，而其中历史建筑保护资金的占比，表明名镇名村保护在资金投入上的支持程度。因此，历史建筑保护资金占村镇建设全部资金的比例，也是名镇名村保护预警体系中十分重要的参照指标。

（8）历史建筑、文物古迹造册登记并挂牌保护的比例指标。

这项指标反映了名镇名村古迹建筑建立档案和挂牌保护情况，也从一个侧面体现名镇名村遗产保护工作的深入细致程度。建立遗产资源档案是名镇名村保护的基础工作，它对名镇名村保护利用与旅游开发，对居民、外来经商人员、游客进行宣传教育，都具有十分重要的使用价值和历史意义。

2. 非物质文化遗产保护预警的参照指标[①]

在地方民族民间文化保护中，有些指标尽管不会直接危及名镇名村内社区生活和民俗文化保护，但是这些因素潜移默化的影响，如果不采取及时有效的措施，也将不利于名镇名村居民生活和地方民俗文化的保护传承。如目前仍在买卖的传统手工艺产品数量、传统风俗节日的数量，旅游人数增长、旅游收入增加等对社区生活的影响，以及居民对名镇名村保护与发展的满意度等。

（1）传统手工艺品种类与传统风俗或节日的数量指标。

这两项指标反映了名镇名村非物质文化遗产的保存、继承和流传状况。名镇名村的民风民俗、民间工艺以及故事传说、诗词歌谣等非物质文化遗产，都是与文物古迹、历史建筑等物质文化遗产是相互依存衬托，并与自然遗产相结合共同构成名镇名村宝贵的文化自然遗产体系。尤其是古迹建筑上承载着雕刻工艺、民间故事、家族文化等大量非物质文化遗产元素，极大地增加古迹建筑的价值特色。因此，如果名镇名村没有非物质文化遗产的沿袭和传承，就没有至今活着的人性化的无形遗产，也就会失去名镇名村的历史、文化、科学、艺术等价值，中华传统文化也不会如此丰富多彩。因此，非物质文化遗产的保护传承是名镇名村保护预警体系中的重要参照指标。

（2）名镇名村内古民宅用于本地居民生活的比例指标。

古民宅用于本地居民生活的比例，不仅反映了名镇名村内古民宅的使用功能状况，而且反映出名镇名村维护居民生活延续性的程度。目前不少名镇名村为发展旅游服务业，较普遍地改变了沿街古民居的使用功能，有的名镇沿街房几乎是家家开店经营，有的名镇将沿街房出租给外来人员经商，致使不少名镇名村沿街的古民居开发成为商业街，有的还在历史街区周围大造仿古商业街。尤其是许多名镇名村旅游开发产品的"同质化"现象较为普遍，出售商品并不是本地特色的土特产品，而是内容雷同的珍珠、首饰、古玩等。因此，名镇名村古民居大量用于旅游服务业，过度的商业化、同质化的旅游开发，使名镇名村的历史风貌、和行为景观遭到较大破坏，尤其是千百年来形成古村镇传统文化得不到保持和延续，也给参观旅游者造成"假古镇、商业化"的负面影响。因此，这也是名镇名村在保护开发过程必须引

① 赵勇．中国历史文化名镇名村保护理论与方法[M]．北京：中国建筑工业出版社，2008：120．

起重视的预警指标。

（3）名镇名村核心保护区内居民人均住房面积的指标。

本项指标反映了名镇名村核心保护区内居民的居住环境水平。有些名镇名村核心保护区内人均住房面积过小，古民居住环境过于拥挤，也给居民生活带来诸多不便，又不利于传统民居的保存和维修。因此，名镇名村保护利用要与建设发展相结合，名镇名村保护不是不可以开发，而是要充分利用古民居，适度开发旅游产业。这是名镇名村保护利用与建设发展过程中必须引起重视的预警指标。

（4）原住居民年人均纯收入与旅游收入增长率的比值指标。

本项指标体现了旅游发展对提高名镇名村当地居民生活的贡献程度。该指标如果过低，一方面说明居民人均收入虽然在增加，但赶不上旅游收入的提高，则表明原居民共享名镇名村保护与旅游开发的成果还有差距。另一方面说明由于旅游收入的过快提高，推动了当地物价的上涨，而当地居民收入赶不上旅游收入的增长，也赶不上物价的上涨，带给居民真正的是实际生活水平的下降。因此说，这项指标如果不正常，一方面说明旅游发展没有真正给当地居民带来好处；另一方面，也说明名镇名村旅游开发所创造的财富主要流到开发商和少数人手中，并增加了社会的不稳定因素。因此，这也是名镇名村保护开发过程中必须引起重视的预警指标。

（5）名镇名村年度游客人数增长率的指标。

这项指标体现了游客增长对名镇名村社会经济、居民生活、生态环境的影响程度。游客人数增长过快，不仅会产生大量生活垃圾和污水，同时，游客增长率过快会使旅游服务设施、基础设施承受巨大压力，产生不良影响，从而又使旅游开发大上项目、大拆大建，楼堂馆所、饭店、商店蜂拥而上。这不仅使名镇名村格局风貌再遭破坏，又会对名镇名村的田园风光、山水环境、古树植被等自然生态系统造成污染和破坏。另外，游客过快增长，还会给社区居民的正常生活带来一定影响，使居民整日面对熙熙攘攘的游客人群，无法享受以往宁静悠闲的乡村生活。而且，对于一些游客，原本是从喧闹的大城市来古村镇寻觅一份安静和乡土气息，却又一次卷入人头攒动的游客大潮之中，也不免带有些许遗憾。因此，保持适度的游客增长比例或维持一定水平，无论对当地居民生活、经济发展、生态环境、村镇建设，还是对长远的旅游可持续发展以及游客的游览感受，都将起到积极的促进作用。反之，则会导致遗产地各方面的畸形发展和恶性循环。

（6）原住居民对名镇名村保护与发展的满意程度指标。

这项指标体现了居民参与名镇名村保护的程度和对目前整体保护状况的主观评价。但目前名镇名村保护利用的过程中，居民主观积极性很高而实际能参与程度很低，主要是由于政府与旅游公司相结合，甚者联合"与民争利"，普遍存在原居民不能共享保护与发展成果，对名镇名村保护与发展的满意程度偏低。因此，这也是名镇名村保护利用过程中值得重视的预警指标。

3．生态环境保护预警的参照指标①

名镇名村生态环境保护预警的参照指标体系主要从增长率及相对比值来设定。一是从生活垃圾、污水的增长率等情况来评定污染物的增长幅度，是否超过了自然环境和处理设施的承受能力。二是从旅游收入对环境治理投入的贡献率来评定是否存在旅游发展过快，以及环境治理跟不上而导致环境逐渐恶化的情况发生。

（1）日产生活垃圾及污水增长率和年环境噪声平均值指标。

这三项指标反映名镇名村旅游和日常生活对生态环境带来的污染程度。如果三项指标增长过快，表明污染已超过环境的自适应能力和现行设施的处理能力，需要迅速提高处理设施的规模；同时也表明环境所承受的应力较大，处理不好也会给名镇名村带来较多社会不安宁的问题。

（2）年度环境治理投入与旅游收入增长率的比值指标。

本项指标反映了旅游发展对名镇名村生态环境治理的贡献程度。该指标如果过低，则说明旅游收入在增加的同时，并没有将一定的资金用到名镇名村的环境治理上来。对由于游客对自然环境造成的不良影响甚至是污染破坏，不能够及时修复与清理，则会造成名镇名村自然环境质量持续下降，如出现河水浑浊不清、垃圾随处可见等现象，会对名镇名村自然环境和传统风貌造成极大的不良影响，反过来又影响名镇名村保护与旅游的双赢发展和原住民的满意度。

---

① 赵勇. 中国历史文化名镇名村保护理论与方法[M]. 北京：中国建筑工业出版社，2008：120.

第九章

中国历史村镇文化自然遗产保护管理体系

回顾我国历史村镇文化自然遗产保护的发展历程，总体上已取得重大成就和基本经验：① 在保护认识上，较好地处理了历史村镇保护与发展的辩证关系。② 在保护方法上，建立了历史文化名镇名村、中国传统村落为重点，保护文化自然遗产为主体的分层、分类、分级的保护体系。③ 在保护机制上，建立了"政府主导、专家咨询、公众参与、社会监督"的历史村镇文化自然遗产保护机制。自2003年至今，我国已公布了6批中国历史文化名镇252个，中国历史文化名村276个；3批中国传统村落2500多个。中国各省、区、市也先后公布了省级历史文化名镇名村752个。这充分表明在短暂12年中，中国历史文化名镇名村保护管理工作已取得了瞩目的成就。但由于历史村镇文化自然遗产保护管理是一项具有很强综合性、专业性、科学性的系统工程，目前对构建历史村镇文化自然遗产保护管理体系尚缺乏全面的系统性研究，以致我国历史村镇保护管理在意识理念、法律法规、制度政策、规划措施、资金人才、监管体制等方面仍存在不少瓶颈问题。突出表现在尚未有效依法实施历史文化名城名镇名村退出制度，如1993年国家公布第3批国家历史文化名城时明确提出对于失去历史文化名城条件者应撤销称号，但只有到2012年国家建设部、文物局联合检查后才首次对8个"历史文化名城"作出通报批评，至今没有一个名不副实的"历史文化名城"因名存实亡而撤销称号。又如2008年《国家历史文化名镇名村保护条例》明确规定历史文化名镇名村濒危、退出制度，但遗憾的是全国至今尚未开展对历史文化名镇名村保护与开发，进行有效的检查与监督，也没有一例"历史文化名镇名村"因保护不力或严重破坏而列入濒危名单，更没有一例因违反文物保护法而依法判决处罚的责任人。这也是我国历史文化名镇名村不断遭遇建设性破坏、开发性破坏、旅游性破坏、保护性破坏的重要原因。因此，建立有中国特色又与国际接轨的历史村镇文化自然遗产保护管理体系，有利于从机制体制上解决和避免历史村镇遗产的"建设性破坏、保护性破坏、开发性破坏"等问题，这也是我国加强和改善历史村镇遗产保护和长效管理的必由之路。

一、改革完善历史村镇文化自然遗产的保护管理体制

（一）历史村镇文化自然遗产保护管理体制的现状问题

1. 历史村镇文化自然遗产保护管理体制的含义

历史村镇保护管理体制，是以保护利用文化自然遗产为主要目标，从中央到地方政府的行政管理机制及其权力和责任的分配使用，力求实现历史村镇遗产的有效保护和合理利用。简言之，就是各级政府依据法规加强历史村镇文化自然遗产保护、维护公众利益的行政管理活动。一个合理、高效的遗产管理体制应该是统一指挥、分层管理、权责分明和运转有序。

2．历史村镇文化自然遗产保护管理体制的现状问题

国外文化自然遗产保护管理体制，大都是由中央政府成立一个权威性行政主管部门，其他部门在职责范围内协助管理，或监督主管部门工作。这种管理体制在行政管理过程中，较好避免了文化自然遗产因多头管理而造成的各种破坏。

我国《历史文化名城名镇名村保护条例》规定："国务院建设主管部门会同国务院文物主管部门负责全国历史文化名城、名镇、名村的保护和监督管理工作。地方各级人民政府负责本行政区域历史文化名城、名镇、名村的保护和监督管理工作。各省、市、县各级地方人民政府负责本行政区内的文物保护工作。"[①]同时，文化部、发改委、民政部、国土资源部、农林部、环保部、国家宗教局、国家民族委员会等部门都有涉及历史村镇管理的内容；这种"条块管理、条块分割、政出多门"的体制，造成了我国历史村镇保护管理的主体多元化，文化与自然遗产管理权分散且权责不清。如物质文化遗产由国家文物局管理，非物质文化遗产又由文化部管理，自然遗产、村镇建设规划由住房和城乡建设部管理。而历史村镇一般都具有物质文化遗产、非物质文化遗产和自然遗产，理论上说三个部门都该管，但实际上没有一个明确的部门专门负责。至今在历史村镇保护管理实践中，各级政府甚至某个部门都可以对历史村镇遗产行使占有、使用、收益和处置权。有的地方政府掌管着历史村镇管理的大权，为了GDP而不顾国家法规，不断人为破坏遗产，但最终又谁都可以不负责任，也没有管理部门追究和查处责任。这就是造成我国文化自然遗产保护普遍存在"重开发、轻保护"，"重申报、轻管理"，甚至转让、拍卖文化遗产等乱象的关键原因。

目前，历史村镇"多头管理"体制造成的最大弊端，就是文化自然遗产的权属关系模糊，直接导致历史村镇遗产的占有、使用、收益和处置上的混乱。近年来地方政府的认识误区：不仅以为自己是历史村镇遗产的占有者、使用者、管理者，而且普遍以"保护历史村镇和改善居民生活"等名义进行开发建设性破坏；还有的地方政府以发展旅游经济为名，将遗产当作"摇钱树"，肆意进行旅游开发性破坏。这正是我国多年来历史村镇文化遗产不断遭受各种破坏的主要原因。目前更为严重但尚未引起人们重视的是，不少历史村镇的文化遗产公共资源，已经异化成为旅游公司的企业或私人资产。笔者为此呼吁国家有关部门高度重视、尽快解决巨大国有资产、公共文化资源的永久性流失，以及宝贵的不可再生的国家遗产再次遭受毁灭性破坏。

（二）改革完善我国历史村镇文化遗产保护管理体系的对策

1．在中央政府建立统一管理的"国家遗产管理局"

为了改变我国历史文化名镇名村"多头管理"、保护不力的局面，必须改革完善我国文

---

① 历史文化名城名镇名村保护条例[G]//中国文化遗产法规文件汇编．北京：文物出版社，2009：665．

化自然遗产的管理体制，从根本上改变目前遗产"条块分割、政出多门、管制权分散"的格局，从而减少职能交叉环节，提高行政管理效率，实现国家对文化自然遗产的有效保护管制。

因此，建议在国家文物局的基础上，尽早建立"国家文化自然遗产管理局"，简称"国家遗产局"，统一行使保护管理国家遗产的职能作用；同时，要加快制定实施《国家遗产保护法》，理顺地方政府的遗产管理体制，这将有利于对我国文化与自然遗产及其各类遗产，实行统一、精干、高效、集权的管理、控制和监督保护。具体做法：整合国家住建部、文化部、文物局等有关部门的部分遗产管理权限，划出民政部、国土资源部、发改委、农林部、环保部、国家旅游局、宗教局、国家民族委员会等部门涉及遗产管理的内容，在国务院新组建权威的"国家遗产保护管理局"，统一管理各类国家级遗产和世界文化自然遗产。新组建的"国家遗产保护管理局"作为国家遗产的产权管理机构，应代表全民行使对我国文化遗产、自然遗产、工业遗产、农业遗产、记忆遗产、数字遗产等所有遗产的保护管理权力和责任，必须具有高度权威性和实际管理权、决策权、执行权[①]。同时，根据统一指挥、全面管理、综合调控的原则，建立国家遗产保护局直接管理与"授权省级遗产机构管理"和国家重点文保单位专员管理"三结合责任制"机制，实行一级对一级负责或直接自上而下的"授权"管理体制。只有这样，才能实现真正有效保护和科学管理。实际上，这种组织结构是国家遗产不可再生的稀缺性、独特性和产权国家所有性所决定和要求的，也是欧、美、日等国家普遍采用中央机构统一管理国家遗产的成功经验和做法。

2. 建议先行建立国家遗产分类分级保护的"责任制管理"

新公共管理学提出以分权化的管理环境来取代高度集权的等级组织结构。在我国尚未建立统一的"国家遗产管理局"之前，为了解决目前文化自然遗产"多头管理、保护不力"的问题，建议国家先行建立分权化的管理环境，可根据现有法律，细化明确中央和地方对各类遗产的保护责任制，实行可操作的分类、分级保护的"责任制管理"；并合理划分各级政府及其各部门在遗产保护管理的事权、责任、利益，规定各级政府部门对各类遗产的监督职责和赔偿责任等。如国家历史文化名镇名村、全国重点文保单位等国家级遗产和世界文化自然遗产，都应该由国家文物局直接控制管理或委托、授权责任管理；对于省级历史文化名镇名村、省级以下各类遗产，国家应明确规定省、市、县政府逐级进行保护管理的监督责任和渎职惩罚等细则，并由国家文物局进行宏观政策指导的"备案制管理"，同时，对于尚未申报、定级的历史村镇，可从市、县派遣"管理监督专员"定点保护管理，以便及时发现、处理问题，以避免由于保护管理滞后等原因造成历史村镇文化遗产的破坏损失。

---

① 陆建松. 中国文化遗产保护管理的政策思考[J]. 东南文化，2010（4）.

3.建立历史村镇历史建筑"修建拆除许可证"管理制度

加强历史村镇有效保护利用,应学习借鉴国外的"国家建筑师、规划师管理制度"。如历史建筑修缮、拆建,必须由取得资质编制单位的国家建筑师、规划师向规划建设主管部门提出申请,只有在取得建设工程许可证后才能进行修缮、拆建,以有效避免拆除历史建筑的毁灭性破坏。因此,建议国家在修订《文物保护法》和《历史文化名城名镇名村保护条例》时,应明确规定对私自拆毁历史建筑均按有意破坏文化遗产行为给予处罚。同时,建议地方政府制定《历史建筑修缮导则》,对不同级别的古建筑、历史建筑、乡土建筑的维护修缮作出不同的具体规定。如严格规定文物建筑修缮管理的报批程序和措施方法,以防止修缮不当造成历史信息的破坏;并对不同历史建筑的修缮原则、施工做法和建筑修缮必须申请或不需申请等具体方面做出详细规定。

4.完善历史文化名镇名村"新建项目评审制度和土地管理政策"

(1)建立历史文化名镇名村新建项目的专家评审制度。对处于名镇名村建设控制地带和环境协调区的新建项目,应该依据国家及各省的《历史文化名镇名村保护条例》和保护规划等提出具体的量化指标,制定名镇名村的建筑高度、体量、色彩、材质等方面的具体规定;减少新建项目的设计弹性,维护名镇名村的肌理秩序、历史风貌与环境特征;新建项目审批程序中,必须组织古建修缮方面的专家对新建项目做出评审与建议,避免名镇名村出现"不伦不类、又伪又次"的仿古项目充斥历史村镇和破坏环境风貌。

(2)改革完善历史文化名村"一房一基地"的土地管理政策。国家或地方政府应尽快完善农村"一房一基地"的土地政策,避免"申请建新房、必须拆旧房"而导致历史村镇格局风貌的破坏;应允许人口拥挤的历史村镇另辟新地、建新村盖新房;对于确有需要加固、改造的古民居建筑,要求建筑师、规划师按照《历史建筑修缮导则》制定改造方案,并上报文物、建设规划部门审批;对于年久失修又无力进行维护的古民居,政府和村集体采取收购的形式获取房屋所有权,由政府和村集体统一管理,并对居民给予一定的财政补贴或建房指标。

二、建立健全历史村镇文化遗产保护利用的决策机制

(一)历史村镇文化遗产保护利用决策机制的现状

1.历史村镇文化遗产保护利用机制的含义

历史村镇文化遗产保护利用机制,是指以实现有效保护和合理利用为目标,各级政府及

其职能管理部门依据法律规定权力，对历史村镇文化遗产保护利用进行决策、控制、协调、沟通和监督管理的机制，包括保护利用的约束监督和财政保障等机制。

2. 历史村镇文化遗产保护利用决策的现状

我国历史村镇文化遗产保护利用的决策机制不完善，决策不当或决策失误，是造成历史村镇文化自然遗产破坏的主要原因。因此，历史村镇在保护、利用和整治、建设等方面的重大决策都要慎重对待。目前，我国尚未建立健全规范的文化自然遗产保护利用决策机制，而历史村镇文化遗产保护决策权，一般都由地方政府和乡镇直接掌控。历史村镇文化遗产的申报和保护规划的评审，虽然由省级建设、规划、文化、文物等部门组织专家评审或推荐，但历史村镇文化遗产保护利用的决策程序、决策方式和决策标准？请什么专家论证以及评审组织如何组成？都没有法规与制度的具体规定。因此，历史村镇文化遗产保护利用存在"随意性决策"和"形式主义评审"等问题。

近年来，我国历史文化名镇名村保护利用主要由地方政府主导决策，不少名镇名村为了经济利益和眼前利益，普遍以"保护为名"的旅游开发来达到房地产开发之目的；有的地方政府采用行政决策方式，违规处置名镇名村遗产的所有权；甚至转让名镇名村遗产或变相贱卖、转让经营权。从理论上说，国家级历史文化名镇保护与利用，应由国家及其省级文物、建设规划、文化部门组织相关遗产保护专家来论证决策，但有的地方政府往往由经济部门、旅游部门来主导决策；有的采用貌似公正的专家决策方式，叫几个"合自己口味"的所谓专家来评审开发项目和论证决策，实质上是"走程序"的形式主义决策较为普遍，有的甚至是"领导一句话、拍脑袋说了算"。这种"违规而走程序"的决策，实质是急功近利追求GDP政绩，往往导致名镇名村出现"重开发、轻保护"的决策误区，甚者成为旅游公司开发房地产赚钱的重点项目；并普遍采取"拆旧建新""大拆大建"、大造仿古街的开发模式，这就是造成我国历史文化名镇名村不断发生"建设性破坏、保护性破坏、开发性破坏"的根本原因，尤其在发达地区的国家级历史文化名镇保护利用过程中都不同程度存在。如江南水乡古镇已两度列入中国"世界遗产申报预备名单"，而实际上联合申遗几度出现"时合时分"的问题，以及有的江南古镇开发"转让几十年经营权"后"亏钱回收"的教训，都是明显的保护利用的决策失误所致；甚至有的地方至今还在为"转让名镇遗产、大造仿古街"的短期盈利的决策而沾沾自喜，实质上已经使江南水乡古镇申报世界遗产的真实性、完整性遭到了严重的破坏，有的已经或正在丢失千年古镇原来具备世界遗产的标准和条件。而且有的地方政府还在想办法把历史村镇文化遗产这一公共资源"转让上市"为企业资产，这是违反《文物保护法》的重大问题。为此，特别建议国家和地方政府高度重视和尽快解决，否则，我国将失去江南水乡古镇这一珍贵的"准世界遗产"，并被子孙所指责或为此后付出得不偿失的更大代价。

（二）建立完善历史村镇文化遗产保护管理决策机制的对策

1．从法律上明确国家级历史文化名镇名村保护利用的决策权归属国家

目前，我国已公布了6批共528个国家级历史文化名镇名村，其所有权、使用权以及保护利用的决策权等尚未从法规和政策上明确，学术界、政界也缺乏深入研究。因此，我国历史村镇遗产保护利用的理论、法规、政策等尚不完善，还有许多问题值得深入研究。笔者认为应借鉴国外成功经验，从法规、政策层面明确"世界遗产、全国重点文保单位、国家历史文化名镇名村"应归属国家遗产，由国家代表全民作为所有权主体，享有对国有遗产的占有、使用、收益和处分权。国家级历史文化名镇名村的保护利用的决策权、处分权等应归属国家，地方政府对国家级遗产保护利用项目无权决策，也不得擅自处置国家级名镇名村遗产。只有从根本上解决国家遗产的所有权及其决策权，才能使我国珍贵的国家遗产、世界遗产得以永久保存、传承后世。

2．建立"国家遗产专家委员会"和"国家为主、省级为辅"的决策制度

为了更好地保护利用我国文化自然遗产，应借鉴国外建立"国家建筑师和规划师委员会"的经验，在我国组建"国家遗产专家委员会"，并赋予在遗产申报、评估鉴定、规划评审、项目论证、决策咨询、研究教育等方面的决策权和咨询权，负责对国家历史文化名镇名村、全国重点文保单位、世界遗产保护利用项目的论证与决策。同时，要建立"国家为主、省级为辅"的决策组织；并根据遗产的级别分别采取"国家、省两级遗产决策制度"，实行分级、分类决策管理。世界遗产、国家级遗产应由"国家遗产专家委员会"来论证决策；其他省级以下各类遗产的保护利用项目的决策，应建立"省级遗产专家咨询委员会"来论证决策。并规定省级论证争议较大的决策，应提请"国家遗产专家委员会"对省级"遗产决策专家咨询委员会"的决策拥有监督权和质询权[1]。

3．完善国家历史文化名镇名村保护利用的专家评审决策制度

近年来，我国历史文化名镇名村的申报及其保护规划的审批，已采用专家评审决策制度。但从我国法规和政策层面，目前尚缺乏统一、规范的专家评审决策制度。如国家级遗产的决策评审专家应具备什么资格条件？不同文化遗产与自然遗产的评审决策，应由不同学科的专家组成？专家评审、决策程序如何科学、规范等具体问题，都直接关系到我国文化自然遗产保护决策主体的合理性和合法性问题；更关系到国家遗产保护利用决策的正确性和科学性。如果不懂遗产保护利用的"专家"对国家、省级遗产项目进行决策，势必会对遗产保护利用作出不利影响甚至破坏性的决策，但这种问题在国家层面和各地方政府都有所存在。例

---

① 陆建松．中国文化遗产保护管理的政策思考[J]．东南文化，2010（4）．

如世界遗产"都江堰—青城山"保护利用的决策，都江堰水利局请了一批水利专家论证决策，却得出可以修建水库大坝的错误决策。又如江南水乡古镇中有两个"国家级历史文化名镇"的保护利用，曾先后作出"变相巨资转让遗产经营权几十年"的错误决策，其结果"折腾多年又花巨资收回经营权，造成亏本与破坏"，都是经过专家论证后决策的。因此，为了确保历史文化名镇名村等重大遗产决策的科学性和正确性，我国应尽快根据各类遗产的不同类型、性质范围和不同级别，制定不同遗产项目的决策专家资格、专业学科组成的《评审规定》，及其决策程序《评审细则》等。

4. 强化历史文化名镇名村保护利用的决策科学性和公众参与性

程序规范性是保证科学决策、准确决策的必要前提和条件。为了保障国家历史文化名镇名村保护利用的科学决策，国家应尽快制定历史文化名镇名村保护利用的决策程序和规范，并对每个决策程序提出明确的管理要求，不仅要避免脱离实际、利用行政命令的决策，尤其要防止地方越级决策、一把手决策、法人违规决策等无序决策行为。因此，强化历史文化名镇名村保护利用的决策科学性，必须增强决策程序的公众参与性、公平性和合理性。① 要发动公众参与名镇名村保护利用。利用听证会、民意调查，网络或问卷调查等听取意见建议，在此基础上由专家分析论证和最后决策。② 名镇名村保护利用项目要充分吸收不同相关利益者、不同专业的专家和团体的意见，并杜绝地方"领导说了算"或职能部门控制评审专家的决策倾向和出现"一边倒"的现象。③ 名镇名村保护利用项目要建立决策信息披露制度，做到决策透明、信息公开。④ 名镇名村保护利用难以权衡的项目应当暂停；有争议的决策项目应报请上级政府及其专家委员会决策。⑤ 名镇名村保护利用项目要建立决策失误"责任倒查追究制"，直至追究重大失误决策者的法律责任。[①]

三、建立健全历史村镇文化遗产保护管理的协调沟通机制

（一）历史村镇文化遗产保护管理的协调沟通机制的现状问题

1. 历史村镇文化遗产保护管理的协调沟通机制的含义

历史村镇文化遗产保护管理的协调沟通机制，是指各级政府及其职能部门通过一定的手段方式对历史村镇文化遗产保护管理组织进行协调沟通，确立保护利用的共同目标和行动纲领，使每个组织的目标服从历史村镇文化遗产有效保护、合理利用和可持续发展的目的，同

---

① 陆建松. 中国文化遗产保护管理的政策思考[J]. 东南文化，2010（4）.

时对各个组织的不同利益和矛盾进行统筹协调沟通，以共同确保历史村镇文化遗产实现保护与发展的"双赢"。

2. 我国历史村镇文化遗产保护管理协调沟通机制的现状

由于我国文化遗产保护管理起步较晚，缺乏有效的协调沟通机制，再上名镇名村管理主体多元化、政出多门，各自为政、沟通层次较多，协调权限模糊，这些都是导致历史村镇文化遗产不断遭受破坏的重要原因。就拿国家级历史文化名镇名村来说，《文物保护法》和《历史文化名城名镇名村保护条例》规定："国务院建设主管部门会同国务院文物主管部门负责全国历史文化名城、名镇、名村的保护和监督管理工作。地方各级人民政府负责本行政区域历史文化名城、名镇、名村的保护和监督管理工作。各省、市、县各级地方人民政府负责本行政区内的文物保护工作。"此外，历史村镇管理还有文化部、发改委、民政部、国土资源部、农林部、环保部和国家旅游局、宗教局、民族委员会等及其下属部门。再加上省、市、县三级地方政府部门都有权管理。长期以来，这种"条块分割、多条管理、政出多门"的体制，造成了历史村镇文化自然遗产保护管理的主体多元化，管理权分散且权责不清晰。实际上，在历史村镇遗产保护管理过程中，建设、文物、文化的三个主管部门存在"无人牵头、沟通很少、协调很难"等现象，至今没有建立起有效保护管理的协调与沟通机制。

近年来，由于历史村镇文化遗产保护管理的各个部门，各有各的权力利益需求，相互之间往往缺乏充分的沟通，不能确立共同的目标与责任，不能协调、平衡各自的利益与矛盾，从而导致名镇名村保护利用过程中，出现"管理缺位，相互扯皮，相互制约、互不买账，不少问题长期议而不决"等现象，同时造成了地方政府"重地方、轻国家；重申报、轻管理；重开发、轻保护"；甚至"转让、拍卖"名镇名村文化遗产等乱象。当专家、群众反映要求解决上述问题时，各个管理部门又都称自己没有责任，或相互推诿，或统统归之"法规不完善"等原因，从而造成历史村镇文化遗产不断出现"建设性、开发性、旅游性、保护性"破坏。

（二）建立健全历史村镇文化遗产保护管理协调机制的对策

1. 建立历史村镇文化遗产保护的动态信息管理系统

历史村镇文化遗产保护动态信息是保护管理沟通协调的重要基础，也是各级保护管理部门沟通联络的媒介和粘合剂。我国历史村镇文化遗产保护存在的多头管理、缺乏沟通，利益矛盾难以协调，相互推诿扯皮等问题，是与历史村镇主管部门和各个相关部门之间缺乏信息联络、缺乏沟通共识、协调不够有关。因此，建立历史村镇文化遗产保护动态信息管理系统，对历史村镇遗产保护现状及发展动态，保护规划实施情况进行跟踪监测，及时传递保护管理动态信息，有利于保证主管部门与相关部门掌握信息、及时反馈，从而加强沟通，协调管理，达到有效保护。

历史村镇文化遗产保护管理动态信息系统应该包括：名镇名村文化自然遗产的对象、范围和价值，地方政府保护管理的法规条例以及管理政策规定，保护规划的实施情况，保护利用项目决策和审批程序，历史村镇文化遗产破坏的法律责任追究等具体信息。同时，要建立和完善历史村镇文化遗产保护的统计制度，定期反馈历史村镇文化遗产保护的各项指标的变化情况。

2. 确保历史村镇文化遗产保护联席会议制度的常态化

联席会议制度是我国政府管理实施协调沟通机制的制度创新，也是地方政府实行协商民主管理的重要形式。历史村镇文化遗产保护管理联席会议制度常态化的具体要求：① 各级政府建设、规划、文化、文物等主管部门的联席会议制度常态化；定期或不定相通报各自在历史村镇文化遗产保护管理的工作设想和计划；研究和审议历史村镇文化遗产保护管理的政策措施；研究解决历史村镇文化遗产保护管理中出现的重大问题和突发事件等。② 各级政府的旅游、土地、财政、宗教、民政、农业、林业、水利等相关部门的联席会议制度常态化。定期通报历史村镇文化遗产保护管理的情况和政策措施；沟通、协调、研究、解决历史村镇文化遗产保护管理中出现的相关问题和保护与利用存在的矛盾问题。[①]

因此，历史村镇文化遗产保护联席会议制度，应由各级政府分管领导牵头成立，由建设规划、文化文物部门主要领导、各遗产相关单位分管领导组成的联席会议制度，不仅要加强各遗产相关单位的联系、合作和协调，共同协商处理历史村镇文化遗产保护管理中的重大问题，切实保护好、利用好、管理好各类遗产；而且还要解决好历史村镇保护中的居民生活、生产、建房、环境及公共设施等问题，这是因为历史村镇文化遗产保护利用不同于单纯建设工程，它关系到历史村镇的历史与未来，文化与经济、社会发展等众多关系错综复杂的问题。因此，各级政府要坚持历史村镇文化遗产保护管理联席会议制度的常态化，保护利用需要全面分析、综合考虑、统筹协调、从长计议。

四、建立完善历史文化名镇名村保护利用的有效约束机制

（一）历史文化名镇名村保护利用约束机制的现状问题

1. 历史文化名镇名村保护利用约束机制的含义

历史文化名镇名村保护利用约束机制，就是依据《文物保护法》、《历史文化名城名镇名

---

① 陆建松. 中国文化遗产保护管理的政策思考[J]. 东南文化，2010（4）.

村保护条例》等法律来规范、约束各级保护管理组织的行为，使其组织有序运转，充分发挥其作用；并按法定程序来规范名镇名村遗产保护利用的行为。约束规范包括国家的法律法规，行业标准，组织内部的规章制度，以及各种形式的监督等。

当前，我国正处于加快新型城镇化发展的时期，同时又处于全面深化改革、向市场起决定性作用的转轨过渡期。人们长期对物质利益的追求会持续迸发，地方政府对名镇名村保护利用也具有很高的热情和旅游开发的冲动。如果名镇名村保护利用缺乏有效的约束机制，旅游开发商的利益驱动就会导致建设性、旅游开发性破坏的再次发生。

2. 历史文化名镇名村保护利用约束机制的现状问题

近年来，我国历史村镇遗产保护利用特别是旅游开发，由于缺乏有效的约束机制，一些历史文化名镇名村存在"轻保护管理、重旅游开发"的认识误区。有的名镇名村以保护为名，大力发展旅游经济。而获得名镇名村开发经营权的旅游公司，必然追求利益最大化，并普遍对名镇名村进行急功近利地开发利用。尤其是有的国家级历史文化名镇在保护与旅游开发过程中，普遍采用"大拆大建"、"新建仿古建筑"和"大造仿古街"的"房地产开发"的模式，其结果造成千年古镇的真实性、完整性越来越少，而不今不古的"仿古街、仿古镇"越来越多。究其关键原因就是缺乏名镇名村保护利用的约束机制。在全国来看，从秦始皇陵破坏事件，到2013年凤凰古城"打包收费"事件，再到2013年独克宗古城烧毁事件，都是由于旅游开发缺乏有效的约束机制所造成的严重后果。近年来，在国家级历史文化名城名镇——平遥、丽江和江南水乡古镇的旅游品商店、客栈、酒吧、食肆与老建筑犬牙交错，建筑群体量大、耐火等级低等通病，都是历史村镇保护安全的大敌；名镇名村大小规模的火灾的时常发生，都是无约束的旅游开发导致名镇遗产本体及其环境破坏毁灭的重要原因。因此，为了避免以上事件和破坏的不断发生，我国历史文化名镇名村保护利用必须尽快建立起有效约束机制，特别是要严格约束旅游开发行为，防止遗产的不合理利用或滥用。

（二）建立完善历史文化名镇名村保护利用约束机制的对策

1. 严格执行历史文化名镇名村保护利用的法律约束

（1）尽快修改《文物保护法》，完善对名镇名村保护的法律约束规定："各级人民政府应当重视文物保护，正确处理经济建设、社会发展与文物保护的关系，确保文物安全，基本建设、旅游发展必须遵守文物保护工作的方针，其活动不得对文物造成损害"（第9条）；"一切机关、组织和个人都有依法保护文物的义务"（第7条）；"国有不可移动文物不得转让、抵押。建立博物馆、保管所或者辟为参观旅游场所的国有文物保护单位，不得作为企业资产经营"（第24条）。①

（2）严格执行《历史文化名城名镇名村保护条例》的约束规定：历史文化名镇名村保护"应当遵循科学规划、严格保护的原则，保持和延续其传统格局和历史风貌，维护历史文化遗产的真实性和完整性，继承和弘扬中华民族优秀传统文化，正确处理经济社会发展和历史文化遗产保护的关系"（第3条）。"名镇名村保护范围内从事建设活动，应当符合保护规划的要求，不得损害历史文化遗产的真实性和完整性，不得对其传统格局和历史风貌构成破坏性影响"（第23条）。"在历史文化街区、名镇、名村核心保护范围内，不得进行新建、扩建活动（第28条）"②。但还应研究制定《历史文化名城名镇名村保护管理办法》，深化名镇名村保护规划编制、保护修复、动态管理、保护机构建立等具体操作办法。

（3）抓紧落实《国务院关于进一步做好旅游等开发建设活动中文物保护工作的意见》的约束规定：各地要对历史文化村镇、街区以及历史建筑等保护情况进行一次检查，依法纠正违法违规行为：① 对于将国有不可移动文物转让、抵押的，要限期改正，予以回购、终止抵押。对于将国有不可移动文物作为企业资产经营的，要限期将其从企业资产中剥离。② 对于游客接待量超过承载量，造成文物破坏或可能造成文物安全隐患的，要限期改正。③ 对于擅自拆除文物古迹和历史文化街区、村镇以及历史建筑的，由县级以上地方人民政府或其城乡规划、文物等部门依法定职权责令停止违法行为、限期恢复原状或者采取其他补救措施。历史文化街区、村镇遭到严重破坏的，由批准机关撤销历史文化街区、村镇称号。④ 对于把历史文化街区、村镇整体出让给企业管理经营的，要予以纠正。暂不具备条件的，应当由省级人民政府向国务院说明情况③。

2. 创新建立历史文化名镇名村保护利用的合同约束和伦理约束

（1）严格审批国家级历史文化名镇名村遗产利用开发项目，应作为《名镇名村保护规划》的组成部分，必须报国家住建部、国家文物局审核批准后签订《历史文化名镇名村保护与利用合同》。合同内容必须符合国家《文物保护法》、《历史文化名城名镇名村保护条例》等法规，既要严格规定"有效保护和适度利用"的具体条款，又要明确规定旅游公司及其他经营者对遗产保护的义务、责任和违约条款；还要规定旅游公司门票收入和其他商业性经营收入，必须反哺名镇名村保护和居民利益的共享的收入比例。

（2）探索创新历史文化名镇名村保护利用的伦理约束。由于历史文化名镇名村遗产是公共资源，又具有不可再生、脆弱性、易损性、独特性等特点。因此，有必要创新实施历史文化名镇名村保护利用的伦理约束。① 各级政府要加大宣传教育力度，积极开展各种文化遗产教

① 文物保护法[G]//中国文化遗产法规文件汇编. 北京：文物出版社，2009：456-458.

② 历史文化名城名镇名村保护条例[G]//中国文化遗产法规文件汇编. 北京：文物出版社，2009：665.

③ 《国务院关于进一步做好旅游等开发建设活动中文物保护工作的意见》，（国发〔2012〕63号）.

育活动，充分利用各种媒体，广泛宣传文化遗产的价值和作用，使名镇名村管理者、本地居民、旅游公司经营者、外来旅游者都进一步提高保护意识，增强全社会保护名镇名村文化遗产的伦理责任。② 地方政府应制定保护公约、乡规民约，出台相关政策，鼓励建立文化遗产保护的"志愿者组织"、"遗产保护协会"和"民间非营利组织"等方式来加强名镇名村文化遗产保护利用的伦理约束。③ 各级党校、行政学院、干校应开设文化遗产保护专题课，增强各级干部的文保意识。同时，要加快完善高校学科建设，修订增加课程设计，建议国家教育部把保护文化遗产传承优秀传统文化的常识列入中小学教材和大学选修课内容；④ 中央和国家有关部门应适时制定《文化遗产保护利用道德规范》，从而在全社会形成保护文化遗产的意识氛围和伦理约束。

五、建立健全历史村镇文化遗产保护管理的监督机制

（一）历史村镇文化遗产保护管理监督机制的现状问题

历史村镇文化遗产保护管理监督机制是指各级政府和社会公众通过各种手段方式对历史村镇及其遗产保护单位进行监督管理。科学完善的法规制度和监督管理是历史村镇遗产有效保护和健康发展的基础，加强保护管理监督机制是确保历史村镇遗产保护与发展"双赢"的重要手段。

我国历史村镇文化遗产保护管理，已有《文物保护法》、《历史文化名城名镇名村保护条例》以及地方法规政策的监督，但由于保护意识的淡漠和缺乏有效监督机制，多年来不少名城名镇发生重大破坏事件的重要原因就是监督不力。如从最早北京和西安古城的格局风貌破坏，到浙江定海古城被毁；从福州历史街区"三坊七巷"被部分拆除，再到江南水乡古镇、凤凰古城等重要遗产地，都相继遭受过"建设性、开发性、旅游性、保护性"的破坏，究其破坏原因，不仅缺乏有效的监督机制，而且都与地方政府默许或管理缺位直接有关。然而，依照《文物保护法》处理破坏文化遗产的案例在我国鲜有所闻，正如全国文保专家冯骥才所指"文化遗产保护法律变成一纸空文"。目前，历史村镇格局风貌遭破坏，历史街区被挤占，历史建筑被拆除，以及投入大量资金大造仿古建筑等现象较为普遍，同时又存在政府有法不依、执法不严、以权代法，以保护为名的旅游开发项目，法人违规破坏遗产等现象较为突出。据全国历史文化名城名镇名村保护工作检查结果统计，发现我国共有438个历史文化街区，但有13个城市已没有历史文化街区，18个城市也仅保留1处历史文化街区，并不符合历史文化名城评选标准。其中8个县市因保护工作不力，致使名城文化遗产遭到严重破坏而受到通报批评。

因此，目前加强和完善历史文化名城名镇名村保护管理的有效监督机制，已成为当务之

急，也是文化文物、建设规划部门加强文化遗产有效保护、依法治理的主要任务。缺乏有效的监督机制，职能部门缺位，有法不依，执法不严，这将造成历史村镇文化遗产的各种破坏和过度开发。

（二）建立健全历史村镇文化遗产保护管理监督机制的对策

1．各级政府应加大执法管理力度，落实历史村镇保护的监督检查责任

目前，文物、建设、文化3个行政部门作为历史村镇文化遗产保护管理的主管部门，都应依法加强专门监督，尤其要强化文化文物部门的权威和执法。然而，文化文物管理部门主要职能是"物质文化遗产与非物质文化遗产保护"，在政府管理部门中相对属于不太有行政审批权的"弱部门"。因此，应赋予文物文化主管部门对名镇名村保护管理的监督权、批评权、质询权和决策权，确保其实施文化遗产保护、管理、监督、执行的独立性。同时，也要切实加强建设规划主管部门对保护规划的严格审批，避免保护规划本身的不科学、不合理和"审批形式主义"，严格依法许可旅游开发项目的严肃性，尤其要加强保护规划实施过程的监督和管理。但遗憾的是我国较多名镇名村保护规划的实施过程无人监督，违反保护规划，开发项目不报批，以至造成名镇名村文化遗产破坏的现象亟待解决。

2．加强各级人大、政协对历史村镇文化遗产保护管理的执法监督力度

各级人大和政协是我国行政管理监督体系中最有效的监督。人大和政协对历史村镇文化遗产保护管理的监督活动，既有法律的保障，又有规范的形式。因此，尽快建立健全历史村镇文化遗产保护管理的巡查、执法、监督体系尤为重要。① 应在人大或政协建立"国家遗产保护执法监督委员会"，可由文化、文物、建设、规划等方面的领导和专家组成，这样既能保障人大和政协监督的渠道畅通性，又能确保监督的权威性、专业性和有效性。② 各级人大和政协应每年对国家级、省级历史文化名镇名村保护管理的情况进行一次执法巡查，并组织专家组对《保护规划》的实施情况进行监督检查，对违反保护规划进行旅游开发建设，造成名镇名村文化遗产破坏的人和事，必须依照《文物保护法》、《历史文化名城名镇名村保护条例》，严加追究、严肃处理。③ 要扩大各级人大代表和政协委员对历史村镇文化遗产保护监督的知情范围和参与程度，并充分利用人大代表和政协委员在每年两会上提出意见建议，这对我国历史村镇文化遗产的保护、管理、监督都具有极为重要的作用。

3．鼓励专家学者和社会公众对历史村镇文化遗产保护管理的全面监督

（1）各级政府要高度重视专家学者的保护建议和监督作用。这是因为专家学者不仅具有丰富的遗产保护专业知识，而且一般不会受政绩、经济利益等影响，具有旁观者的清醒、理

智，比较超脱，较少顾虑和忌讳，敢于直言、监督有力，并能提出具有理论性、前瞻性、专业性、可行性的高含金量建议，也能使各级领导干部从中吸取保护"金点子"。如果没有他们，恐怕平遥、丽江古城镇、江南水乡古镇也像那些被破坏的古镇仅剩下一个名称而已。

（2）地方政府应大力鼓励社会公众和新闻媒体积极参与保护和监督。社会公众不仅有权对全民所有的公共遗产的管理进行监督，而且是一种最广泛的监督形式，尤其新闻媒体对政府缺位、失职行为和法人违法行为造成遗产破坏往往具有很大威慑力。同时，名镇名村保护不是某一部门或某一系统的工作，而是全社会、全民重视历史村镇文化遗产保护管理的救援行动。事实上，社会上有众多熟知历史村镇保护的有识之士和志愿者，他们是历史村镇保护最有效的重要力量。地方政府可采取特聘"文保监督员"或"业余文保员"和"保护规划督察员"方式，加强"文保志愿者队伍"的制度建设，使民间自发的保护意愿通过有效的途径转化为具体的保护行动。

近年来实践表明，我国目前保护较好的历史村镇文化遗产，绝大部分都是在专家学者的抢救保护、社会公众呼吁和新闻媒体舆论的各种监督下才得以有效保护。因此，我国应依法建立国家遗产保护管理的社会公众监督机制，进一步采取"举报监督、信访监督、媒体监督、网络监督"等形式加大保护监督力度。国家和地方政府管理部门应建立社会公众监督热线电话，进一步扩大社会公众对名镇名村遗产保护管理进行全面监督；尤其要加强新闻舆论监督，并制定奖励政策鼓励原住民参与历史村镇文化遗产保护管理的有效监督，从而建立形成"专家学者、社会公众、原住民、监督热线电话、各种新闻媒体"的全方位、多层次保护监督体系，从而实现历史村镇文化遗产保护的长效管理和有效的全面监督。

4. 建立地方政府保护管理历史村镇文化遗产的绩效考评监督

改革开放35年来，我国政府绩效考评体系在发展过程中不断完善，从最初的"唯GDP论英雄"，逐步转向经济GDP、绿色GDP、文化GDP的系统考评体系。目前，我国年历史文化名镇名村的政绩考核，应把经济GDP转变为以文化GDP为主要考核指标，也就是考核名镇名村保护、利用、管理的绩效水平，可设计一套可以具体量化的考评内容及绩效指标。具体可依据《中国历史文化名镇（村）评价指标体系》《历史文化名镇（名村）评选和评价办法》和《中国传统村落评价认定指标体系（试行）》的内容，设计一套科学、规范、有效的绩效考评监督体系；但重点要考评对历史村镇文化遗产的保护与传承，以及地方文化的精神提炼与特色保护，尤其要将文化资源价值带来的财富和提升国家文化软实力的政绩，纳入重点考评监督指标。这种以文化GDP指标来考评历史文化村镇的监督体制，不仅可以促使地方政府真正重视历史村镇文化遗产保护管理，而且可以培养原住民记住乡愁的爱国情感，增强名镇名村的文化自信和保护动力，从而实现历史村镇文化遗产的保护传承、促进文化生产力和提高文化产业的发展，提升地方文化软实力的共赢。

六、建立完善历史村镇文化遗产保护管理的资金保障机制

（一）历史村镇文化遗产保护管理资金保障机制的现状问题

我国是历史悠久的文化遗产大国，自1961年公布第一批全国重点文物保护单位180处，到2014年底已先后7批公布全国重点文物保护单位4295处，省级重点文物保护单位数万处，县级文物保护单位近十万处。国家级历史文化名城有125座，世界遗产47处，总数位居世界第三；世界非物质文化遗产37项，总数位居世界第一。国家级非物质文化遗产1219项。国家历史文化名镇名村528个，省级历史文化名镇名村1000多个；中国传统村落2500多个。

"九五"以来，国家和各级地方财政投入了大量保护资金，但远远满足不了我国巨量文化遗产保护管理的需求。据统计，"九五"期间，国家共计投入保护资金1.2亿元，补助22个省58个历史街区保护项目。"十五"期间，国家共计投入资金7500万元，补助21个省38个历史街区保护项目。"十一五"期间，中央加大财政投入，共9.8亿元的补助资金，专项用于103个历史文化名城、80个国家历史文化名镇名村的基础设施改造和环境整治工作，使一些历史街区、历史文化名镇名村的基础设施明显增加，居民生活居住环境逐步改善。"十二五"期间，国家投入资金80多亿元用于国家遗产地、重点文物保护、非物质文化遗产保护等方面，重点解决209个历史文化街区、历史文化名镇名村保护项目，使我国历史文化名镇名村保护上了一个新台阶，保持了历史文化名镇名村文化遗产的生机与活力。尤其是2012年国家财政对文化遗产投入128亿元，其中全国重点文物保护单位41亿，博物馆免费开放30亿。抢救性保护至今10亿。上述可见，我国文化遗产保护资金投入的力度不断加强，并取得显著的保护成效。

然而，目前我国已有528个国家级历史文化名镇名村和2500多个中国传统村落，如果"十三五"期间国家加倍投入保护资金，每个名镇名村平均600万，就要达到200亿元。而且600万保护资金对一个名镇名村来说，也只能修几幢古建筑。这对我国2000多个国家级的历史文化名镇名村和传统村落来说只是杯水车薪。由此可见，保护资金仍然是历史村镇文化遗产保护最严重的困难问题。

（二）建立完善历史村镇文化遗产保护管理资金保障机制的对策

《文物保护法》、《历史文化名城名镇名村保护条例》都明确规定保护文化遗产是政府的责任。各级政府都应依法建立历史村镇文化遗产保护管理资金保障机制，既要依法落实财政保护资金保障、履行文化遗产保护的责任；又要保证文化遗产保护资金的不被挪用，更要多层次多渠道筹措保护利用资金，真正解决我国历史村镇文化遗产保护管理资金严重不足、来源单一的问题。可考虑的对策有：

1. 加大财政资金投入、履行历史村镇文化遗产保护的政府责任

（1）落实《文物保护法》第10条规定："国家用于文物保护的财政拨款随着财政收入增长而增加。县级以上人民政府应当将文物保护事业纳入本级国民经济和社会发展规划，所需经费列入本级财政预算，并随着财政收入增长而增长。具体可按上年度的财政收入情况，规定一定比例作为下一年度文物保护的预算，并建立相应的监督机制保障落实。"

（2）落实《国务院关于加强文化遗产保护的通知》规定："各级人民政府应当将文化遗产保护经费纳入本级财政预算，保障重点文化遗产经费投入。"

（3）落实《历史文化名城名镇名村保护条例》规定："国家对历史文化名城、名镇、名村的保护给予必要的资金支持。名镇、名村所在地的县级以上地方人民政府，根据本地实际情况安排保护资金，列入本级财政预算。"

2. 建立多层次多形式筹集历史村镇遗产保护资金的保障机制

（1）各级政府应拓展遗产保护的多元融资渠道。要积极引导、鼓励社会资本和产业资本参与名镇名村遗产保护和建设，逐步建立长效的政策扶持机制。如英国、意大利、法国等国，发行彩票已成为该国文化遗产保护资金的主要来源和方式。因此，我国应仿效国际通行发行彩票和国债的方式筹集国家遗产的保护资金，以保障我国文化自然遗产保护管理的资金的长期需求。

（2）各级政府应抓紧制定社会捐赠、赞助、奖励等政策和税收优惠，多方位调动企业、事业单位、社会团体和个人参与历史村镇文化遗产保护的积极性。如绍兴市建立了"政府主导、市民参与、企业资助、银行贷款"的多元投资机制，有效解决历史村镇保护资金的瓶颈。尤其是苏州市先后出台《苏州市古建筑保护条例》及其《实施细则》和《苏州市区古建筑抢修贷款贴息和奖励办法》等法规文件，打通了"非国有控保古建筑"保护利用的市场渠道，通过产权买卖、转让、租用、置换等方式，让有经济实力、有识志士、有远见的新主人进行有效保护利用。

（3）各级政府应鼓励建立文化遗产保护基金，发挥非政府组织的作用，成立非营利性的名镇名村保护基金会。如无锡市成立全国首个文化遗产保护基金会，（首期募集保护基金2480万），主要用于资助保护文化遗产的企业和个人。

（4）借鉴国际上遗产保护筹资的成功经验，增强名镇名村保护利用的公关意识，大力开展"乡情乡愁"宣传，积极争取联合国教科文组织支持、国际联盟的国际合作与资助和港澳台、海外华人的捐赠捐款等[①]。如丽江古街民居修缮，创新采用原住民与政府合作再加上国外专家、捐助者的支持，搭建了更宽阔的遗产保护框架。世界遗产专家一致认为值得向全世界

---

① 陆建松．中国文化遗产保护管理的政策思考[J]．东南文化，2010（4）．

遗产地推广。

3．加强历史村镇文化遗产保护资金使用和经营性收入的管理

（1）严禁文化遗产保护基金被占用、挪用，防止泛保护化、以保护之名的"乱建设、乱开发"等现象。

（2）严格执行文化遗产的经营性收入真正返回用于文物保护和维修等。

（3）明确规定旅游公司对历史文化名镇名村保护的义务和责任。尤其是地方政府应规定旅游公司门票收入和其他商业性经营收入反哺名镇名村保护和居民共享利益的比例。

第十章

中国历史村镇文化遗产保护利用与新型城镇化与旅游开发的关系

在新型城镇化过程中切实加强我国历史村镇保护利用，是贯彻落实党的十八大提出"建设优秀传统文化传承体系，弘扬中华优秀传统文化"的根本要求和重大文化工程。历史村镇是在漫长的城镇化历史中日积月累凝聚下来、不断生成的文化载体，记载着历史的信息记忆和不同时代的文明，是历史村镇的根脉和灵魂，也是历史村镇永久的文化品牌和取之不竭的发展源泉。它在未来城镇化、现代化发展中具有持久的文化影响力和独特竞争力。因此，在加快新型城镇化进程中，要正确认识和处理历史村镇保护利用与新型城镇化建设开发的关系，要坚持"新旧分开，有机更新、发展新区"的发展模式和方向，创新实现历史村镇保护利用与新型城镇化建设发展"双赢"的新路，相得益彰。

一、加快新型城镇化与保护历史村镇文化遗产的关系

（一）新型城镇化过程中加强历史村镇文化遗产保护的重要意义

历史村镇是农耕文明的精粹和中华民族的根基，蕴藏着丰厚的历史文化信息和自然生态景观资源，是我国历史村镇文化与自然遗产的"活化石"和"博物馆"，也是中华优秀传统文化的重要载体和中华民族的精神家园。然而，长期以来，伴随着农业现代化、乡村城镇化、郊区城市化和新农村建设的多重挑战和冲击，历史村镇不断遭受"建设性、开发性、旅游性"的破坏。目前，"千镇一面、万村一貌"的"特色危机"正成为共性问题，而且不少历史村镇仍在遭受"持续性破坏"，甚者濒临消亡，加快抢救和保护刻不容缓。①

未来5年，我国历史村镇文化与自然遗产将面临新型城镇化、城乡一体化、乡村旅游开发的多重挑战。如不及时加强保护，全国各地、各具特色的历史村镇历史建筑，将面临被拆、迁、整、改、并等危险，保护形势相当严峻。因此，在加快新一轮城镇化过程中，切实加强历史村镇的物质文化遗产保护、非物质文化遗产保护传承，自然环境生态资源保护，都显得更为紧迫，意蕴深远。各级政府应以高度的文化自觉和文化自信，从对民族对历史负责、维护国家文化安全的高度，充分认识历史村镇保护利用的重要性，以"等不起"的紧迫感，"坐不起"的责任感，"慢不得"的危机感，切实采取有效措施，尽可能多地保全历史村镇这一民族瑰宝和文化基因。"这对于建设文化强国，传承优秀传统文化，增强国家文化软实力和区域经济竞争力，都具有重要的现实意义和深远的历史意义。"②

---

① 周乾松．加强我国历史村镇文化遗产保护的对策思考[J]．中国党政干部论坛，2011（8）．
② 周乾松．加强我国历史村镇文化遗产保护的对策思考[J]．中国党政干部论坛，2011（8）．

（二）加强历史村镇保护是提高城镇化质量水平的内在要求

历史表明，城镇化建设与历史村镇保护可以相互促进、实现"双赢"。英国工业革命以来，全球的城镇化建设从英国向西欧、北美，再向世界各地迅速扩展，进而转化为城市化热潮，使世界各国的人口不断从广大农村向城市迁移。目前，世界城镇化率已从19世纪前的5.1%，发展到今天已超过50%。毋庸置疑，世界城市由市镇发展而来，如今已成为集人才、技术、贸易、信息、文化、科技、娱乐、体育、服务等多项功能为一体的文明之地。

改革开放36年来，我国历史村镇发生了巨大变化。到2013年城镇化率达到53.73%，超过世界平均水平[①]。但现在的城镇化仅是一个量的"半城镇化"时代，还不是一个质的时代。因此，在新型城镇化过程中要以保护利用历史村镇遗产、传承优秀文化，来提高城镇化的质量水平和文化含量。而历史村镇作为人类重要的生活栖息地和文明承载物，其有形的历史建筑和无形的乡土文化，正是提高新型城镇化质量水平和文化含量的重要资产。为此，在新型城镇化过程中应坚持高度的文化自觉、文化自信，切实加强历史村镇文化遗产与自然遗产的保护利用，以提高城镇化质量水平和文化含量。一方面，可以利用文化传承、文化创新、文化创意等理念，以有效提高城镇化质量水平和促进历史村镇的科学发展。另一方面，可以用市场手段将历史村镇用来经营的存量资产和生产要素推向市场，进行重新组合和优化配置，从中获得收益，再将这笔收入投入到历史村镇保护利用中，从而实现历史村镇保护与新型城镇化建设的良性循环和可持续发展。

（三）加强历史村镇文化遗产保护是新型城镇化发展的本质要求

习近平总书记指出"城镇化是一个自然发展的过程"。要记住乡愁，留住青山绿水。中央城镇化工作会议提出了新型城镇化24字方针，坚持走"以人为本，四化同步，科学布局、绿色发展，文化传承"的中国特色新型城镇化道路。新型城镇化最本质的目标是以人为本，推进以人为核心的城镇化，提高城镇化的质量和水平。

所谓新型城镇化，就是要实现以城乡统筹、城乡一体化、农村城镇化，城乡互动、集约高效、功能完善、环境友好、个性鲜明、生态宜居、和谐发展为基本特征的城镇化，是大中小城市、小城镇、新型农村社区协调发展、互促共进的城镇化。新型城镇化的"新"，是指观念更新、体制革新、技术创新和文化复新，是新型工业化、区域城镇化、社会信息化和农业现代化的生态发育过程。新型城镇化的"新"，就是要把过去片面追求城市规模扩大，改变为以提升城镇的公共服务、文化发展等内涵为中心，实现城乡基础设施一体化和公共服务均等化，促进经济社会发展。

因此，新型城镇化不是要把农村都变为城市，更不是追求城市同质化，而是要按照城乡

---

① 徐绍史. 中国城镇化率已超过世界平均水平[N]. 人民日报，2014-3-17.

各自的发展规律，走城乡差别化协调发展道路。住房与城乡建设部副部长仇保兴特别强调："推进新型城镇化，不能盲目克隆国外建筑，而是要传承自身的文脉，重塑自身的特色。没有自己的文脉，形不成自己的特色，自身优势就发挥不出来，就会千城一面。"

（四）加强历史村镇保护利用是新型城镇化可持续发展题中之意

党的十八大提出新型城镇化的战略部署，是我国解决农业农村农民问题的重要途径，是调整经济结构、转变发展方式，推动城乡协调发展的重大举措。因此，在新型城镇化过程中，不仅要重视城镇化的实体建设，更要保护好历史村镇文化自然遗产，创新探索新型城镇化与历史村镇保护实现"双赢"，这是新型城镇化健康发展的应有之义。因此，在推进新型城镇化过程中，要高度重视对我国历史村镇文化与自然遗产保护工作，要防止和避免一些地方政府出现"重视城镇化推进、轻视历史村镇保护"的现象，防止和避免一些尚未申报定级、具有多元价值的历史文化村镇再次遭到新的破坏。在新型城镇化过程中，如果不把历史村镇文化遗产保护好、利用好、建设好，再搞成"千镇一面、万村一貌"，那么我国最后尚存的乡土文化遗产也将消失。因此，当城镇化建设中遇到历史村镇文化遗产保护的矛盾时，不仅必须服从保护好历史村镇文化遗产这个前提，而且要充分认识到历史村镇保护是一个艰巨复杂的工程，开发利用历史村镇文化遗产不一定马上就有经济效益，而且为了保全、维护、修复历史建筑，还要投入为数巨大的基础建设资金。

二、新型城镇化过程中加强历史村镇保护利用的对策建议

中国特色新型城镇化是文化传承的城镇化。新型城镇化的根和魂是文化。因此，推进新型城镇化，既要依托自然山水脉络等独特风光，又要充分利用文化遗产的多元价值和独特作用，要望得见山，看得见水，留得住乡愁。要防止"千镇一面、万村一貌"，要建设发展有历史记忆、文化脉络、地方特色风貌、民族特点的美丽城镇。只有这样，才能提升新型城镇化建设的历史价值和文化品位，又能促进历史村镇的文化繁荣和精神文明建设，尤其对建设美丽乡村和发展农村文化产业，推动历史村镇经济社会可持续发展，都具有重要的现实价值和历史意义。

（一）重点保护文物古迹，确保新型城镇化过程中的文物安全

文物古迹遗存是记载历史村镇的文化信息的实证，具有极高的历史、文化、经济、科学、考古、教育、旅游等多元价值，是历史村镇文化遗产最重要的保护对象。因此，在新型

城镇化过程中，一要加强文物保护工作的领导，把文物保护纳入到各级领导责任制和政绩考核指标中，切实做好历史村镇文物古迹遗存的普查、登记等基础工作，规定完善"四有"工作的责任单位，做到有保护范围、有保护标志、有记录档案、有保护机构。二要将历史村镇文物古迹遗存保护纳入到新型城镇化发展总体规划中，并将文物保护的要求落实到新型城镇化的各个专项规划中。三要严格保护历史村镇的文保单位、文保点和普查文物遗存；对于确需维修改造的文物建筑，要严格履行审批手续，原汁原味保护好文物建筑的原样原貌；对文保单位建设控制地带内的附属文物及与文物保护单位相关的其他人文和自然环境风貌等相关要素也要全面保护。四要坚持城镇化基本建设与文化遗产保护的"两利"方针，统筹解决新型城镇化与文物古迹保护的关系；尤其是城镇化建设的重大项目，要认真做好文物考古调查和钻探发掘工作，发现不可移动文物，必须避开文物并切实加强保护；要防止随意利用文物资源或文物市场化，促进新型城镇化与文物保护协调发展。

（二）保护利用历史村镇历史建筑，为新型城镇化注入生机活力

历史建筑是历史村镇保护的关键内容，也是新型城镇化的根和魂。我国《历史文化名城名镇名村保护条例》明确规定："历史建筑，是指经城市、县人民政府确定公布的具有一定保护价值，能够反映历史风貌和地方特色，未公布为文物保护单位，也未登记为不可移动文物的建筑物、构筑物。"虽然这些历史建筑、乡土建筑单体价值不够确定为"文物保护单位"，但是这些历史建筑组合在一起后，不仅群体价值不亚于文保单位，而且能反映某一历史时期的历史村镇格局风貌和文化特色。因此在新型城镇化过程中，一要注意保护好历史村镇的传统格局风貌和历史文化特色；二要重点保护好历史建筑本体特色和群体格局风貌；三要保护好历史建筑、构筑物的历史环境要素和文化信息记忆；四要保护好与历史村镇、历史建筑相关的自然生态环境和文态空间环境要素。只有切实保护好、利用好历史村镇历史建筑，才能更好地体现新型城镇化的质量水平和文化含量。

（三）保护历史村镇空间形态特性，为新型城镇化保留特色风貌

历史村镇的形态特性，是每一个历史村镇的个性和魅力所在。历史村镇形态特性包括村镇总体布局形式、格局、肌理、风格以及街巷、民居、水系等物质要素，它记录和反映着历史村镇的规划思想，格局变迁，印刻着历史村镇世代居民的心理行为与村落自然环境的互动、融合的痕迹。因此，在新型城镇化过程中，一要重点保护好历史村镇的平面布局、方位轴线、道路骨架、河网水系等；二要重点保护好历史村镇的街巷、河港，包括街巷空间尺度、立面、铺地、小桥、河埠等公共空间环境，因为街巷、河港、广场是历史村镇的主要公共空间。三是要保护好历史文化名镇名村核心地带和建设控制地带。这些公共空间、自然环境，不仅是历史村镇人们居住、生活、交往和休憩的空间活动网络，而且是反映历史村镇传

统文化和生活风貌的主要廊道；更是新型城镇化和美丽村镇建设的重要基础和优势条件。

（四）保护利用历史村镇自然遗产、为建设美丽村镇奠定基础

人类是自然环境的产物，人类的活动影响着自然生态环境，但自然生态环境也制约人们的生活生产活动。历史村镇自然遗产是以山水风光、自然景观以及农田果园、绿色植被为内容的自然生态环境。历史村镇所根植的自然生态环境，对历史村镇文化遗产的形成具有重要的作用。它向人们展示了人工与自然、建筑与风景、已塑造与未塑造因素之间的和谐之美。在新型城镇化过程中，一是应保护好历史村镇的自然美景、田园风光，山水环境、空间环境；二是应尊重自然，尽可能保留历史村镇的自然地理形态、生物多样性及其两者之间的联系；三是应保护历史村镇的农业用地、生态用地，特别是农田、湿地、水源地，维护好干净的水、土壤、绿色植被等生态循环系统。保护好以上三方面的自然遗产，不仅是新型城镇化利用乡村自然遗产，推动农民脱贫致富、长久发展的源泉动力；而且对于保护历史村镇子孙后代生存发展、建设美丽村镇，使新型城镇化更美好，都具有重要的现实意义和深远的历史意义。

（五）保护非物质文化遗产，为新型城镇化提供传统文化精华

非物质文化遗产是历史村镇的灵魂和新型城镇化的核心内容。历史村镇中除有形的文物古迹、历史建筑和自然环境之外，还拥有丰富的非物质文化遗产，如乡风民俗、传统习惯、民间艺术等乡村文化，并和文物古迹、传统民居相互依存衬托，共同反映出历史村镇的文化积淀，构成历史村镇文化遗产。因此，在新型城镇化过程中，一是应保护好历史村镇的民族文化、民俗习惯、民间艺术等非物质文化遗产；二是应保护好历史村镇的传统邻里关系，这正是目前城市已消失和没有的，也是历史村镇能够唤起人们亲切感和归属感的魅力所在；三是应保护好历史村镇原住民及其文化传统，包括语言、礼俗、服饰、动作等形态出现的行为景观。

三、我国历史文化名镇名村保护利用与旅游开发的关系

面对人类历史上史无前例的大规模快速城市化，我国历史村镇千百年积淀而成的文化遗产和传统风貌已经受了持续性的多重挑战。因此，在加快新型城镇化进程中，要正确处理历史村镇保护利用与新型城镇化建设开发的关系，创新历史村镇文化遗产有效保护与新型城镇化建设实现"双赢"的新路。

（一）历史文化名镇名村保护利用与旅游开发的现状与趋势

1．历史文化名镇名村保护与旅游开发的现状

近年来，我国除528个国家历史文化名镇名村之外，成千上万个历史村镇，经历了新农村建设、旧村改造、旅游开发的多重挑战和冲击，"千镇一面、万村一貌"的特色危机正成为共性问题。目前从总体上看，众多历史文化名镇名村正处于整体保护状况较好与过度开发的旅游性破坏并存的趋向。

但必须指出，有的地方政府的保护意识淡薄，保护力度不够，甚者缺乏遗产保护责任，以致目前历史文化名镇名村的旅游开发建设氛围太浓，急功近利开发旅游，过度商业化开发旅游等现象较为普遍，致使我国历史文化名镇名村文化遗产及其自然生态环境，不断遭受到旅游性、开发性破坏状况较为严重，值得有关地方政府引起高度重视。

2．历史文化名镇名村发展旅游的趋势

我国历史文化名镇名村具有深厚的历史文化积淀和丰富的自然生态景观，较完整地保留传承某个时代或几个时期的历史格局风貌与民族地方特色，具有发展旅游业的良好条件，从而使历史文化名镇名村成为旅游发展的吸引场所。历史文化名镇名村开发旅游应以文化自然遗产为依托，充分挖掘利用历史村镇的人文景观、自然风景、山水环境等要素，适度发展文化、休闲旅游、观光、农业旅游等旅游模式。

从国内外旅游者的需求变化趋势看，人们的旅游动机和旅游目的地，越来越从纯自然的旅游活动向更富于知识性与探索性的历史文化旅游转变，人们对名镇名村旅游地和旅游活动抱有非常浓厚的兴趣。如乌镇、周庄等江南水乡古镇，以及西递、宏村、诸葛村等历史村镇，正是迎合了当今旅游需求变化趋势，大力发展旅游业，成为旅游者络绎不绝的旅游目的地。目前历史文化名镇名村文化旅游已经成为我国旅游业的一大热点，旅游开发已成为我国历史村镇实现遗产保护与经济发展最常用最有效的途径。

（二）历史文化名镇名村旅游开发存在的问题原因

近年来，随着我国旅游开发热潮的兴起，历史文化名镇名村保护和旅游开发的问题日益增多，主要表现以下问题：

1．旅游产品单一、同质化开发，使历史文化名镇名村旅游开发过度竞争

（1）历史文化名镇名村开发的旅游产品单一。旅游者对旅游产品的需求是多种多样，希望旅游过程中得到更多的旅游体验；但目前历史文化名镇名村旅游开发的深度化与多样化还

很不足，大多数以开发游览观光型为主，经常是一个导游带着大家快走快看，简单介绍，能够让游客参与体验的产品很少；尤其是历史文化名镇名村的深刻文化内涵被忽略，对非物质文化遗产的价值宣传较少，导致游客走马观花很累，以致缺乏兴趣而不会重游；同时，旅游景点的相似性，重复率，滞留时间减少，这些都是名镇名村旅游发展的普遍问题。因此，历史文化名镇名村只有充分挖掘开发自身的独特旅游产品，创新游憩方式，才是解决历史文化名镇名村旅游开发同质化的有效途径。

（2）同一区域的历史名镇名村旅游开发的同质化竞争加剧。由于文化相近、资源雷同等特点，以致不少名镇名村开发旅游的同质化现象较为突出：形象定位相同、市场定位雷同、旅游产品雷同，游览项目、服务质量等都大同小异，如江南水乡古镇的同质化现象较为明显：游客基本上都是参观古民居、坐游船、看古戏、买特色食品等。又如看过宏村古村落古建筑的游客，一般都认为不必再花钱去看西递古村落。正如古镇卫士阮仪三教授所指："江南古镇出现了旅游内容雷同、旅游模式雷同，违反规划、破墙开店，节假日拥堵、服务质量差，原住民外迁、社会结构变异，古镇周边遭到高强度开发等问题"[①]。可见，旅游产品的同质化必然会导致竞争加剧。

2．旅游开发拆迁原住民，使历史文化名镇名村丢失文脉灵魂和导致空心化

历史文化名镇名村旅游开发，不仅要让游客欣赏历史村镇格局风貌、历史建筑文化特色以及原生态自然景观；而且要让游客能体验传统文化与之相关的生活方式。然而，目前不少已经开发旅游的历史村镇，旅游者所能见到的大都是静态的"空壳化"的建筑群落，甚者是表面上"看起来很美"，实质上是丢失灵魂或割断文脉的"仿古镇"。其主要问题在于：① 有的历史名镇大量拆迁原住民，除了老人外、大都是外地经商者，保护规划的原住民指标"空有虚名"。② 有的名镇内的建筑大都改造为商铺民宿，户户皆商现象使古朴民风难以寻觅，原住民的传统生活场景也荡然无存。③ 有的名镇为了降低管理难度，全部拆迁历史街区原住民，白天再让部分人回到历史村镇打工，将历史村镇变成"仿古建筑，虚假生活"的"仿古镇"，丢失了古镇的真实性和文脉灵魂。历史村镇不单是要保护文物和古建筑，而是要保护历史村镇的文化空间，保护一个活的有生命的文化肌体。

3．过度商业化旅游开发，使历史村镇文化遗产的真实性完整性遭到破坏

近年来，过度商业化旅游开发是历史村镇保护存在的普遍性问题，而且"越是旅游发达的地方，商业化氛围过浓"的问题越严重。如丽江、平遥、西递、宏村等世界遗产和江南水乡古镇周庄、乌镇、西塘、同里、南浔、角直等国家历史文化名镇，大部分游客都认为存在

---

① 阮仪三．谈江南古镇保护与发展[EB/OL]．http://www.chinajsb.cn，2009-02-10．

过度商业化问题。从市场经济的规律来看，在不违背相关法律规定的前提下，一个建筑、场所的具体用途取决于经济回报。因此，地方政府如不坚持保护第一、适度利用原则，古街区古民居大量改造为商铺等过度商业化在所难免。而且有的古镇古街在历史上就是商业繁荣、贸易集散之地，因此，利用历史村镇开发旅游无可厚非，但必须有度而不是过度，而目前普遍出现过度现代化、商业化开发的问题，不少历史村镇大造仿古街、新建大量仿古建筑，已经把古镇改造成为大型的旅游商品市场，直接导致不少历史建筑格局、风貌特色、乡土文化的完全丧失，千年古镇面目全非，如此发展的最终结果，不仅会葬送历史村镇的旅游生命，而且将严重影响我国乡土文化的真实性和传统文化多样性的丢失。可见，地方政府对历史村镇保护与旅游开发的文化理念、立场观点、利益价值趋向、管理决策和策略至关重要。

4. 地方政府"重旅游开发商利润、轻原居民权益"的矛盾问题较为突出

近年来，社会上对历史村镇的开发旅游的现状评价，普遍存在较多意见，尤其是名镇名村原居民对政府、对外来旅游企业普遍存在不满，当地居民与旅游公司的矛盾最为突出；本地居民与外地商人的矛盾纠葛日增，利益冲突重生，社会分化明显，最终将引发不同群体之间的矛盾。

历史村镇保护与旅游开发，理应是历史建筑及其人居环境的保存和延续，生活在历史村镇原居民应该成为最重要的保护对象和利益共享者。但是近年来，历史村镇地方政府普遍存在"重开发、轻保护"、"重旅游公司、轻居民群体"的"重物轻人"倾向，片面地强调旅游公司开发权利和经济效益；普遍只重视把文物和古建筑开发为旅游景点，而忽视改善原居民的居住环境质量和提高居民生活水平；对居民生活在传统建筑中的真实感受和意愿考虑不足，在居住环境改造、日常住宅维修以及基础设施建设等方面投入不足；使一些迫切要求改善居住生活水平的居民不愿意继续生活在设施简陋、环境较差的老房子中，原住民只能对古民居进行脱胎换骨地改造，或者干脆"拆旧建新"，结果给历史村镇传统建筑带来不同程度的破坏。

最为严重的是不少地方政府"重开发商利润、轻居民权益"，将历史名镇保护交给旅游公司开发、经营、管理，甚者全部拆迁老街居民，把所有权置换给旅游公司经营，直接导致"地方政府逐利、旅游公司谋利，而原居民失利"的利益冲突，突出表现在旅游公司的强势与原住民的弱势之间的不合理分配，实际上，大多数原住民得不到旅游开发的收益，反而要付出因旅游开发带来的物价上涨；有的国家级名镇"连原住民进老街、看老家还要花上百元的门票费"。必须指出，这是目前我国历史村镇保护与开发旅游存在的一个重大的隐患，就是旅游开发公司把历史村镇文化自然遗产和公共资源"占为己有"，甚者地方政府支持旅游公司把文化遗产和公共资源作为企业资产谋求股票上市。这是一个违反文物保护法的重大问题，值得国家有关职能部门高度重视，其中也反映了地方政府对历史村镇

保护开发存在重大决策失误和管理缺位等问题。正如我国著名文保专家指出，值得警示的是前一轮城市化发展经济之时，认为古街落后、古民居破旧而一毁了之，现在看到幸存不多的历史名镇历史建筑有利可图，又把它当作"摇钱树"随心所欲地大投资大开发，这同样是毁掉历史名镇。

5. 历史文化名镇名村"重旅游开发、轻保护管理"，严重影响可持续发展

近年来，历史文化名镇名村管理者对开发旅游相当重视，对保护管理较为忽视，往往听不进专家、有识之士提出的保护建议，普遍存在"重申报轻管理，重开发轻保护"等问题。① 重申报、轻管理。"有的只看重申报历史文化名镇称号的名片价值和社会影响，却没有把文化遗产保护管理工作放在应有的重要地位。"①申报成功后，并不重视名镇名村物质与非物质文化遗产保护和传承，保护措施不力；保护经费不落实；保护机构和制度也不完善；导致一些历史村镇文化遗产不断遭到破坏②。正如建设部副部长仇保兴所指："不少地方政府希望获得历史文化名镇名村的称号，其用意并不是想要保护宝贵的历史资源，而是急于圆发财梦"。③有的名镇名村为了"GDP"，无视文化遗产脆弱性的特点，节假日也不加限制地接待游客，旅游失控、人满为患；普遍出现保护与旅游开发喧宾夺主的现象；并普遍以编造"假故事"的方法来"忽悠游客"，人为传达错误的历史信息，破坏历史名镇文化遗产的真实性，有悖于历史名镇保护的初衷。② 重开发、轻保护。有的地方以"发展是硬道理"、"不开发没有钱怎么保护"为理由，把保护遗产抛在后边，甚至以领导"集体决策"袒护"旅游开发性破坏"。有的地方政府与开发商联合（人称"官商结合"），以"保护、发展"为旗号，"急功近利"、"杀鸡取卵"式发展旅游，其实质是"贱卖耕地换来投资商"搞开发房地产"赚钱"，其后果必然严重影响历史名镇保护与可持续发展。

（三）正确处理历史文化名镇名村保护与旅游开发的关系

历史文化名镇名村是我国农耕文明的凝结物，是不可再生的文化遗产，具有独特性、稀缺性、不可再生性等特点，蕴含着许多无形而真实的历史信息，是历史文化名镇名村发展旅游的重要资源。但名镇名村在利用文化自然遗产进行开发旅游的过程中，应正确处理好保护利用和开发旅游的关系，坚持"保护第一、合理利用、适度开发、加强管理"的基本原则，创新探索历史村镇保护利用与旅游开发的"双赢"新路④。

---

① 周乾松. 加强我国历史村镇文化遗产保护的对策思考[J]. 中国党政干部论坛，2011（8）.

② 周乾松. 历史村镇文化遗产保护利用研究[J]. 理论探索，2011（11）.

③ 《住房和城乡建设部副部长仇保兴在第四批中国历史文化名镇名村授牌仪式暨历史文化资源保护研讨会上的讲话》，2008年12月23日.

④ 周乾松. 历史村镇文化遗产保护利用研究[J]. 理论探索，2011（11）.

1．有效保护历史文化名镇名村遗产是旅游开发可持续发展的前提

历史文化名镇名村是一种不可再生的特殊旅游资源，是名镇名村在历史变迁过程中创造的物质和精神文明实物载体，它积淀着丰富的历史文化信息，是祖宗留给我们的宝贵财富。它的不可再生性直接决定了我们有义务和责任保护好它。只有以历史村镇的有效保护为前提，才能谈得上历史村镇的合理利用与适度开发。因此，历史文化名镇名村的有效保护利用是旅游开发的前提和基础。只有保护好历史村镇文化自然遗产，使其免遭人为破坏和自然损坏，才能对文化自然遗产进行合理利用与旅游开发，从而实现名镇名村保护利用的可持续发展。

2．合理利用是历史文化名镇名村遗产保护和旅游发展的重要形式

强调历史文化名镇名村遗产的合理利用，但反对"过度利用"。合理利用是在保护好名镇名村遗产的前提下保护性应用，是为了促进历史村镇遗产有效保护、并使其历史文化价值得到充分体现、利用和展示。历史村镇文化遗产的展示、展览，既可以服务于旅游经济发展，又可以展现文化遗产的价值和功能，进行爱国主义和传统文化教育，传承发展，启迪世人；还可以发挥了文化传播、对外文化交流的作用，使人们获得丰富的知识，唤起人们对文化遗产的热爱，加深对文化遗产价值的理解，认识到文化遗产的重要意义，增强文化遗产保护意识，从而直接或间接地起到保护文化遗产的重要作用。从根本上说，合理利用文化遗产是对历史村镇的重要保护。但如果本末倒置"过度利用"，为了开发旅游，最大程度地"兑现"历史村镇遗产的经济价值，就会对脆弱的历史文化遗产带来伤害，最终造成历史村镇的旅游开发性破坏。

3．适度开发是历史文化名镇名村遗产有效保护和合理利用的重要途径

历史文化名镇名村遗产是地方经济社会可持续发展的宝贵财富。保护历史村镇不是说不可以开发，适度开发是合理利用的重要内容和主要途径，它可以更好发挥历史村镇遗产的作用，关键要看是否有效保护，措施是否得力；开发必须在保护前提下进行，商业化运作得到开发回报应反哺保护。如江南水乡六大古镇保护，通过商业化运作的适度开发，不仅极大地提高了古镇保护的知名度，也促进了旅游产业的大发展，并获得了巨大的经济效益；反过来又为六大古镇的保护提供了资金和动力，并不断吸引更多的企业来投资开发休闲、健康、运动产业和文化创意产业等，从而使古镇的产业结构更加优化合理，最终实现了历史村镇遗产保护与旅游开发的双赢和可持续发展。

4. 旅游开发是传承历史村镇传统文化、带动村镇各产业发展的最佳途径

旅游开发为历史村镇保护和产业发展注入了新动力。历史村镇在有效保护的前提下进行旅游开发，不仅有利于挖掘利用历史村镇的历史、文化、经济、科学、艺术等价值，促进历史村镇、历史建筑、乡土建筑及其自然生态环境保护；而且通过展现历史村镇内涵的历史环境、文化要素，促进地方民间文化、传统风俗、手工技艺等非物质文化遗产的保护传承与发展，从而增强原居民保护历史建筑、传统文化的自觉意识和自保行动，变"被动保护"为"主动保护、积极保护"，并通过旅游开发带动历史村镇相关观光农业、生态产业、休闲旅游的发展，使历史村镇居民围绕"食、住、行、游、购、娱"六大旅游要素，大力发展第三产业，实现"旅游兴旺、百业发展"的"共赢"，从而形成"保护利用带动开发旅游，旅游开发促进保护发展"的良性循环，真正实现历史村镇遗产保护与旅游开发的可持续发展。

四、我国历史村镇保护利用与旅游开发实现"双赢"的对策

（一）坚持历史村镇旅游特色开发原则，确保旅游开发可持续性

1. 坚持历史村镇文化自然遗产保护第一的原则

由于历史村镇文化自然遗产是不可再生的旅游资源，一旦遭到破坏，就无法恢复，任何复制品都不可能具有原有的多元价值。因此，历史村镇的旅游开发必须为保护遗产而开发，这是历史村镇旅游开发必须尊重历史文化传统的原则所决定的。1977年世界77个国家和地区的政府联合通过的《关于旅游业社会影响的马尼拉宣言》中特别指出："旅游发展规划要确保旅游目的地的遗产及其完整性，尊重历史和文化规范，特别要尊重当地固有的文化传统。在旅游业可能损害当地社区和文化价值的情况下，控制旅游业的发展速度。"[1]这是对历史村镇遗产的旅游开发的具有宪章规范意义。因此，历史村镇旅游开发必须完整保护文化自然遗产，充分尊重当地的历史文化传统和风俗习惯；要因地制宜，通过历史村镇自然生态环境保护利用来建设美丽乡村；通过历史村镇格局风貌、历史建筑人文空间的保护利用来发展乡土文化旅游，依景造景，既要保持原有的自然风貌和历史环境，又要体现今人利用的独具匠心，达到人造文化景观与自然人文环境的完美融合，使旅游开发实现"人与自然，人与景观、现在与未来的和谐"关系，从而实现历史村镇保护利用与文化旅游的可持续发展。

---

[1] 世界旅游领导人会议通过了《关于旅游业社会影响的马尼拉宣言》，1997年.

2. 坚持历史村镇文化自然遗产特色开发的原则

历史村镇旅游开发重在因地制宜、突出特色开发。鲜明的特色是旅游资源的生命力，也是旅游业赖以生存和发展的灵魂，旅游产品的独特性越鲜明突出，其吸引力和竞争力就越大，而旅游产品的独特性正来自于历史村镇自身的特色。一个没有特色或特色被破坏的历史村镇，就会缺乏吸引力和魅力，会使游客的旅游感受和旅游期望产生极大偏差，从而影响对旅游地的感知和评价，降低历史村镇旅游的吸引力，最终导致巨资投入历史村镇旅游开发的破产，这在我国已有不少教训。因此，历史村镇的旅游开发规划要突出特色和品牌。首先要充分挖掘、研究历史村镇的特色和价值要素，只有当对历史村镇有深入、理性的了解，才会真正保护利用好历史村镇文化自然遗产的特色价值要素，才能够有的放矢地进行富有特色价值的旅游开发，才会有可能再现、展示历史村镇文化和自然遗产的特色和吸引游客的注意力。同时，在旅游开发策略上要注意旅游景点、旅游产品的差别性和特色性；旅游景区的新旧建（构）筑物、装饰标识等要符合原有格局风貌，不宜标新立异；要进行统一规划设计，力求在形式上、材料上、色彩上形成历史村镇自身独特的风格特色；旅游开发项目切忌千篇一律，旅游产品要考虑历史村镇的风格特点、文化品位和设施配置，使之同生态环境协调一致、相映成趣。否则形象雷同、产品相同，没有差异、没有特色；会使游客产生审美疲劳，减少游览兴趣；其旅游开发结果就会失去可持续性。

3. 坚持历史村镇有效保护与旅游开发相结合原则

（1）加强历史村镇、历史街区、传统民居的有效保护，落实好保护责任主体和保护措施要求；地方政府应制定历史村镇有效保护的扶持政策和传统民居维修资金补助。同时，历史村镇保护与旅游开发规划应新增居民居住用地，在历史村镇附近建设居住新区，以满足原居民改善生活条件的需求。

（2）采取"新旧分开，有机更新"相结合模式。在历史村镇的老街区与新建区之间，古民居与新建筑之间，都应在建筑规模、高度、特色、风貌等细节上，做好新旧的过渡和协调，尤其要设法解决改善居民生活现代化与古建筑保护之间的矛盾。

（3）严格实施保护规划，列入保护的历史建筑不得擅自拆建；新建民居建筑的风貌要与传统民居协调，以维护历史村镇格局风貌、地方特色。

（4）关注历史村镇的产业发展。有些形不成旅游效应的单个古村落可整合资源，将古村落与周边自然环境、生态景观等相关旅游资源进行有效整合，开发生态有机农业、休闲观光农业等相结合的旅游产业链。

（二）科学编制历史村镇保护与旅游开发规划，确保旅游发展的可持续性

1. 科学编制历史村镇旅游开发总体规划，强化文化自然遗产有效保护

（1）要科学编制本地区历史村镇旅游开发总体规划。由于历史村镇的稀缺性、脆弱性、不可再生性和环境容量的有限性，决定了历史村镇旅游开发总体规划，必须走可持续发展的"弱开发"之路。因此，历史村镇旅游开发要始终坚持"科学规划、有效保护、合理开发、永续利用"的原则，科学编制本地区所有历史村镇旅游开发总体规划，使历史村镇之间的保护利用错位互补，形成各具魅力的精品型历史村镇。

（2）要针对每个历史村镇旅游资源开发的便利性、可能性、可持续性，精心编制历史村镇"一次规划，分期实施"的旅游可持续发展方案，处理好整体与局部的关系。

2. 强化编制历史村镇控制性详规，制定近期、中期、长期保护目标方案

（1）根据历史村镇的历史建筑、文化资源、自然景观的特色，编制好控制性详规，按照高起点、高标准、规范化、有特色的要求，严格控制核心保护区和风貌协调区的建设；明确规定保护、整治、更新、开发的区域和范围；并出台详细的管理办法，明确具体实施的政策和措施。

（2）核心保护区要严格保存历史村镇原有肌理，严格限制改建、扩建、室外装修项目；建设控制区要严格限定改造区域，限定拆迁范围，限定建筑风格、高度、密度、色彩等控制指标。

（3）在保护开发规划中应整体考虑近期目标与长期目标，全面保护自然环境与历史环境，物质文化遗产与非物质文化遗产，统筹兼顾居民与旅游者的需要，社会效益与经济效益等要素制定保护措施和方案。尤其是直接利用历史村镇遗产进行旅游开发的工程，必须坚持有效保护的标准要求；宁愿不建也不可乱建；建设旅游基础设施项目，要摆正眼前与长远、局部和全局等利益关系，克服短期行为，切忌急功近利，确保证旅游可持续发展[1]。

3. 精心编制历史村镇旅游规划方案，确保旅游发展的可持续性

旅游的本质和生命力在于文化性。我国历史村镇因具有悠久灿烂的历史文化遗存、丰富的自然人文景观和古老淳朴的风俗民情，日益受到国内外旅游者的青睐。这是历史村镇发展旅游业的特色条件和生命力所在。因此，精心编制历史村镇旅游规划方案，首先必须保持历史村镇的良好条件和文化原真性，要在确保历史村镇文化与自然遗产及其特色的前提下，充分挖掘和利用其历史文化价值和所有旅游要素来开发特色旅游项目，并通过市场化运作，将

---

[1] 周乾松. 我国传统村落保护的现状问题与对策思考[N]. 中国建设报，2013-01-29.

历史文化与自然资源转化为旅游经济效益。

（三）历史村镇旅游发展必须以民为本，维护原居民的权益

1．历史村镇旅游开发要尊重原居民自主权利，调动参与积极性

（1）历史村镇旅游开发要尊重居民自主权利。广大居民是旅游开发的重要力量。"地方政府应充分尊重原住民的知情权、自治权、参与经营权、决策权和监督权，不应以各种形式取代居民权利的行使，尤其不能一味想着开发和旅游，把历史村镇变成旅游公司的赚钱工具。"①

（2）历史村镇旅游开发要调动居民参与的积极性。要加大宣传力度，使原居民都知道自己村镇的价值特色，提高自觉保护历史建筑的荣誉感和责任感；深刻认识加强保护利用是事关自己切身利益的重大意义，从而增强对历史村镇旅游开发的参与意识和价值认知，激励全体居民在历史村镇保护利用与旅游开发中发挥作用。只有本村镇居民的积极参与，保护利用才能持久有效，旅游开发才能可持续发展。

2．历史村镇旅游开发要写入保护条例，维护原居民经济文化权益

（1）历史村镇开发旅游要写入保护条例与村民公约。"这是历史村镇有效保护与旅游开发的重要前提和基本保障，既有助于约束居民改善生活条件的无序建设行为，提高广大居民热爱历史村镇遗产，增强自我保护的意识；又有助于广大居民积极保护好历史村镇文化与自然遗产，整治开发自然生态景观，利用乡土建筑及其非物质文化遗产优势，实现历史村镇保护与发展的双赢新路。

（2）历史村镇旅游开发要维护广大居民的基本权益。把注重增加居民的经济利益和尊重维护居民习俗的文化权益，作为旅游开发的出发点和落脚点，确保居民在旅游开发中获取收益，让旅游开发成果惠及广大居民，逐步实现社会共享。"②

3．历史村镇旅游开发要鼓励原住民发展旅游，让旅游发展成果惠及居民

（1）历史村镇有效保护要与旅游开发相结合，鼓励吸引历史村镇原住民以古建筑、农产品、劳力、资金等形式入股分红等形式发展乡村旅游；积极支持居民个人开办"民宿旅馆"；开拓"农家休闲乐"的内容；开发健康、安全的时令农产品；建设具有特色的农产品、纪念品、工艺品一条街，把吃、住、行、游、购、娱等各项旅游要素，整合进历史村镇旅游开发

---

① 周乾松．我国传统村落保护的现状问题与对策思考[N]．中国建设报，2013-01-29．
② 周乾松．我国传统村落保护的现状问题与对策思考[N]．中国建设报，2013-01-29．

项目。

（2）要充分利用农耕文化，打造文化游乐村，发展观光农业，生态农产品、自由采摘、休闲旅游等，让原住民从旅游发展中得到更多经济利益，从而实现历史村镇旅游开发的可持续发展。

（四）历史村镇旅游开发要加强基础设施，改善居民生活条件

1．历史村镇旅游开发要与改善居民生活需求相结合

（1）历史村镇旅游开发要与改变贫困落后面貌相结合。"既要高度重视历史建筑的抢救保护，又要热切关注群众民生，合理安排旅游开发项目；既要科学整治村落格局风貌及其自然生态环境，又要加强旅游与生活方面的基础设施建设。

（2）历史村镇旅游开发要与改善原住民生活需求相结合。地方政府应出台政策措施，将引导原住民出资自保、自主经营与历史村镇集体开发旅游有机结合起来，达到既保护开发历史村镇遗产，又充分发挥其历史、研究、教育、审美、观赏等价值和作用。"[1]

（3）历史村镇旅游开发要与历史建筑保护和更新改造相结合，改造市政基础、更新生活设施、整饬街巷环境、拆除违章搭建。原住民可采取部分外迁与部分保留相结合；原住房可政府回购、集体购租和鼓励货币化安置等；这些都是历史村镇保护过程中解决疏散人口、改造基础设施、修缮历史建筑、维护原住民生活延续性的主要任务和根本条件，从而激发历史村镇保护与旅游开发双赢的生机与活力。

2．历史村镇旅游开发要与加强基础设施建设相结合

（1）要加快历史村镇道路、交通设施的改造建设。实施交通"村村通"工程，鼓励旅游班车进村发展。这是旅游开发保证游客正常流动的基本前提，也是改善当地居民生活质量、促进历史村镇交通便捷联系的重要条件。

（2）在旅游开发过程中要改造完善电力、电信设施，加快广播、通信网络建设，努力实现"飞线入地"、"自来水、电视、电话入网入户"和"一户一表"，这些设施都是原住民正常生活、生产和旅游开发、景区正常运作的重要保证。

（3）要改造供水、排水设施和农民住宅、安全饮水、卫生厕所等基础设施；搞好农村绿化环保设施。加强环境环卫设施，增设符合历史村镇格调的垃圾箱，配备必要的排污系统，作好垃圾、污水等处理工作，设立提示提醒标志等等。

（4）要遵循"区内生活与区外生产相结合、区内开发旅游与区外服务旅游相结合"的原

---

① 周乾松．我国传统村落保护的现状问题与对策思考[N]．中国建设报，2013-01-29．

则，尽可能把旅游服务设施建设在历史村镇核心区之外，保护其完整的自然景观，合理规划旅游路线，如游道、电线网等。

（五）历史村镇旅游开发要与整治性保护、发展相关产业相结合

1．历史村镇旅游开发要与整治性保护和文化旅游研究相结合

（1）历史村镇旅游开发与历史村镇遗产发掘研究相结合。"只有充分发掘、研究历史村镇文化旅游的价值特色，才能作为旅游资源开发本地特色旅游项目，才能在合理利用中发挥出历史文化价值和自然景观价值。"①

（2）历史村镇旅游开发要与整治性保护相结合。"既要科学整治保护好历史村镇格局风貌及其自然生态环境；又要有效保护利用好乡土建筑等文化遗产；更要传承发展乡土民俗文化等非物质文化遗产；从而实现有效保护利用促进旅游开发，旅游开发促进保护发展的多赢。"②

2．历史村镇旅游发展改善与村镇生态环境和发展相关产业相结合

历史村镇拥有丰富的古建筑群、历史文化景观和优美自然环境，这是深受城市居民青睐的旅游目的地，因此历史村镇旅游开发大有可为。但要实现历史村镇保护与旅游开发的可持续发展，一是切实保护好历史村镇发展必需的自然生态环境和历史文态环境，既要保护好历史建筑及其空间环境、历史文化要素，又要保护好历史村镇周围的自然生态景观和历史环境要素，尤其突显乡村风貌意象、田园山水风光；二是历史村镇旅游开发应坚持生态旅游发展道路，延长旅游产业链，通过发展生态林业、观光农业、无公害水果业等，让城市居民既能享受历史村镇的田园风光、自然空气，又能让游客品尝到新鲜美味的绿色食品；三是以开发旅游业带动其他相关产业的发展，可以结合历史村镇的特点，发展有历史村镇特色的农产品、林产品、水产品，如花卉、编织、园艺、盆景等产业，从而使历史村镇保护利用与旅游开发实现可持续发展。

---

① 周乾松．我国传统村落保护的现状问题与对策思考[N]．中国建设报，2013-01-29．
② 周乾松．我国传统村落保护的现状问题与对策思考[N]．中国建设报，2013-01-29．

第十一章

中国历史村镇文化遗产保护利用的成功经验与典型案例

历史村镇是祖先馈赠给我们的宝贵文化遗产，传承着中华民族文化生生不息的血脉。加强我国历史村镇文化遗产的保护利用，建设中华民族共有的精神家园，是贯彻落实党的十八大提出"建设优秀传统文化传承体系，弘扬中华优秀传统文化"的根本要求和重大文化工程。中国四大历史文化名镇——丽江、平遥、周庄、乌镇保护与发展实现"双赢模式"的实践，为我国历史文化城镇的保护利用，提供了有益的成功经验和避免产生共性问题的启示。在未来10年我国加快新型城镇化的特殊时期，切实加强历史文化村镇、乡土建筑保护利用，非物质文化遗产抢救传承，自然生态环境资源保护，显得更为紧迫，意蕴深远。这对于建设社会主义文化强国，增强国家文化软实力、提升国际影响竞争力，都具有重要的现实价值和历史意义。[①]

一、丽江古城镇保护利用的实践经验：政府主导保护世界遗产与旅游开发相结合

（一）丽江古城特色与保护过程

丽江古城由大研古镇和白沙古镇组成，是目前保存最完整、最有民族风格的中国名镇之一。它始建于宋末元初，至今已有800多年历史；位于云南省云贵高原与青藏高原的连接部位，海拔2410m。面积约3.8km²，居住着6000多户人家，2.5万人。虽名为古城，实际上是古代商业重镇，城中没有森严的城墙和规矩的道路网，古镇依山势而建，布局中的三山为屏、一川相连；水系利用中的三河穿城、家家流水；街道顺水流而设，"曲、幽、窄、达"的风格；充分体现纳西族先民根据民族传统依山就水、错落有致的设计艺术和环境再创造的结果，在中国现存古城中极为罕见。

大研古镇古朴自然，兼有水乡之容、山城之貌。"至今保存着人类唯一存活的象形文字东巴文；保存了唐宋音乐原形又自成风格的纳西古乐，人称'音乐活化石'；尤其是秀美壮观的玉龙雪山、高原明珠泸沽湖等自然景观令人叹为观止。联合国世界遗产委员会评价：古城丽江把经济和战略重地与崎岖的地势巧妙地融合在一起，真实、完美地保存和再现了古朴的风貌。古城的建筑历经无数朝代的洗礼，饱经沧桑，它融会了各个民族的文化特色而声名远扬。丽江还拥有古老的供水系统，这一系统纵横交错、精巧独特，至今仍有效地发挥着作用"。

1997年12月，丽江古城镇正式列入"世界文化遗产"后，地方政府就利用城市规划审批

---

① 本章系阶段性成果《历史文化名镇的保护与开发——基于中国"四大名镇"的经验启示》的主要内容，发表在《中共浙江省委党校学报》2013第5期．

权，对古城镇旅游开发进行了宏观管理，陆续出台一系列有效的保护措施，探索了许多有益的经验，从而走出了一条"保护利用民族文化资源，推动丽江旅游经济协调发展"的"双赢之路"。2001年10月，丽江古城镇"以世界遗产保护带动旅游业，以旅游发展反哺遗产保护"的经验，被称为"丽江模式"。自2003年后，丽江市不断完善古城镇保护规划，加强古城周边的环境整治。2007年被联合国教科文组织评为"亚太地区文化遗产保护优秀奖"。到2011年，丽江全年接待国内外游客1182万人次，旅游总收入达146亿元，成功实现了古城镇文化遗产保护传承与开发旅游有机融合的"双赢"。

（二）丽江古城镇保护利用的主要经验

丽江古城镇保护利用的成功经验——主要是政府坚持"保护中发展，发展中保护"为宗旨，运用城镇规划审批权对古城镇旅游开发进行宏观管理；成功探索了"积极保护与旅游开发有机结合"和"加强物质文化遗产保护与非物质文化遗产传承并举结合"的发展模式；实现了"保护世界遗产带动旅游业，以旅游发展反哺遗产保护多赢"的"丽江经验"。

1．坚持保护与发展相结合，重视原真性和完整性保护

（1）新旧分开，分区建设。即保护古镇区，建设新镇区；比较注重原真性和完整性保护。

（2）坚持保护与发展相结合。正确处理保护遗产与发展旅游的关系，不追求黄金周效应，力求可持续发展；以发展促进保护，在保护中实现发展，创造了"传承民族文化和发展经济成功对接"的"丽江现象"。

2．政府投入巨额资金，恢复古城镇格局和文化风貌

（1）10年投入16亿巨资，修复名人故居院落，实施古城镇给排水管网工程；古建筑保护率达100%；有效保护修复古城镇古街及其古民居。

（2）实施"走进纳西人家"、"民族文化特色街"等项目，通过政府出资、支付古镇房租，请纳西族知名文人、学者、手工业者在古镇开馆授艺，形成许多纳西文化传播点，并将带有现代商业气息的商家迁出古镇，挽留古镇原住民居住，较好地维护了古镇居民生活的延续性。

3．注重民族文化保护传承，实现纳西文化与经济对接

（1）建立了人类唯一存活的象形文字东巴文化生态保护区，颁布管理条例，创建东巴文化传习院继承、传授象形文字和东巴文化。

（2）精心经营民族文化产业，打造"纳西古乐"、东巴文化、"丽水金沙"、"印象丽江"、"花楼恋歌"摩梭风情等知名文化品牌，有效促进了地方特色文化产业的发展。

（3）加强民族文化研究开发与旅游文化经济对接，注重民间工艺、传统服饰、节庆习俗的保护传承和旅游文化产品的内涵开发，使文化成为旅游的灵魂，旅游成为文化产业发展的依托。

（4）通过名人与名胜的结合，加大丽江古城镇特色宣传，尤其是《印象丽江》以独特的创意、策划和构思，较好展现出独特的纳西民族文化与优美的自然文化资源，使之成为丽江古城镇保护与文化旅游结合的新亮点和文化产业发展的新热点。

4．坚持古城镇保护利用"四必须"和开发建设"五不准"

（1）坚持保护利用"四个必须"：即古城镇建设必须整旧如旧；必须重点保护好水系、道路、桥梁、民居；必须解决好保护古城镇风貌与居民现代生活发展间的矛盾；必须让古城镇居民自觉参与古城保护。

（2）坚持开发建设的5个不准：即古城镇建设不准破坏古城镇布局；不准侵占水系、道路；不准加高楼房；不准用现代建筑材料装饰房屋；不准见缝插针建房子。

5．实施古城镇保护、环境整治、美化绿化、民俗保护等六大工程

（1）实施古城镇全面修复工程，使古城镇文化品质和城镇功能得到提升。

（2）实施古城镇周边环境整治工程，（投入资金8亿多元，拆迁40多万 m^2 高层和现代建筑），为古城镇营造优美舒适的外部环境。

（3）实施古城镇基础设施改建工程，维护古城镇格局风貌，成为原住民至今居住其中的"活态古城"。

（4）实施古城镇水资源保护工程，新建和改造三条清水渠引入古城，以及专门铺设污水管道等工程，成功保护了古城镇的自然风貌和生态环境。

（5）实施古城镇美化绿化工程，实施主要街道、重要建筑群的美化与亮化工程，以及移植成树等绿化工程，使古城镇在保持原貌基础上更加靓丽整洁。

（6）实施古城镇民风民俗保护工程，鼓励原住民穿民族服饰从事民族文化类项目，向游客展示独特文化风貌和生活方式，使民族文化焕发回味无穷的原真性魅力。

6．实施保护项目带动旅游发展，探索多渠道筹措保护资金

（1）实施保护大项目带动旅游发展。丽江古城镇在保护发展过程中，坚持以大项目与大建设相结合来带动旅游发展，重点抓古城镇保护改造，拆除不协调建筑，实施"四化、三线、二网"入地工程，建设和改善旅游、交通、通信、卫生、供水、供电等基础设施，同时，不断加强城镇环境整治、改造周边路网，保护利用民族文化、世界遗产保护管理监测、束河古镇保护发展等项目，使丽江古城取得了较好的保护实效。

（2）建章立制多渠道筹措保护资金。① 景区门票收入提留5%左右保护资金；② 如征缴古城镇维护费，即从每位游客住宿费中提取40~80元；10多年来已征收10多亿资金，全部投入古城镇保护，实现了"以城养城"的目的；③ 接受境外有关机构和基金会以及国内企业的捐赠；④ 古城镇公房的出租收益。近年来，每年用于保护资金达4亿多，为古城镇保护提供了稳定的物质基础。也为我国历史名镇保护提供了经验借鉴。

（3）加大旅游发展资金筹集力度，增加政府引导性资金投入；加大招商引资力度，大力吸引外商和广泛动员民间资本参与旅游开发；加强银政、银企合作，向银行贷款融资；争取上级政府对基础性项目、公益性项目给予专项资金支持等。

尤其是丽江古城的原住民住房修缮补助计划，很好地好将地方政府、美国全球遗产基金会的资金与原住民的私有资金紧密结合，为丽江传统民居保护与修缮获得了充实的保护资金，也激发了原住民的保护意愿。

二、平遥古城保护利用的实践经验：政府主导保护古城遗产与建设开发新区相结合

（一）平遥古城特色与保护过程

平遥古城具有2700年历史，是中国保存最为完整的古代县城。古城基本保存了明清县城的"龟城"原型，由纵横交错的四大街、八小街、七十二条蚰蜒巷构成。现存古建筑300多处，有6座城门瓮城、4座角楼和72座敌楼；有保存完整的明清民宅近3000多座；有被誉为"中国现代银行鼻祖"的日升昌票号，被誉为"东方彩塑艺术宝库"的双林寺；有堪称"中华瑰宝"的镇国寺万佛大殿。联合国世界遗产委员会评价："平遥古城是中国汉民族城市在明清时期的杰出范例，平遥古城保存了其所有特征，而且在中国历史发展中为人们展示了一幅非同寻常的文化、社会、经济及宗教发展的完整画卷。"[1]

1985年《平遥县城市总体规划》首次提出了"保护古城、另辟新城"的方针，为古城保护提供了空间。1996年修订的《平遥县城市总体规划》，实施分流古城人口，降低了人口密度。1997年12月，平遥成功申报世界文化遗产后，地方政府就划分保护区，对保护单位按照保护等级进行规范保护，较好保护了古城内的街道、城墙、护城河以及传统民居建筑的群体布局、空间风貌、形体色彩等，并在维护、修复、重建中坚持原有风貌施工，做到原工艺和原材料保护原结构。到2005年，平遥县委、县政府率先迁出古城，并要求古城内所有单位实施搬迁，减少城内居住人口，居民生活中心区域转移至城外。2006年至今，平遥地方政府坚

---

① 世界遗产网，http://www.china.com.cn，2013-12-20。

持"保护古城，建设新区"的发展模式，在保护前提下搞开发，在开发过程中重保护，成功探索出一条"保存古城格局原貌、留住历史记忆，利用文化遗产、传承古代文明，促进古城经济社会发展"的"双赢"之路。

（二）平遥古城保护利用的主要经验

"平遥模式"："坚持保护优先，寓保护于发展，以发展求保护，保护与发展并举"的发展理念。主要措施是将古城居民的古建筑通过赎买方式变为国有和政府所有；政府引导全民参与、整修尚有居住和经营功能的临街铺面、院落；采取"免二减八"（2年免征房租税金，8年减半征收）的优惠政策，对古民居进行原汁原味维修的保护模式。

1．创新保护管理体制，组建"名城保护委员会"

理顺了平遥古城的保护管理体制，建立"名城保护委员会"，主任由县长担任，委员会下设办公室。全面负责古城的保护、管理、利用工作，研究、协调古城保护规划、修复、开发等重大事情。如80多个机关事业单位搬出古城，一次性投入8亿元将中学搬出古城等等。

2．颁布文化遗产保护法规，维护古城原真性

通过颁布《平遥古城保护条例》，完善配套的地方性法规和办法，推进了古城保护的法制化；坚持"全面保护、突出重点，修复如旧，以存其真"的方针原则，对古城物质文化遗产与非物质文化遗产进行了全面保护传承。同时，编制了《平遥县县城总体规划》《平遥历史文化名城保护规划》《平遥旅游目的地发展规划》等规划体系，坚持"保护为主，抢救第一"的原则采取"谁整修，谁受益"的措施，开展古城传统建筑的修缮保护工作，使文化遗产保护管理工作更具科学性和可操作性。

3．坚持立足本土，投入巨资保护古城环境

政府及社会力量投入巨大资金，对古城内30处各级文物保护单位及保存较为完整的典型民居进行抢险维修保护，对古城历史街区全面维修整治，形成了各具风格的特色街区，遗产本体及其环境进行了抢救维修和整治。此外，不断改善古城环境，加强古城内道路硬化、电缆化、绿化、亮化和消防设施等建设工程，为古城保护和旅游发展创造了良好环境；坚持开发服从保护的原则，围绕"吃住行游购娱"旅游发展要素，不断加强旅游配套设施建设。

4．坚持保护前提下搞开发，开发过程中重保护

（1）保护资金实行多渠道投入和政府补贴、部门直接投资、社会投资等。

（2）坚持"收支两条线"，门票收入全部上缴财政，并全部用于古城保护与管理。

（3）新城建设与古城保护统筹实施。

（4）打包整合旅游资源，开发多层次的旅游产品，实现古城旅游向乡村拓展。

（5）通过各种节庆活动对外营销平遥古城，如平遥国际摄影节等。

三、周庄古镇保护利用的实践经验：政府主导、企业参股、整体保护开发与建设新区相结合

（一）周庄古镇特色与保护过程

周庄古镇是具有九百多年历史文化底蕴的江南水乡名镇。周庄原名贞丰里。宋元祐元年（1086年），周迪功郎在此收获设庄，始称周庄。元代中期，沈万三父子从浙江南浔迁居周庄，人丁始盛，遂成市镇，曾有"商业重镇"、"黄金水道"、"水乡泽国"之美誉。

周庄隶属江苏省昆山市，西邻苏州38km，东距上海70km。镇域面积39km²，古镇区面积0.47km²，户籍人口2.2万多人。由于周庄以前交通不便，镇内完好保存了水乡古镇的格局风貌，全镇65%以上的民居是明清古建筑，现存近百座古宅院、60多个砖雕门楼和160多座古桥，尤其是沈厅、张厅、迷楼、叶楚伧故居、噇虚道院等名胜古迹，古色古香、古风犹存，具有较高的历史、文化、科学、观赏等价值。

周庄是个"井"字形河道格局的水镇，素有"镇为泽国，四面环水，咫尺往来，皆须舟楫"之说，全镇以水繁衍、依河成街、因河成镇，以水为街市，桥与街相连，河埠廊坊，深宅大院，重脊高檐，过街骑楼，穿竹石栏，临河水阁，一派古朴幽静，是典型的江南水乡古镇，2001年被命名为"中国首批十大历史文化名镇"。

20世纪80年代初，潘群、潘谷西、罗哲文等专家学者考察周庄沈厅，使周庄人开始意识到古建筑保护的价值意义。

1984年，陈逸飞画作《故乡的回忆》的江南水乡品牌，使周庄人萌生了开发旅游的思路。1986年，同济大学阮仪三主持编修的《周庄总体及保护规划》中明确提出"保护古镇，开发新区，发展旅游，振兴经济"的方针，开创了江南水乡古镇保护与发展并举的先河。从而使周庄古镇丰富多变的街河空间、小桥人家的玲珑闲适、清朴秀丽的民风民俗得以完整保存，同时赢来了旅游观光的发展先机。

1995年，周庄设立了"古镇保护基金"，将每年古镇旅游门票收入的10%（2003年后15%）用于古镇保护。1997年，江苏省政府批准《周庄水乡古镇保护规划》。1999年制定了《周庄古镇区保护暂行办法》。2000年，周庄成立了"古镇保护委员会"和"古镇保护基金会"，并投巨资1800多万元，开创了古镇保护"三线"（电力、通信、有线电视）地埋的先河。2001年，投资3000万元实施污水处理工程，较好保护了古镇区域水环境。2003年，针对

保护开发旅游中的问题，修改制定了《周庄古镇保护暂行办法》，投资1500万元实施了古镇区绿化工程。以上可见，周庄古镇多年连续投巨资，进行全方位保护的经验做法，有效推进了周庄古镇的保护利用。2003年获"亚太地区世界文化遗产保护杰出成就奖"，并列入"世界文化遗产预备清单"；2006年荣获国家AAAAA级旅游景区；2008年被国家文化部命名为"中国民间文化艺术之乡"；2012年再次入选联合国教科文组织"世界文化遗产预备清单"。周庄古镇旅游门票总收入从2001年至今10多年来，每年旅游门票收入平均1亿元以上；每年吸引了超过300万中外游客来观光、休闲、度假（表11-1、表11-2）。

周庄古镇旅游近10年统计数据明细表   表11-1

年份	接待人次（万人次）	出售门票（万张）	公司收入（万元）	全镇旅游总收入（万元）
2001	208	153.62	10030	52000
2002	263	196.59	11728	65800
2003	181	129.39	7317	45300
2004	260	165	9942	70000
2005	265	129.8	8870	78800
2006	308	158.4	9622	11100
2007	335.5	191.25	10226	120800
2008	340	192.98	9593	121000
2009	336.5	176.48	9444	121200
2010	592.3	326.7	16324	215000

来源：政协苏州市委员会. 周庄打造"中国第一水乡"品牌的发展路径[EB/OL]. http://www.zx.suzhou.gov.cn。

2001~2010年周庄全镇农民人均纯收入   表11-2

年份	2001	2002	2003	2004	2005	2006	2007	2008	2009	2010
收入（元）	5900	6258	7033	8076	9397	10551	11981	13302	14875	16796

来源：政协苏州市委员会. 周庄打造"中国第一水乡"品牌的发展路径[EB/OL]. http://www.zx.suzhou.gov.cn。

周庄经过十多年古镇保护与旅游发展，现已从古镇观光逐步向全镇域水乡旅游延伸拓展，向文化体验、休闲度假、康体理疗、商务会务转型升级，努力成为国际休闲度假基地。十多年来，周庄古镇保护与旅游发展和农民致富实现了"多赢"，不仅取得了良好的经济效益和社会效益，而且积累了宝贵的成功经验。

（二）周庄古镇保护利用的主要经验

周庄古镇保护利用的实践经验：主要是首创政府主导、企业参股、按照古镇保护规划，较完整地保护古镇格局风貌，利用文化遗产开发旅游，并将旅游收入反哺古镇保护，成功实现古镇保护与发展"双赢"的经验做法，被称为"周庄模式"。周庄始终坚持"保护古镇、开发旅游、建设新区、发展经济"的规划理念，坚持"保护为主、适度开发"、"边保护边发展，以发展促保护"的可持续发展之路。在周庄古镇保护模式的示范效应下，江南水乡古镇相继走上古镇保护开发之路，使"周庄模式"成为中国古镇保护与发展的代表性案例。

1. 坚持"保护中加快发展，发展中加强保护"的理念

周庄古镇采取科学规划，实施"新旧分开"，合理布局"古镇区＋古镇新区＋新镇区"的非空心化模式，对古镇与新镇区采用不同的保护开发旅游项目，对传统古镇与现代新镇进行过渡性保护。一方面坚持"修旧如旧"的原则对古建筑、古街区、古河道进行保护、修缮和整治，至今仍保存着明清时期70%的古民居建筑；做到了古镇保护不大量迁徙当地居民；另一方面坚持古镇"新旧分开，有机更新"的原则，实施"保存、保护、改造、更新"四类措施，做到按"原材料、原结构、原环境、原工艺"四原则，修旧如旧，富有成效，并通过实施"三线地埋"、污水处理等工程，较好解决了现代化建筑，现代生活对古镇原有风貌的侵蚀，促进了古镇保护发展的"双赢"。

2. 坚持政府作为古镇保护与旅游开发的主导力量

"周庄模式"的主要经验，就是坚持以政府为主导把古镇保护作为旅游开发出发点、落脚点和最终归宿，这也是政府职能和古镇保护的最基本要求。一是政府建立古镇保护委员会等管理机构，制定《周庄古镇保护条例》，强化依法保护古镇与旅游开发相互促进。二是政府作为主要保护者、开发者、受益者，强化保护古镇与合理整治、与调节旅游活动相结合；保护经费靠地方政府解决，主要靠旅游公司收入、房租和古镇保护基金。用旅游开发收入反哺古镇发展。每年投入门票收入的10%进行古建筑维修保护。三是多种方式筹集保护资金，加强旅游公司的资本运作，扩大旅游开发项目和规模；积极开展国内外古城镇交流、学习与合作，提升旅游质量。如1995~2003年，由政府划款、旅游收入、民间捐款和利用外资等方式共筹集10亿资金，投入古镇保护和全面整治。2008年，又创建文化创意产业园，为古镇转型升级提供新的活力。目前，周庄古镇通过打造游客喜欢、原住民支持的客栈、茶馆、书吧、小酒吧等休闲场所，进行古镇保护发展的转型升级。

3．坚持居民为主体、居民利益至上的发展模式

"周庄模式"的最大特色，就是始终坚持原住民是古镇保护的主体，保留古镇区原住民。古镇内至今还居住着800多户原住民，是一个较好保留古镇文脉和灵魂的"活的古镇"，这是周庄古镇保护成功的价值所在和最大的财富。周庄古镇保护的另一大特点，就是给原住民参与古镇保护与旅游开发的机会，给原住民带来商业化开发的经济收益，共享了古镇保护与发展成果；同时，古镇旅游开发的收入又为文化遗产保护增加了生机和动力；但古镇旅游开发的无序性也容易导致过度商业化，这就需要政府切实加强保护与监督管理，因此，2003年下发《限制古镇区经营真丝类商品的通知》。周庄通过2003年"限商令"和2005年"减商运动"，有效维护了古镇的淳朴氛围，优化了旅游环境，也促进了古镇保护与良性发展。自2009年至今，周庄在1km²古镇内，实现中高档民居客栈及文化、休闲门店改造600间以上、特色街道改造5条以上、退出低档次同质类门店50间。目前，周庄全镇劳动力人口1.3万，其中从事以旅游为主的三产服务业的劳动力约为6000人。旅游"一业兴、百业旺"的经济龙头带动作用得到充分发挥，全镇经济收入的54%来自以旅游业及相关配套行业，旅游业成为周庄经济的支柱产业。

4．坚持传承文化遗产促进古镇保护、带动旅游开发

周庄古镇在旅游保护开发过程中，不断致力于优秀传统文化的挖掘、弘扬和传承，积极探索文化旅游，全力塑造"民俗周庄、生活周庄、文化周庄、国际周庄"，周庄正日益成为向世界展示中国文化的窗口，更是受到了中外游客的青睐。如周庄的水乡木刻年画、打田财、摇快船，还有元旦"开庄仪式"、春节"大春游"，大年初五"接财神"等。尤其是周庄不仅每年投巨资扶持世界非物质文化遗产——昆曲艺术的传承发展，而且打造了大型水上实景演出《四季周庄》；创建了画家村、画工厂，风情小镇、江南人家、文化客栈等休闲旅游配套项目，较好地传承发展江南水乡文化与民俗风情；并利用周庄文化遗产兴建文化创意产业园，成为"国家级文化产业示范基地"。近年来，更是将文化创意与旅游资源相结合，用文化创意带动旅游产业的发展。

四、乌镇古镇保护利用的实践经验：政府主导的旅游公司为主体，保护与开发并举、以开发促进保护

（一）乌镇古镇特色与保护过程

乌镇历史悠久、文化底蕴丰厚。有7000年文明史和2170多年建镇史。古代是"江浙两省三府七县"交界接壤之地，如今是上海、杭州、苏州三大城市的金三角中心，距离杭州、苏

州同为80km，上海130km。乌镇历史人文荟萃、名人代有辈出。古代名人有谢灵运、萧统、李绅、裴休、元代赵孟頫、陈与义、范成大、茅坤、张履祥、祝枝山、文徵明、鲍廷博等都在乌镇寓居或作出过重要功绩；还有唐皇肃宗、宣宗都为乌镇寺院及其法师敕赐亲书。近代名人有劳乃宣、汤国梨、沈泊尘、严独鹤、沈骊英等。现代名人有茅盾、沈泽民、王会悟、孔另境、木心等。

乌镇是典型的江南水乡古镇，素有"鱼米之乡、丝绸之府"之称。古老的京杭大运河环绕全镇并穿镇而过，镇内河网纵横交错，依河成街、因河成镇，水镇一体，全镇东、西、南、北四栅，呈"十"字交叉于"中市"，形成双棋盘式河街平行的街巷格局。乌镇东栅、南栅、西栅、北栅四条千年古街，两侧的明清古民居建筑群鳞次栉比，平行于四栅街巷的河道上石桥、河埠密布，以河为街、桥街相连、河畔筑屋、居民依水而居、以街为市，古宅大院、深巷古道、乌瓦白墙、过街券门、临河水阁、石栏拱桥、驳岸踏步、河埠廊坊、古色古香，生动地展现出江南水乡古镇独具"小桥、流水、人家的江南风韵"和"优美、清新、婉约、恬静生活画卷"，体现了中国古民居"以和为美"的人文思想，展示出"自然与人文环境相融合"的整体美。足以让世人体味到千年乌镇，从唐宋江南雄镇、发展到明清江南巨镇，至今成为名扬海外的"中国江南"封面和走向世界名镇过程中的"准世界文化自然遗产"的历史文化魅力。

乌镇是首批中国历史文化名镇和中国魅力名镇之一。历史文化古迹遗存众多，曾有"一观二塔三宫六院九寺十三庵"，现拥有两处全国重点文物保护单位：茅盾故居和谭家湾古文化遗址；有多处省、市文物保护单位：六朝遗胜、唐代银杏、修真观戏台等历史遗迹；还保留了十几万平方米的江南典型水乡古民居；为乌镇保护与发展旅游提供了丰富厚重的文化自然遗产和良好基础条件。

1998年，乌镇镇政府成立了"古镇保护与旅游开发领导小组"，委托上海同济大学城市规划设计院编制《乌镇古镇保护规划》，明确了古镇保护和旅游开发的整体发展方向，提出不同等级的保护措施，保护范围和缓冲面积达198km²。1999~2001年，桐乡市政府主导下实施乌镇东栅保护开发工程对外开放，展现了原汁原味的水乡风貌和深厚的文化底蕴，每年吸引几百万海内外游客观光。2001年被国家命名为首批中国十大历史文化名镇。2003年被联合国列入"世界文化遗产预备清单"，并获"亚太地区世界文化遗产保护杰出成就奖"。2004~2007年，历经4年的乌镇西栅"古镇社区"保护开发项目开放，成为国内首屈一指的集观光、休闲、商务、会展体验、度假为一体的江南古镇旅游目的地。2007年，中青旅以3.55亿元入主乌镇旅游，持股60%；2009年，国际风险投资公司的IDG正式持有乌镇旅游15%股份。2012年旅游人次已超过600万，景区收入6.9亿元；自2007~2013年，乌镇旅游门票收入已达20多亿元。2012年再次入选联合国教科文组织"世界文化遗产预备清单"。今天，乌镇提出的发展目标是"中国第一旅游大镇"、"世界一流风情小镇"、"中国最美小城镇"。

（二）乌镇古镇保护利用的主要经验

乌镇古镇保护利用的实践经验：主要是由政府主导的旅游公司为主体进行保护开发的模式，采取了"一次规划、分步实施"，从"点、块、面"对乌镇历史街区、历史建筑进行不同功能的保护利用；突出"保护与开发相结合"为重点；坚持"修旧如故，以旧修旧"保护原则，原汁原味保存古镇格局风貌，先后探索创新"东栅原真性保护和西栅开发古镇社区"的"两种模式"，实现了乌镇保护与旅游发展的"双赢"。

1. 乌镇东栅开创原真性保护与遗产利用实现"双赢"的"乌镇模式"

2001年，乌镇东栅保护工程对外开放，保护建筑面积近6万m²，不仅真实完整地保护好茅盾故居、修真观等名胜古迹、历史建筑；而且开辟了多姿多彩的民俗展馆、手工作坊、休闲场所，展现了乌镇历史上具有浓郁地方个性色彩的"香市"、"瘟元帅会"等民间节日和民俗风情，挖掘了皮影戏、箍桶等濒临失传的民间技艺，又很好地传承发展了蓝印花布、三白酒、姑嫂饼等非物质文化遗产；真实展现了原汁原味的江南水乡风貌和乌镇的深厚文化底蕴，被称为"最具文化气息的水乡古镇"，每年吸引几百万海内外游客观光，成为中国著名的古镇旅游胜地。2001年被国家命名为首批中国十大历史文化名镇，2003年被联合国列入"世界文化遗产预备清单"，并获"亚太地区世界文化遗产保护杰出成就奖"。

乌镇东栅保护的最成功之处，就是坚持"保护第一、整旧如故，以存其真"原则，不仅有效保护了历史街区、历史建筑的格局风貌及其自然环境；而且原汁原味保留了原住民生活状态、非物质文化遗产及其文化生态，成功实现了保护古镇历史文化遗产、利用古镇街区历史建筑、开发旅游经济的"多赢"，受到国内外专家学者和社会公众游客的一致好评。正如联合国教科文组织亚太地区主任明嘉杨女士认为："乌镇在发展中国家中成功走出了一条能从当地经济社会条件出发，依靠市场运作的机制，达到保护历史与开发当地旅游和谐发展的新路，形成了独有的'乌镇模式。'"

2. 乌镇西栅千年古街探索实行"保护与更新相结合"的"新古镇社区"

乌镇西栅古街是乌镇最具有历史文化底蕴的核心保护区，也是江南水乡六大古镇最长的千年古街。2003~2007年，桐乡市政府通过贷款3.5亿到最后投资近10亿元，历时4年重新打造的乌镇西栅景区正式开放，景区占地面积3.4km²，由12个碧水环绕的岛屿组成，西栅融合了休闲、度假、会务、观光等功能，将古镇民居改造为独具江南风情的民宿。

乌镇西栅保护与更新"古镇社区"的具体做法：①对西栅长达三里的历史街区及其自然环境进行了大幅度整治，采取以"修旧如旧、以旧修旧"为原则，以"用旧料、慎新建、多移建"为手段，较好地修复整治了西栅历史街区历史建筑风貌。②创新"古镇社区模式"，进行了大幅度更新改造和大规模开发旅游，首创了"管线地埋"、"改厕工程"、"泛光工程"、"智能化管理"，景区内直饮水、宽带网络、卫星电视、天然气等现代化设施配套俱全，形成一个吃、住、行、游、购、娱为一体的休闲观光区。③在西栅历史街区周围延伸扩展了12个岛屿式街区，大体量移建和新建仿古建筑，移建10多座古桥来串联水、街、桥而组成新的历史街区，从而更新改造成为"集参观、休闲、商务会议"为一体的古镇生活社区，但也给古镇古街的历史格局风貌及其真实性带来较大破坏。

3. 乌镇古镇保护利用创新"迁、拆、修、补、饰"相结合的原则措施

乌镇古镇物质文化遗产的保护原则是"承接古镇文脉，保持古镇风貌，力求原汁原味"，做到"整旧如故，以存其真"。具体措施是"迁、拆、修、补、饰"。所谓"迁"就是迁移原有的工厂、商店、现代民居和西栅全部原住民。"拆"就是拆除不协调建筑。"修"就是用旧材料和传统工艺修缮老街旧房和河岸桥梁。"补"就是对历史街区的断缺空白处，按旧制用旧料补建建筑，连缀整体，拓展街区。"饰"就是实施"管线地埋工程"、"改厕清淤工程"、"泛光亮灯工程"和"安装空调、直饮水、天然气、宽带网络、卫星电视"等"智能化管理工程"。这"五字法"是乌镇保护的创意之举，成为全国古镇保护开发的"样本"。

4. 乌镇古镇保护利用的特色是坚持文化遗产有效保护和旅游开发相结合

乌镇古镇文化遗产保护利用的主要特色是坚持"历史文化遗产保护利用和旅游开发相结合"，通过实施"文化遗迹保护工程、旅游开发工程、环境保护工程"等大项目，使千年古镇充分再现了19世纪末20世纪初的水乡古镇风貌，由此形成一个吃、住、行、游、购、娱为一体的休闲观光区。乌镇在保护开发过程中，不仅重视古镇人文名胜古迹、历史名人故居等物质文化遗产保护与利用，而且十分注重"江南水乡文化、民间民俗风情"等非物质文化遗产传承发展。如既把茅盾故居、立志书院、林家铺子等重要景点加以恢复拓展等，又使乌镇的香市、酒俗、寿俗、礼俗、婚俗、衣俗和蓝印花布、皮影戏、三跳、水龙大会、水乡婚礼、大摆船拳术、高杆表演等非遗项目得到有效的开发利用，充分展示出茅盾笔下的江南水乡古镇和一个历史、人文、诗意的乌镇。

5. 乌镇古镇保护利用突出市场化开发运作与旅游宣传营销创意相结合

乌镇古镇保护利用的成功得益于保护开发并重，以及"政府主导，市场运作，公司经营"的理念。乌镇旅游开始以上海为目标市场，通过与上海电视台结盟、高频率宣传，以及上海旅游节等营销活动，打响了乌镇旅游品牌。十多年来，乌镇保护与旅游发展，充分利用了电视、广告等多种媒体推广、开发古镇历史文化资源，并转化成可持续发展的旅游资源，实现了利用古镇文化遗产与开发旅游资源的双轨并行的成功之路。尤其是乌镇在世博会上成

功利用"乌镇模式"品牌的内涵挖掘和创意宣传，真实地展现了乌镇特有的民居水阁、老宅深巷、船拳皮影和民间作坊等。同时，乌镇在古镇保护利用过程中还不断挖掘、广泛宣传乌镇民间传统文化，充分展示出乌镇礼仪习俗、衣食习俗、婚俗、寿俗等民间节俗，尤其把茅盾笔下的"老通宝家乡风情"，丰富多彩的江南"蚕文化、竹文化、饮食文化"，很好地向中外旅游者形象展示和充分享用。同时，乌镇还连续多年举行了民俗风情浓郁的"乌镇香市"和"茅盾文学奖颁奖仪式"，从而增强了茅盾故乡乌镇的名人效应。

此外，乌镇保护与开发管委会负责对旅游业发展的行业管理，协调职能部门对各类饭店、餐馆、旅社、娱乐场所和旅游团队的管理、检查和监督，以及对违规企业、个人的处罚，也促进了乌镇旅游业的健康发展。但也存在原住民未能共享旅游发展成果，并带来物价上涨和环境嘈杂等问题，有待切实解决。

五、诸葛村保护利用的实践经验：从村民"自发保护、自觉保护"到创建"三结合"自治保护管理[①]

（一）诸葛古村落特色与保护过程

1. 诸葛古村落（全国重点文物保护单位）的价值特色

诸葛古村是浙江省兰溪市一个诸葛血缘姓氏的宗族聚居村落，村中聚居着三国蜀汉丞相诸葛亮后裔3000多人，1000多户人家，古村落占地面积约1km²，是全国最大的诸葛亮后裔聚居地，现是全国重点文物保护单位。诸葛古村具有独特的传统村落布局、神秘的乡土文化意蕴、宏富的古代建筑样式和形制，可以称为"我国传统民居古建筑的富金矿和博物馆"、"中国古村落的活化石和杰出典范"。这也是诸葛古村受到了人类学、考古学、建筑学、历史学、民俗学、民族学、社会学、文学、医学、哲学等众多专家的青睐和赞赏的原因所在。

诸葛村古建筑存量大、形制齐，现有保存完整的明清古民居及厅堂有200多处，总面积达6万多平方米；目前保存完好的11座堂有：大公堂、丞相祠堂、崇信堂、崇礼堂、雍睦堂、大经堂、崇行堂、春晖堂、文与堂、燕贻堂和敦复堂；各种建筑的木雕、砖雕、石雕工艺精湛、建筑豪华，"青砖小瓦马头墙，肥梁胖柱小闺房"，结构之精、布局之奇，令人叹为观止；建筑类型上的楼上厅和前厅后堂楼，全国罕见。1996年被国务院列为全国重点文物保护单位；1997年，由清华大学建筑学院编制的《诸葛村保护规划》正式完成，这也是全国首例古村落整体保护的规划。现已成为国家AAAA级旅游景区，国家非物质文化遗产保护地，全

① 诸葛坤亨. 诸葛村的保护与开发[N]. 中国旅游报，2011-02-28.

国特色旅游景观名村、全国生态文化村、中国十大古村、浙江省绿化示范村、浙江省美丽乡村等称号。

2. 诸葛古村落从自发保护、自觉保护，发展到整体保护的过程

（1）诸葛村始于村民自发保护，源自传统文化内力。

历史上，诸葛亮的后裔在外出经商致富后，一般都会回村祭祖、修建建厅堂等公共建筑，直至今天，诸葛古村仍保留着每年祭祖的尊祖传统和热衷公益、修建厅堂的良好村风。诸葛村人认为"不能祭祖的时候连个地方都没有！"正是这种诸葛人的传统文化内力，激发诸葛村民不断自发地抢救保护古村落，建设自己的精神家园。1981年农村实行联产承包责任制后，原生产队集体公用的厅堂无人管理，有的濒临倒塌，部分村干部和老同志建议发动群众进行募捐抢修。自1988~1995年，通过筹款募捐的办法，村民们先后自发抢救性维修了崇信堂、尚礼堂、大公堂等厅堂。"厅堂修好后选出专人管理（村民们叫厅长），并制定严格的管理制度。1996年后，村里仿此办法先后抢修了崇信堂、花园厅、雍睦堂等多处厅堂。大家出钱，共同使用，人人监督。"[①]

（2）诸葛村从自发保护抢修发展到整体规划保护。

1991年，诸葛村的元代建筑——纪念诸葛亮的大公堂，因年久失修濒临倒塌。村里的长辈和离退休老人看在眼里，急在心里，都认为不能让祖宗留下的宝贵遗产毁在我们这代人身上而纷纷建议抢救保护。传统文化内力的驱动，强化了村民自发保护意识。于是由村委会牵头，"组成重修大公堂理事会，向全国各地和海外诸葛后裔发函募捐，当年共筹资金18万元。1991年大公堂重修完工，修缮工作涉及了诸葛后裔及村民4000多人，成功地解决了遗产保护从认识到责任该谁来承担的问题"[②]。1992年，兰溪市政府命名诸葛村"兰溪市历史文化村落"。1994年，诸葛村成立了"诸葛文物旅游管理处"，并试行对外旅游开放。1996年诸葛村被国家文物局确定公布为全国重点文物保护单位。1997年诸葛村成立"文物保护管理所"后，并在村委会的配合下开始对诸葛村古建筑进行了调查、统计、编制档案、制定保护措施等工作。同年，由清华大学建筑学院编制的《诸葛村保护规划》论证通过进行整体保护。在保护规划实施过程中，文保所与村委会配合默契，相互合作、共同做好保护古建筑、古文物工作。

（3）诸葛古村落保护在旅游大开发驱使下的认识误区。

然而，诸葛村保护并非一帆风顺。1996年在旅游大开发浪潮的驱使下，由于古村落保护的认识误区，地方政府认为诸葛村体制不顺，机制不活，决定收回旅游经营权，搞大规模商

---

① 诸葛坤亨. 诸葛村古村落保护模式[J]. 中国文化遗产，2007（4）.

② 诸葛坤亨. 一个古村落如何成为新农村旅游热点[N]. 江南游报，2006-12-07.

业开发，于是撤销了诸葛村"文物旅游管理处"；成立了以当地镇政府为主管的"诸葛旅游公司"，主要由镇政府来经营管理，但旅游公司是个空架子，既没有资产，也没有资金投入。同时政府经营原本产权不属于自己的旅游项目，严重影响了村委会和村民保护古建筑和旅游基础设施投资人积极性。此后成立的"兰溪市旅游发展有限公司"，又在诸葛村保护控制范围内实施"孔明苑"项目，严重违反了《诸葛村保护规划》，刚实施就受到文物管理部门和专家的极力反对，被迫中途停止，公司随之自然解散。但已经对诸葛村的自然环境造成了严重破坏，村口最美的出水口自然景观被破坏了，留下了由房地产商开发的40间"火车皮"一样不伦不类的"新商业街"[1]。这种由于古村落保护认识的误区带来造假与破坏，是各地古村落保护利用值得吸取的深刻教训。

（二）诸葛古村落有效保护的措施和方法

1．诸葛古村落整体保护的措施

近年来，诸葛村启动了新一轮文化与自然遗产的有效保护行动。地方政府转变了古村落保护与合理开发的观念，针对多头管理暴露出来的问题，开始建立形成一个较科学合理的体制关系：即文物保护管理所、诸葛村委会、旅游公司、村民的共保共建和共享成果。同时，诸葛古村落保护开发造假的失败教训，也使地方政府和诸葛村委会共同提高认识而达成共识，都认为必须在有效保护前提下发展旅游，要将保护古村落和改善人居环境结合起来，在政府和文物部门的扶持下，通过银行借贷、民间筹款、门票收入和集体可支配资金的多元化，将4000万元投入到古建筑保护和旅游基础设施建设上。一是抢修古建筑。利用旧木料、旧木雕、抢修古建筑3万多平方米，其中厅堂7座，民居50多幢，计200多间。二是整治古村落。诸葛村保护注重综合性整治，整修村道旧路、进行自来水改造，实行"三线"地埋，新建环保型公厕等。三是拆除新建筑。诸葛村对部分新建筑，进行拆除或改造，并在村外开辟新居民区，让缺房户在新区内建新房，解决古村民建房难的矛盾。四是恢复古街风貌。改造始建于清代中期的历史街区，恢复了上塘古商业街的古旧风貌。五是原址重建古建筑。搜集"文革"中被拆除的三座节孝坊的原构件，在原址装拼重新恢复节孝坊、穿心亭和枯童塔等。六是抢救乡土民俗文化。传承恢复每年四月十四和八月二十八的传统祭祖活动和元宵的板凳龙灯会。七是保护古树名木。诸葛村对古树名木进行挂牌保护，并种植大量的本地树木，绿化村落景观。[2]。

---

[1] 诸葛坤亨．诸葛村文物保护与旅游管理体制[C]//中国古村落保护与发展国际研讨会论文集，2006-11-09．

[2] 诸葛坤亨．诸葛村古村落保护模式[J]．中国文化遗产，2007（4）．

2.诸葛古村落整体保护的方法[①]

（1）重视落实整体保护规划，严格按文物保护法办事。按照保护规划对古村落的建设控制地带进行划定并打桩；对古村落的文物建筑进行分类并挂牌，让全体村民知道自己的建筑属于文物保护单位，并与户主签订保护协议。

（2）加强文物保护法宣传的力度。经常在村民代表大会、党员大会、老年协会上宣传文物法，使全体村民深知毁坏文物违法，增强了保护意识，并在村民之间形成相互监督的共同保护氛围，有效制止了乱拆、乱修、乱搭建等行为。

（3）制定村规民约。规定村民不能毁坏祖宗留下的文物遗产，如有破坏行为，村委会将取消其家庭所有成员的一切福利待遇等，从而提高村民自觉保护的意识，有效加强古村落的整体保护和完整性。

（4）聘请专家技术指导，培养民间维修古建筑队伍。古村落古建筑保护的专业性、技术性很强，盲目维修容易造成保护性破坏。诸葛村始终坚持在专家和文物部门的指导下进行整体保护；同时又培养了一批土生土长的木匠、石匠、泥瓦匠、雕花匠，经过专家指导后在实践中探索模仿，基本掌握了古建筑结构、风格及其修缮方法，在古建筑保护修缮中发挥了主要作用。

（5）因地制宜制定了一系列抢修措施。由于部分年轻村民对住老房子不适应；或有的村民不愿意花很多资金去修缮，宁愿去新区建房或要求拆除重建，村委会为抢救这些古民居，采取一些变通方法处理。如古建筑业主经济困难，确实难以支付维修费的，由村委会补贴30%。房屋濒临倒塌但户主不愿维修、又不打算居住的，村里先垫资抢修，产权不变，修好后由村里保管使用，户主如要拿回，需归还维修费等办法。

（6）向国家争取资金对一类建筑进行抢修。向国家文物局争取了一部分资金，先后修缮了墩厚堂、文与堂、明德堂等建筑，但这些文物建筑都是由文物部门批准的专业工程队维修。

（7）成立了诸葛村消防队。诸葛村的建筑都是木结构的，且连绵成片，随时有可能发生火灾，从1997年开始村里成立了消防队，24小时有人值班，配备灭火器和其他消防设施。村里的自来水管道也都安装了消防栓[②]。

（三）诸葛古村落保护利用的主要经验

十多年来，诸葛村实行村民自治的保护模式，坚持"保护为主、抢救第一、合理利用、加强管理"的文物保护方针，不仅有效保护好物质与非物质文化遗产，而且依托独特的古村

---

① 诸葛坤亨.诸葛村古村落保护模式[J].中国文化遗产，2007（4）.
② 诸葛坤亨.诸葛村的保护与开发[N].中国旅游报，2011-02-28.

落资源进行旅游开发，为社会提供了美丽又和谐的旅游休闲胜地；又使诸葛村居民获得了较好经济利益，实现了古村落的共保共建和共享成果。其成功的主要经验如下：

1. 坚持古村落原住民为保护主体，维护原住民自治权和利益

古村落保护的最关键人物是原住民。首先要加强宣传、提高村民保护意识。要让广大村民知道保护第一和古村保护的重大作用，以及对集体对个人乃至对国家的重要价值和意义。因此，自1997年开始，诸葛村在市文物保护管理所的配合下，大力宣传文物保护法。把文物保护法中的有关章节写在墙上，印成册子，张贴在宣传栏内，并把毁坏文物的处罚措施写进《诸葛村村规民约》中。村中每年都要制作以《文物法》和《村规民约》为内容的挂历，分发到每家每户。村内每幢古建筑都要挂牌，居住在古建筑内的村民必须签订保护责任书。对保护范围，建设控制地带进行打桩划界并予以公告。经过大量宣传工作，保护意识已深入人心，全体村民已参与到古村的保护中。可见有效宣传，是提高村民古村落保护意识的最重要方式。[①]

2. 严格实施保护古村落规划，科学保护古村落的原真性[②]

十多年来，诸葛村坚持严格实施保护古村落规划，古村落的文物、古建筑、自然风貌、生态环境等都得到了较真实完整的保护。如严格要求一、二类建筑的修缮工作，即先必须编制修缮方案，逐级上报审批，并争取国家部分拨款支持。对大批的三类建筑，则组织当地的土木工匠队伍进行修缮。10多年来古村共抢修古建筑4万多平方米，整修道路6000多米，恢复了上塘古商业街。保持古村落的原汁原味，既是对文化遗产的珍视，又是自身生存发展的根本。为了保护古村落的文物建筑、水文地理，收购了大量旧砖瓦，旧石材，旧木料，雕花构件，用于维修，从而实现以旧修旧的效果；古村落清理了村内18口水塘的淤泥，引活水进塘；改造自来水、污水处理；进行道路维修、建造公厕、种植绿化等。

3. 挖掘利用诸葛古村传统文化，传承保护非物质文化遗产

诸葛古村的最大特色，具有浓厚的物质文化遗产和丰富的非物质文化遗产。保护利用古村落文化遗产是古村旅游开发的前提和重点。因此，"诸葛村充分挖掘诸葛家族文化内涵和传统文化底蕴，恢复每年四月十四和八月廿八的传统祭祖活动和元宵的板凳龙灯会。先后创办'天一堂'百草园，大经堂中药展馆，寿春堂中药店，将诸葛世家传统中医药文化与旅游有机结合，使这一传统文化得到继承和发展。2004年开辟的诸葛亮生平事迹陈列馆，以景

---

① 诸葛坤亨. 诸葛村的保护与开发[N]. 中国旅游报，2011-02-28.

② 诸葛坤亨. 诸葛村的保护与开发[N]. 中国旅游报，2011-02-28.

箱、图片、蜡像展示了诸葛亮一生不平凡的事迹及其魅力，被浙江省纪委命名为'浙江省廉政文化教育基地'。2007年'诸葛后裔祭祖、诸葛古村落建筑艺术'被列入浙江省非物质文化遗产名录，2008年'诸葛古村落营造技艺'又被列入国家级非物质文化遗产名录。"[①]

4．诸葛村自治管理特色，旅游收入反哺古村保护和奖学养老[②]

诸葛村发展旅游业具有独特的自治管理特色，是采取村委会与诸葛旅游发展公司共同经营。诸葛旅游发展公司是在村委会的领导下独立核算的景区经营公司。村民委员会每年对公司下达一定的经济指标，公司对员工进行绩效考核，进行企业化、市场化管理。公司经过多年的市场经营，已形成一个较为完善的景区管理和市场营销机构。公司旅游收入（主要是门票收入）是诸葛村文物保护与旅游投入的主要经济来源。诸葛村旅游门票收入激增同时，村民依托古村旅游业而发展私营服务业，开设餐馆，住宿20多家，旅游商品店51家，农副产品摊点40多个。村民从事旅游业者甚多，每年收入丰厚。在旅游业收入逐年增长的基础上，集体经济得以壮大，村里每月定期发给60岁以上老年人140~200元的生活补贴，农村居民社会养老保险和农村医疗保险费也由村里统一缴纳，并实行奖学金制度。

5．坚持新旧分开、统一协调原则，优化居住环境规划建设新村[③]

平衡古村落文物保护与村民居住需求的矛盾，是古村落保护中的难题。诸葛村坚持"新旧分开与统一协调"相结合原则，在建设控制地带外面，紧靠老村的地方规划了新村，逐年有计划地外迁一部分村民，并在新老村之间建造了老年活动室、幼儿园、图书室、健身广场等设施。新区实行统一规划，房屋统一设计，风格与古村风貌接近。外迁村民按照国家有关农村宅基地建房政策，原房屋由村集体统一折价收进，由村里再统一调配给缺房的困难户。在保护古建筑的同时，村里还进行了大量的绿化。如今诸葛村环境优美，荷塘连片，绿树成荫，鸟语花香，卫生干净，村民安居乐业，古村落的生态环境保护与村民生活融为一体。

6．探索发展古村保护与农业休闲相结合的乡土文化休闲旅游区[④]

目前，诸葛村正在实施以古村落为核心的农业生态休闲旅游项目。2007年，委托浙江林学院编制了《诸葛八卦村农业休闲观光总体规划》，该规划分"古村落保护区""外围景观林营建区"、"入口景观服务区"、"乡村休闲度假区"、"中药保健游憩区"、"田园观光体验区"6大块，总投资1.27亿。其中"外围景观营建区"是诸葛八卦村外围的八座小山，即"外八

① 诸葛坤亨．诸葛村的保护与开发[N]．中国旅游报，2011-02-28．
② 诸葛坤亨．诸葛村的保护与开发[N]．中国旅游报，2011-02-28．
③ 诸葛坤亨．诸葛村的保护与开发[N]．中国旅游报，2011-02-28．
④ 诸葛坤亨．诸葛村的保护与开发[N]．中国旅游报，2011-02-28．

卦";"中药保健游憩区"将诸葛世家传统中医药文化与旅游有机结合，使这一传统文化得到继承和发展；"乡村休闲度假区"中的"卧龙庄"度假村已完成并对外营业。未来诸葛村将会形成一个以古村保护区为中心，外围农业休闲观光为辅，功能完善的集乡土文化特色的休闲型旅游区

7. 创新诸葛村保护由"村委会、公司、文保所"的三结合模式①

文物保护管理所在市文化局领导下对诸葛村文物保护进行监督，配合诸葛村实施保护规划，宣传、贯彻、执行文物保护的法律、法规政策，对村民建房、修房把关、审批并进行技术性指导工作，对诸葛村的文保工作起着保驾护航作用。

村民委员会与旅游公司的职能分工为：村务工作、古建筑维修及保护、工程建设、旅游项目投入、行政事务等都由村委会管理，旅游公司按规划管理和保护景区，经营和宣传促销工作。诸葛旅游发展有限公司是诸葛村委会、村经济合作社下辖的经营公司，公司资产归属行政村经济合作社所有，村委会实际是诸葛旅游发展有限公司的董事会。旅游公司独立核算，门票收入在公司开支后，多余全部上交村集体，村委会（董事会）每年对公司下达业绩考核指标。村委会和旅游公司形成保护、利用、管理上既分又合、既合又分的一体化模式。村民委员会和旅游公司是全体村民的村落管理和旅游发展的集体组织，因此，村干部任免由村民代表大会决定，公司主要干部任免由"二委"决定。村集体财务受村民公开监督，村民也就是公司的股东，这种模式使村民对集体经济比较放心。

诸葛村合理的自治和经济管理体制，确保了古村落保护和旅游发展，一定程度上解决了产权经营层面上的矛盾。因产权和经营权都是集体或村民的，利益分配纠纷不易产生，村民既是公司的股东，又是公司的受益者，由于它的收益都是用在对家乡的保护、建设和旅游开发上，村民无可非议。村里的决策比较主动，村里对古村落保护措施和村规民约会自觉遵守。保护工作上比较好协调，规划实施上也比较好统一，有利于古村落完整保护和村落中综合功能的发挥，也有利于村落文化的传承和延续。

---

① 诸葛坤亨. 诸葛村古村落保护模式[N]. 中国文化遗产，2007-04-30.

第十二章

中国历史文化名镇名村申报世界遗产的理论与实践

中国自1985年12月12日加入《保护世界文化和自然遗产公约》,于1986年开始向联合国教科文组织申报首批世界遗产项目。1987年,我国申报的北京猿人遗址、敦煌莫高窟、山东泰山、长城、秦始皇陵、明清皇宫,列入中国第一批《世界遗产名录》,至2014年底,中国先后被批准列入《世界遗产名录》的世界遗产已达48处。其中世界文化遗产33处(含文化景观4处),世界自然遗产11处,文化和自然混合遗产4处。今天,我国世界遗产拥有量已超越西班牙,成为第二大世界遗产国,仅次于意大利。同时,从2003年10月联合国通过《保护非物质文化遗产公约》至今,中国列入《人类口述和非物质遗产名录》的世界非物质遗产已有38项,居世界第一。

2014年6月,"中国大运河"申报"世界文化遗产项目"和首例跨国联合申报"世界文化遗产项目"丝绸之路:长安—天山廊道路网(中国、哈萨克斯坦、吉尔吉斯斯坦)于6月22日在第38届世界遗产大会上获准列入《世界遗产名录》,成为首例跨国合作、成功申遗的项目。6月23日,"中国南方喀斯特(广西桂林、重庆金佛山、广西环江、贵州施秉)"申报"世界自然遗产扩展项目"又获准列入《世界遗产名录》,这是国际世遗组织修改申遗规则10年来,中国第一次破例申报3项世界遗产,全部被联合国教科文组织列入《世界遗产名录》,并首次一年新增两项文化遗产,十分难得,值得珍惜。我们应更好地加倍保护,来彰显中国形象。

一、世界遗产的由来含义、分类范围与申报标准

(一)世界遗产的由来、含义及其分类

1. 世界遗产的由来

1959年,埃及决定在尼罗河上建造阿斯旺水坝,危及努比亚地区的古代遗址。为此,联合国教科文组织发起了抢救阿斯旺水坝的"国际保护运动",提出保护"人类共同的遗产"和"人类分担这些遗产的保护责任"等国际概念。在20世纪60年代的环境保护运动中,不少国际专家认为"作为一个整体的人类自然遗产"必须加强保护,将影响着人类的未来。

1965年,华盛顿召开的"世界遗产保护"白宫会议明确提出了"世界遗产"概念,认为世界遗产"关系所有世界公民的现实和未来的利益"。后来,这个提案在1972年的联合国环境大会上得到国际认同,于是联合国教科文组织通过了《保护世界文化与自然遗产公约》,明确提出"部分文化或自然遗产具有突出的重要性,因而需作为全人类的世界遗产一部分加以保护"。

2．世界遗产的含义与分类

世界遗产是全人类公认的具有突出意义和普遍价值的文物古迹及自然景观，是联合国教科文组织、世界遗产委员会确认的人类罕见、目前无法替代的财富。世界遗产从狭义上分为"世界文化遗产"、"世界自然遗产"、"世界文化与自然遗产"、"世界文化景观"四大类。世界遗产从广义上可分为文化遗产、自然遗产、文化和自然双重遗产、文化景观遗产、人类口述和非物质遗产（简称非物质文化遗产）、记忆遗产、工业遗产、农业遗产等，每类遗产都具有明确的定义和供会员国提名及各遗产委员会审批遵循的标准（图12-1）。

图12-1　世界遗产标志

（二）世界遗产的保护范围与申报标准

1．世界文化遗产的保护范围与申报标准

（1）世界文化遗产的保护范围。《保护世界文化和自然遗产公约》规定下列各项为文化遗产（Cultural Heritage）：① 文物：从历史、艺术或科学角度看，具有突出的普遍价值的建筑物、碑雕和碑画，具有考古性质成分或结构，铭文、窟洞及其联合体。② 建筑群：从历史、艺术或科学角度看，在建筑式样、分布均匀或与环境景色结合方面具有突出的普遍价值的单体或连接的建筑群。③ 古遗址：从历史、美学、人种学或人类学角度看，具有突出的普遍价值的人类工程或人与自然的联合工程以及考古遗址等地方[①]。

（2）世界文化遗产的申报标准。根据2005年《实施保护世界文化与自然遗产公约的操作指南》第77条规定，原来文化与自然遗产的两组标准合起来为10项标准，如果遗产符合下列一项或多项标准，世界遗产委员会将会认为该遗产符合世界遗产条件。一般来说，前1~6项为文化遗产的标准，后7~10项为自然遗产的标准。提名列入《世界遗产名录》的文化遗产项目，必须符合下列6项中的1项或几项标准[②]：

---

① 保护世界文化和自然遗产公约[G]//国际文化遗产保护文件选编．北京：文物出版社，2009：71-72.
② 实施保护世界遗产公约的操作指南[G]//国际文化遗产保护文件选编．北京：文物出版社，2009：278.

1）代表人类创造性智慧的杰作；

2）体现了在一段时期内或世界某一文化区域内重要的价值观交流，对建筑、技术、古迹艺术、城镇规划或景观设计的发展产生过重大影响。

3）能为现存的或已消逝的文明或文化传统提供一种独特的或至少是特殊的见证。

4）是一种建筑物、建筑群、技术整体或景观的杰出范例，展现历史上一个或几个重要发展阶段；

5）是代表了一种（或多种）文化，特别是在其面临不可逆转的变迁时的传统人类居住或土地利用的突出范例；

6）与具有突出普遍意义的事件、文化传统、观点、信仰、艺术作品或文学作品有直接或实质的联系（通常该项标准不单独作为列入条件）。

2．世界自然遗产的保护范围与申报标准

（1）世界自然遗产的保护范围。《保护世界文化和自然遗产公约》规定下列各项为自然遗产（Natural Heritage）：① 从美学或科学角度看，具有突出、普遍价值的由地质和生物结构或这类结构群组成的自然面貌。② 从科学或保护角度看，具有突出、普遍价值的地质和自然地理结构以及明确规定的濒危动植物物种生态区。③ 从科学、保护或自然美角度看，具有突出、普遍价值的天然名胜或明确划定的自然地带[①]。

（2）世界自然遗产的申报标准。根据2005年《实施保护世界文化与自然遗产公约的操作指南》第77条第7~10项规定，提名列入《世界遗产名录》的自然遗产项目，必须符合下列4项中的1项或几项标准[②]：

1）是独特、稀少或绝妙的自然现象、地貌或具有罕见自然美的地带；

2）是地球演化史中重要阶段的突出例证，包括生命记载和地貌演变中的地质发展过程或显著的地质或地貌特征；

3）突出代表了陆地、淡水、海岸和海洋生态系统及动植物群落演变、发展的生态和生理过程。

4）是生物多样性原地保护的最重要的自然栖息地，包括从科学或保护角度具有突出的普遍价值的尚存的珍稀或濒危动植物种的栖息地。

3．世界文化与自然混合遗产申报标准

文化与自然遗产（Mixed Cultural and Natural Heritage）简称"混合遗产"、"复合遗产"、"双

---

① 保护世界文化和自然遗产公约，国际文化遗产保护文件选编第73页，文物出版社，2009年．

② 实施保护世界遗产公约的操作指南[G]//国际文化遗产保护文件选编．北京：文物出版社，2009：279．

重遗产"。按照《实施保护世界文化与自然遗产公约的操作指南》，只有同时部分满足《保护世界文化与自然遗产公约》中关于文化遗产和自然遗产定义的遗产项目，才能成为文化与自然混合遗产。必须分别符合关于文化遗产和自然遗产的评定标准中的1项或几项。[①]

4．世界文化景观的含义范围与申报标准

（1）世界文化景观是世界遗产的新类型。

1992年12月在美国圣菲召开的联合国教科文组织世界遗产委员会第16届会议时提出了世界文化景观概念，并纳入《世界遗产名录》中。从此，世界遗产即分为：自然遗产、文化遗产、自然遗产与文化遗产混合体（即双重遗产）和文化景观。2005年，联合国教科文组织修订通过《保护世界文化与自然遗产公约的操作指南》明确规定："文化景观属于文化财产，代表着自然与人联合的工程。它们反映了因物质条件的限制或自然环境带来的机遇，在一系列社会、经济和文化因素的内外作用下，人类社会和定居地的历史沿革"[②]。它通常体现持久的土地使用的现代化技术及保持或提高景观的自然价值，保护文化景观有助于保护生物多样性。

（2）世界文化景观的保护范围与标准。

文化景观遗产是指被联合国教科文组织和世界遗产委员会确认的人类罕见的、目前无法替代的文化景观。它包括以下3类[③]：

1）由人类有意设计和建筑的景观。包括出于美学原因建造的园林和公园景观，它们经常（但并不总是）与宗教或其他概念性建筑物或建筑群有联系。

2）有机进化的景观。是产生于最初始的一种社会、经济、行政以及宗教需要、并通过与周围自然环境的相联系或相适应而发展到目前的景观形式。它又包括残遗物（化石）景观和持续性景观两种类别。

3）关联性文化景观。这类景观列入《世界遗产名录》，以与自然因素、强烈的宗教、艺术或文化相联系为特征，而不是以文化物证为特征。

文化景观的评定采用文化遗产的标准，同时参考自然遗产的标准。为区分和规范文化景观遗产、文化遗产、文化与自然混合遗产的评选，《实施保护世界文化与自然遗产公约的操作指南》对文化景观的原则进行了规定：文化景观"能够说明为人类社会在其自身制约下、

---

① 保护世界文化和自然遗产公约操作指南[G]//国际文化遗产保护文件选编．北京：文物出版社，2009：273．

② 保护世界文化和自然遗产公约操作指南[G]//国际文化遗产保护文件选编．北京：文物出版社，2009：273．

③ 保护世界文化和自然遗产公约操作指南[G]//国际文化遗产保护文件选编．北京：文物出版社，2009：273．

在自然环境提供的条件下以及在内外社会经济文化力量的推动下发生的进化及时间的变迁。在选择时，必须同时以其突出的普遍价值和明确的地理文化区域内具有代表性为基础，使其能反映该区域本色的、独特的文化内涵"①。

1992年，世界上第一项文化景观遗产诞生——新西兰的汤加里罗国家公园（Tongariro National Park）。此后陆续评选出了一些文化景观遗产，但都被列入了"世界文化遗产"的名单中。如我国的庐山、五台山、嵩山少林寺都是申报"世界文化遗产"后列为文化景观，唯有2010年杭州西湖是我国首次以"文化景观"名义申报、并全票通过，正式以唯一的湖泊类世界文化景观列入"世界遗产名录"。

值得提出的是，列入《世界遗产名录》的文化遗产、自然遗产、文化景观，一旦受到某种严重威胁，经过世界遗产委员会调查和审议，可列入《濒危世界遗产名录》（The List of World Heritage in Danger），以待采取紧急抢救措施。②

5．世界非物质文化遗产的含义范围与申报标准

（1）世界非物质文化遗产的含义与作用。

世界非物质文化遗产是指经联合国教科文组织评选确定而列入《人类非物质文化遗产代表作名录》的遗产项目。根据联合国教科文组织《保护非物质文化遗产公约》规定的定义："非物质文化遗产（Patrimoineculturel Immatériel）是指被各社区、群体，有时是个人，视为其文化遗产组成部分的各种社会实践、观念表述、表现形式、知识、技能以及相关的工具、实物、手工艺品和文化场所。"③。这种非物质文化遗产世代相传，在各社区和群体适应周围环境以及与自然和历史的互动中，被不断地再创造，为这些社区和群体提供认同感和持续感，从而增强对文化多样性和人类创造力的尊重。世界非物质文化遗产记录着人类社会生产生活方式、风俗人情、文化理念等重要特性的非物质文化遗产蕴藏着世界各民族的文化基因、精神特质、价值观念、心理结构、气质情感等核心因素，是全人类共同的宝贵财富。

（2）世界非物质文化遗产的内容范围。

根据2003年10月通过，2006年4月21日正式生效的《保护非物质文化遗产国际公约》指出，非物质文化遗产的内容范围④："一是口头传统和表现形式，包括作为非物质文化遗产媒介的语言；二是表演艺术；三是社会实践、仪式、节庆活动；四是有关自然界和宇宙的知识和实践；五是传统手工艺。"（图12-2）

① 近藤勇の愛刀　虎徹——真正的世界文化遺產[Z]．2011-12-23．
② 联合国教科文组织．关于世界遗产的理念和规则[G]//国际文化遗产保护文件选编．北京：文物出版社，2009．
③ 保护非物质文化遗产公约[G]//国际文化遗产保护文件选编．北京：文物出版社，2009：229．
④ 人类非物质文化遗产[EB/OL]．http://baike.baidu.com/，2014-03-01．

"保护非物质文化遗产"指确保非物质文化遗产生命力的各种措施，包括非物质文化遗产的确认、立档、研究、保存、保护、宣传、弘扬、传承和弘扬发展。

（3）世界非物质文化遗产的评选标准

根据《保护非物质文化遗产公约》的规定和联合国教科文组织制定的《人类非物质文化遗产代表作名录》和《急需保护的非物质文化遗产名录》两个名录，以及《联合国教科文组织宣布人类口头和非物质遗产杰作（代表作）国际评审委员会议事规则》，要求申报缔约国在申报文件中说明拟议列入《人类非物质文化遗产代表作名录》的遗产符合以下所有标准[①]：

图12-2　人类非物质文化遗产标志

1）该遗产属于《公约》第2条定义的非物质文化遗产。

2）将该遗产列入名录，有助于确保扩大该非物质文化遗产的影响，提高对其重要意义的认识，促进对话，从而体现全世界的文化多样性，并有助于见证人类的创造力。

3）制定的保护措施对该遗产可起到保护和宣传作用。

4）在社区、群体，或适当时间有关个人尽可能最广泛的参与下，在其自由事先知情同意下，该遗产得以申报。

5）该遗产已按《公约》第11条和第12条的规定，列入申报缔约国境内的非物质文化遗产清单。

在实际评审过程中，对每个申报项目需要参照以下的评选标准[②]：

1）参选作品应具备体现人类的创造天才的优秀作品和特殊价值。

2）具有特殊价值的非物质文化遗产的集中体现。

3）在历史学、艺术学、人种学、社会学、语言学及文学方面有特殊价值的民间传统文化表达。

4）符合"联合国教科文组织宣布人类口头及非物质遗产代表作（杰作）规则的5项条件"。这5项条件包括[③]：

A. 表明其深深扎根于相关群体的文化传统或有关社区文化历史之中；

B. 能够作为一种手段对民间的文化特性和有关的文化社区起肯定作用，在智力借鉴和交流方面有重要价值，并促使各民族和各社会集团更加接近，对有关的群体起到文化和社会的现实作用；

C. 能够提高开发技能，提高技术质量；

---

① 人类非物质文化遗产[EB/OL]. http://baike.baidu.com/, 2014-03-01.

② 人类非物质文化遗产[EB/OL]. http://baike.baidu.com/, 2014-03-01.

③ 人类非物质文化遗产[EB/OL]. http://baike.baidu.com/, 2014-03-01.

D. 对现代的传统具有唯一见证的价值；

E. 由于缺乏抢救和保护手段，或因加速的演变过程、城市化趋势或适应新环境文化的影响而面临消失的危险。

我国规定凡是要向联合国申报人类非物质文化遗产代表作，需要先申报列入《国家级非物质文化遗产名录》。

（三）世界遗产发展的新趋势新类型

1. 世界记忆遗产①

世界记忆遗产（Memory of the World）又称世界记忆名录或世界档案遗产，是指符合世界意义、经联合国教科文组织世界记忆工程国际咨询委员会确认而纳入的文献遗产项目。1992年，联合国教科文组织为了对正在逐渐老化、损毁、消失的文献记录进行抢救，在世界范围内启动了世界记忆遗产保护项目，并通过国际合作和使用最佳技术手段来达到抢救保护世界记忆遗产的目的，从而使人类的记忆更加完整（图12-3）。

图12-3 世界记忆遗产标志

世界记忆遗产的新标志内涵以下元素：一个卷轴，同时包含有版权的象征，也描绘了唱片，胶卷和光盘，所有的这些都代表了世界记忆计划所保护的文献遗产的各种形式。

世界记忆遗产是世界文化遗产保护项目的延伸。世界文化遗产主要是保护具有历史、美术、考古、科学或人类学研究价值的建筑物或遗址。而世界记忆遗产是"世界遗产"计划的延续。主要是收录、保存具有世界意义的文献记录遗产，侧重于收录档案馆、博物馆、图书馆等文化机构保存的珍贵文件、手稿、口述历史的记录以及古籍善本等。旨在世界范围内，对所有人类文明遗产进行权威性的评估和登录，以促进对世界范围内逐渐老化、损毁、消失的人类记录的抢救和保护。促使这些文献遗产能够为国际的广大公众所利用，并在全世界范围提高人们对本国文献遗产，特别是那些具有世界意义的重要性的认识。

目前，截至2013年6月，已有100多个国家，299份具有世界意义的文献和文献集合入选了《世界记忆名录》，"中国已有9份文献遗产入选《世界记忆遗产名录》，如中国传统音乐录音档案（中国艺术研究院图书馆）、清朝内阁秘本档（中国第一历史档案馆）、清代大金榜（中国第一历史档案馆）、纳西东巴古籍文献（云南省社会科学院东巴文化研究所）"样式雷"建筑图档（中国国家图书馆等)，《本草纲目》（1593年金陵版），《黄帝内经》（1339年胡氏

---

① 世界记忆工程[EB/OL]. http://baike.baidu.com/, 2013-6-23.

古林书堂印刷出版），侨批档案–海外华侨银信（广东省档案局与福建省档案局），中国元代
西藏官方档案（西藏自治区档案馆）"①。

2. 世界工业遗产②

国际工业遗产保护委员会（简称TICCIH）于1978年在瑞典成立，它标志世界工业遗产保
护走上了全球化合作的道路。2003年7月，TICCIH通过《关于工业遗产的下塔吉尔宪章》阐
述了工业遗产的定义、价值，以及认定、记录和研究对工业遗产的重要性，并就立法保护、
维修保护、教育培训、宣传展示等方面提出了原则、规范和方法的指导性意见。从2005年开
始，TICCIH成为世界遗产委员会指定的咨询机构之一，与国际古迹遗址理事会（ICOMOS）
共同承担对世界工业遗产项目的鉴定、评审任务，现在已成为世界遗产委员会选择、鉴定世
界工业遗产项目的国际工业遗产保护权威机构。

国际工业遗产保护委员会《下塔吉尔宪章》明确指出："工业遗产是指工业文明的遗存，
它们具有历史的、技术的、社会的、建筑的或科学的价值，这些遗存包括工厂、建筑、机
械、厂房、车间、生产作坊，选矿、冶炼的矿场、矿区、货栈仓库，能源生产、输送和利用
的场所，交通运输及基础设施，以及与工业相关的住宅、宗教和教育设施等社会活动场所。
它是工业活动的历史见证，将对后世产生深远的影响。每一个国家或地区都需要鉴定、记录
并保护那些为后代保存的工业遗存"③。这是因为工业遗产无论在时间、范围还是内容方面都
具有丰富的内涵和外延，是具有深远意义的变革的物质见证，是全人类的财富。

我国已有都江堰工业文化遗产列入《世界遗产名录》。2001年公布的第五批全国重点文
物保护单位中的2处工业文化遗产——大庆第一口油井和中国第一个航天器研制基地。2006
年公布的第六批全国重点文物保护单位名单中有钱塘江大桥、南通大生纱厂等9处近现代工
业文化遗产；现中国共有国家级工业文化遗产11处。2006年4月18日，中国工业遗产保护论
坛讨论并原则通过了我国工业遗产保护《无锡建议》。2006年5月，国家文物局下发《关于加
强工业遗产保护的通知》指出"工业遗产保护是我国文化遗产保护事业中具有重要性和紧迫
性的新课题"。2007年，中国启动了第三次全国文物普查，国家文物局将工业建筑及附属物
归为近现代重要史迹及代表性建筑的重要子类予以明确，表明中国政府已将中国工业遗产保
护列入议事日程。

---

① 我国申报的《中国西藏元代官方档案》和《侨批档案–海外华侨银信》入选联合国教科文组织世界
记忆名录[EB/OL]. 中国共产党新闻网，2013-06-21.
② 关于工业遗产的下塔吉尔宪章[G]//国际文化遗产保护文件选编. 北京：文物出版社，2009：252.
③ 关于工业遗产的下塔吉尔宪章[G]//国际文化遗产保护文件选编. 北京：文物出版社，2009：252.

3. 世界农业文化遗产[①]

2002年，联合国粮食及农业组织（FAO）开始设立"全球重要农业文化遗产"项目，并将全球重要农业文化遗产定义为："农村与其所处环境长期协同进化和动态适应下所形成的独特的土地利用系统和农业景观，这种系统与景观具有丰富的生物多样性，而且可以满足当地社会经济与文化发展的需要，有利于促进区域可持续发展"。

全球重要农业文化遗产俗称世界农业遗产，属于世界文化遗产的一部分。旨在对全球重要的受到威胁的传统农业文化与技术遗产进行保护，这对于保存具有全球重要意义的农业生物多样性、维持可恢复生态系统和传承高价值传统知识和文化活动具有重要作用。[②]

2005年，联合国粮农组织"在6个国家选择了5个不同类型的传统农业系统作为首批保护试点。截至2013年1月被列为保护试点的共有19个，分布在11个国家"[③]。中国是最早响应并积极参加全球重要农业文化遗产项目的国家之一，并在项目执行中发挥了重要作用。2005年，浙江青田稻鱼共生系统成为首批保护试点，现还有云南红河哈尼稻作梯田系统、江西万年稻作文化系统、贵州从江侗乡稻鱼鸭系统、云南普洱古茶园与茶文化系统和内蒙古敖汉旱作农业系统也已列入保护试点。2012年，国家农业部又启动"中国重要农业文化遗产"评选工作，这是我国成为世界上第一个开展国家级农业文化遗产评选与保护的国家。2013年，国家农业部确定河北宣化传统葡萄园等19个传统农业系统为第一批中国重要农业文化遗产。2014年6月，国家农业部拟确定天津滨海崔庄古冬枣园等20个传统农业系统为第二批中国重要农业文化遗产。

2014年初，农业部成立"全球重要农业文化遗产专家委员会"，并很快建立"政府主导、多方参与、分级管理"的农业文化遗产保护管理体制，这是全国各地历史村镇值得高度重视的国家级遗产的名片。

4. 世界线形文化遗产

世界线形文化遗产（Lineal or Serial Cultural Heritages）是世界遗产的一种形式，也是近年来国际上新兴的全新的遗产保护理念。线形文化遗产主要是指"在拥有特殊文化资源集合的线形或带状区域内的物质和非物质的文化遗产族群，如运河、水道、道路、铁路线等都是重要表现形式。线形文化遗产着眼于线形区域，所涉遗产元素多样，兼具物质文化和非物质文化，旅游价值较高。利用线形文化遗产，发展文化旅游线路，是保护、保存和展示、利用线形文化遗产的重要手段"[④]，对于有效保护和合理开发线形文化遗产资源具有重要意义。

---

① 王丽. 什么是全球重要农业文化遗产[R]. 联合国粮食及农业组织，2012-02-21.
② 全球重要农业文化遗产项目及其执行情况[EB/OL]. 中国农业信息网，2013-01-25
③ 闵庆文. 全球重要农业文化遗产项目及其执行情况[N]. 农民日报，2013-01-25.
④ 俞孔坚，奚雪松等. 中国国家线性文化遗产网络构建[J]. 人文地理，2009（3）.

1998年，国际古迹遗址理事会（ICOMOS）成立了文化线路科学委员会（简称CIIC），标志着以"交流和对话"为特征的跨地区或跨国家的文化线路（cultural routes or cultural itinerary）作为新型遗产理念为国际文化遗产保护界所认同。2003年3月，世界遗产委员会修订的《实施保护世界文化与自然遗产公约操作指南》中加入了"文化线路遗产"的内容。2005年10月，国际古迹遗址理事会第15届大会形成了国际文化遗产保护领域的共识性文件《西安宣言》，并通过了有关《文化线路宪章（草案）》的决议。2008年10月，国际古迹遗址理事会第十六届大会通过了《关于文化线路的国际古迹遗址理事会宪章》，即《文化线路宪章》，标志着文化线路正式成为世界遗产保护的新领域。现有60多个缔约国，已确认30多条文化线路，以备推荐给世界遗产委员会。

2014年中国世界遗产申报名单中，我国"丝绸之路"已正式申报世界文化遗产（跨国）项目，起始段与天山廊道的路网（中国、哈萨克斯坦、吉尔吉斯斯坦联合申遗）。中国大运河与已列入《世界遗产名录》的其他运河不同，它具备了文化线路遗产、文化景观遗产、工业遗产等价值。

目前，我国已有19个线形文化遗产所构成的国家线形文化遗产网络。其中包括中国大运河、丝绸之路、蜀道、茶马古道、长征线路、郑和下西洋线路、徐霞客古道、中越铁路、四川泸州龙桥群、护国战争在泸遗迹、四川泸州渡槽群、青藏铁路、唐蕃古道、广西灵渠等线形文化遗产，未来将在我国建立一个集文化保护与生态保护、观光旅游、休闲游憩、历史研究、考古发掘、艺术审美与教育启智等多功能为一体的线形文化遗产网络，实现彰显中华民族身份、延续历史文脉、传承各民族民俗文化、提升国家文化软实力和保障人与自然、人与历史和谐相处、促进各线形遗产地的经济社会可持续发展。

5. 世界湿地遗产

国际湿地是世界遗产的一部分。湿地与森林、海洋并称全球三大生态系统，被誉为"地球之肾"、"天然水库"和"天然物种库"。1971年，为加强对湿地的保护和利用，来自18个国家的代表在伊朗小城拉姆萨尔签订湿地公约（The Convention on Wetlands），故称拉姆萨尔公约，这是一个政府间公约，是湿地保护及其资源合理利用国家行动和国际合作框架。2009年，湿地国际联盟组织（WIUN）正式把国际湿地纳入世界遗产保护战略的范畴。目前，湿地国际联盟组织有164个缔约方，共有2083个湿地列入国际重要湿地名录，总面积约1.98亿公顷。

我国于1992年加入《拉姆萨尔公约》。我国自然湿地面积占国土面积的3.77%，远低于世界平均水平，且长期遭受人口急剧膨胀和经济快速发展带来的威胁。而我国96%的可利用淡水资源被保存在各类湿地中。湿地在孕育和丰富地球生物多样性方面起着举足轻重的作用。据统计，全球40%的物种生活在淡水湿地中。目前，中国经过多年不懈努力，全国湿地保护面积大幅增加，基本形成以41处国际重要湿地、550多处湿地自然保护区、400多处湿地公园为主体的全国湿地保护体系。

国际湿地的标准包括定量标准和一般标准。定量标准是指经常有野生鸭、鹅等种群1万只或迁徙禽2万只；经常有一种水禽（或亚种）种群数量的1%；经常有一种水禽（或亚种）繁殖种群的9%。一般标准是指有一定数量的珍稀濒危动植物的种或亚种；具有保持遗传和生态多样的特殊价值；具有动物栖息地的特殊价值；具有本地动植物或种群的特殊价值。

二、中国历史文化村镇申报世界遗产的现状条件与要求流程

（一）中国历史文化村镇申报列入世界遗产的现状

1．中国历史文化村镇申报及列入世界遗产名录的现状

自1987~2014年6月，中国先后被批准列入《世界遗产名录》的世界遗产已达48处，与历史文化村镇相联系或处于历史文化村镇区域中有39处，占列入《世界遗产名录》81.2%；其中33处世界文化遗产中，有皖南古村落西递、宏村，开平碉楼与古村落，福建土楼，红河哈尼梯田，丽江，平遥等6处历史文化村镇（城），直接申报列入《世界遗产名录》，占18.2%；有28处在历史文化村镇区域中或与历史文化村镇相联系，占现有世界文化遗产达68.2%；尤其是10处自然遗产，4处双重遗产，都与历史文化村镇相联系或处于历史文化村镇区域中，占中国现有世界自然遗产的100%。还有中国列入《人类口述和非物质遗产名录》的38项世界非物质遗产，几乎都与历史文化村镇相联系，或处于历史文化村镇区域中（表12-1~表12-3）。

中国现有28处世界文化遗产处于历史文化村镇　　　　　　表12-1

中国现有28处世界文化遗产处于历史文化村镇区域，或与历史文化村镇相联系，占68.2%	中国已有6处历史文化村镇（城）列入《世界遗产名录》，占18.6%
中国的世界文化遗产： 北京猿人遗址，敦煌莫高窟，承德避暑山庄及周围寺庙，曲阜孔府孔庙孔林，武当山古建筑群，丽江古城，平遥古城，大足石刻，明清皇家陵寝，皖南古村落（西递、宏村），龙门石窟，都江堰及青城山，云冈石窟，中国高句丽王城、王陵及贵族墓葬，安阳殷墟，开平碉楼与古村落，福建土楼，五台山，登封"天地之中"历史建筑群，元上都遗址，红河哈尼梯田，大运河，丝绸之路等。	中国6处历史文化城村镇列入世界文化遗产： 丽江； 平遥； 皖南古村落西递、宏村； 开平碉楼与古村落； 福建土楼； 红河哈尼梯田。

中国现有14处世界自然遗产中全都处在历史文化村镇区域　　表12-2

中国现有10处世界自然遗产，都处于历史文化村镇区域，或与历史文化村镇相联系，占100%	中国现有4处世界双重遗产，都处于或与历史文化村镇相联系，占100%
九寨沟，黄龙，武陵源，三江并流，四川大熊猫栖息地，中国南方喀斯特，三清山，中国丹霞：贵州赤水、福建泰宁、湖南崀山、广东丹霞山、江西龙虎山（含龟峰）、浙江江郎山，澄江帽天山化石地，新疆天山。	泰山、岱庙、灵岩寺，黄山，峨眉山及乐山大佛，武夷山。

中国现有36处世界非物质遗产都与历史文化村镇相联系　　表12-3

中国的世界非物质遗产几乎都与历史文化村镇相联系，或处于历史文化村镇区域中

1. 昆曲中国古琴艺术；2. 新疆维吾尔木卡姆艺术；3. 蒙古族长调民歌；4. 中国蚕桑丝织技艺；5. 福建南音；6. 南京云锦；7. 安徽宣纸；8. 贵州侗族大歌；9. 广东粤剧；10《格萨尔》史诗；11. 浙江龙泉青瓷；12. 青海热贡艺术；13. 藏戏；14. 新疆《玛纳斯》；15. 蒙古族呼麦；16. 甘肃花儿；17. 西安鼓乐；18. 朝鲜族农乐舞；19. 中国书法；20. 中国篆刻；21. 中国剪纸；22. 中国雕版印刷；23. 中国传统木结构营造技艺；24. 中国端午节；25. 妈祖信俗；26. 京剧；27. 中医针灸；（急需保护非物质文化遗产）28. 羌年；29. 黎族传统纺染织绣技艺；30. 中国木拱桥传统营造技艺；31. 麦西热甫；32. 中国活字印刷术；33. 中国水密隔舱福船制造技艺；34. 皮影戏；35. 赫哲族伊玛堪说唱；36. 中国珠算。

2. 中国历史文化村镇列入《中国世界遗产预备名录》的概况

2013年我国在各省申报《中国世界遗产预备名录》的基础上，经过专家评审委员会按照世界遗产的评审标准与原则要求，最终确定新版《中国世界文化遗产预备名录》45处（表12-4）；《中国世界双遗产预备名录名单》20处；大都与历史文化村镇相联系，或处于历史文化村镇区域中。

《中国世界文化遗产预备名录》45处中有39处在历史文化村镇内　　表12-4

2013年确定的《中国世界文化遗产预备名录》共45处

1. 大运河（北京市、天津市、河北省、江苏省、浙江省、安徽省、山东省、河南省）（已列入世界遗产名录）；2. 中国白酒老作坊：杏花村汾酒老作坊（山西省汾阳市）、成都水井街酒坊（四川省成都市）、泸州老窖作坊群（四川省泸州市）、古蔺县郎酒老作坊（四川省泸州市）、剑南春酒坊及遗址（四川省绵竹市）、宜宾五粮液老作坊（四川省宜宾市）、红楼梦糟房头老作坊（四川省宜宾市）、射洪县泰安作坊（四川省射洪县）；3. 辽代木构建筑：应县木塔（山西应县）、义县奉国寺大雄殿（辽宁义县）；4. 关圣文化建筑群（山西省运城市）；5. 山陕古民居：丁村古建筑群（山西省襄汾县）、党家村古建筑群（陕西省韩城市）；6. 阴山岩刻（内蒙古自治区巴彦淖尔市）；7. 辽代上京城和祖陵遗址（内蒙古自治区赤峰市）；8. 红山文化遗址：牛河梁遗址（辽宁省朝阳市）、红山后遗址、魏家窝铺遗址（内蒙古自治区赤峰市）；9. 中国明清城墙：兴城城墙（辽宁省兴城市）、南京城墙（江苏省南京市）、临海台州府城墙（浙江省临海市）、寿县城墙（安徽省寿县）、凤阳明中都皇城城墙（安徽省凤阳县）、荆州城墙（湖北省荆州市）、襄阳城墙（湖北省襄阳市）、西安城墙（陕西省西安市）；10. 金上京遗址（黑龙江省哈尔滨市）；11. 扬州瘦西湖及盐商园林文化景观（江苏省扬州市）；12. 无锡惠山祠堂群（江苏省无锡市）；13. 江南水乡古镇：甪直（江苏省苏州市）、周庄（江苏省昆山市）、千灯（江苏省昆山市）、锦溪（江苏省昆山市）、沙溪（江苏省太仓市）、同里（江苏省吴江市）、乌镇（浙江省桐乡市）、西塘（浙江省嘉善县）、南浔（浙江省湖州市）、新市（浙江省德清县）；14. 丝绸之路（河南省、陕西省、甘肃省、青海省、宁夏回族自治区、新疆维吾尔自治区）（已列入世界遗产名录）；海上丝绸之路（江苏省南京市、扬州市，浙江省宁波市，福建省泉州市、福州市、漳州市，山东省蓬莱市，广东省广州市，广西壮族自治区北海市）；15. 良渚遗址（浙江省杭州市）；16. 青瓷窑遗址（浙江省慈溪市、龙泉市）；17. 闽浙木拱廊桥（浙江省泰顺县、景宁县、庆元县；福建省寿宁县、周宁县、屏南县、政和县）；18. 鼓浪屿（福建省厦门市）；19. 闽南红砖建筑（福建省厦门市、南安市）；20. 赣南围屋（江西省赣州市）；21. "明清皇家陵寝"扩展项目：潞简王墓（河南省新乡市）；22. 黄石矿冶工业遗产（湖北省黄石市）；23. 土司遗址：唐崖土司遗址（湖北省咸丰县）、容美土司遗址（湖北省鹤峰县）、老司城遗址（湖南省永顺县）；海龙屯遗址（贵州省遵义市）；24. 凤凰区域性防御体系（湖南省凤凰县）；25. 侗族村寨（湖南省通道侗族自治县、绥宁县；广西壮族自治区三江县；贵州省黎平县、榕江县、从江县）；26. 灵渠（广西壮族自治区兴安县）；27. 花山岩画文化景观（广西壮族自治区崇左市）；28. 白鹤梁题刻（重庆市涪陵区）；29. 钓鱼城遗址（重庆市合川区）；30. 蜀道：金牛道广元段（四川省广元市）；31. 古蜀文明遗址：金沙遗址、古蜀船棺合葬墓（四川省成都市），三星堆遗址（四川省广汉市）；32. 藏羌碉楼与村寨（四川省甘孜藏族自治州、阿坝藏族羌族自治州）；33. 苗族村寨（贵州省台江县、剑河县、榕江县、从江县、雷山县、锦屏县）；34. 万山汞矿遗址（贵州省铜仁市）；35. 普洱景迈山古茶园（云南省澜沧拉祜族自治县）；36. 芒康盐井古盐田（西藏自治区芒康县）；37. 统万城（陕西省靖边县）；38. 西夏陵（宁夏回族自治区银川市）；39. 坎儿井（新疆维吾尔自治区吐鲁番地区）。

（二）中国历史文化村镇申报世界遗产的条件和流程

1. 历史文化村镇申报世界遗产的标准条件

按照2005年2月通过的《世界遗产公约实施操作指南》（修订）规定，申报世界遗产的标准条件，已把文化遗产的6条评审标准和自然遗产的4条评审标准合并为10条，即原主要适宜于自然遗产的完整性原则现在也适用于文化遗产，这更增加了申遗难度。因此，历史文化名镇名村申报世界遗产必须具有"突出的普世价值"，至少满足以下十项标准之一[①]：

（1）表现人类创造精神的杰作。

（2）在某期间或某种文化圈里对建筑、技术、纪念性艺术、城镇规划、景观设计之发展有巨大影响，促进人类价值的交流。

（3）呈现有关现存或者已经消失的文化传统、文明的独特或稀有之证据。

（4）关于呈现人类历史重要阶段的建筑类型，或者建筑及技术的组合，或者景观上的卓越典范。

（5）代表某一个或数个文化的人类传统聚落或土地使用，提供出色的典范—特别是因为难以抗拒的历史潮流而处于消灭危机的场合。

---

① 世界遗产公约实施操作指南[G]//国际文化遗产保护文件选编. 北京：文物出版社，2009：279.

（6）具有显著普遍价值的事件、活的传统、理念、信仰、艺术及文学作品，有直接或实质的联结（世界遗产委员会认为该基准应最好与其他基准共同使用）。

（7）包含出色的自然美景与美学重要性的自然现象或地区。

（8）代表生命进化的纪录、重要且持续的地质发展过程、具有意义的地形学或地文学特色等的地球历史主要发展阶段的显著例子。

（9）在陆上、淡水、沿海及海洋生态系统及动植物群的演化与发展上，代表持续进行中的生态学及生物学过程的显著例子。

（10）拥有最重要及显著的多元性生物自然生态栖息地，包含从保育或科学的角度来看，符合普世价值的濒临绝种动物种。

2．历史文化名镇名村申报世界遗产的流程

我国历史文化名镇名村申报列入世界遗产名录，需要做好以下几项工作：

（1）制定预备名单：国家文物局世界文化遗产司（负责文化遗产部分）与国家住房和城乡建设部风景名胜区管理办公室（负责自然遗产部分）从全国遴选出具有潜力的项目，组织专家进行细致考察，根据考察结果制定预备名单，并进行动态管理。经中国政府批准后进入预备名单的项目，需要提前报告给联合国教科文组织世界遗产委员会。每年世界遗产委员会都有专项议程讨论世界遗产预备名单。

（2）编制申遗文本：文本的编制工作，需要组织专家对申报项目进行深入的研究和论证，提炼出申报项目的"突出普遍价值"，这是评估世界遗产的重要标准。

（3）完善法律法规：申报项目所在地政府必须建立遗产保护法律法规和完善遗产保护与发展规划。其中最重要的是做好接受国际考察和评估的保护与整治等工作，向国际专家阐述与展示申报项目的"突出普遍价值"和保护管理状况。

（4）提交申报文本：按照联合国教科文组织颁布的《实施世界遗产公约操作指南》的时间要求，向世界遗产委员会世界遗产中心提交申报文本，进入国际组织的各项程序审核。

（5）审核申报文件：世界遗产中心审核各国申报项目的申报文件，将申报遗产文件送交国际古迹遗址理事会ICOMOS、世界自然保护联盟IUCN评审。

（6）专家评估遗产：国际古迹遗址理事会ICOMOS和世界自然保护联盟IUCN向申报单位派遣专家；世界遗产专家到现场评估遗产的保护和管理情况；按照文化与自然遗产的标准进行评审。

（7）呈递评估报告：国际古迹遗址理事会ICOMOS和世界自然保护联盟将评估报告，附以推荐材料呈递世界遗产办公署。

（8）主席团审查报告：世界遗产委员会主席团的7名成员审查提名评估报告，并向委员会提交推荐名单；向成员国索要补充材料。

（9）世界遗产大会投票：由21名成员组成的世界遗产委员会最终决定入选、推迟入选或淘汰的名单。

（三）中国历史文化名镇名村申报世界遗产的程序与要求[①]

1. 准备世界遗产申报文件——世界遗产中心可以提供以下协助

（1）申报文件是世界遗产委员会考虑某项遗产是否列入《世界遗产名录》的基础。申报材料中所有相关信息都应该与其出处相互参照。申报过程中遗产地的群众参与程度很有必要，能鼓励他们与缔约国共同承担保护遗产的责任。世界遗产委员会鼓励多方参与编撰申报文件，其中包括遗产管理人员、地方和地区政府、当地社区、非政府组织和其他相关团体。缔约国在编撰申报文件时，可以申请"预备协助"，并在整个申报过程中从世界遗产中心获得帮助。

（2）联合国世界遗产中心可以提供以下协助：① 在确定合适的地图和照片以及从哪些部门取得这些资料方面的帮助。② 成功申报参考案例以及管理方法和立法条款。③ 为申报不同类别遗产的指导，例如历史城镇、文化景观、运河和遗址线路。④ 为申报系列遗产和跨界遗产的指导。

世界遗产委员会只审查缔约国《预备清单》内列有的遗产。缔约国可以在每年的9月3日前提交申报草案，以听取世界遗产中心的意见、接受审查。申报草案的提交是自愿的，任何时候都可以提交申报，但只有在2月1日或之前递交到世界遗产中心且完整的申报材料，才会在次年被世界遗产委员会审核，决定是否列入名录。

2. 世界遗产的申报文件格式和内容要求[②]

《世界遗产名录》申报文件的格式应包括如下内容：遗产确认、遗产描述、申报理由、保护情况和影响因素、保护和管理、监控、记录、负责当局的联系信息以及缔约国代表签名等。世界遗产申报文件内容还需满足以下要求：

（1）遗产确认：应清晰地定义申报遗产边界，清楚区分申报遗产和任何缓冲区范围。地图应足够详细，能精确标出所申报的陆地和/或水域。若可能的话，应提供缔约国最新的官方地形图，并注解遗产边界。没有清晰的边界定义，申报被认为是"不完整的"。

（2）遗产描述：应包括遗产确认及其历史发展概述；应确认描述所有的成图组成部分，如果是系列申报，应清晰描述每一组成部分。在遗产的历史和发展中应描述遗产是如何形成

现在的状态以及所经历的重大变化。这些信息应包含所需的重要事实以证实遗产达到突出的普遍价值的标准，满足完整性和/或真实性条件。

（3）申报理由：应指出遗产申报依据的标准，且须明确说明依据此标准的原因。基于该标准，缔约国提交的遗产《突出普遍价值的声明》应明确说明为什么该遗产值得列入《世界遗产名录》，并应提供该遗产与类似遗产的对比分析。不论该类似遗产是否在《世界遗产名录》上，是国内还是国外遗产。对比分析应说明申报遗产在国内及国际上的重要性。

（4）遗产保护情况和影响因素：应包括目前遗产保护情况的准确信息（包括遗产的物理条件和现有的保护措施）。同时，也应包括影响遗产的因素描述（包括威胁）。本部分提供的基本信息将成为将来监控申报遗产保护情况需要参考的底线数据。

（5）保护和管理：① 保护部分，应包括与遗产保护最相关的立法、规章、契约、规划、机制和/或传统各层面措施（并以英文或法文附上）；提供保护措施实际操作方法的详尽分析。② 管理部分：适宜的管理方案或管理体制很必要，应包括在申报文件中，并期望确保该管理方案或管理体制的有效执行。管理方案或者管理体制文献的副本应附在申报文件后。如果管理方案为非英语或非法语，应附上英语或法语的条款详述。并应提供管理方案或者管理体系的详尽分析或者说明。

（6）监测要求：在申报材料中，缔约国应包括衡量、评估遗产保护情况的关键指标、影响遗产的因素、现有遗产保护措施、审查周期及负责当局的名称。

（7）其他信息：申报文本应提供详细的文献记录。除上述文件外，还应包括照片、幻灯片、图像库及官方形式照片等，并以打印形式和电子文档提交（软盘或光盘）。此外，申报文件还应提供负责当局的详细联系信息，结尾处应有缔约国授权的官方代表签名。缔约国应提交英语或法语申报材料至"法国巴黎联合国教科文组织世界遗产中心"。世界遗产中心会保留和申报一起提交的所有相关资料（地图、规划、照片资料等）。

3. 世界遗产中心核查登记和专家咨询机构评估[①]

世界遗产中心收到各缔约国递交的申报文件后，将回执确认收讫，核查材料是否完整，然后进行登记。世界遗产中心将向相关专家咨询机构转交完整的申报文件，由专家咨询机构进行评估。经专家咨询机构提请，世界遗产中心将向缔约国索要补充信息，并在每届委员会会议时拟定并递交一份所有接收到的申报名单，包括接收的日期，申报文件"完整"与否的陈述。申报周期从递交之日起到世界遗产委员会做出决定之日结束，通常历时一年半，每年2月递交申报至翌年6月由世界遗产委员会做出决定。

---

① 世界遗产公约实施操作指南[G]//国际文化遗产保护文件选编. 北京：文物出版社，2009：290-291.

4. 世界遗产的专家咨询机构与评估申报原则

（1）世界遗产专家咨询机构将评估各缔约国申报的遗产：是否具有突出的普遍价值，是否符合完整性或真实性，以及是否能达到保护和管理的要求。文化遗产申报的评估由国际古迹遗址理事会（ICOMOS）完成，自然遗产申报的评估由世界自然保护联盟（IUCN）完成。作为"文化景观"类申报的文化遗产，由国际古迹遗址理事会与世界自然保护联盟磋商之后进行评估。对于混合遗产的评估由国际古迹遗址理事会与世界自然保护联盟共同完成。如经世界遗产委员会要求或者在必要情况下，国际古迹遗址理事会与世界自然保护联盟将开展主题研究，将被申报的世界遗产置于地区、全球或主题背景中进行评估。这些研究必须建立在各缔约国递交的预备清单审议，关于预备清单协调性的会议报告以及由专家咨询机构或具备相关资质的组织或个人进行的其他技术研究的基础之上。已完成的相关研究列表发布于专家咨询机构的网站，这些研究不得与缔约国在申报世界遗产时准备的"比较分析"相混淆。

（2）国际古迹遗址理事会和世界自然保护联盟的评估及其陈述遵循原则：① 遵守《世界遗产公约》和相关的操作指南，以及委员会在决议中规定的其他政策。② 做出客观、严谨和科学的评估。③ 依照一致的专业标准。④ 评估和陈述均必须遵守标准格式，必须与世界遗产中心一致，同时必须注明进行实地考察的评估人的名字。⑤ 清晰分明地指出申报遗产是否具有突出的普遍价值，是否符合完整性和/或真实性的标准，是否拥有管理规划/系统和立法保护。⑥ 根据所有相关标准，对每处遗产进行系统地评估，包括其保护状况，并与缔约国境内或境外其他同类遗产的保护状况进行比较。⑦ 应注明所援引的委员会决定和关于被审议的申报要求。⑧ 不考虑或载列缔约国于申报审议当年3月31日后递交的任何信息。同时应通知缔约国，因收到的信息已逾期，所以不被纳入考虑之列。因此，必须严格遵守申报截止日期。⑨ 同时提供支持他们论点的参考书目（文献）。

（3）国际古迹遗址理事会和世界自然保护联盟在审查其评估意见后，应在每年的1月31日以前向各缔约国进行最终征询或索要信息。相关缔约国应邀在委员会大会开幕至少两个工作日前致信大会主席，附寄致专家咨询机构的复印件，详细说明他们在专家咨询机构对其申报的评估意见中发现的事实性错误。此信将被翻译成工作语言，分发给委员会成员，也可在评估陈述之后由主席宣读。

（4）国际古迹遗址理事会和世界自然保护联盟的建议分3类：① 建议无保留列入名录的遗产。② 建议不予列入名录的遗产。③ 建议发还待议或推迟列入的遗产。

5. 世界遗产委员会公布是否列入《世界遗产名录》的决定

（1）决定列入名录。决定将遗产列入《世界遗产名录》时，在专家咨询机构的指导下，委员会将通过该遗产的《突出的普遍价值声明》。此声明将作为未来该遗产保护和管理的基础。列入名录时，委员会也可就该世界遗产的保护和管理提出其他的建议。委员会将在其报告和出版物中公布《突出的普遍价值声明》（包括某具体遗产列入《世界遗产名录》的标准）。

（2）决定不予列入。如委员会决定某项遗产不予列入名录，除非在例外情况下，该申报不可重新向委员会提交。这些例外情况包括新发现，有关该遗产新的科学信息或者之前申报时未提出的不同标准。在上述情况下，允许提交新的申报。

（3）发还待议的申报。委员会决定发还缔约国以补充相关信息的申报，可以在委员会下届会议上重新递交并接受审议。补充信息须在委员会拟定审议当年2月1日前呈交世界遗产中心。世界遗产中心将直接转交相关专家咨询机构进行评估。发还的申报如在原委员会决定下达三年内不曾提交委员会，再次递交审议时将被视为一项新申报。申报时依据新申报程序及时间表进行。

（4）推迟的申报的决定。为了进行更深入的评估和研究，或便于缔约国对申报进行重大修改，委员会可能会做出推迟申报的决定。如该缔约国决定重新递交被推迟的申报，应于2月1日之前向世界遗产中心提交。届时相关专家咨询机构将根据程序对这些申报重新进行周期为一年半的评估。

6. 世界遗产申报的紧急受理①

（1）在相关专家咨询机构看来，如某项遗产毫无疑问符合列入《世界遗产名录》的标准，且因为自然或人为因素受到损害或面临重大危险，其申报材料的提交和申报的受理不适用通常的时间表和关于材料完整性的定义。这类申报将被紧急受理，可能会被同时列入《世界遗产名录》和《濒危世界遗产名录》。

（2）紧急受理申报的程序如下：① 缔约国呈交申报并要求紧急受理。该缔约国此前已将该项遗产纳入《预备清单》，或者很快将其纳入《预备清单》。② 该项申报应描述及定义所申报的遗产，根据标准论证其具有突出的普遍价值及其完整性和真实性，并描述其保护和管理体制及情况的紧迫性，包括损害或危险的性质和程度，说明委员会即刻采取行动与否关乎该遗产的存续。③ 由世界遗产中心直接将该申报转交相关专家咨询机构，要求对其具有的突出普遍价值以及对紧急情况、损害和/或危险的性质进行评估。如相关专家咨询机构认为恰当，须进行实地勘查。④ 如相关专家咨询机构判定该遗产毫无疑问地符合列入名录的标准，并满足上述条件，该项申报的审议将被列入委员会下一届会议议程。⑤ 审议该申报时，委员会根据具体情况，可能会将其列入《濒危世界遗产名录》；或为其提供国际援助，完成申报工作；或列入名录后尽快由世界遗产中心和相关专家咨询机构组织后续工作代表团。

---

① 世界遗产公约实施操作指南[G]//国际文化遗产保护文件选编. 北京：文物出版社，2009：291.

7．世界遗产的范围和原列入的标准与名称的修改

（1）范围的轻微变动。轻微变动是指对遗产的范围及对其突出普遍价值影响不大的改动。如某缔约国要求对已列入世界遗产名录的遗产范围进行轻微修改，该国可于2月1日以前通过世界遗产中心向委员会递交申请。在征询相关专家咨询机构的意见之后，委员会或者批准该申请，或者认定范围修改过大，足以构成扩展项目，在后一种情况下适用新申报程序。

（2）范围的重大变动。如某缔约国提出对已列入世界遗产名录的遗产范围进行重大修改，该缔约国应将其视为新申报并提交申请。再次申报应于2月1日以前递交，并根据程序接受周期为一年半的评估。该规定同时适用于对遗产范围的扩展和缩减。

（3）《世界遗产名录》所依据标准的变动。当某缔约国提出按照补充标准或不同于初次列入的标准，将遗产列入名录，该国应将其视为新申报并提交申请。再次申报应于2月1日以前递交，并根据程序接受周期为一年半的评估。所推荐遗产将只依照新的标准接受评估，即使最后对补充标准不予认定，该项遗产仍将保留在《世界遗产名录》上。

（4）世界遗产项目名称的更改。缔约国可申请委员会批准对已列入世界遗产名录的遗产名称进行更改。更名申请应至少在委员会会议前3个月递交世界遗产中心。

8．世界遗产的申报时间与程序规定[①]

（1）总申报时间为一年半：从第一年的9月份开始，到第三年的世界遗产大会开始时结束。

第一年9月30日：世界遗产中心收到各缔约国自愿提交的申报材料草稿的自定期限。第一年11月15日之前：世界遗产中心就申报材料草稿完整与否答复申报的缔约国，如不完整，注明要求补充的信息。

第二年2月1日：世界遗产中心收到完整的申报材料以便转交相关专家咨询机构评估的最后期限。申报材料必须在格林尼治时间17点以前到达，如当天为周末则必须在前一个星期五的17点（格林尼治时间）以前到达。在此日期后收到的申报材料将进入下一轮周期审议。第二年2月1日~3月1日：登记、评估完整性及转交相关专家咨询机构。世界遗产中心对各项申报进行登记，向申报的缔约国下发回执并将申报内容编目。世界遗产中心将通知申报的缔约国申报材料是否完整，不完整的申报材料不予转交相关专家咨询机构进行评估。如材料不完整，相关缔约国将被通知于翌年2月1日最后期限以前补齐所缺信息以便参与下一轮周期的审议。完整的申报材料由世界遗产中心转交相关专家咨询机构进行评估；第二年3月1日：世界遗产中心告知各缔约国申报材料接收情况的最后期限，说明材料是否完整以及是否于2月1日以前收讫。第二年3月至第3年5月：专家咨询机构的评估。

第三年1月31日：如有必要，相关专家咨询机构会要求缔约国在评估期间，最迟在翌年

---

① 世界遗产公约实施操作指南[G]//国际文化遗产保护文件选编．北京：文物出版社，2009：296．

1月31日之前递交补充信息。第三年3月31日：缔约国经世界遗产中心向相关专家咨询机构转呈其要求的补充信息的最后期限。向世界遗产中心呈交的补充信息应依照要求进行准备。

（2）为了避免新旧文本的混淆，如所递交的补充信息中包含对申报材料主要内容的修改，缔约国应将修改部分作为原申报文件的修正版提交，修改的部分应清楚地标出，新文本除印刷版外还应附上电子版。

第三年世界遗产委员会年会前六周：相关专家咨询机构向世界遗产中心递送评估意见和建议，由世界遗产中心转发给世界遗产委员会及各缔约国。

第三年世界遗产委员会年会开幕前至少2个工作日：缔约国更正事实性错误。相关缔约国可在委员会大会开幕前至少2个工作日致信大会主席，附寄致专家咨询机构的复印件，详细说明他们在专家咨询机构对其申报的评估意见中发现的事实性错误。

第三年世界遗产委员会年会（6月/7月）：委员会审议申报并作出决定。

（3）第三年世界遗产委员会年会结束后，通知各缔约国。凡经委员会审议的申报，世界遗产中心将通知该缔约国有关委员会的决定事宜。在世界遗产委员会决定将某处遗产列入世界遗产名录之后，由世界遗产中心书面通知该缔约国及遗产管理方，并提供列入名录区域的地图及突出的普遍价值声明（注明列入标准）。

第三年世界遗产委员会年会会议结束之后，世界遗产中心随即公布最新的《世界遗产名录》。公布的名录将注明申报项目列入世界遗产名录的缔约国名称，标题为："根据公约递交遗产申报的缔约国"。世界遗产委员会年会闭幕后一个月：世界遗产中心会将世界遗产委员会全部决定的公布报告转发各缔约国。

三、安徽西递、宏村世界文化遗产的特色价值与保护经验

我国历史村镇具有历史文化底蕴深厚、自然生态景观多样、少数民族遗产众多、传统文化丰富多彩的特色价值。目前，已有丽江大研古镇、白沙古镇，安徽西递、宏村古村，开平碉楼及古村落，福建土楼，云南哈尼梯田，平遥古城等6处列入《世界遗产名录》，还有江南水乡古镇，贵州苗寨、侗寨，四川藏羌碉楼及古村落，晋商大院，山陕民居，以及无锡惠山古镇祠堂群，浙江良渚遗址，青瓷窑遗址，闽浙木拱廊桥，赣南围屋土司遗址，湖南凤凰区域性防御体系，普洱景迈山古茶园等都已列入中国申报世界遗产预备名单。这些历史村镇保护与申遗成功，表明国际社会对我国历史村镇保护的认可，并对其他历史村镇保护与发展都具有突出的示范意义，现将安徽西递、宏村古村成功申报世界文化遗产的案例介绍如下：

（一）皖南古村落的世界文化遗产价值①

皖南古村落是世界上第一次把古村落民居列入世界遗产名录。2000年11月30日，联合国教科文组织以皖南古村落——西递、宏村符合世界文化遗产（Ⅲ）（Ⅳ）（Ⅴ）的标准而列入《世界遗产名录》。

西递和宏村是皖南古村落中最具有代表性的两座古村落，也是中国徽州文化的典型代表和载体。西递和宏村背倚秀美青山，清流抱村穿户，田园风光秀美；村落形态保存完好，数百幢明清时期的徽派民居建筑静静伫立，其布局之工、结构之巧、装饰之美、营造之精为世所罕见；高大奇伟的马头墙，美轮美奂的木雕石雕、砖雕装饰，门罩、漏窗、房梁、屏风、家具、天井、花园等，充分展示出古人的精心设计与精美手艺，集中体现了工艺精湛的徽派民居的杰作特色。尤其是众多宗族祠堂、书院、牌坊和家族宗谱等遗产，充分反映西递、宏村具有丰富多彩的历史文化底蕴。

因此，1996年，原建设部副部长周干峙到黟县西递、宏村考察指出："一个村落古民居占到60%就很不简单了，而西递村80%是古民居，古民居保护得很好，村民保护自己的古民居已成自觉行动，我看申报世界文化遗产完全够条件，宏村可以和西递一起申报。"我国著名文保专家王景慧、郭旃、朱自煊、单德启等考察评价：西递、宏村是中国封建社会后期文化的典型代表——徽州文化的载体。两村自古尊儒术、重教化，文风昌盛，集中体现了明清时期达到鼎盛的徽州文化现象，如程朱理学的封建伦理文化、聚族而居的宗法文化、村落建设中的风水文化、贾而好儒的徽商文化，保留大量古音的方言土语以及民俗、服饰、饮食等方面所特有的文化现象。同时，展示了徽商兴盛与徽州文化的关系。

1996年，联合国教科文组织、国际古迹遗址理事会专家大河直躬博士在西递、宏村考察后这样评价："西递和宏村是在封建时期建造的，体现了当时繁荣商业经济的典型村落。在安徽南部这两个村庄的建筑及街道布局上体现了中国相当长的一段历史时期中社会、经济的发展情况。在20世纪已大面积消失的中国传统的非城镇生活在西递和宏村这两个小村落中得以完好保护。它们的街道布局、建筑和装饰、整体房屋及上下水系统都是独一无二的。"

2012年11月，联合国教科文组织、国际古迹遗址理事会专家尼示．西尔伯曼认为中国古村落保护方面的经验值得借鉴："中国的西递、宏村，旅游经营公司属于村办企业，门票利润分配除20%留作村集体公益事业基金外，其余20%在村民间分红。以保护为导向的利益分配，调动了村民日常维护和修缮民居的积极性"，创新实现了村集体公益事业与村民切身利益和村级经济社会发展的多赢。

---

① 杨帆．世界文化遗产：皖南古村落西递、宏村[EB/OL]．人民网，2004-05-28．

（二）西递古村落文化遗产的特色价值^①

西递古村始建于公元1047年的北宋皇祐年间，迄今已有950多年的历史，为胡姓人家聚居之地。西递旧称西川，又因村西1.5km有古驿站"辅递所"，故称西递。西递村位于安徽黟县境内东南部，古村核心区总面积13.96hm²，全村以一条纵向的道路和两条沿溪的纵向道路为主要骨架，构成东西向为主，向南北延伸的村落街巷系统。现有保存较为完整的明清古民居224幢，古祠堂4幢，牌楼3座，包括凌云阁、刺史牌楼、瑞玉庭、桃李园、东园、西园、大夫第、敬爱堂、履福堂、青云轩、膺福堂等古建构筑物，都堪称中国徽派古民居建筑艺术之典范和人与自然结合的光辉典范，被誉为"中国明清民居博物馆"、"人类古老文明的见证"和"中国传统文化的缩影"。2000年被联合国教科文组织列入《世界遗产名录》；2001年国务院公布为全国重点文物保护单位；2003年公布为第一批中国历史文化名村。

西递古村落选址及其建设遵循周易的风水理论，强调天一合人的理想境界，依山傍水，与自然融为一体。村落整体格局风貌保存完好，村内道路和水系等保持历史原状，正街、横路街、边溪街和40多条巷、弄及青石板路面都较好保留。西递古村整体形状犹如船形，四面环山，两条溪流串村而过，整个村落空间变化灵活，自然流畅，动静相宜；在敬爱堂、履福堂、刺史牌楼等公共建筑前均留有小广场。村中大街小巷沿溪而设，均采用青石铺地；路两侧砌有排水明沟；街巷道路和民居建筑的设计布局协调；街巷两旁的古民居大多临水而建，具有很强的亲民性；古建筑淡雅朴素，错落有致；精雕细刻的入口门楼、高耸的马头墙、不同形状的石雕漏窗，街头巷尾的石凳、水井、石板桥，依旧保持着明清时期的真实风貌；尤其是村内古建、构筑物的木雕、石雕、砖雕丰富多彩，艺术价值极高。

西递古村传统文化方面，仍保留尊儒重教的传统，敦厚淳朴的地方民俗习惯，至今仍在使用，保留着大量古词汇，古音韵的方言土语。不少古民居的家具装饰文雅清幽，设有书案、茶几、木椅等古家具，板壁上挂有楹联、字画，置人于文苑古朴境界中。

上述可见，西递古村为人类研究古村落、乡土建筑、乡村建设史，为研究地方历史、文化、艺术、经济乃至封建宗法制度提供了宝贵的资料。西递在建筑学、技术工艺、乡土文化、景观方面所造就的巨大成就，是中国唐宋以来在住宅和人居环境建设方面的最高代表之一；也是人类传统居住地的杰出范例和珍贵的世界文化遗产。

（三）宏村古村落文化遗产的特色价值^②

宏村古称弘村，始建于公元1131年的南宋绍熙年间，原为汪姓聚居之地，绵延至今已有870年历史。宏村距黟县县城11km，整个村落占地30hm²。宏村地势较高，经常云雾笼罩，枕

---

① 杨帆. 世界文化遗产：皖南古村落：西递、宏村[EB/OL]. 人民网，2004-05-28.
② 杨帆. 世界文化遗产：皖南古村落：西递、宏村[EB/OL]. 人民网，2004-05-28.

雷岗面南湖，山水明秀，是一个如诗如画的"中国最美乡村"。

宏村古建筑均为粉墙青瓦，分列规整，古朴典雅，意趣横生。现有明清古民居140余幢保存完好。村内有闻名遐迩的雉山木雕楼、奇墅湖、塔川秋色、木坑竹海、万村明祠"爱敬堂"等景观。典型的古建筑有、南湖书院、承志堂、乐叙堂、德义堂、松鹤堂碧园等，其中南湖书院原是明末兴建的六座私塾，称"倚湖六院"，清时合并重建后名为"南湖书院"，由志道堂、文昌阁、启蒙阁、会文阁、望湖楼和祗园等六部分组成，粉墙黛瓦，碧水蓝天，环境十分优雅。其中承志堂是最为宏大、精美的代表性建筑，被誉为"民间故宫"，堪称富丽堂皇、精雕细刻的徽派木雕工艺陈列馆，各种木雕层次丰富，繁复生动，历经百年消磨，至今金碧辉煌，透露出悠久的历史积淀和广博深邃的文化底蕴。

宏村古村具有400余年历史的月沼、南湖、水圳等水利工程，至今仍在使用，具有极高的历史、文化、科学研究价值。古宏村人规划建造的牛形村落和人工水系是当今"建筑史奇观"。整个村庄从高处看，宛若一头斜卧山前溪边的青牛。"巍峨苍翠的雷岗为牛首，村中两棵古树——白果树和红杨树是'牛角'。被称为是牛角，由东而西错落有致的民居群宛如庞大的牛躯。一条400余米长的溪水盘绕在牛腹内，引清泉经九曲十弯的水圳被称作牛肠，经村流入半月形的池塘——傍泉眼挖掘的'月沼'被称为牛胃，经过滤流向村外南湖——被称作是牛肚；人们还在绕村的河溪上先后架起了四座桥梁，作为牛腿；'牛肠'两旁民居被称为'牛身'。从而使湖光山色与层楼叠院和谐共处，自然景观与人文内涵交相辉映；这种科学的别出心裁的村落水系设计，不仅为居民生产、生活用水提供了方便，调节了气温和环境；而且为村民解决了消防用水，创造了一种'浣汲未防溪路远，家家门前有清泉'的良好环境。宏村的牛形水系，深刻体现了人类利用自然，改造自然的卓越智慧。"[1]。这是宏村有别于其他古村落布局的最大特色，是当今世界历史文化遗产一大奇迹。

（四）安徽西递、宏村世界遗产保护管理的主要经验

1．西递、宏村实现了古村落保护利用与旅游发展，促进农民富俗的多赢

自2000年西递、宏村古村落成功列入《世界遗产名录》，至今15年来，西递、宏村在保护利用与管理过程中，不仅实现古村落徽州文化生态整体空间的有效保护，而且实现了古村落保护利用与可持续旅游发展，促进农民生活富足的多赢。2006年，西递、宏村共接待中外游客107万人次，比1999年分别增长388.6%；门票收入4626万元，比1999年增长8.6倍。西递、宏村村民人均纯收入5000多元，比1999年增长近300%，西递、宏村两个村民收入70%以上来自旅游开发。2010年，西递、宏村旅游分红，村民人均分别4000和近2000元，并享有保险

① 世界文化遗产网．皖南古村落[EB/OL]．http://news.xinhuanet.com/ziliao/2003-08/04．

金、养老金等多项福利。

世界遗产地保护利用与旅游开发的经济效益，为两个古村落的有效保护提供了资金支持；广大村民在旅游开发利用中获得了利益，也激发了保护利用的积极性，实现了古村落文化遗产的保护利用与旅游发展和促进农民富俗的多赢。

2. 西递、宏村在世界遗产保护管理方面取得可供借鉴的成功经验

永续传承任重道远。十多年来，安徽黟县不仅颁发了《黟县西递宏村世界文化遗产保护管理办法》和《保护管理办法细则》，而且西递、宏村也制定了《西递古村落保护村规民约》、《宏村村规民约》，同时，黟县先后建立了"世界文化遗产保护管理委员会、西递、宏村遗产管理委员会、遗产保护管理监察大队、民间保护协会"等组织；并建立形成了"县、镇、村、民间组织的四级保护管理网络"。一直至今，西递、宏村始终坚持把"抢救、保护和传承"的理念放在首位，整体保护了古村落的格局风貌及其空间形态。并按修旧如旧原则修缮古建筑近百幢，整治改造建筑150多处，拆除无法改造的新建筑10多处；完成了三线地埋和古民居消防，修整了村内道路水渠，实施了供水建设工程；实行了新旧分开，建设西递宏村新区，以适应部分村民现代生活的需求，迁出古村内的机关事业单位和旅游商品市场，处理古村落内违章建筑81户，封墙洞25个，西递还起动了古水口的修复工程。[①]

西递、宏村通过市场化筹集保护资金，创新古建筑民居的"认领认养保护"，"易主转管保护"等方式；实行了旧房维修、建新房的申报公示制度；并把年终分配资源保护费与古民居利用是否违规挂钩。同时，黟县还坚持利用古村落旅游开发收益反哺西递、宏村保护。如县政府从旅游门票收入中征收20%资金，作为西递、宏村文物保护专项资金，到2006年已投入1.6亿元对古村落进行整体保护整治。又如西递、宏村坚持封山造林，加大周边绿化覆盖面积，配置消防设备，坚持巡逻打更、防火、防盗等的资金，大都来自于古村落旅游开发收入的反哺资金。

3. 西递、宏村在保护利用中整体保护非物质文化遗产生态空间的成效显著

西递、宏村不仅整体保护古村落的村形、村貌，而且充分发掘非物质文化遗产和积极保护利用古村落活态文化。如整理研究古村民间文学及其楹联文化；抢救复活"徽州祠祭"的宗族民俗、婚庆民俗以及宏村斗鸟逗鸟民俗等；发掘传承黟县麻布手工制作传统技艺、腊八豆腐制作技艺、打食桃传统工艺、徽州砖、木、石、竹雕传统技艺；实现了非物质文化遗产生态空间的整体保护和旅游工艺品开发利用相结合的双赢，成效显著。[②]

---

① 胡时滨. 西递宏村古村落徽州文化生态保护及思考[Z]. 黟县作家协会，2011-11-22.
② 胡时滨. 西递宏村古村落徽州文化生态保护及思考[Z]. 黟县作家协会，2011-11-22.

徽州古村落文化生态的保护主体是生活其中的原村民。通过保护利用和旅游开发让原村民得到实惠，提高了原村民自觉保护精神家园的积极性，这是古村落保护的根本和关键。西递宏村胡氏、汪氏族人自古以来就有竭力保护古村文化生态的好传统，列入世界文化遗产名录以后，原村民更加珍惜荣誉，并进一步增强了保护责任感和开发旅游的积极性。尤其是村民们广泛参与民宿旅馆、餐饮、土特产、旅游品的经营，已成为原村民的自觉行动。当然，西递宏村旅游开发也要防止和解决"过度商业化"冲击古村落文化生态的原真性保护。在西递宏村周边另建新区的保护举措，也要防止和解决古民居"易主保护"带来内部的"现代改造"或原村民"空巢"对文化生态保护的冲击，以防止西递宏村古民居群"形存魂断"的"空壳化"和古村落文化生态整体空间的"内质重创"。[1]

总之，保护好世界遗产西递宏村这样古村落，在当前加快城镇化的情势下，意义更加深远。保护好古村落就是保护中华优秀文化的根基，就是延续中华民族血脉和灵魂，是事关为人类守护中华民族共同的精神家园、增强国家文化软实力和推动中华优秀传统文化永久生存发展的大事。

---

① 胡时滨. 西递宏村古村落徽州文化生态保护及思考[Z]. 黟县作家协会，2011-11-22.

第十三章

『江南水乡古镇』联合申报世界
文化遗产的思考与对策

　　"江南水乡古镇"联合申报世界遗产（以下简称"联合申遗"），自1998年首次列入《中国世界文化遗产预备名单》，到2006年第2次、2012年第3次列入新的《中国世界文化遗产预备名单》，至今已有15年。从2001年六个古镇高调携手，到如今扩充到十个古镇联合"申遗"，其间经历聚散离合的"先合后分，分后再合"的"申遗"历程，值得我们深入研究、总结教训和认真反思，避免再度反复，这是事关"江南水乡古镇"能否成功申遗的重大问题，也是国家职能部门和遗产地政府的基本职责和义不容辞历史责任。笔者10年来曾多次前往江浙两省有关地方政府以及江苏的周庄、同里、角直、千灯和浙江的乌镇、南浔、西塘、新市等古镇进行专题调研考察，基本了解江南水乡古镇联合申遗的特色价值和问题瓶颈；认为目前江南水乡古镇联合"申遗"已具备有利条件和成功希望；但有的地方也存在丢失申遗条件的危险。为此，对如何加强江南古镇保护与联合"申遗"，特提出以下的理论思考和对策建议。

一、江南水乡古镇文化自然遗产的特色价值

1. 江南水乡古镇是最能代表江南历史文化和水乡风貌特征的地区

　　"江南水乡古镇"是指列入新的《中国世界文化遗产预备名单》，以"小桥、流水、人家"为主要特色的周庄、乌镇、西塘、南浔、同里、角直、新市、锦溪、千灯、沙溪等国家历史文化名镇。"这些古镇大都是外河环绕、内河交叉、临水成街、因水成路、依水筑屋，水、桥、路、屋相融合为一体；镇内古民居依河而筑，鳞次栉比簇拥在水巷两岸，毗连的过街骑楼、临河水阁、河渠廊坊、驳岸石栏、墙门踏渡、疏密有致，构成了独具特色的'小桥、流水、人家'和'高墙、大宅、深巷、窄弄'的规划格局和建筑艺术；至今仍真实、完整、生动地留存着中国江南历史、社会、经济、文化艺术的精华，亦雅亦俗，符合中国人理想的'文明、富足、诗意、和谐'的居住环境；形成了人与自然和谐的历史环境和独特的地域文化现象；在世界上独树一帜，驰名中外。"①。对今人和后人来说都是一份宝贵的社会财富和巨大的无形资产，也是长三角区域经济社会可持续发展的文化源泉、品牌优势和生机动力。

2. 江南水乡古镇是"中国历史文化名镇"最多最集中且富有特色的地区

　　江南水乡古镇除列入《中国世界文化遗产预备名单》的十大古镇外，还有不少尚未列入预备名单而同样具有"世界文化遗产价值"的江南水乡古镇，如上海朱家角、枫泾、嘉定，

---

① 　周乾松."江南水乡古镇"保护与联合"申遗"调查思考[N].中国文物报，2006-07-29.

浙江的盐官、安昌、前童、慈城、龙门和江苏的木渎、锦溪、千灯等古镇，这一大片江南水乡古镇都是国家级历史文化名镇，也都是在相同的自然环境条件和统一的文化背景下，通过密切的经济活动所形成的一种介于乡村和城市之间的人类聚居地和经济、文化网络空间；都以其深邃的历史文化底蕴、清丽婉约的水乡古镇风貌景观、古朴淳厚的吴侬软语民俗风情，呈现出江南水乡丰富独特的历史文化与自然遗产；蕴涵着丰厚的历史、文化、艺术、建筑和科学价值；在中国文化发展史和经济发展史上具有重要的地位和作用；并将成为人类文明印象中的世界文化明珠。因此，加快"江南水乡古镇"联合申遗进程，是江浙两省有关政府不可推卸的历史责任，也是长三角合作与发展的重要内容和基本要求；更是建设文化强省、增强文化软实力的重要载体和主要标志；它不仅是促进长江三角洲区域经济社会可持续发展的不竭源泉；而且对建设美丽中国、文化强国、传承中华优秀文化都将发挥巨大的推动作用。

3. 江南水乡古镇是我国文化与自然遗产丰富且完整保存的重要地区

江南水乡古镇的独特价值，不仅具有千百年来保存至今的"小桥、流水、人家、高墙、深巷、大宅"，而且具有深厚的历史文化遗产和丰富的自然景观遗产。此次联合申遗的江浙十个古镇，都处于江南水乡同一地域，属亚热带季风气候，降雨丰沛，河网密布，有"水乡泽国"、"鱼米之乡"的称号。因此，江南水乡古镇是基于同一自然环境、地域形态和文化类型的产物，具有相仿的规划方式、建筑风格、社会职能和文化传统。具体表现为3个方面的共性：① 空间布局以"小桥、流水、人家"为特色。江南水乡古镇基本上都是外河环绕、内河交叉、临水成街、因水成路、依水筑屋，水、桥、路、屋相融合的空间构造。② 建筑风格以"粉墙黛瓦、廊街岸柳、深巷老宅"为特色。江南水乡古镇的建筑单体，大都是以砖木结构、二层厅堂式房屋为主；构造上以青瓦覆顶、木椽承檩、空斗砌墙、片石铺地，屋内木构部分精雕刻而不施彩绘，形成色调素雅明净的建筑风格。③ 文化传统以"业商贾、咏诗书、尚民俗"为特色。江南水乡古镇大都是以水兴镇、以水成市、以水得利、商品经济繁荣，加之优美的自然环境，古镇成为官宦退隐、富贾置产、文人雅居的理想居所，从而造就江南水乡古镇人文荟萃、群贤毕至的文化胜景。与此同时，以土布、丝绸、兜裙、绣花鞋为代表的衣装服饰文化，以香市、划灯船、烧田财、大摆船等为代表的民俗节庆活动，以湖味鱼鲜为代表的饮食文化等等都别具韵味。此外，由于各镇微观地理人文环境的差异，各自历史的因循，时代的机遇相异，深入观察江南水乡古镇又更具特色、各有风韵。

4. "江南水乡古镇"的独特文化价值符合世界文化遗产的标准条件

根据联合国《保护世界文化和自然遗产公约》及其申报世界文化遗产的标准条件，江南水乡古镇"小桥、流水、人家、深巷、大宅"的规划格局和建筑艺术，形成了人与自然和谐的居住环境，是中国乃至世界少见的历史文化名镇集群、古街区古建筑群、建筑技术整体及其文化景观的杰出范例；也是传统人类居住地、土地利用的典范和人与自然高度融合、和谐发展的杰出范例；更是一千多年传衍至今的文化传统提供独特罕见的历史见证；展现了中国历史上几个重要阶段；代表一种或几种文化以及人类与环境的相互作用，特别由于不可逆转的影响下变得易于损坏，完全符合世界文化遗产的标准条件。因此，联合国世界遗产中心专家主动向我国建议将"江南水乡古镇"以集群申报为世界文化遗产。

二、江南水乡古镇联合申报世界遗产的曲折反复过程

1. 世界遗产中心专家主动建议"江南水乡古镇"集群捆绑式"申遗"

1997年11月和1998年5月，联合国世界遗产中心官员明嘉扬、景峰以及法国、意大利等世界遗产专家，先后考察了周庄、同里古镇后认为江南水乡古镇是世界遗产的一种新类型，说明了一种历史文化现象，具有独特的价值意义。但也有外国专家认为周庄、同里两古镇还"不足以涵盖江南水乡与城镇的关系"。因此，世界遗产中心官员明嘉扬女士等建议把江浙六镇作为一个整体，以"江南水乡古镇"的名义进行集群式联合申报。

1999年，法国世界遗产专家于连、幽兰等对周庄、乌镇、西塘、南浔、同里、甪直等六大古镇进行专门考察。2000年5月，江南六镇的镇长赴欧洲考察，在法国培训学习古镇保护与申遗知识。同年10月，欧洲世界遗产专家们又到同济大学对六镇管理人员进行实地培训。从此，江南六镇提高了加强古镇保护的认识，拉开了古镇联合申遗之路。

2001年4月，"江南水乡古镇"第2次列入中国《世界遗产预备清单》。"江浙两省的政府、媒体、中外专家都为推动江南水乡古镇联合申遗作出了不少有益的工作。同年11月，江浙两省正式将申遗文本上报国家建设部。此后，江浙两省一直对外宣称以江南六大古镇捆绑方式共同申报世界遗产。"[①]。

2. "江南水乡古镇"联合申遗进入"似合似分"的矛盾冲突期

2002年后，江南六大古镇声名鹊起，兴起开发旅游热潮，但联合申遗未见实质性进展。同时，由于江浙六镇分属两省四市行政区划的原因，联合申遗确定举步维艰，"只闻雷声不见雨点"，"古镇申遗"漫漫无期。因此，江浙六镇"各自为线"，先后把"经营古镇、开发旅游"作为第一任务；彼此是同伴，又是对手，开始出现"旅游开发利益博弈"的矛盾，以致联合申遗工作出现诸多不协调等问题；六镇联合申遗在"时冷时热、似合似分"的过程中耗费掉沟通合作的诚意。

---

① 周乾松．"江南水乡古镇"保护与联合"申遗"调查思考[N]．中国文物报，2006-07-29．

2003年,江南六大古镇进入"保护与旅游开发的矛盾冲突期"。六镇之间出现"互争水乡第一名声,互相争比旅游人数,为利益博弈互相贬低又互相模仿"等不正常竞争和趋同现象,普遍导致在古镇二期旅游开发项目"试比谁大"、"大干快上"和过度"人工化、现代化、商业化倾向",分别采取"秘密竞争、封闭开发"的应对举措,本该恪守的保护为主原则难以为继;联合申遗的协商性与一致性也无暇兼顾;地方主义至上性、经济利益最大化和思想上各自为主、互争老大的涣散性,使得六大古镇逐渐产生"明合暗分"、"联合无望、单独申遗"的潜在影响。

2004年8月25日,苏州市有关部门正式向外界公布申遗项目:"苏州水乡古城古镇及古典园林,其中古城范围增加了拙政园历史街区,古镇为同里、周庄、角直。根据世界遗产中心等程序和要求,苏州古城古镇申遗将于当年10月底前完成申遗文本,正式报国家文物局,2005年2月前,所有文本正式提交世界遗产中心。"①至此,苏州市正式提出分开申遗,意味着"江南六大古镇"联手申遗项目,因缺乏合作而出现"分手申遗"。但值得思考的是:江南地区几千年历史文化沉淀,造就了以六大古镇为代表的水乡集镇特色,正是此特色使得联合国世界遗产中心专家们主动提出"江南水乡古镇""集群式联合申遗";却在长三角地区合作发展的背景下,毗邻的两省联合"申遗"遭遇分手窘局,确实令人遗憾;而且"分手申遗"变化给"江南水乡古镇"保护与申遗带来较多影响,在客观上拖延了联合申遗的进程。

3. 2006年确定的《中国世界文化遗产预备名单》把江南六镇改为四镇

2005年,国家文物局启动《中国世界文化遗产预备名单》的重设工作。全国上报申遗项目超过200多处,而预备名单只能列入35处。当时,各省都很积极争取入围新的名单,有幸的是在江、浙两省各自申报的6个申遗项目中,都把"江南水乡古镇"项目排在第一位。上海市朱家角古镇也想申请加入"江南水乡古镇"项目。当时作者也积极主张"6+N"方案,以扩展"江南水乡古镇"联合申遗的范围广泛性和群体价值意义。

2006年12月,国家文物局正式确定公布《中国世界文化遗产预备名单》,全国共35项文化遗产中"江南水乡古镇"项目第2次列入《预备名单》。但新确定的《预备名单》把江南六镇改为四镇,江苏的同里、浙江的南浔古镇从名单中被删除,两镇落选的主要原因在于将旅游经营开发权交给纯商业开发公司,这与江南水乡古镇申遗保护背道而驰。"这是因为《预备名单》的评审是严格按照世界遗产申报标准来要求的:每个项目不仅在所在地区,而且在全国、全世界范围内都应具有突出的价值;其真实性、完整性,保护管理状况要处于良好状态。文化遗产遭受的人为与自然破坏等活动必须有确切的记录;要有对遗产的规范管理,实

---

① 吴友明,孙自法.苏州公布申遗范围江南六古镇捆绑申遗"流产"[N].中国改革报,2004-09-02.

施有力的保护措施等。"①庆幸的是南浔、同里两大古镇的古建筑文化遗产未遭到很大破坏，只是旅游开发过度商业化和投资商看重利益，打着保护旗号开发房地产，出现古镇旅游性、开发性破坏等问题。两大古镇在申遗过程中走过的弯路，是值得我国历史文化名镇都应深刻记取的教训。

4.2012年第3次《中国世界文化遗产预备名单》把江南四镇改为十镇

2012年11月，国家文物局重新确定《中国世界文化遗产预备名单》，28个省（市、自治区）以及香港特别行政区共有45项列入《预备名单》，比2006年12月公布名单的35项增加10项。《预备名单》中的"江南水乡古镇"联合申遗项目改为"6+4"，即把四镇恢复为六镇并新增四个古镇：江苏的周庄、角直、同里、千灯、沙溪、锦溪以及浙江的乌镇、西塘、南浔、新市等10个古镇，使"江南水乡古镇"项目第3次列入《中国世界文化遗产预备名单》。值得注意的是，南浔、同里两大古镇纠正保护管理不当而重新补入，尤其是新增的新市、千灯、沙溪、锦溪四个古镇虽名气不大，但由于古镇保护程度相对较好，当地政府十分重视申遗，经过考察得以扩充列入"江南水乡古镇"项目。这表明我国确定《中国世界文化遗产预备名单》的原则，特别注重"谁保护好，谁就能列入"，"谁开发过度，谁就删除"的基本准则。

为此，笔者建议"江南水乡古镇"应坚持动态化"6+N"联合申遗。浙江的盐官、前童、安昌、慈城、龙门古镇，上海的朱家角、枫泾、七宝古镇，还有江苏的震泽、黎里、千灯、木渎等古镇，都保存着大量物质文化遗产与非物质文化遗产，只要加大保护力度，这些古镇都有条件申请加入"江南水乡古镇"联合申遗项目。当然，目前这些古镇的保护与开发尚存在一些问题；但此类问题在列入名单的10个古镇也不同程度地存在，都必须严格按照世界文化遗产的评审标准，尽快整治解决。上述列举的"江南水乡古镇"都是"中国历史文化名镇"，笔者认为哪个古镇保护得好，都可补入《预备名单》；如哪个古镇保护不好，破坏真实性、完整性，也就不符合世界遗产标准，就应从《预备名单》中除名，这不仅有利于每个江南古镇更好地保护真实性、完整性，早日成功申遗，而且也是联合国世界遗产中心评定世界遗产、实施动态保护的基本原则和重要规定。

从目前世界遗产申报实践看，申报要求越来越严，申报难度日趋增加，"江南水乡古镇"联合申遗的时限不会很短。虽已列入预备名单的10个江南水乡古镇，也都需要再加大古镇保护力度，加快联合申遗的进程；尚未列入名单的盐官、慈城、前童、安昌、龙门、朱家角、枫泾、七宝、木渎、千灯等江南古镇，更需要切实保护古镇的真实性、完整性；在国家向联合国世界遗产中心正式申报文本前，都还有机会申请扩充列入"江南水乡古镇"项目。为

---

① 国家文物局公布新的《中国世界文化遗产预备名单》[EB/OL]. 国新办网http://www.scio.gov.cn，2006-12-05.

此，建议国家文物局根据"动态保护申报"的原则，及时进行协调、考察、追加或删除不合格古镇，期望通过江南古镇联合申遗，以推动我国更多历史文化古镇得到更好更有效的保护利用。

5. 2013年江浙两省十镇再度启动江南水乡古镇联合"申遗"工作

2013年，江浙两省文物局组织三市八县的申遗部门和10个古镇负责人召开了江南水乡古镇联合申遗专题会，就联合推动江南水乡古镇申遗工作，建立联合申遗工作机构、明确申遗目标和进程、统一各镇申遗步伐等具体事项进行了认真研讨。国家文保专家们分别从遗产价值认知、遗产真实性评定、遗产申报路径、遗产管理方法、遗产防灾应急等方面进行了学术交流，为江南水乡古镇申遗工作提供了技术指导和理论支持。10个江南水乡古镇的代表都表示全力推动联合申遗的态度和建立联合申遗工作机构的支持，并共同推选周庄作为江南水乡古镇联合申遗牵头单位。这是江南水乡古镇第2次联合走上申遗之路。从2001年江南六大古镇高调携手，到如今扩充到十个古镇抱团结盟，在这十多年"聚散离合"的申遗过程中，最主要的问题是缺乏专职协调机构，各个古镇各自为政，各为"利益博弈"而"人心不齐"，存在着扯皮现象。尤其十镇捆绑申遗，在增加申遗筹码的同时也增加协调难度？因此，江浙十镇应认真总结首次联合申遗的曲折教训，以免重蹈覆辙。要清醒地认识到，十个古镇的保护开发阶段不同、保护资金实力不同，各镇的利益诉求与申遗积极性等都各不相同，协调难度大，确实困难重重，展望申遗之路漫漫，其修远兮。尤其要指出的是，江南十镇及其地方政府必须改变以往为了旅游开发而申遗的不纯动机；江南水乡古镇能否申遗成功的关键——就是江南十镇必须真实、完整地保护好古镇文化遗产及其自然格局风貌；并且在旅游开发过程中，避免过分的商业化，单纯追求经济效益等问题。然而，2015年初有关网络报道，"江南水乡古镇"项目又在10个镇基础上增加江苏的震泽、黎里、凤凰3个镇，但尚未列入我国文化遗产预备名单。这种现象需要引起江浙两省乃至国家文物局高度重视。从2001年6个古镇高调携手到扩充10镇联合申遗，15年中分分合合，有过失、有地方利益作怪的教训值得记取。联合申遗不是简单数量增加，而是要真正形成合力；不是为开发旅游而申遗，而是为更好地保护古镇，且具真实性完整性才有条件申遗。

三、江南水乡古镇联合申报世界遗产的有利条件

1. 2013年《中国世界文化遗产预备名单》弱化地域概念、强调集群申报，为加快"江南水乡古镇"联合"申遗"提供了良机

"江南水乡古镇"再度联合申遗重现成功希望。目前，"江南水乡古镇"4+2+4扩展为

江南十大古镇，表明古镇申遗已经从"分分合合"的教训中再度达成"联合申遗"的共识，"从上到下"各方面的条件基本成熟。实际上，国家层面和江浙两省政府坚持"联合申遗"方针始终不会变。从我国近几年申报世遗项目看，都是考虑了申遗的全局性、整体性、综合性的原则策略。因此，中国世界遗产委员会将会坚持"江南水乡古镇"联合申遗方针，不可能推荐某古镇单独申遗。因为只有联合申遗，才能全方位地展现江南水乡古镇有机整体的价值特色。单独申遗既无现实可能，也不够世遗标准条件，这是每个古镇申遗必须切记的根本原则。只有古镇集群式、整体性申遗，才具备世界遗产价值和申遗实力，才有较高的成功率。

2. 世界遗产大会通过《苏州决定》后，申报世界遗产的新变化、新趋势，给"江南水乡古镇"联合"申遗"带来新希望

"江南水乡古镇"是既具有系统性强、分布区域广、独特性突出，又具有普世价值的联合"申遗"项目，不仅顺应国际遗产保护趋势，而且从申报方式、申报类型都独具有利条件和明显优势。尤其是世界遗产大会《苏州决定》修改的二项新规定：①"每国可申报两项世界遗产"、"扩展项目也要占国家的年度名额"的新规定，这表明中国申遗每年最多两项，国家原则上也不再上报扩展项目。这对江南六镇联合"申遗"增加了新优势和成功希望，如果江浙两省联合"申遗"协调工作做得好，有可能在2017~2020年入选世界遗产名录。②《苏州决定》中特别建议"中国当局在未来研究考虑同一地区的江苏省和浙江省的其他历史水乡古镇的可能性"，这又说明联合国世界遗产委员会和国际上许多世界遗产专家都十分喜欢和看重"江南水乡古镇"的特色价值。不少世界遗产专家曾多次暗示"江南水乡古镇"必须"整体申遗"的原则，并鼓励更多江南古镇"加强保护、参与联合申遗"的世遗精神，这将给更多江南水乡古镇组合"申遗"带来可行性和新希望。

3. "江南水乡古镇"具备世界遗产标准的多项条件，集群式申遗在国外不乏先例且符合申报世界遗产新趋势

（1）"江南水乡古镇"自身价值符合世界文化遗产四条标准（Ⅰ）（Ⅲ）（Ⅳ）（Ⅴ）。江南水乡古镇历史文化的丰厚积淀，造就了以江浙十镇为代表的江南水乡集镇风貌特色，具备世界遗产的独特价值标准。正是此特色价值使得联合国世遗专家在十多年前主动建议"联合申遗"，并提出加强保护和加快申遗的建议，这就是"江南水乡古镇"联合"申遗"的良好前提和优势。

（2）江浙十镇集群式申遗，在国内外有许多联合申遗的成功先例。如日本的"传统建筑群"是突破国内行政区域藩篱，举国搜集、罗列、保护、上报获得世界遗产。又如瑞典等十个国家历经12年联合申报"斯特鲁威大地测量点"，早已列入世界文化遗产名录。尤其是

我国已有6省联合申报"中国丹霞"和3省两次联合申报"中国南方喀斯特",以及2014年8省25个城市联合申报"中国大运河"项目和中国、哈萨克斯坦、吉尔吉斯斯坦跨国联合申报的"丝绸之路:长安—天山廊道的路网"的5次成功先例。这些都标志着进入了联合申遗和集群申遗的新阶段,具有划时代的重大意义。

(3)目前江浙十镇的保护现状较好,当地政府和原住民都具有保护自觉性和申遗积极性,以及遗产环境协调性较好等条件,都符合世界遗产评审标准。尤其是江浙十镇都制定了整体的保护规划和相关保护管理办法,基本上按照"保护规划"进行保护、管理与开发利用。江浙十镇的核心保护区、建设控制区、风貌地带以及环境整治情况,基本符合"准世界遗产"的保护规定和要求。

4. 江浙两省政府重视古镇保护与联合申遗,江南十镇管理者和原住民都希望古镇联合申遗早日成功

(1)浙江省四套班子领导都很重视江南水乡古镇保护与申遗工作。浙江乌镇、南浔、西塘、新市古镇都着力整治古镇环境,改善申报地基础设施条件,使古镇申报遗产地的周边环境不断得到改善;并加强了古镇历史文化遗存的发掘和研究工作;争取列入世界遗产名录的时机、条件日趋成熟。浙江省四套班子领导高度重视浙江古镇保护工作,尤其是2005年习近平总书记(时任省委书记)对本人撰写"加强古村镇保护利用的对策建议"作出重要批示后,在8月4日冒着酷暑专程前往乌镇实地考察指导保护工作,这不仅使古镇保护中"过度开发"倾向得到有效遏制;而且使地方政府领导开始真正重视古镇保护与申遗工作。更重要的是一直至今,习近平总书记高度关注和重视江南水乡古镇联合申遗工作。2013年11月26日,江苏省文物局浙江省文物局联合发出《关于加强江南水乡古镇联合申报世界文化遗产工作的通知》。

(2)江苏古镇地方政府具有较好的保护责任意识和申遗理念。世界遗产公约规定申遗必须是政府行为,是政府的基本责任。从实地调研的情况看,江南古镇地方政府都认为"古镇联合申遗有利于早日列入世界遗产名录,切实保护好六镇、联合争取申遗是地方政府的基本职责和社会责任"。尤其是江苏甪直、同里、周庄三镇都配设"古镇申遗办公室"和专职申遗人员,并在正常运转、积极做好申遗基础工作;三镇领导经常邀请并听取国内外申遗专家的指导意见。可见江苏古镇地方政府比较重视申遗工作。

(3)江南水乡古镇申遗十余年做了大量基础工作,原住民都希望古镇联合申遗早日成功。从实地考察调研的情况看,江南古镇领导访谈中都从心底表达出"江南古镇应该携手,只有联合才有申遗成功希望"的强烈愿望;并指出目前江南古镇申遗存在"两头热(古镇与世遗专家热)中间冷(政府冷)"的现实问题;都表达了"能否联合申遗,关键在两省领导"的共识和心声。同时,江浙十镇联合申遗的群众基础较好,随访中很多古镇人都以申报世界

遗产为荣，都表达出"古镇申遗不能分心，只有联合才有申遗成功希望，这对江浙古镇都有好处"等共同愿望。否则，古镇申遗时间越拖越长，旅游开发"博弈"影响申遗的问题会愈多愈大，甚至会产生"旅游过度开发破坏申遗条件"，最终"丧失世遗标准"的严重恶果，倘若如此，我们向子孙后代怎样交代呢？

四、加强江南水乡古镇联合申报世界遗产的对策建议

1. 江浙十镇地方政府应增强责任意识，把联合"申遗"当作建设文化强省的大事来抓，改变"联合申遗、无人牵头、抓而不紧"的状况

（1）要把江南水乡古镇联合"申遗"当作建设文化强省的大事来抓。不仅要增强联合申遗是造福江南百姓、功德无量的大事，是地方政府不可推卸的历史使命和社会责任的意识；而且要充分认识到争取"申遗"早日成功，既能大大提高江南水乡古镇的文化品位和知名度，增强江浙文化强省的世界遗产品牌效应；又能带动江浙两省乃至长江三角洲区域的经济发展和社会进步。要明确申报世界遗产是申请中国责任的意识。江南古镇能否申遗成功的前提与关键，就是要切实保护好古镇遗产的真实性、完整性，这是江浙十镇地方政府第一重要的历史责任。

（2）要端正江南水乡古镇保护"申遗"的短期性利益与永久性利益的意识。江南水乡古镇保护"申遗"的经济利益有两部分：一部分是景点门票收入的直接利益。另一部分是古镇遗产永久性的间接利益和综合利益；它既包括推动旅游经济发展的综合利益，如带动旅游、交通、旅馆、饮食、购物等行业的发展，增加就业机会；又包括遗产永久性的间接利益，如世界遗产知名度是巨大的无形资产，其文化软实力、经济影响力，能为遗产地带来永久性的经济利益与综合性的社会利益。如果有的古镇地方政府只看到或只追求短期的直接经济利益，对古镇遗产的开发建设性破坏或过度商业化的开发旅游性破坏，势必会失去古镇遗产永久性的价值利益与综合性的社会利益，而且对江南水乡古镇"申遗"的整体利益，乃至国家、民族的声誉和长远利益，都会带来重大影响，对每个江南水乡古镇的保护与发展都是得不偿失的。这是江南水乡古镇"申遗"10多年来分分合合的根本原因，也是地方政府尚未解决的深层次意识和关键问题。

（3）要尽快改变江南水乡古镇"联合申遗、无人牵头、抓而不紧"的状况。申报世界遗产艰难复杂，时间漫长，涉及各方，经费投入巨大；需要加强领导，做好协调，抓紧抓实；不仅要克服"联合申遗太难"、"成功率不确定"的畏难情绪，而且要尽快改变"联合申遗、无人牵头、抓而不紧"的状况；尤其是十镇地方政府必须统一思想，达成"唯有联合申遗，成功多赢有望"的共识；抓紧商定通联与协作，形成合力，加强申遗方案与措施，力争2018

年前后申遗成功。

2. 江浙两省应加强领导及组织保证，尽快组建"两省上下联动申遗工作网络"

（1）建议两省共同建立由副省长挂帅的高规格"江南水乡古镇联合申遗领导小组"，并组建"两省上下联动申遗的专门班子及其工作网络"；分别成立"江南古镇联合申遗办公室"（从省文物局、建设厅、旅游局和财政厅等部门抽调专人），具体负责江南水乡古镇保护申遗日常组织协调工作，建立十个古镇的合作、协商和对话机制，统筹推进江南水乡古镇保护与申遗的各项事务工作，并认真吸取六镇申遗不够重视、不太协调的教训。试想江浙两省四市十镇的申遗项目，没有省领导挂帅的统一领导与组织是不可想象的。

（2）江南十镇地方政府应建立申遗领导班子，并聘请文保专家指导申遗。建设、文化、财政等职能部门应形成合力，从规划、组织、财力、申报等方面加快申遗进程，并制定明确可行的申遗计划和具体落实措施。考古、学术界应加强江南水乡古镇自然与文化遗产的发掘和研究。新闻界应积极做好宣传、推介工作，普及世界文化遗产知识理念和相关法律，增强全社会参与古镇保护氛围和申遗共识，这也是世遗评审的重要标准。

（3）江南十镇应成立古镇申遗办公室，配好专职人员做好申遗基础工作。江南十镇要经常加强沟通、协调与配合，交流保护管理经验，互相考察学习、取长补短、信息互享，共同做好联合"申遗"工作。要积极采取"走出去、请进来"方法做好古镇申遗工作，尽可能多地邀请世界遗产专家来古镇考察指导，组建"古镇保护志愿者队伍"；招募"文保申遗大使"，大力宣传"江南水乡古镇"的世遗价值；以加快"江南水乡古镇"申遗进程。

3. 建议上海、浙江、江苏两省一市政府将符合申遗的其他古镇，向国家申请增补列入"江南水乡古镇"项目

（1）根据世界遗产真实性和完整性的评审标准和国家文物局列入《中国文化遗产预备名录》的基本原则，建议江、浙、沪两省一市可向国家申请将上海的枫泾、朱家角古镇，浙江的盐官、慈城、前童、龙门、安昌古镇，江苏的木渎、震泽、黎里、千灯等古镇，增补列入"江南水乡古镇"项目，因为枫泾、朱家角、盐官、慈城、前童、龙门、安昌、木渎等古镇都保护得较好，都属于江南水乡古镇。这样两省一市联合申遗的力量愈强、成功可能愈大。

（2）根据国家文物局申报世界文化遗产的计划，2015~2020年申遗项目尚未正式公布，以每年只能申报1项文化遗产的速度，"江南水乡古镇"的申遗周期可能会较长，这就使盐城、慈城、前童、龙门、安昌、木渎、震泽、千灯、黎里、枫泾、朱家角等古镇更有时间创造条件，以加大保护力度和积极申遗的行动，向国家文物局申请在2016年追加列入《中国文化遗产预备名录》。建议更多的江南水乡古镇文化遗产的集群申报，虽增加了难度，但各个古镇的文化遗产各有特色价值，可以增加"江南水乡古镇"申遗的分量和厚度，也

符合中国申遗和世遗评审的发展要求和趋势；更有利于真正保护好更多江南古镇的真实性和完整性，争取2018年前后成功列入《世界文化遗产名录》。

4．江浙两省地方政府应把加大江南十镇保护力度作为加快联合"申遗"进程的根本要求和关键任务

（1）两省地方政府应建立保护"首问领导责任制"，尽快解决江南古镇"过度竞争、无序开发、人工化、商业化、现代化"的不良现象及其给"申遗"带来的负面影响。地方政府要作出古镇保护利用的制度安排，健全古镇文保管理体制，配齐增强文保人员；保持十镇决策者、管理者相对稳定，防止"调个领导换套班子"，甚至改变古镇保护理念和管理思路。

（2）江南十镇应总结首期保护利用的成功经验及其思维理念，切实加大古镇保护管理力度；严格实施《古镇保护规划》，旅游开发项目不能随意改变保护规划，开发方案应严格按程序申报，两省文物、建设规划部门应加强古镇保护与"申遗"监督管理。

（3）古镇地方政府应加大保护资金的投入，多种方式筹措古镇保护资金；加强古镇文保专业人才和传统技艺工匠队伍建设，组建多学科专家研究、保护网络系统；建立"古镇保护申遗专家委员会"，多听取各方面专家的保护意见和建议；借鉴国内外古镇保护与申遗的基本经验；尤其要注重抢救保护水乡古镇的民间民俗文化遗产。

5．江浙十镇地方政府应增强保护申遗的共识和责任，确保江南水乡古镇的原真性、完整性，这是联合"申遗"成败的前提和关键

（1）江南十镇地方政府应改变"申遗太难，要求太高"，"关键在上头、下面没有用"的观念；要改变把"申遗与保护当作两回事"的误区；更要纠正"能否申遗无所谓，申遗成功会影响开发"，"只要古镇开发促进旅游发展，就是古镇保护成功标准，按世遗标准就难开发利用"等错误想法，这对江南十镇联合"申遗"十分有害。我们必须指出有的古镇虽然旅游开发"赚了大钱"，但实际上正在丢失古镇真实性完整性的申遗条件，最终可能会影响江南十镇申遗而成为历史罪人？因此，江南十镇必须坚持古镇申遗是为了更好地保护，祖辈留下的宝贵遗产千万不能在我们手中（因过度开发）丧失成为世界遗产的机会和权益；申遗成否并非小事，而是为民造福、事关国家声誉的大事；"保护不易、申遗更难；唯有保护好、申遗才有望，申遗成功才是真正检验保护好坏的重要标志"。

（2）江南十镇地方政府要作好申遗长期性的准备。真实完整地保护古镇遗产和申请加入世界遗产名录，是一个漫长、严格的过程，不能急于求成。列入世界遗产大都需要经历近十年.甚至更长时间；即使列入了名录、并非获得终身身份证，每年必须定期接受世界遗产的监测、检查、审议和评估，保护不好也要列入濒危目录，甚至取消。事实上，许多遗产之所

以被添加进名录，不是因为遗产本身价值发生了变化，关键是遗产保护与管理得到了有效提高和整体环境得到了实质性改善。为此，我们认为"保护难一点、开发慢一点、申遗就快一点"，只要江南水乡古镇的真实完整性不破坏，申遗成功是迟早的事。但令人担忧的是，目前有的江南名镇旅游"过度开发、大赚其钱而沾沾自喜"，实际上已造成千年古镇真实完整性的破坏，正在丧失"江南水乡古镇"申遗的条件，值得警示。

6. 江南十镇应正确处理保护申遗与旅游开发关系，避免为旅游开发的经济利益而影响或永久丧失古镇遗产无价的世遗价值

（1）应严格按照世界遗产规则来整治遗产地。要坚持"存古求真、拆新忌假"，切莫搞"名为保护、实为影响申遗的项目"；要把握好旅游开发的尺度与准则，利用古镇文化遗产必须合法合理（如移建、重建一定要按规定进行报批）；既要克服不负责任"吃祖宗饭、断子孙路"的功利做法，又要防止"有钱造景、无钱护宝"、"拆真文物，造假古董"等利益驱动的短视行为；虽然有的古镇大造仿古街发展旅游赚大钱，但将来子孙不一定说好，也许会责骂丢失千年古镇的真实性。

（2）申报世界遗产应在整体保护前提下合理利用。那种光顾经济效益的错位开发将会"劳民伤财"而"破坏申遗"。江南水乡古镇文化遗产不仅属于现在，更属于未来；属于某个地方，更属于一个国家乃至世界。因此，江南十镇应牢记保护永远是第一位，切忌为开发旅游而喧宾夺主，这正是《世界自然和文化遗产保护公约》的最原则规定，十个古镇都有责任共同保护好生活着千年古镇，始终坚持有效保护前提下的适度开发，千万不能以旅游开发、经济效益为核心；而应追求社会效益、传承文化价值、改善人居环境，提升古镇软实力，促进古镇可持续发展为目的。只有这样，才能实现古镇保护利用与成功"申遗"的目标要求。

7. 江南十镇应牢固树立"准世遗"观念，严格按照原真性和完整性原则考量保护和申遗，做到"保护有所为、开发有所不为"

（1）江南十镇联合"申遗"必须遵守原真性和完整性的根本原则，这是申遗能否成功的关键标准。因为原真性和完整性是衡量世界遗产价值的标尺，也是近年来认定评审世界遗产的核心标准。新的世界遗产公约实施操作指南明确规定：列入《世界遗产名录》的文化遗产至少应具有《世界遗产公约》所说的突出的普遍价值中的一项标准以及原真性标准和完整性原则[1]；还应当遵守国际公认的"少干预、可逆性、可识别原则，保护相关环境景观以及尊重文化多样性和不同的传统背景"等。每个古镇的文化与自然遗产，世界遗产要求是原始的、真实的，决不可造假景观、建仿古街；更重要的是文化自然遗产与周边环境的整体性保护现

---

[1] 周乾松."江南水乡古镇"保护与联合"申遗"调查思考[N]. 中国文物报，2006-07-21.

状。

（2）江南十镇要牢固树立"准世遗"观念，应做到"保护有所为、开发有所不为"。在保护方式上，应坚持小规模、分阶段，适时的、谨慎渐进的改善，特别是对古镇形态和布局有影响的开发利用更要慎之又慎。现在不能解决的有争议的事情，应留给后人去解决；有些矛盾问题一时解决不好的，就等到找到最佳方案时再去解决，决不可盲目草率行事，损害申遗价值或牺牲下一代人的利益。在保护内容上，既要保护单体文化遗迹，并统筹考虑保护文化空间、人文精神，传承历史文化的见证和载体；也要着眼于保护古镇古街整体及其周边自然景观、生态环境及其物化形态。

8. 江浙十镇应时时处处从申遗要求出发，根据联合国有关保护原则、要求、方法、措施对古镇进行科学的有效保护

（1）应保护江南水乡古镇古街古建（构）筑物的历史真实性，过度修复、移建、重建都会破坏古镇历史文化遗产真实性，成为申遗的阻碍因素，是不可取的。

（2）应保全江南古镇历史环境风貌的完整性和整体性，要防止用大量仿古性建筑和人造景观破坏古镇格局、环境的原始风貌。

（3）应维护江南古镇街区居民生活的延续性，决不能大量迁走古镇居民换来各方商人，要让本地人长期生活其中，才能使古镇"活"起来。没有居民，就成了"文化空壳"的旅游市场。

（4）应保全江南古镇历史古迹遗存的可读性。要保留古镇古迹遗存的历史印痕，让人们可以直接读取它的"历史年轮"和文化信息，而不是按现代人的想法去抹杀它，大片拆迁和重建不符合可读性的原则。

（5）应保护江南古镇文物修复的可识别与可逆性原则。修复要以历史文献为依据，添加物要整体和谐，不能以假乱真。要认识到今天的修复加固未必正确或最好，要相信后人会有更好的科技手段和方法，这就要求今天的修复工作是可逆的，后人改变它时不必伤及文物的原样。

（6）应坚持江南古镇保护与发展的和谐性与可持续性。古镇保护的核心并不是将古镇当成博物馆里的陈列品"尘封"起来，而是要把古镇建成"活的博物馆"，真实完整地保存古镇的自然环境和文化生态，让生活在古镇的人和到古镇旅游的人永久享用；努力实现古镇人与自然的和谐、人与历史的和谐、人与社会的和谐；使古镇保护与经济社会实现和谐协调可持续发展。

9. 加快江南水乡古镇联合"申遗"进程的具体建议

（1）建议江浙两省组建"江南水乡古镇联合申遗领导小组"，形成上下联动的古镇联合

申遗网络。明确分管副省长主导抓，省人大或省政协配合抓，省文化厅、建设厅、省文物局、旅游局具体负责指导十镇的保护申遗工作。应根据国际国内遗产保护法律法规，制定完善和理顺古镇保护、利用、管理、申遗的体制、机制和政策措施；具体实施对古镇保护、管理、申遗工作的监督核查和专业指导等；并时刻关注世界遗产申报的新情况新趋势，做到知己知彼。

（2）两省十镇地方政府应加强领导组织，明确保护职责，落实申遗要求，安排专项经费，制定工作方案，确保十镇联合申遗早日成功。同时，十镇地方政府应按照联合国教科文组织有关申报世界文化遗产的各项要求，成立古镇保护申遗专门机构，做好文化遗产或其组成要素的调查登记和管理维护，划定申报世界遗产所必需的遗产区和缓冲区，建立完备的遗产监测体系和反应机制，抓紧编制古镇文化遗产保护管理规划，尽快上报省级以上政府颁布实施。

（3）建议两省尽快联合开展江南十镇保护开发的整治工作。两省文物局、建设厅应尽快派出监督考察组，对十镇保护规划实施情况进行考察督查，对违反文保法等法规和未执行或擅改保护规划的行为，责令限时改正，并严格依照文保法规查处。尤其对江南十镇正在进行的第二期大规模保护开发工程，进行现场评估考察，并按照"准世界遗产标准"对各镇提出加强保护管理的具体意见和要求。同时，地方政府应进一步作出古镇周边的土地使用规划；要严格执行古镇外围建控区保护方案，对于缓冲区内新建的建筑，不能影响江南水乡古镇的格局风貌；要严格控制建筑高度、体量和色彩等；完全不协调的建筑要削减成拆除。

（4）建议两省联合制定《江南十镇旅游发展规划》和"共保共赢利益协调机制"。江南十镇应从长计议，长远看各个镇的旅游总量不会差异很大，无非是相对量多少和先后而已；后开发的古镇客源不多，但未来发展空间很大。因此，十镇应达成共识，联合建立"市场化结合均贫富"的"共保共赢"机制，并制定统一的旅游规划，规定某一个镇游客达到最高容纳量后，不得再接待，而应把游客分流到其他古镇，这样可在古镇文化遗产的有效保护前提下，实现合理利用并使各镇获得经济回报。同时还应考虑投资额和知名度等因素，可尝试"股份通票制"与"保底额与人员量"相结合的利益分配机制；以实现江南十大古镇联合开发文化旅游产业，大市场，大推销，从而打造一个世界级的旅游品牌；形成"店多成市、十镇共赢"的永久性富矿。

（5）建议两省政府联合建立"江南十镇保护申遗专家委员会"。申遗地政府要经常听取各方面专家的保护意见和建议，还应高薪聘请国内外遗产保护专家作为古镇保护申遗顾问，这不仅能指导申遗、传授经验，而且更重要的是能为古镇指导、培训保护管理人才，为古镇文化遗产事业的可持续发展打下坚实的基础。同时应加快培养古镇文保人才和世遗管理人才，并选送骨干到世界遗产地学习培训，以丰富世遗管理知识。

（6）建议江浙十镇组建"江南水乡古镇保护申遗研究会"，定期研讨古镇保护、开发、申遗中的重点难点问题。目前，十个古镇都面临科学保护与合理利用等问题，应建立共同协调机制，轮流组织，定期研讨一些重点难点问题。如十大古镇如何"有合有分"、"合中有分"；"合"可以做单个古镇做不到的事；"分"是在发展道路上要有特色。十镇要联合发掘和研究江南水乡古镇自然与文化遗产的内容与价值，整理出版江南古镇文化遗产丛书等资料；同时采取组建"古镇申遗保护协会"等多种合作形式，广泛开展十镇之间的联系和合作，或相互交流保护管理经验，或互遣管理人员考察和学习，以实现遗产保护利用的信息互享，共同提高古镇保护管理水平，从而加快联合"申遗"进程。

（7）建议两省文物部门应加强古镇保护申遗的业务指导、技术支持，协助十镇依法做好遗产的保护、管理和研究工作。江南十镇都应设立"申遗办公室"，各自对照世界遗产的具体规定，高起点、高标准、高要求地做好保护规划的完善修正和资料搜集整理等工作。十镇申遗办应按照统一规定的严格格式和内容要求，准备做好包括古镇申遗正式申报文本的制作（文字、图纸、幻灯、照片、录像、光盘）等基础工作。同时开设"江南水乡古镇文化遗产网页"，做好古镇申遗的宣传、指导、推介工作，扩大江南古镇文化遗产的国内外知名度。

（8）建议江浙十镇组建"江南古镇保护志愿者队伍"。可在古镇地方政府公务员和青年学生中招募"古镇文保志愿者"或"古镇申遗使者"，集中培训学习文保知识，让其当古镇兼职导游，负责接待及讲解，以宣传江南古镇；从而更大范围内宣传、推广江南古镇历史文化遗产；更重要的是形成全社会都来关心、爱护并参与遗产保护的风气；而且原住民及公众保护是评审世界遗产的重要因素。

保护江南水乡古镇的意义是深远而无限的，是事关保护中国江南古镇和中华民族根脉乃至全人类子孙后代的精神家园的根本大计。

中国历史文化名镇名村名单

"中国历史文化名镇"和"中国历史文化名村",是由国家住房和城乡建设部和国家文物局共同组织评选,是保存文物特别丰富,且具有重大历史价值或纪念意义的,能较完整地反映一些历史时期传统风貌和地方民族特色的村镇。自2003年公布第1批中国历史文化名镇名村名单以来,到2014年已经公布6批"中国历史文化名镇名村"共528个。列表如下:

第一批中国历史文化名村镇名单（2003年10月8日批准）

中国历史文化名镇（第一批）名单	中国历史文化名村（第一批）名单
1. 山西省灵石县静升镇	1. 北京市门头沟区斋堂镇暴底下村
2. 江苏省昆山市周庄镇	2. 山西省临县碛口镇西湾村
3. 江苏省吴江市同里镇	3. 浙江省武义县俞源乡俞源村
4. 江苏省苏州市吴中区角直镇	4. 浙江省武义县武阳镇郭洞村
5. 浙江省嘉善县西塘镇	5. 安徽省黟县西递镇西递村
6. 浙江省桐乡市乌镇	6. 安徽省黟县宏村镇宏村
7. 福建省上杭县古田镇	7. 江西省乐安县牛田镇流坑村
8. 重庆市合川区涞滩镇	8. 福建省南靖县书洋镇田螺坑村
9. 重庆市石柱县西沱镇	9. 湖南省岳阳县张谷英镇张谷英村
10. 重庆市潼南县双江镇	10. 广东省佛山市三水区乐平镇大旗头村
	11. 广东省深圳市龙岗区大鹏镇鹏城村
	12. 陕西省韩城市西庄镇党家村

第二批中国历史文化名村镇名单（2005年9月16日批准）

中国历史文化名镇（第二批）名单	中国历史文化名村（第二批）名单
1. 河北省蔚县暖泉镇	1. 北京市门头沟区斋堂镇灵水村
2. 山西省临县碛口镇	2. 河北省怀来县鸡鸣驿乡鸡鸣驿村
3. 辽宁省新宾满族自治县永陵镇	3. 山西省阳城县北留镇皇城村
4. 上海市金山区枫泾镇	4. 山西省介休市龙凤镇张壁村
5. 江苏省苏州市吴中区木渎镇	5. 山西省沁水县土沃乡西文兴村
6. 江苏省太仓市沙溪镇	6. 内蒙古土默特右旗美岱召镇美岱召村
7. 江苏省姜堰市溱潼镇	7. 安徽省歙县徽城镇渔梁村
8. 江苏省泰兴市黄桥镇	8. 安徽省旌德县白地镇江村
9. 浙江省湖州市南浔区南浔镇	9. 福建省连城县宣和乡培田村
10. 浙江省绍兴县安昌镇	10. 福建省武夷山市武夷乡下梅村
11. 浙江省宁波市江北区慈城镇	11. 江西省吉安市青原区文陂乡渼陂村
12. 浙江省象山县石浦镇	12. 江西省婺源县沱川乡理坑村
13. 福建省邵武市和平镇	13. 山东省章丘市官庄乡朱家峪村
14. 江西省浮梁县瑶里镇	14. 河南省平顶山市郏县堂街镇临沣寨（村）
15. 河南省禹州市神垕镇	15. 湖北省武汉市黄陂区木兰乡大余湾村
16. 河南省淅川县荆紫关镇	16. 广东省东莞市茶山镇南社村
17. 湖北省监利县周老嘴镇	17. 广东省开平市塘口镇自力村
18. 湖北省红安县七里坪镇	18. 广东省佛山市顺德区北滘镇碧江村
19. 湖南省龙山县里耶镇	19. 四川省丹巴县梭坡乡莫洛村

续表

中国历史文化名镇（第二批）名单	中国历史文化名村（第二批）名单
20. 广东省广州市番禺区沙湾镇	20. 四川省攀枝花市仁和区平地镇迤沙拉村
21. 广东省吴川市吴阳镇	21. 贵州省安顺市西秀区七眼桥镇云山屯村
22. 广西灵川县大圩镇	22. 云南省会泽县娜姑镇白雾村
23. 重庆市渝北区龙兴镇	23. 陕西省米脂县杨家沟镇杨家沟村
24. 重庆市江津市中山镇	24. 新疆鄯善县吐峪沟乡麻扎村
25. 重庆市酉阳土家族苗族自治县	
26. 四川省邛崃市平乐镇	
27. 四川省大邑县安仁镇	
28. 四川省阆中市老观镇	
29. 四川省宜宾市翠屏区李庄镇	
30. 贵州省贵阳市花溪区青岩镇	
31. 贵州省习水县土城镇	
32. 云南省禄丰县黑井镇	
33. 甘肃省宕昌县哈达铺镇	
34. 新疆鄯善县鲁克沁镇	

第三批中国历史文化名村镇名单（2007年5月31日批准）

中国历史文化名镇（第三批）名单	中国历史文化名村（第三批）名单
1. 河北省永年县广府镇	1. 北京市门头沟区龙泉镇琉璃渠村
2. 山西省襄汾县汾城镇	2. 河北省井陉县于家乡于家村
3. 山西省平定县娘子关镇	3. 河北省清苑县冉庄镇冉庄村
4. 黑龙江省海林市横道河子镇	4. 河北省邢台县路罗镇英谈村
5. 上海市青浦区朱家角镇	5. 山西省平遥县岳壁乡梁村
6. 江苏省高淳县淳溪镇	6. 山西省高平市原村乡良户村
7. 江苏省昆山市千灯镇	7. 山西省阳城县北留镇郭峪村
8. 江苏省东台市安丰镇	8. 山西省阳泉市郊区义井镇小河村
9. 浙江省绍兴市越城区东浦镇	9. 内蒙古自治区包头市石拐区五当召镇五当召村
10. 浙江省宁海县前童镇	10. 江苏省苏州市吴中区东山镇陆巷村
11. 浙江省义乌市佛堂镇	11. 江苏省苏州市吴中区西山镇明月湾村
12. 浙江省江山市廿八都镇	12. 浙江省桐庐县江南镇深澳村
13. 安徽省肥西县三河镇	13. 浙江省永康市前仓镇厚吴村
14. 安徽省六安市金安区毛坦厂镇	14. 安徽省黄山市徽州区潜口镇唐模村
15. 江西省鹰潭龙虎山风景区上清镇	15. 安徽省歙县郑村镇棠樾村
16. 河南省社旗县赊店镇	16. 安徽省黟县宏村镇屏山村
17. 湖北省洪湖市瞿家湾镇	17. 福建省晋江市金井镇福全村
18. 湖北省监利县程集镇	18. 福建省武夷山市兴田镇城村
19. 湖北省郧西县上津镇	19. 福建省尤溪县洋中镇桂峰村
20. 广东省开平市赤坎镇	20. 江西省高安市新街镇贾村
21. 广东省珠海市唐家湾镇	21. 江西省吉水县金滩镇燕坊村
22. 广东省陆丰市碣石镇	22. 江西省婺源县江湾镇汪口村
23. 广西壮族自治区昭平县黄姚镇	23. 山东省荣成市宁津街道办事处东楮岛村

中国历史文化名镇（第三批）名单	中国历史文化名村（第三批）名单
24. 广西壮族自治区阳朔县兴坪镇	24. 湖北省恩施市崔家坝镇滚龙坝村
25. 海南省三亚市崖城镇	25. 湖南省江永县夏层铺镇上甘棠村
26. 重庆市北碚区金刀峡镇	26. 湖南省会同县高椅乡高椅村
27. 重庆市江津市塘河镇	27. 湖南省永州市零陵区富家桥镇干岩头村
28. 重庆市綦江县东溪镇	28. 广东省广州市番禺区石楼镇大岭村
29. 四川省双流县黄龙溪镇	29. 广东省东莞市石排镇塘尾村
30. 四川省自贡市沿滩区仙市镇	30. 广东省中山市南朗镇翠亨村
31. 四川省合江县尧坝镇	31. 广西壮族自治区灵山县佛子镇大芦村
32. 四川省古蔺县太平镇	32. 广西壮族自治区玉林市玉州区城北街道办事处高山村
33. 贵州省黄平县旧州镇	33. 贵州省锦屏县隆里乡隆里村
34. 贵州省雷山县西江镇	34. 贵州省黎平县肇兴乡肇兴寨村
35. 云南省剑川县沙溪镇	35. 云南省云龙县诺邓镇诺邓村
36. 云南省腾冲县和顺镇	36. 青海省同仁县年都乎乡郭麻日村
37. 西藏自治区乃东县昌珠镇	
38. 甘肃省榆中县青城镇	
39. 甘肃省永登县连城镇	
40. 甘肃省古浪县大靖镇	
41. 新疆维吾尔自治区霍城县惠远镇	

第四批中国历史文化名镇名村名单（2008年10月14日批准）

中国历史文化名镇（第四批）名单	中国历史文化名村（第四批）名单
1. 北京市密云县古北口镇	1. 河北省涉县偏城镇偏城村
2. 天津市西青区杨柳青镇	2. 河北省蔚县涌泉庄乡北方城村
3. 河北省邯郸市峰峰矿区大社镇	3. 山西省汾西县僧念镇师家沟村
4. 河北省井陉县天长镇	4. 山西省临县碛口镇李家山村
5. 山西省泽州县大阳镇	5. 山西省灵石县夏门镇夏门村
6. 内蒙古自治区喀喇沁旗王爷府镇	6. 山西省沁水县嘉峰镇窦庄村
7. 内蒙古自治区多伦县多伦淖尔镇	7. 山西省阳城县润城镇上庄村
8. 辽宁省海城市牛庄镇	8. 浙江省龙游县石佛乡三门源村
9. 吉林省四平市铁东区叶赫镇	9. 安徽省黄山市徽州区呈坎镇呈坎村
10. 吉林省吉林市龙潭区乌拉街镇	10. 安徽省泾县桃花潭镇查济村
11. 黑龙江省黑河市爱辉镇	11. 安徽省黟县碧阳镇南屏村
12. 上海市南汇区新场镇	12. 福建省福安市溪潭镇廉村
13. 上海市嘉定区嘉定镇	13. 福建省屏南县甘棠乡漈下村
14. 江苏省昆山市锦溪镇	14. 福建省清流县赖坊乡赖坊村
15. 江苏省江都市邵伯镇	15. 江西省安义县石鼻镇罗田村
16. 江苏省海门市余东镇	16. 江西省浮梁县江村乡严台村
17. 江苏省常熟市沙家浜镇	17. 江西省赣县白鹭乡白鹭村
18. 浙江省仙居县皤滩镇	18. 江西省吉安市富田镇陂下村
19. 浙江省永嘉县岩头镇	19. 江西省婺源县思口镇延村
20. 浙江省富阳市龙门镇	20. 江西省宜丰县天宝乡天宝村

续表

中国历史文化名镇（第四批）名单	中国历史文化名村（第四批）名单
21. 浙江省德清县新市镇	21. 山东省即墨市丰城镇雄崖所村
22. 安徽省歙县许村镇	22. 河南省郏县李口乡张店村
23. 安徽省休宁县万安镇	23. 湖北省宣恩县沙道沟镇两河口村
24. 安徽省宣城市宣州区水东镇	24. 广东省恩平市圣堂镇歇马村
25. 福建省永泰县嵩口镇	25. 广东省连南瑶族自治县三排镇南岗古排村
26. 江西省横峰县葛源镇	26. 广东省汕头市澄海区隆都镇前美村
27. 山东省桓台县新城镇	27. 广西壮族自治区富川瑶族自治县朝东镇秀水村
28. 河南省开封县朱仙镇	28. 四川省汶川县雁门乡萝卜寨村
29. 河南省郑州市惠济区古荥镇	29. 贵州省赤水市丙安乡丙安村
30. 河南省确山县竹沟镇	30. 贵州省从江县往洞乡增冲村
31. 湖北省咸宁市汀泗桥镇	31. 贵州省开阳县禾丰布依族苗族乡马头村
32. 湖北省阳新县龙港镇	32. 贵州省石阡县国荣乡楼上村
33. 湖北省宜都市枝城镇	33. 云南省石屏县宝秀镇郑营村
34. 湖南省望城县靖港镇	34. 云南省巍山县永建镇东莲花村
35. 湖南省永顺县芙蓉镇	35. 宁夏回族自治区中卫市香山乡南长滩村
36. 广东省东莞市石龙镇	36. 新疆维吾尔自治区哈密市回城乡阿勒屯村
37. 广东省惠州市惠阳区秋长镇	
38. 广东省普宁市洪阳镇	
39. 海南省儋州市中和镇	
40. 海南省文昌市铺前镇	
41. 海南省定安县定城镇	
42. 重庆市九龙坡区走马镇	
43. 重庆市巴南区丰盛镇	
44. 重庆市铜梁县安居镇	
45. 重庆市永川区松溉镇	
46. 四川省巴中市巴州区恩阳镇	
47. 四川省成都市龙泉驿区洛带镇	
48. 四川省大邑县新场镇	
49. 四川省广元市元坝区昭化镇	
50. 四川省合江县福宝镇	
51. 四川省资中县罗泉镇	
52. 贵州省安顺市西秀区旧州镇	
53. 贵州省平坝县天龙镇	
54. 云南省孟连县娜允镇	
55. 西藏自治区日喀则市萨迦镇	
56. 陕西省铜川市印台区陈炉镇	
57. 甘肃省秦安县陇城镇	
58. 甘肃省临潭县新城镇	

第五批中国历史文化名镇名村名单（2010年12月13日批准）

中国历史文化名镇（第五批）名单	中国历史文化名村（第五批）名单
1. 河北省涉县固新镇	1. 北京市顺义区龙湾屯镇焦庄户村
2. 河北省武安市冶陶镇	2. 天津市蓟县渔阳镇西井峪村
3. 山西省天镇县新平堡镇	3. 河北省井陉县南障城镇大梁江村
4. 山西省阳城县润城镇	4. 山西省太原市晋源区晋源镇店头村
5. 上海市嘉定区南翔镇	5. 山西省阳泉市义井镇大阳泉村
6. 上海市浦东新区高桥镇	6. 山西省泽州县北义城镇西黄石村
7. 上海市青浦区练塘镇	7. 山西省高平市河西镇苏庄村
8. 上海市金山区张堰镇	8. 山西省沁水县郑村镇湘峪村
9. 江苏省苏州市吴中区东山镇	9. 山西省宁武县涔山乡王化沟村
10. 江苏省无锡市锡山区荡口镇	10. 山西省太谷县北洸镇北洸村
11. 江苏省兴化市沙沟镇	11. 山西省灵石县两渡镇冷泉村
12. 江苏省江阴市长泾镇	12. 山西省万荣县高村乡阎景村
13. 江苏省张家港市凤凰镇	13. 山西省新绛县泽掌镇光村
14. 浙江省景宁畲族自治县鹤溪镇	14. 江苏省无锡市惠山区玉祁镇礼社村
15. 浙江省海宁市盐官镇	15. 浙江省建德市大慈岩镇新叶村
16. 福建省宁德市蕉城区霍童镇	16. 浙江省永嘉县岩坦镇屿北村
17. 福建省平和县九峰镇	17. 浙江省金华市金东区傅村镇山头下村
18. 福建省武夷山市五夫镇	18. 浙江省仙居县白塔镇高迁村
19. 福建省顺昌县元坑镇	19. 浙江省庆元县松源镇大济村
20. 江西省吉安市青原区富田镇	20. 浙江省乐清市仙溪镇南阁村
21. 河南省郏县冢头镇	21. 浙江省宁海县茶院乡许家山村
22. 湖北省潜江市熊口镇	22. 浙江省金华市婺城区汤溪镇寺平村
23. 湖南省绥宁县寨市镇	23. 浙江省绍兴县稽东镇冢斜村
24. 湖南省泸溪县浦市镇	24. 安徽省休宁县商山乡黄村
25. 广东省中山市黄圃镇	25. 安徽省黟县碧阳镇关麓村
26. 广东省大埔县百侯镇	26. 福建省长汀县三洲乡三洲村
27. 重庆市荣昌县路孔镇	27. 福建省龙岩市新罗区适中镇中心村
28. 重庆市江津区白沙镇	28. 福建省屏南县棠口乡漈头村
29. 重庆市巫溪县宁厂镇	29. 福建省连城县庙前镇芷溪村
30. 四川省屏山县龙华镇	30. 福建省长乐市航城街道琴江村
31. 四川省富顺县赵化镇	31. 福建省泰宁县新桥乡大源村
32. 四川省犍为县清溪镇	32. 福建省福州市马尾区亭江镇闽安村
33. 云南省宾川县州城镇	33. 江西省吉安市吉州区兴桥镇钓源村
34. 云南省洱源县凤羽镇	34. 江西省金溪县双塘镇竹桥村
35. 云南省蒙自县新安所镇	35. 江西省龙南县关西镇关西村
36. 陕西省宁强县青木川镇	36. 江西省婺源县浙源乡虹关村
37. 陕西省柞水县凤凰镇	37. 江西省浮梁县勒功乡沧溪村
38. 甘肃省榆中县金崖镇	38. 山东省淄博市周村区王村镇李家疃村
	39. 湖北省赤壁市赵李桥镇羊楼洞村
	40. 湖北省宣恩县椒园镇庆阳坝村
	41. 湖南省双牌县理家坪乡坦田村
	42. 湖南省祁阳县潘市镇龙溪村
	43. 湖南省永兴县高亭乡板梁村

续表

中国历史文化名镇（第五批）名单	中国历史文化名村（第五批）名单
	44. 湖南省辰溪县上蒲溪瑶族乡五宝田村
	45. 广东省仁化县石塘镇石塘村
	46. 广东省梅县水车镇茶山村
	47. 广东省佛冈县龙山镇上岳古围村
	48. 广东省佛山市南海区西樵镇松塘村
	49. 广西壮族自治区南宁市江南区江西镇扬美村
	50. 海南省三亚市崖城镇保平村
	51. 海南省文昌市会文镇十八行村
	52. 海南省定安县龙湖镇高林村
	53. 四川省阆中市天宫乡天宫院村
	54. 贵州省三都县都江镇怎雷村
	55. 贵州省安顺市西秀区大西桥镇鲍屯村
	56. 贵州省雷山县郎德镇上郎德村
	57. 贵州省务川县大坪镇龙潭村
	58. 云南省祥云县云南驿镇云南驿村
	59. 青海省玉树县仲达乡电达村
	60. 新疆维吾尔自治区哈密市五堡乡博斯坦村
	61. 新疆维吾尔自治区特克斯县喀拉达拉乡琼库什台村

第六批中国历史文化名镇名村名单（2014年3月11日批准）

第六批中国历史文化名镇名单：（71个）	第六批中国历史文化名村名单：（107个）
1. 河北省武安市伯延镇	1. 北京市房山区南窖乡水峪村
2. 河北省蔚县代王城镇	2. 河北省沙河市柴关乡王硇村
3. 山西省泽州县周村镇	3. 河北省蔚县宋家庄镇上苏庄村
4. 内蒙古自治区丰镇市隆盛庄镇	4. 河北省井陉县天长镇小龙窝村
5. 内蒙古自治区库伦旗库伦镇	5. 河北省磁县陶泉乡花驼村
6. 辽宁省东港市孤山镇	6. 河北省阳原县浮图讲乡开阳村
7. 辽宁省绥中县前所镇	7. 山西省襄汾县新城镇丁村
8. 上海市青浦区金泽镇	8. 山西省沁水县嘉峰镇郭壁村
9. 上海市浦东新区川沙新镇	9. 山西省高平市马村镇大周村
10. 江苏省苏州市吴江区黎里镇	10. 山西省泽州县晋庙铺镇拦车村
11. 江苏省苏州市吴江区震泽镇	11. 山西省泽州县南村镇冶底村
12. 江苏省东台市富安镇	12. 山西省平顺县阳高乡奥治村
13. 江苏省扬州市江都区大桥镇	13. 山西省祁县贾令镇谷恋村
14. 江苏省常州市新北区孟河镇	14. 山西省高平市寺庄镇伯方村
15. 江苏省宜兴市周铁镇	15. 山西省阳城县润城镇屯城村
16. 江苏省如东县栟茶镇	16. 吉林省图们市月晴镇白龙村
17. 江苏省常熟市古里镇	17. 上海市松江区泗泾镇下塘村
18. 浙江省嵊州市崇仁镇	18. 上海市闵行区浦江镇革新村
19. 浙江省永康市芝英镇	19. 江苏省苏州市吴中区东山镇杨湾村
20. 浙江省松阳县西屏镇	20. 江苏省苏州市吴中区金庭镇东村

第六批中国历史文化名镇名单:（71个）	第六批中国历史文化名村名单:（107个）
21. 浙江省岱山县东沙镇	21. 江苏省常州市武进区郑陆镇焦溪村
22. 安徽省泾县桃花潭镇	22. 江苏省苏州市吴中区东山镇三山村
23. 安徽省黄山市徽州区西溪南镇	23. 江苏省高淳县漆桥镇漆桥村
24. 安徽省铜陵市郊区大通镇	24. 江苏省南通市通州区二甲镇余西村
25. 福建省永定县湖坑镇	25. 江苏省南京市江宁区湖熟街道杨柳村
26. 福建省武平县中山镇	26. 浙江省苍南县桥墩镇碗窑村
27. 福建省安溪县湖头镇	27. 浙江省浦江县白马镇嵩溪村
28. 福建省古田县杉洋镇	28. 浙江省缙云县新建镇河阳村
29. 福建省屏南县双溪镇	29. 浙江省江山市大陈乡大陈村
30. 福建省宁化县石壁镇	30. 浙江省湖州市南浔区和孚镇荻港村
31. 江西省萍乡市安源区安源镇	31. 浙江省磐安县盘峰乡榉溪村
32. 江西省铅山县河口镇	32. 浙江省淳安县浪川乡芹川村
33. 江西省广昌县驿前镇	33. 浙江省苍南县矾山镇福德湾村
34. 江西省金溪县浒湾镇	34. 浙江省龙泉市西街街道下樟村
35. 江西省吉安县永和镇	35. 浙江省开化县马金镇霞山村
36. 江西省铅山县石塘镇	36. 浙江省遂昌县焦滩乡独山村
37. 山东省微山县南阳镇	37. 浙江省安吉县鄣吴镇鄣吴村
38. 河南省遂平县嵖岈山镇	38. 浙江省丽水市莲都区雅溪镇西溪村
39. 河南省滑县道口镇	39. 浙江省宁海县深圳镇龙宫村
40. 河南省光山县白雀园镇	40. 安徽省泾县榔桥镇黄田村
41. 湖北省钟祥市石牌镇	41. 安徽省绩溪县瀛洲镇龙川村
42. 湖北省随县安居镇	42. 安徽省歙县雄村乡雄村
43. 湖北省麻城市岐亭镇	43. 安徽省天长市铜城镇龙岗村
44. 湖南省洞口县高沙镇	44. 安徽省黄山市徽州区呈坎镇灵山村
45. 湖南省花垣县边城镇	45. 安徽省祁门县闪里镇坑口村
46. 广东省珠海市斗门区斗门镇	46. 安徽省黟县宏村镇卢村
47. 广东省佛山市南海区西樵镇	47. 福建省龙岩市新罗区万安镇竹贯村
48. 广东省梅县松口镇	48. 福建省长汀县南山镇中复村
49. 广东省大埔县茶阳镇	49. 福建省泉州市泉港区后龙镇土坑村
50. 广东省大埔县三河镇	50. 福建省龙海市东园镇埭尾村
51. 广西壮族自治区兴安县界首镇	51. 福建省周宁县浦源镇浦源村
52. 广西壮族自治区恭城瑶族自治县恭城镇	52. 福建省福鼎市磻溪镇仙蒲村
53. 广西壮族自治区贺州市八步区贺街镇	53. 福建省霞浦县溪南镇半月里村
54. 广西壮族自治区鹿寨县中渡镇	54. 福建省三明市三元区岩前镇忠山村
55. 重庆市开县温泉镇	55. 福建省将乐县万全乡良地村
56. 重庆市黔江区濯水镇	56. 福建省仙游县石苍乡济川村
57. 四川省自贡市贡井区艾叶镇	57. 福建省漳平市双洋镇东洋村
58. 四川省自贡市大安区牛佛镇	58. 福建省平和县霞寨镇钟腾村
59. 四川省平昌县白衣镇	59. 福建省明溪县夏阳乡御帘村
60. 四川省古蔺县二郎镇	60. 江西省婺源县思口镇思溪村
61. 四川省金堂县五凤镇	61. 江西省宁都县田埠乡东龙村
62. 四川省宜宾县横江镇	62. 江西省吉水县金滩镇桑园村
63. 四川省隆昌县云顶镇	63. 江西省金溪县琉璃乡东源曾家村

第六批中国历史文化名镇名单：（71个）	第六批中国历史文化名村名单：（107个）
64. 贵州省赤水市大同镇	64. 江西省安福县洲湖镇塘边村
65. 贵州省松桃苗族自治县寨英镇	65. 江西省峡江县水边镇湖州村
66. 陕西省神木县高家堡镇	66. 山东省招远市辛庄镇高家庄子村
67. 陕西省旬阳县蜀河镇	67. 湖北省利川市谋道镇鱼木村
68. 陕西省石泉县熨斗镇	68. 湖北省麻城市歧亭镇杏花村
69. 陕西省澄城县尧头镇	69. 湖南省永顺县灵溪镇老司城村
70. 青海省循化撒拉族自治县街子镇	70. 湖南省通道侗族自治县双江镇芋头村
71. 新疆维吾尔自治区富蕴县可可托海镇	71. 湖南省通道侗族自治县坪坦乡坪坦村
	72. 湖南省绥宁县黄桑坪苗族乡上堡村
	73. 湖南省绥宁县关峡苗族乡大园村
	74. 湖南省江永县兰溪瑶族乡兰溪村
	75. 湖南省龙山县苗儿滩镇捞车村
	76. 广东省广州市花都区炭步镇塱头村
	77. 广东省江门市蓬江区棠下镇良溪村
	78. 广东省台山市斗山镇浮石村
	79. 广东省遂溪县建新镇苏二村
	80. 广东省和平县林寨镇林寨村
	81. 广东省蕉岭县南礤镇石寨村
	82. 广东省陆丰市大安镇石寨村
	83. 广西壮族自治区阳朔县白沙镇旧县村
	84. 广西壮族自治区灵川县青狮潭镇江头村
	85. 广西壮族自治区富川瑶族自治县朝东镇福溪村
	86. 广西壮族自治区兴安县漠川乡榜上村
	87. 广西壮族自治区灌阳县文市镇月岭村
	88. 重庆市涪陵区青羊镇安镇村
	89. 四川省泸县兆雅镇新溪村
	90. 四川省泸州市纳溪区天仙镇乐道街村
	91. 贵州省江口县太平镇云舍村
	92. 贵州省从江县丙妹镇岜沙村
	93. 贵州省黎平县茅贡乡地扪村
	94. 贵州省榕江县栽麻乡大利村
	95. 云南省保山市隆阳区金鸡乡金鸡村
	96. 云南省弥渡县密祉乡文盛街村
	97. 云南省永平县博南镇曲硐村
	98. 云南省永胜县期纳镇清水村
	99. 西藏自治区吉隆县吉隆镇帮兴村
	100. 西藏自治区尼木县吞巴乡吞达村
	101. 西藏自治区工布江达县错高乡错高村
	102. 陕西省三原县新兴镇柏社村
	103. 甘肃省天水市麦积区麦积镇街亭村
	104. 甘肃省天水市麦积区新阳镇胡家大庄村
	105. 青海省班玛县灯塔乡班前村
	106. 青海省循化撒拉族自治县清水乡大庄村
	107. 青海省玉树县安冲乡拉则村

中国传统村落名录

第一批中国传统村落名录的村落名单（646个）

国家住房和城乡建设部　国家文化部　国家财政部2012年12月17日公布

北京市（9个）

房山区南窖乡水峪村
门头沟区龙泉镇琉璃渠村
门头沟区龙泉镇三家店村
门头沟区斋堂镇爨底下村
门头沟区斋堂镇黄岭西村
门头沟区斋堂镇灵水村
门头沟区雁翅镇苇子水村
顺义区龙湾屯镇焦庄户村
延庆县八达岭镇岔道村

天津市（1个）

蓟县渔阳镇西井峪村

河北省（32个）

石家庄市井陉县南障城镇大梁江村
石家庄市井陉县南障城镇吕家村
石家庄市井陉县于家乡于家村
石家庄市井陉县南峪镇地都村
石家庄市井陉县天长镇梁家村
石家庄市井陉县天长镇宋古城村
石家庄市井陉县天长镇小龙窝村
石家庄市鹿泉市白鹿泉乡水峪村
邯郸市磁县贾壁乡北贾壁村
邯郸市磁县陶泉乡北岔口村
邯郸市磁县陶泉乡花驼村
邯郸市磁县陶泉乡南王庄村
邯郸市涉县固新镇固新村
邯郸市涉县偏城镇偏城村
邯郸市涉县关防乡宋家村
邯郸市涉县河南店镇赤岸村
邯郸市涉县井店镇王金庄村
邯郸市武安市伯延镇伯延村
邯郸市武安市冶陶镇安子岭村
邯郸市武安市冶陶镇固义村
邯郸市武安市冶陶镇冶陶村
邯郸市武安市邑城镇白府村
邢台市内丘县南赛乡神头村
邢台市邢台县路罗镇英谈村
保定市清苑县冉庄镇冉庄村
张家口市怀来县鸡鸣驿乡鸡鸣驿村

张家口市蔚县南留庄镇南留庄村
张家口市蔚县涌泉庄乡北方城村
张家口市蔚县暖泉镇北官堡村
张家口市蔚县暖泉镇西古堡村
张家口市蔚县宋家庄镇上苏庄村
张家口市阳原县浮图讲乡开阳村

山西省（48个）

太原市晋源区晋源街道店头村
大同市天镇县新平堡镇新平堡村
大同市灵丘县红石塄乡觉山村
阳泉市郊区义井镇小河村
阳泉市郊区义井镇大阳泉村
长治市长治县八义镇八义村
长治市长治县贾掌镇西岭村
长治市平顺县石城镇东庄村
长治市平顺县石城镇岳家寨村
晋城市高平市河西镇苏庄村
晋城市高平市原村乡良户村
晋城市高平市马村镇大周村
晋城市高平市米山镇米西村
晋城市陵川县西河底镇积善村
晋城市泽州县晋庙铺镇拦车村
晋城市泽州县北义城镇西黄石村
晋城市沁水县嘉峰镇窦庄村
晋城市沁水县土沃乡西文兴村
晋城市沁水县郑村镇湘峪村
晋城市阳城县北留镇郭峪村
晋城市阳城县北留镇皇城村
晋城市阳城县润城镇上庄村
晋中市榆次区东赵乡后沟村
晋中市介休市龙凤镇张壁村
晋中市灵石县两渡镇冷泉村
晋中市灵石县夏门镇夏门村
晋中市平遥县岳壁乡梁村
晋中市太谷县北洸乡北洸村
运城市万荣县高村乡阎景村
运城市新绛县泽掌镇光村
运城市永济市蒲州镇西厢村
忻州市宁武县涔山乡王化沟村
忻州市繁峙县神堂堡乡茨沟营村
忻州市繁峙县杏园乡公主村

国家住房和城乡建设部 国家文化部 国家财政部2012年12月17日公布

忻州市繁峙县横涧乡平型关村

忻州市河曲县旧县乡旧县村

忻州市岢岚县大涧乡寺沟会村

忻州市岢岚县宋家沟乡北方沟村

忻州市偏关县万家寨镇万家寨村

临汾市襄汾县新城镇丁村

临汾市襄汾县汾城镇西中黄村

临汾市襄汾县陶寺乡陶寺村

临汾市汾西县僧念镇师家沟村

吕梁市交口县双池镇西庄村

吕梁市临县碛口镇李家山村

吕梁市临县碛口镇西湾村

吕梁市柳林县柳林镇贺昌村

吕梁市柳林县三交镇三交村

内蒙古自治区（3个）

包头市土默特右旗美岱召镇美岱召村

包头市石拐区五当召镇五当召村

乌兰察布市丰镇市隆盛庄镇隆盛庄村

黑龙江省（2个）

齐齐哈尔市富裕县友谊达斡尔族满族柯尔克孜族乡宁年村富宁屯

齐齐哈尔市富裕县友谊达斡尔族满族柯尔克孜族乡三家子村

上海市（5个）

闵行区马桥镇彭渡村

闵行区浦江镇革新村

宝山区罗店镇东南弄村

浦东新区康桥镇沔青村

松江区泗泾镇下塘村

江苏省（3个）

无锡市惠山区玉祁镇礼社村

苏州市吴中区东山镇陆巷古村

苏州市吴中区金庭镇明月湾村

浙江省（43个）

杭州市富阳市龙门镇龙门村

杭州市建德市大慈岩镇新叶村

杭州市桐庐县江南镇深奥村

宁波市奉化市溪口镇岩头村

宁波市象山县石浦镇东门渔村

宁波市余姚市大岚镇柿林村

宁波市余姚市梨洲街道金冠村

宁波市余姚市鹿亭乡中村

宁波市宁海县茶院乡许民村

温州市苍南县矾山镇福德湾村

温州市苍南县桥墩镇碗窑村

温州市乐清市仙溪镇南阁村

温州市永嘉县岩头镇芙蓉村

温州市永嘉县岩坦镇屿北村

湖州市南浔区和孚镇荻港村

绍兴市嵊州市金庭镇华堂村

绍兴市诸暨市东白湖镇斯宅村

绍兴市绍兴县稽东镇冢斜村

金华市金东区傅村镇山头下村

金华市磐安县尖山镇管头村

金华市磐安县双溪乡梓誉村

金华市浦江县白马镇嵩溪村

金华市浦江县虞宅乡新光村

金华市浦江县郑宅镇郑宅镇区

金华市婺城区汤溪镇寺平村

金华市武义县大溪口乡山下鲍村

金华市武义县熟溪街道郭洞村

金华市武义县俞源乡俞源村

金华市永康市前仓镇后吴村

衢州市龙游县石佛乡三门源村

衢州市江山市大陈乡大陈村

舟山市岱山县东沙镇东沙村

台州市仙居县田市镇李宅村

台州市仙居县白塔镇高迁村

丽水市缙云县新建镇河阳村

丽水市景宁县大际乡西一村

丽水市龙泉市城北乡上田村

丽水市龙泉市兰巨乡官浦垟村

丽水市龙泉市西街街道宫头村

丽水市龙泉市小梅镇大窑村

丽水市龙泉市小梅镇金村村

丽水市遂昌县焦滩乡独山村

丽水市庆元县濛州街道大济村

安徽省（25个）

安庆市太湖县汤泉乡金鹰村蔡畈古民居

续表

国家住房和城乡建设部　国家文化部　国家财政部2012年12月17日公布	
安庆市太湖县汤泉乡龙潭寨古民居	漳州市平和县大溪镇庄上村
黄山市黄山区永丰乡永丰村	漳州市平和县霞寨镇钟腾村
黄山市徽州区呈坎镇呈坎村	漳州市南靖县书洋镇田螺坑村
黄山市徽州区呈坎镇灵山村	南平市武夷山市武夷街道下梅村
黄山市徽州区潜口镇潜口村	南平市武夷山市兴田镇城村
黄山市徽州区潜口镇唐模村	南平市顺昌县大干镇上湖村
黄山市祁门县闪里镇坑口村	龙岩市连城县庙前镇芷溪村
黄山市休宁县万安镇万安老街	龙岩市连城县宣和乡培田村
黄山市休宁县商山镇黄村	龙岩市连城县莒溪镇壁洲村
黄山市黟县宏村镇宏村	龙岩市连城县四堡乡务阁村
黄山市黟县宏村镇卢村	龙岩市长汀县馆前镇坪埔村
黄山市黟县宏村镇屏山村	龙岩市长汀县三洲镇三洲村
黄山市黟县碧阳镇关麓村	龙岩市长汀县红山乡苏竹村
黄山市黟县碧阳镇南屏村	龙岩市上杭县太拔乡院田村
黄山市黟县西递镇西递村	龙岩市新罗区适中镇中心村
黄山市歙县徽城镇渔梁村	龙岩市永定县湖坑镇洪坑村
黄山市歙县郑村镇棠樾村	龙岩市漳平市双洋镇东洋村
池州市东至县花园乡南溪古寨	宁德市福安市溪潭镇廉村
池州市贵池区墩上街道渚湖姜村	宁德市福鼎市磻溪镇仙蒲村
池州市贵池区棠溪镇石门高村	宁德市福鼎市店下镇巽城村
宣城市泾县桃花潭镇查济村	宁德市福鼎市管阳镇西昆村
宣城市泾县榔桥镇黄田村	宁德市福鼎市太姥山镇潋城村
宣城市旌德县白地镇江村	宁德市古田县吉巷乡长洋村
宣城市绩溪县瀛洲镇龙川村	宁德市古田县平湖镇富达村
	宁德市古田县杉洋镇杉洋村
福建省（48个）	宁德市屏南县长桥镇柏源村
	宁德市屏南县长桥镇长桥村
福州市马尾区亭江镇闽安村	宁德市屏南县双溪镇双溪社区
福州市长乐市航城街道琴江村	宁德市屏南县棠口乡棠口村
三明市清流县赖坊乡赖安村	宁德市屏南县棠口乡漈头村
三明市大田县济阳乡济阳村	宁德市屏南县甘棠乡漈下村
三明市建宁县溪源乡上坪村	宁德市霞浦县溪南镇半月里村
三明市将乐县万全乡良地村	
三明市明溪县胡坊镇肖家山村	**江西省（33个）**
三明市明溪县夏阳乡御帘村	
三明市尤溪县台溪乡盖竹村	南昌市进贤县温圳镇杨溪村委李家村
三明市尤溪县台溪乡书京村	南昌市进贤县文港镇晏家村
三明市尤溪县西滨镇厚丰村	南昌市安义县石鼻镇罗田村
三明市尤溪县新阳镇双鲤村	景德镇市浮梁县江村乡严台村
三明市尤溪县洋中镇桂峰村	景德镇市浮梁县勒功乡沧溪村
三明市泰宁县新桥乡大源村	景德镇市浮梁县浮梁镇旧城村
泉州市晋江市金井镇福全村	景德镇市浮梁县瑶里镇高岭村
泉州市永春县岵山镇茂霞村	景德镇市浮梁县瑶里镇绕南村

国家住房和城乡建设部　国家文化部　国家财政部2012年12月17日公布	
景德镇市浮梁县峙滩乡英溪村	平顶山市郏县堂街镇临沣寨（村）
赣州市赣县白鹭乡白鹭村	平顶山市郏县李口镇张店村
赣州市安远县镇岗乡老围村	平顶山市郏县渣园乡渣园村
赣州市龙南县杨村镇杨村村燕翼围	平顶山市郏县冢头镇西寨村
赣州市龙南县关西镇关西村	新乡市卫辉市狮豹头乡小店河村
吉安市井冈山市鹅岭乡塘南村	濮阳市清丰县双庙乡单拐村
吉安市青原区富田镇陂下村	漯河市郾城区裴城镇裴城村
吉安市青原区富田镇横坑村	三门峡市陕县西张村镇庙上村
吉安市青原区文陂乡渼陂村	南阳市邓州市杏山旅游管理区杏山村
吉安市吉州区兴桥镇钓源村	南阳市内乡县乍曲乡吴垭村
吉安市安福县金田乡柘溪村	信阳市光山县文殊乡东岳村
吉安市安福县洋门乡上街村	信阳市罗山县铁铺乡何家冲村
吉安市安福县洲湖镇塘边村	信阳市新县八里畈镇神留桥村丁李湾村
吉安市吉水县金滩镇燕坊村	
宜春市高安市新街镇贾家村	**湖北省（28个）**
宜春市宜丰县天宝乡天宝村	武汉市黄陂区木兰乡双泉村大余湾
抚州市广昌县驿前镇驿前村	武汉市黄陂区李家集街道泥人王村
抚州市乐安县湖坪乡湖坪村	黄石市阳新县浮屠镇玉堍村
抚州市乐安县牛田镇流坑村	黄石市阳新县排市镇下容村阚家塘
抚州市金溪县双塘镇竹桥村	十堰市竹溪县中峰镇甘家岭村
上饶市婺源县江湾镇江湾村	宜昌市长阳土家族自治县高家堰镇向日岭村六组
上饶市婺源县江湾镇汪口村	襄阳市枣阳市新市镇前湾村
上饶市婺源县思口镇延村	荆门市钟祥市客店镇赵泉河村
上饶市婺源县沱川乡理坑村	孝感市大悟县芳畈镇白果树湾村
上饶市婺源县浙源乡虹关村	孝感市大悟县宣化镇铁店村八字沟
山东省（10个）	黄冈市红安县华家河镇祝楼村祝家楼垸
	黄冈市麻城市歧亭镇丫头山村
济南市章丘市官庄镇朱家峪村	黄冈市武穴市梅川镇同心村李垅垸
青岛市崂山区王哥庄街道青山渔村	咸宁市赤壁市赵李桥镇羊楼洞村
青岛市即墨市丰城镇雄崖所村	恩施土家族苗族自治州恩施市崔家坝镇滚龙坝村
淄博市周村区王村镇李家疃村	恩施土家族苗族自治州恩施市白果乡金龙坝村
淄博市淄川区太河镇梦泉村	恩施土家族苗族自治州鹤峰县铁炉白族乡铁炉村
淄博市淄川区太河镇上端士村	恩施土家族苗族自治州鹤峰县铁炉白族乡细杉村
枣庄市山亭区山城街道兴隆庄村	恩施土家族苗族自治州鹤峰县五里乡五里村
潍坊市寒亭区寒亭街道西杨家埠村	恩施土家族苗族自治州鹤峰县中营乡三家台蒙古族村
泰安市岱岳区大汶口镇山西街村	恩施土家族苗族自治州来凤县百福司镇新安村
威海市荣成市宁津街道东楮岛村	恩施土家族苗族自治州来凤县大河镇冷水溪村
河南省（16个）	恩施土家族苗族自治州利川市凉雾乡海洋村
	恩施土家族苗族自治州咸丰县大路坝区蛇盘溪村
洛阳市孟津县小浪底镇乔庄村	恩施土家族苗族自治州咸丰县甲马池镇马家沟村王母洞
洛阳市汝阳县蔡店乡杜康村	
平顶山市宝丰县杨庄镇马街村	恩施土家族苗族自治州咸丰县清坪镇中寨坝村郑家坝

国家住房和城乡建设部　国家文化部　国家财政部2012年12月17日公布	
恩施土家族苗族自治州宣恩县椒园镇庆阳坝村	佛山市顺德区北滘镇碧江村
恩施土家族苗族自治州宣恩县沙道沟镇两河口村	江门市开平市塘口镇自力村
湖南省（30个）	江门市恩平市圣堂镇歇马村
	湛江市雷州市白沙镇邦塘村
衡阳市常宁市庙前镇中田村	湛江市雷州市龙门镇潮溪村
邵阳市隆回县虎形山瑶族乡崇木凼村	湛江市雷州市南兴镇东林村
岳阳市岳阳县张谷英镇张谷英村	湛江市遂溪县建新镇苏二村
张家界市永定区王家坪乡石堰坪村	肇庆市端州区黄冈街道白石村
益阳市安化县东坪镇黄沙坪老街	肇庆市封开县罗董镇杨池古村
益阳市安化县马路镇马路溪村	肇庆市广宁县北市镇大屋村
郴州市永兴县高亭乡板梁村	惠州市博罗县龙华镇旭日村
永州市零陵区富家桥镇干岩头村	惠州市惠城区横沥镇墨园村
永州市江永县夏层铺镇上甘棠村	梅州市梅县水车镇茶山村
永州市祁阳县潘市镇龙溪村	梅州市梅县南口镇侨乡村
永州市双牌县理家坪乡坦田村	梅州市梅县桃尧镇桃源村
怀化市辰溪县上蒲溪瑶族乡五宝田村	梅州市梅县雁洋镇桥溪村
怀化市会同县高椅乡高椅村	梅州市梅县雁洋镇石楼村
湘西土家族苗族自治州保靖县夯沙乡夯沙村	梅州市梅县雁洋镇松坪村
湘西土家族苗族自治州保靖县碗米坡镇首八峒村	梅州市丰顺县埔寨镇埔北村
湘西土家族苗族自治州凤凰县阿拉营镇舒家塘村	梅州市蕉岭县南礤镇石寨村
湘西土家族苗族自治州凤凰县都里乡拉毫村	梅州市兴宁市罗岗镇柿子枰村
湘西土家族苗族自治州凤凰县麻冲乡老洞村	汕尾市陆丰市大安镇石寨村
湘西土家族苗族自治州古丈县高峰乡岩排溪村	河源市和平县林寨镇林寨古村
湘西土家族苗族自治州古丈县红石林镇老司岩村	清远市佛冈县龙山镇上岳古围村
湘西土家族苗族自治州古丈县默戎镇龙鼻村	清远市佛冈县高岗镇社岗下村
湘西土家族苗族自治州花垣县边城镇磨老村	清远市连南瑶族自治县三排镇南岗古排
湘西土家族苗族自治州花垣县排碧乡板栗村	清远市连南瑶族自治县三排镇三排村
湘西土家族苗族自治州吉首市矮寨镇德夯村	东莞市企石镇江边村
湘西土家族苗族自治州吉首市矮寨镇中黄村	东莞市茶山镇南社村
湘西土家族苗族自治州龙山县苗儿滩镇六合村	东莞市石排镇塘尾村
湘西土家族苗族自治州龙山县苗儿滩镇惹巴拉村	中山市南朗镇翠亨村
湘西土家族苗族自治州永顺县大坝乡双凤村	潮州市潮安县古巷镇古一村象埔寨
湘西土家族苗族自治州永顺县灵溪镇老司城村	潮州市潮安县龙湖镇龙湖古寨
湘西土家族苗族自治州永顺县小溪乡小溪村	云浮市云城区腰古镇水东村
广东省（40个）	**广西壮族自治区（39个）**
广州市番禺区石楼镇大岭村	南宁市江南区江西镇扬美村
韶关市仁化县石塘镇石塘村	柳州市融水苗族自治县拱洞乡平卯村
深圳市龙岗区大鹏镇鹏城村	柳州市融水苗族自治县四荣乡东田村
汕头市澄海区隆都镇前美村	柳州市融水苗族自治县四荣乡荣地村
佛山市南海区西樵镇松塘村	柳州市三江侗族自治县丹洲镇丹洲村
佛山市三水区乐平镇大旗头村	柳州市三江侗族自治县独峒乡高定村

国家住房和城乡建设部 国家文化部 国家财政部2012年12月17日公布

柳州市三江侗族自治县林溪乡高友村
桂林市龙胜各族自治县和平乡龙脊村
桂林市灌阳县洞井瑶族乡洞井村
桂林市灌阳县水车乡官庄村
桂林市灌阳县新街乡江口村
桂林市荔浦县马岭镇永明村小青山屯
桂林市临桂县四塘乡横山村
桂林市灵川县潮田乡太平村
桂林市灵川县大圩镇熊村
桂林市灵川县定江镇路西村
桂林市灵川县灵田乡长岗岭村
桂林市灵川县灵田乡迪塘村
桂林市灵川县青狮潭镇老寨村
桂林市灵川县青狮潭镇江头村
桂林市灵川县三街镇溶流上村
桂林市平乐县沙子镇沙子村
桂林市兴安县白石乡水源头村
桂林市兴安县漠川乡榜上村
桂林市阳朔县白沙镇旧县村
桂林市阳朔县兴坪镇渔村
钦州市灵山县佛子镇大芦村
玉林市北流市民乐镇萝村
玉林市玉州区城北街道高山村
百色市隆林各族自治县金钟山乡平流屯
百色市那坡县城厢镇达腊屯
百色市西林县马蚌乡浪吉村那岩屯
贺州市钟山县燕塘镇玉坡村
贺州市富川瑶族自治县朝东镇秀水村
贺州市富川瑶族自治县朝东镇福溪村
贺州市富川瑶族自治县新华乡虎马岭村
贺州市平桂管理区鹅塘镇芦岗村
贺州市钟山县回龙镇龙道村
来宾市象州县罗秀镇纳禄村

海南省（7个）

海口市龙华区新坡镇文山村
海口市龙华区遵谭镇东谭村
海口市琼山区国兴街道上丹村
三亚市崖城镇保平村
文昌市会文镇十八行村
东方市江边乡白查村
定安县龙湖镇高林村

重庆市（14个）

涪陵区大顺乡大顺村
涪陵区青羊镇安镇村
九龙坡区走马镇椒园村
綦江县东溪镇永乐村
忠县花桥镇东岩古村
忠县新生镇钟坝村
石柱土家族自治县金岭乡银杏村
石柱土家族自治县石家乡黄龙村
石柱土家族自治县悦崃镇新城村
秀山土家族苗族自治县梅江镇民族村
酉阳土家族苗族自治县苍岭镇大河口村
酉阳土家族苗族自治县酉水河镇河湾村
酉阳土家族苗族自治县酉水河镇后溪村
酉阳土家族苗族自治县南腰界乡南界村

四川省（20个）

成都市邛崃市平乐镇花楸村
攀枝花市仁和区平地镇迤沙拉村
泸州市泸县兆雅镇新溪村
泸州市叙永县分水镇木格倒苗族村
遂宁市射洪县青堤乡光华村
南充市阆中市老观镇老龙村
南充市阆中市天宫乡天宫院村
巴中市巴州区青木镇黄桷树村
雅安市宝兴县硗碛乡夹拉村委和平藏寨
雅安市石棉县蟹螺藏族乡蟹螺堡子
雅安市雨城区上里镇五家村
阿坝藏族羌族自治州理县桃坪乡桃坪村
阿坝藏族羌族自治州马尔康县沙尔宗乡丛恩村
阿坝藏族羌族自治州茂县黑虎乡小河坝村鹰嘴河组
阿坝藏族羌族自治州汶川县雁门乡萝卜寨村
甘孜藏族自治州得荣县子庚乡八子斯热村
甘孜藏族自治州炉霍县更知乡修贡村
甘孜藏族自治州炉霍县泥巴乡古西村
甘孜藏族自治州炉霍县新都镇七湾村
甘孜藏族自治州丹巴县梭坡乡莫洛村

贵州省（90个）

贵阳市花溪区高坡苗族乡批林村
贵阳市花溪区石板镇镇山村大寨
贵阳市开阳县禾丰布依族苗族乡马头村

国家住房和城乡建设部　国家文化部　国家财政部2012年12月17日公布	
遵义市赤水市丙安乡丙安村	黔东南苗族侗族自治州黎平县地坪乡滚大村
遵义市务川仡佬族苗族自治县大坪镇龙潭村	黔东南苗族侗族自治州黎平县洪州镇归欧村
遵义市凤冈县绥阳镇玛瑙村	黔东南苗族侗族自治州黎平县洪州镇九江村
安顺市西秀区大西桥镇吉昌村	黔东南苗族侗族自治州黎平县洪州镇平架村
安顺市西秀区大西桥镇石板房村	黔东南苗族侗族自治州黎平县洪州镇三团村
安顺市西秀区大西桥镇鲍屯村	黔东南苗族侗族自治州黎平县九潮镇高寅村
安顺市西秀区七眼桥镇云山村	黔东南苗族侗族自治州黎平县九潮镇贡寨村
铜仁市德江县楠杆土家族乡兴隆社区上坝自然寨	黔东南苗族侗族自治州黎平县九潮镇齐洞村
铜仁市江口县太平土家族苗族乡云舍村	黔东南苗族侗族自治州黎平县雷洞瑶族水族乡金城村
铜仁市石阡县白沙镇马桑村	黔东南苗族侗族自治州黎平县茅贡乡蚕洞村
铜仁市石阡县白沙镇箱子坪村	黔东南苗族侗族自治州黎平县茅贡乡冲寨
铜仁市石阡县国荣乡楼上村	黔东南苗族侗族自治州黎平县茅贡乡登岑村
铜仁市石阡县国荣乡葛容村高桥自然村	黔东南苗族侗族自治州黎平县茅贡乡地扪村
铜仁市石阡县河坝场乡小高王村	黔东南苗族侗族自治州黎平县茅贡乡高近村
铜仁市石阡县聚凤仡佬族侗族乡黄泥坳村	黔东南苗族侗族自治州黎平县茅贡乡流芳村
铜仁市石阡县聚凤仡佬族侗族乡廖家屯村	黔东南苗族侗族自治州黎平县茅贡乡寨头村
铜仁市石阡县聚凤仡佬族侗族乡瓮水屯村	黔东南苗族侗族自治州黎平县孟彦镇芒岭村
铜仁市石阡县石固仡佬族侗族乡公鹅坳村	黔东南苗族侗族自治州黎平县尚重镇高冷村
铜仁市石阡县五德镇大寨村	黔东南苗族侗族自治州黎平县尚重镇纪登村
黔西南布依族苗族自治州兴仁县巴铃镇百卡村卡嘎布依寨	黔东南苗族侗族自治州黎平县尚重镇绍洞村
黔东南苗族侗族自治州从江县往洞乡增冲村	黔东南苗族侗族自治州黎平县尚重镇育洞村
黔东南苗族侗族自治州从江县往洞乡则里村	黔东南苗族侗族自治州黎平县尚重镇朱冠村
黔东南苗族侗族自治州从江县丙妹镇岜沙村	黔东南苗族侗族自治州黎平县双江乡黄岗村
黔东南苗族侗族自治州从江县谷坪乡银潭村	黔东南苗族侗族自治州黎平县岩洞镇述洞村
黔东南苗族侗族自治州从江县下江镇高仟村	黔东南苗族侗族自治州黎平县岩洞镇岩洞村
黔东南苗族侗族自治州丹寨县扬武乡排莫村	黔东南苗族侗族自治州黎平县岩洞镇宰拱村
黔东南苗族侗族自治州剑河县南哨乡翁座村	黔东南苗族侗族自治州黎平县岩洞镇竹坪村
黔东南苗族侗族自治州锦屏县隆里乡隆里所村	黔东南苗族侗族自治州黎平县永从乡豆洞村
黔东南苗族侗族自治州锦屏县河口乡文斗村	黔东南苗族侗族自治州黎平县肇兴乡肇兴中寨村
黔东南苗族侗族自治州雷山县郎德镇上郎德村	黔东南苗族侗族自治州黎平县肇兴乡纪堂村
黔东南苗族侗族自治州雷山县郎德镇下郎德村	黔东南苗族侗族自治州黎平县肇兴乡纪堂上寨村
黔东南苗族侗族自治州雷山县郎德镇南猛村	黔东南苗族侗族自治州黎平县肇兴乡堂安村
黔东南苗族侗族自治州雷山县西江镇控拜村	黔东南苗族侗族自治州黎平县肇兴乡肇兴村
黔东南苗族侗族自治州黎平县坝寨乡坝寨村	黔东南苗族侗族自治州榕江县平江乡滚仲村
黔东南苗族侗族自治州黎平县坝寨乡蝉寨村	黔东南苗族侗族自治州榕江县兴华乡八蒙村
黔东南苗族侗族自治州黎平县坝寨乡高场村	黔东南苗族侗族自治州榕江县兴华乡摆贝村
黔东南苗族侗族自治州黎平县坝寨乡高兴村	黔东南苗族侗族自治州榕江县栽麻乡大利村
黔东南苗族侗族自治州黎平县坝寨乡青寨村	黔东南苗族侗族自治州榕江县栽麻乡宰荡村
黔东南苗族侗族自治州黎平县大稼乡邓蒙村	黔南布依族苗族自治州荔波县瑶山民族乡董蒙村
黔东南苗族侗族自治州黎平县德顺乡平甫村	黔南布依族苗族自治州荔波县永康民族乡太吉村
黔东南苗族侗族自治州黎平县地坪乡岑扣村	黔南布依族苗族自治州荔波县永康民族乡尧古村
黔东南苗族侗族自治州黎平县地坪乡高青村	黔南布依族苗族自治州平塘县卡蒲毛南族乡场河村交懂组

续表

国家住房和城乡建设部　国家文化部　国家财政部2012年12月17日公布	
黔南布依族苗族自治州三都水族自治县坝街乡坝辉村	红河哈尼族彝族自治州建水县西庄镇团山村
黔南布依族苗族自治州三都水族自治县都江镇怎雷村	红河哈尼族彝族自治州泸西县永宁乡城子村
黔南布依族苗族自治州三都水族自治县拉揽乡排烧村	红河哈尼族彝族自治州弥勒县西三镇可邑村
	红河哈尼族彝族自治州弥勒县西三镇腻黑村
云南省（62个）	红河哈尼族彝族自治州石屏县宝秀镇郑营村
	文山壮族苗族自治州麻栗坡县董干镇新寨村委城寨村
曲靖市会泽县娜姑镇白雾村	西双版纳傣族自治州景洪市基诺族乡洛特老寨村
曲靖市罗平县鲁布革布依族苗族乡罗斯村委腊者村	西双版纳傣族自治州景洪市勐罕镇曼春满村
玉溪市元江县青龙厂镇它克村	西双版纳傣族自治州勐腊县易武乡十字街村
保山市隆阳区板桥镇板桥村	大理白族自治州大理市太邑乡者么村委大村
保山市施甸县姚关镇山邑村	大理白族自治州大理市喜洲镇喜州村
保山市腾冲县固东镇和平村	大理白族自治州大理市喜洲镇周城村
保山市腾冲县固东镇顺利村	大理白族自治州剑川县金华镇剑川古城
保山市腾冲县和顺镇水碓村	大理白族自治州剑川县沙溪镇寺登村
昭通市威信县水田乡湾子苗寨村	大理白族自治州祥云县禾甸镇大营庄村
丽江市古城区大东乡大东行政村	大理白族自治州祥云县禾甸镇旧邑村
丽江市古城区金山乡贵峰村	大理白族自治州祥云县云南驿镇云南驿村
丽江市古城区金山乡漾西村	大理白族自治州永平县博南镇曲硐村
丽江市古城区七河乡共和西关村	大理白族自治州永平县博南镇花桥村
丽江市宁蒗县永宁乡落水村	大理白族自治州永平县杉阳镇杉阳村
丽江市永胜县期纳镇谷宇村	大理白族自治州云龙县宝丰乡宝丰村
丽江市永胜县期纳镇清水村	大理白族自治州云龙县检槽乡师井村大村
丽江市玉龙县白沙乡白沙村	大理白族自治州云龙县诺邓镇诺邓古村
丽江市玉龙县宝山乡石头城村	大理白族自治州巍山县永建镇东莲花村
丽江市玉龙县石头乡桃园村	德宏傣族景颇族自治州陇川县户撒乡曼东村
普洱市江城县整董镇城子三寨村	
普洱市景东县大街乡三营村	**西藏自治区**（5个）
普洱市景东县文井镇清凉村梁家组	
普洱市澜沧县酒井哈尼族乡勐根村老达保组	昌都地区芒康县纳西民族乡上盐井村
普洱市墨江县联珠镇碧溪古镇村	昌都地区左贡县东坝乡军拥村
普洱市墨江县那哈乡牛红村委勐嘎村	日喀则地区吉隆县贡当乡汝村
普洱市宁洱县同心乡那柯里村	日喀则地区吉隆县吉隆镇帮兴村
普洱市思茅区龙潭乡龙潭村南本小组	林芝地区工布江达县错高乡错高村
临沧市沧源县勐角乡翁丁村	
临沧市凤庆县鲁史镇鲁史古集村	**陕西省**（5个）
临沧市凤庆县鲁史镇沿河村	
临沧市临翔区博尚镇大勐准委会勐准组（村）	铜川市耀州区孙塬镇孙塬村
临沧市临翔区博尚镇碗窑村碗窑组	渭南市韩城市西庄镇党家村
临沧市临翔区博尚镇永和村委上永和村	榆林市绥德县白家硷乡贺一村
临沧市临翔区平村乡那玉村委东岗村	榆林市佳县佳芦镇神泉村
临沧市临翔区章驮乡勐旺村委勐旺大寨	榆林市米脂县杨家沟镇杨家沟村
楚雄彝族自治州姚安县光禄镇西关村	**甘肃省**（7个）
红河哈尼族彝族自治州建水县官厅镇苍台村	
	兰州市西固区河口乡河口村

续表

国家住房和城乡建设部　国家文化部　国家财政部2012年12月17日公布

兰州市永登县连城镇连城村	黄南藏族自治州同仁县年都乎乡年都乎村
兰州市榆中县青城镇城河村	黄南藏族自治州同仁县年都乎乡郭麻日村
白银市景泰县寺滩乡永泰村	黄南藏族自治州同仁县曲库乎乡江什加村
天水市麦积区麦积镇街亭村	玉树藏族自治州玉树县仲达乡电达村
天水市麦积区新阳镇胡家大庄村	**宁夏回族自治区（4个）**
陇南市文县石鸡坝乡哈南村	固原市隆德县城关镇红崖村一组
青海省（13个）	固原市隆德县奠安乡梁堡村一组
	中卫市沙坡头区迎水桥镇北长滩村
海东地区互助县丹麻镇索卜滩村	中卫市沙坡头区香山乡南长滩村
海东地区互助县丹麻镇哇麻村	**新疆维吾尔自治区（4个）**
海东地区互助县东沟乡大庄村	
海东地区互助县五十镇北庄村	吐鲁番地区鄯善县吐峪沟乡麻扎村
海东地区互助县五十镇寺滩村	哈密地区哈密市回城乡阿勒屯村
海东地区互助县五十镇土观村	哈密地区哈密市五堡镇博斯坦村
海东地区循化县街子乡孟达山村	伊犁哈萨克自治州特克斯县喀拉达拉镇琼库什台村
黄南藏族自治州同仁县保安城内村	
黄南藏族自治州同仁县隆务镇吾屯下庄村	

第二批中国传统村落名录的村落名单（915个）

国家住房和城乡建设部　国家文化部　国家财政部2013年8月16日公布

一、北京市（4个）	阳泉市平定县娘子关镇娘子关村
	阳泉市平定县娘子关镇上董寨村
门头沟区斋堂镇马栏村	阳泉市平定县娘子关镇下董寨村
门头沟区大台街道千军台村	阳泉市盂县梁家寨乡大汖村
昌平区流村镇长峪城村	长治市平顺县虹梯关乡虹霓村
密云县新城子镇吉家营村	长治市平顺县阳高乡奥治村
二、河北省（7个）	晋城市泽州县周村镇周村村
	晋城市泽州县晋庙铺镇天井关村
石家庄市赞皇县嶂石岩乡嶂石岩村	晋城市泽州县大阳镇东街村
石家庄市平山县杨家桥乡大坪村	晋城市泽州县大阳镇西街村
石家庄市平山县杨家桥乡大庄村	晋中市榆次区东阳镇车辋村
邢台市沙河市柴关乡王硇村	晋中市和顺县李阳镇回黄村
保定市顺平县腰山镇南腰山村	晋中市祁县东观镇乔家堡村
张家口市蔚县南留庄镇水东堡村	晋中市祁县贾令镇谷恋村
张家口市蔚县南留庄镇水西堡村	晋中市平遥县段村镇普洞村
三、山西省（22个）	晋中市灵石县静升镇静升村
	晋中市灵石县南关镇董家岭村
阳泉市郊区平坦镇官沟村	忻州市宁武县涔山乡小石门村
阳泉市平定县冠山镇西锁簧村	忻州市偏关县万家寨镇老牛湾村
阳泉市平定县东回镇瓦岭村	

续表

国家住房和城乡建设部、国家文化部、国家财政部2013年8月16日公布

四、内蒙古自治区（5个）

呼和浩特市土默特左旗塔布赛镇塔布赛村
呼和浩特市土默特左旗毕克齐镇腊铺村
呼伦贝尔市额尔古纳市蒙兀室韦苏木室韦村
呼伦贝尔市额尔古纳市奇乾乡奇乾村
呼伦贝尔市额尔古纳市恩和俄罗斯民族乡恩和村

五、吉林省（2个）

通化市通化县东来乡鹿圈子村
白山市抚松县漫江镇锦江木屋村

六、黑龙江省（1个）

黑河市爱辉区新生乡新生村

七、江苏省（13个）

南京市江宁区湖熟街道前杨柳村
南京市高淳区漆桥镇漆桥村
无锡市锡山区羊尖镇严家桥村
常州市武进区前黄镇杨桥村
苏州市吴中区东山镇三山村
苏州市吴中区东山镇杨湾村
苏州市吴中区东山镇翁巷村
苏州市吴中区金庭镇东村村
苏州市常熟市古里镇李市村
镇江市新区姚桥镇华山村
镇江市新区姚桥镇儒里村
镇江市丹阳市延陵镇九里村
镇江市丹阳市延陵镇柳茹村

八、浙江省（47个）

杭州市桐庐县富春江镇石舍村
杭州市桐庐县凤川街道翙岗村
杭州市桐庐县江南镇荻浦村
杭州市桐庐县江南镇徐畈村
杭州市淳安县鸠坑乡常青村
宁波市宁海县长街镇西岙村
宁波市宁海县深甽镇龙宫村
宁波市宁海县深甽镇清潭村
宁波市奉化市尚田镇苕霅村
温州市永嘉县岩头镇苍坡村
温州市苍南县龙港镇鲸头村
温州市泰顺县泗溪镇下桥村

绍兴市嵊州市竹溪乡竹溪村
金华市武义县柳城镇华塘村
金华市磐安县盘峰乡榉溪村
金华市磐安县胡宅乡横路村
金华市兰溪市兰江街道姚村村
金华市兰溪市女埠街道垷坦村
金华市兰溪市女埠街道渡渎村
金华市兰溪市女埠街道虹霓山村
金华市兰溪市诸葛镇诸葛村
金华市兰溪市诸葛镇长乐村
衢州市开化县马金镇霞山村
衢州市龙游县塔石镇泽随村
衢州市江山市凤林镇南坞村
衢州市江山市石门镇清漾村
台州市椒江区大陈镇大小浦村
台州市黄岩区屿头乡布袋坑村
台州市玉环县干江镇白马岙村
台州市三门县横渡镇东屏村
台州市天台县平桥镇张思村
台州市仙居县皤滩乡上街下街村
台州市温岭市石塘镇里箬村
台州市临海市东塍镇岭根村
台州市临海市汇溪镇孔坵村
丽水市青田县阜山乡安店村
丽水市松阳县古市镇山下阳村
丽水市松阳县象溪镇靖居村
丽水市松阳县大东坝镇六村村
丽水市松阳县大东坝镇横樟村
丽水市松阳县望松街道吴弄村
丽水市松阳县三都乡杨家堂村
丽水市松阳县三都乡周山头村
丽水市松阳县赤寿乡界首村
丽水市龙泉市西街街道下樟村
丽水市龙泉市安仁镇季山头村
丽水市龙泉市道太乡锦安村

九、安徽省（40个）

安庆市宿松县柳坪乡大地村
安庆市宿松县趾凤乡团林村
安庆市岳西县响肠镇响肠村
安庆市岳西县响肠镇请水寨村
黄山市歙县深渡镇阳产村

国家住房和城乡建设部、国家文化部、国家财政部2013年8月16日公布

黄山市歙县深渡镇漳潭村	泉州市永春县岵山镇铺上村
黄山市歙县深渡镇漳岭山村	泉州市永春县岵山镇铺下村
黄山市歙县北岸镇瞻淇村	泉州市南安市官桥镇漳州寮村
黄山市歙县许村镇许村村	漳州市芗城区天宝镇洪坑村
黄山市歙县雄村乡卖花渔村	漳州市漳浦县旧镇镇石牛尾村
黄山市歙县雄村乡雄村村	漳州市平和县芦溪镇芦丰村
黄山市休宁县溪口镇花桥村木梨硔	南平市延平区峡阳镇峡阳村
黄山市休宁县陈霞乡里庄村	南平市顺昌县元坑镇槎溪村
黄山市黟县碧阳镇碧山村	南平市浦城县水北街镇观前村
黄山市黟县碧阳镇古筑村	龙岩市新罗区万安镇竹贯村
黄山市黟县碧阳镇古黄村	龙岩市武平县岩前镇灵岩村
黄山市黟县碧阳镇石亭村	龙岩市连城县四堡乡中南村
黄山市黟县碧阳镇马道村麻田街	龙岩市漳平市双洋镇城内村
黄山市黟县宏村镇塔川村	龙岩市漳平市赤水镇香寮村
黄山市黟县宏村镇秀里村	宁德市霞浦县崇儒畲族乡上水村
黄山市黟县宏村镇下梓坑村	宁德市屏南县双溪镇北村村
黄山市黟县宏村镇龙川村	宁德市寿宁县犀溪镇西浦村
黄山市黟县渔亭镇团结村	宁德市周宁县浦源镇浦源村
黄山市黟县西递镇石印村珠坑	宁德市周宁县纯池镇禾溪村
黄山市黟县西递镇叶村村利源	宁德市福鼎市管阳镇金钗溪村
黄山市黟县柯村乡翠林村	
黄山市黟县柯村乡竹柯村	**十一、江西省（56个）**
黄山市黟县美溪乡美坑村	南昌市南昌县三江镇前后万村
黄山市黟县宏谭乡竹溪村	南昌市安义县石鼻镇安义千年古村群
黄山市祁门县历口镇历溪村	南昌市进贤县架桥镇艾溪陈家村
黄山市祁门县历口镇环砂村	南昌市进贤县文港镇曾湾村
六安市舒城县晓天镇晓天街道居委会中大街	南昌市进贤县罗溪镇旧厦村
池州市贵池区唐田镇沙山嘴文化村	景德镇市浮梁县西湖乡磻溪村
池州市东至县东流镇菊江村东流老街	景德镇市乐平市泊阳街道北门村
池州市东至县龙泉镇观桥村	景德镇市乐平市名口镇名口村
池州市东至县龙泉镇老屋村	景德镇市乐平市双田镇横路村
池州市石台县大演乡严家古村	景德镇市乐平市涌山镇涌山村
池州市青阳县陵阳镇所村村	景德镇市乐平市塔前镇下徐村
宣城市绩溪县瀛洲镇仁里村	景德镇市乐平市塔前镇上徐村
宣城市宁国市胡乐镇胡乐村	萍乡市莲花县路口镇湖塘村
	新余市分宜县分宜镇介桥村
十、福建省（25个）	新余市分宜县钤山镇防里村
三明市明溪县城关乡翠竹洋村	鹰潭市贵溪市耳口乡曾家村
三明市永安市燕西街道吉山村	赣州市赣县湖江乡夏府村
三明市永安市小陶镇八一村	赣州市宁都县田埠乡东龙村
三明市永安市青水乡沧海畲族村	赣州市于都县段屋乡寒信村
泉州市永春县岵山镇塘溪村	赣州市兴国县梅窖镇三僚村

续表

国家住房和城乡建设部、国家文化部、国家财政部2013年8月16日公布

赣州市兴国县兴莲乡官田村
赣州市瑞金市九堡镇密溪村
吉安市吉州区樟山镇文石村
吉安市青原区富田镇匡家村
吉安市青原区富田镇奁田村
吉安市吉安县敦厚镇圳头村
吉安市吉水县金滩镇仁和店村
吉安市吉水县金滩镇桑园村
吉安市吉水县白沙镇桥上村
吉安市吉水县水南镇店背村
吉安市峡江县水边镇何君村
吉安市峡江县水边镇湖州村
吉安市峡江县水边镇沂溪村
吉安市遂川县堆子前镇鄢溪村
吉安市万安县百嘉镇下源村
吉安市安福县竹江乡沙溪村
吉安市安福县金田乡银圳村
吉安市井冈山市厦坪镇菖蒲古村
吉安市井冈山市拿山乡长路村长塘组
吉安市井冈山市茅坪乡茅坪村
宜春市丰城市白土镇赵家村
宜春市丰城市张巷镇白马寨村
宜春市丰城市筱塘乡厚板塘村
宜春市樟树市刘公庙镇塔前彭家村
抚州市南城县天井源乡尧坊村
上饶市铅山县太源畲族乡西坑村查家岭
上饶市婺源县清华镇洪村村
上饶市婺源县秋口镇李坑村
上饶市婺源县秋口镇长径村
上饶市婺源县江湾镇晓起村
上饶市婺源县思口镇西冲村
上饶市婺源县思口镇思溪村
上饶市婺源县镇头镇游山村
上饶市婺源县段莘乡庆源村
上饶市婺源县浙源乡岭脚村
上饶市婺源县浙源乡凤山村

十二、山东省（6个）

青岛市即墨市金口镇凤凰村
烟台市招远市辛庄镇高家庄子村
烟台市招远市辛庄镇大涝洼村
烟台市招远市辛庄镇孟格庄村

烟台市招远市张星镇徐家村
威海市文登市高村镇万家村

十三、河南省（46个）

洛阳市孟津县朝阳镇卫坡村
洛阳市孟津县常袋镇石碑凹村
洛阳市新安县石井镇寺坡山村
洛阳市嵩县九店乡石场村
洛阳市洛宁县上戈镇上戈村
洛阳市洛宁县河底镇城村村
洛阳市洛宁县东宋镇丈庄村
洛阳市洛宁县底张乡草庙岭村
平顶山市宝丰县石桥镇高皇庙村
平顶山市宝丰县商酒务镇北张庄村
平顶山市宝丰县李庄乡程庄村
平顶山市宝丰县大营镇大营村
平顶山市宝丰县大营镇白石坡村
平顶山市鲁山县瓦屋乡李老庄村
平顶山市郏县冢头镇北街村
平顶山市郏县冢头镇东街村
平顶山市郏县冢头镇李渡口村
平顶山市郏县茨芭镇苏坟村
平顶山市郏县姚庄回族乡小张庄村
安阳市安阳县安丰乡渔洋村
安阳市林州市任村镇任村村
安阳市林州市石板岩乡朝阳村
安阳市林州市石板岩乡漏子头村
鹤壁市鹤山区姬家山乡王家站村
鹤壁市山城区鹿楼乡大胡村
鹤壁市山城区鹿楼乡肥泉村
鹤壁市浚县卫溪街道办事处西街村
鹤壁市淇县黄洞乡纣王殿村
焦作市中站区府城街道办事处北朱村
焦作市修武县岸上乡一斗水村
焦作市修武县岸上乡东岭后村
焦作市修武县西村乡平顶爻村
焦作市修武县西村乡双庙村
焦作市沁阳市常平乡九渡村
三门峡市渑池县段村乡赵沟村
三门峡市渑池县段村乡赵坡头村
三门峡市陕县西张村镇南沟村
三门峡市卢氏县朱阳关镇杜店村

国家住房和城乡建设部、国家文化部、国家财政部2013年8月16日公布

三门峡市义马市东区办事处石佛村

三门峡市灵宝市朱阳镇朱阳村

南阳市南召县云阳镇老城村

信阳市新县周河乡毛铺村楼上楼下村

信阳市商城县长竹园乡张花店村何家冲村

信阳市商城县长竹园乡汪冲村四方洼村

信阳市商城县冯店乡郭店村四楼湾村

驻马店市确山县竹沟镇竹沟村

十四、湖北省（15个）

黄石市大冶市金湖街道办上冯村

孝感市孝昌县小河镇小河村

孝感市孝昌县小悟乡项庙村

黄冈市罗田县九资河镇官基坪村罗家大垸

黄冈市罗田县河铺镇肖家垸乌石岩村

黄冈市罗田县白庙河乡潘家垴村

恩施土家族苗族自治州利川市谋道镇鱼木村

恩施土家族苗族自治州利川市忠路镇老屋基村老屋基老街

恩施土家族苗族自治州利川市沙溪乡张高寨村

恩施土家族苗族自治州建始县花坪镇田家坝村

恩施土家族苗族自治州咸丰县尖山乡唐崖寺村

恩施土家族苗族自治州来凤县百福司镇舍米湖村

恩施土家族苗族自治州来凤县大河镇五道水村徐家寨

恩施土家族苗族自治州来凤县革勒车乡鼓架山村铁匠沟

恩施土家族苗族自治州来凤县三胡乡黄柏村下黄柏园

十五、湖南省（42个）

长沙市浏阳市大围山镇楚东村

衡阳市衡东县甘溪镇夏浦村

衡阳市衡东县杨林镇杨林村

衡阳市衡东县高塘乡高田村新大屋

衡阳市祁东县风石堰镇沙井老屋村

邵阳市绥宁县李熙桥镇李熙村

邵阳市绥宁县东山侗族乡东山村

邵阳市绥宁县在市苗族乡正板村

邵阳市绥宁县乐安铺苗族侗族乡天堂村

邵阳市绥宁县黄桑坪苗族乡上堡村

邵阳市新宁县一渡水镇西村坊村

邵阳市城步苗族自治县丹口镇桃林村

邵阳市城步苗族自治县长安营乡大寨村

邵阳市武冈市双牌乡浪石村

益阳市安化县东坪镇唐家观村

益阳市安化县江南镇洞市社区

益阳市安化县江南镇梅山村

益阳市安化县古楼乡新潭村樟水凼

益阳市安化县南金乡将军村滑石寨

郴州市桂阳县龙潭街道办事处溪里魏家村

郴州市桂阳县太和镇地界村

郴州市桂阳县洋市镇庙下村

郴州市桂阳县莲塘镇大湾村

郴州市桂阳县荷叶镇鑑塘村上王家村

郴州市汝城县马桥镇外沙村

永州市宁远县禾亭镇小桃源村

永州市新田县金盆圩乡河山岩村

怀化市通道侗族自治县坪坦乡坪坦村

怀化市麻阳苗族自治县锦和镇岩口山村

怀化市麻阳苗族自治县郭公坪乡溪口村湾里

怀化市麻阳苗族自治县尧市乡小江村

怀化市麻阳苗族自治县大桥江乡豪侠坪村

怀化市鹤城区芦坪乡尽远村

娄底市新化县奉家镇上团村

湘西土家族苗族自治州吉首市峒河街道小溪村

湘西土家族苗族自治州吉首市社塘坡乡齐心村

湘西土家族苗族自治州吉首市排绸乡河坪村

湘西土家族苗族自治州凤凰县山江镇老家寨村

湘西土家族苗族自治州凤凰县山江镇凉灯村

湘西土家族苗族自治州泸溪县达岚镇岩门村

湘西土家族苗族自治州龙山县靛房镇万龙村

湘西土家族苗族自治州龙山县里耶镇长春村

十六、广东省（51个）

广州市荔湾区冲口街道聚龙村

广州市海珠区琶洲街道黄埔村

广州市海珠区华洲街道小洲村

广州市番禺区沙湾镇沙湾北村

广州市花都区炭步镇塱头村

广州市萝岗区九龙镇莲塘村

广州市增城市正果镇新围村

广州市从化市太平镇钟楼村

韶关市翁源县江尾镇湖心坝村

韶关市南雄市乌迳镇新田古村

佛山市南海区桂城街道茶基村

湛江市雷州市纪家镇周家村

续表

国家住房和城乡建设部、国家文化部、国家财政部2013年8月16日公布

湛江市雷州市南兴镇关新村	南宁市江南区江西镇同江村三江坡
湛江市雷州市调风镇调铭村	南宁市横县平朗乡笔山村
湛江市雷州市英利镇青桐村	柳州市三江侗族自治县林溪乡平岩村
茂名市信宜市镇隆镇文明村	桂林市阳朔县高田镇龙潭村
肇庆市怀集县凤岗镇孔洞村	桂林市阳朔县高田镇朗梓村
肇庆市怀集县大岗镇扶溪村	桂林市阳朔县普益乡留公村
肇庆市怀集县中洲镇邓屋村	桂林市临桂县会仙镇旧村
惠州市惠阳区秋长街道茶园村	桂林市灵川县大圩镇上桥村委会上桥
惠州市惠阳区秋长街道周田村	桂林市灵川县大圩镇廖家村委会毛村
惠州市龙门县龙华镇绳武围村	桂林市灵川县青狮潭镇东源村委会新寨村
梅州市梅江区城北镇玉水村	桂林市灵川县海洋乡大庙塘村委会大桐木湾村
梅州市梅县松口镇铜琶村	桂林市永福县罗锦镇崇山村
梅州市大埔县三河镇汇城村	桂林市灌阳县文市镇月岭村
梅州市大埔县百侯镇侯南村	桂林市灌阳县水车乡伍家湾村
梅州市大埔县西河镇车龙村	桂林市平乐县张家镇榕津村
梅州市丰顺县汤南镇新楼村	防城港市防城区大菉镇那厚村
梅州市丰顺县埔寨镇埔南村	钦州市灵山县新圩镇萍塘村
梅州市丰顺县建桥镇建桥村	钦州市灵山县石塘镇苏村村
梅州市丰顺县丰良镇璜溪村邹家围	钦州市浦北县小江镇平马村
梅州市平远县东石镇凉庭村	玉林市北流市新圩镇新圩村第五组
梅州市平远县上举镇畲脑村	贺州市八步区莲塘镇仁化村
梅州市蕉岭县蓝坊镇大地村	贺州市八步区开山镇开山村上莫寨村
梅州市蕉岭县蓝坊镇高思村	贺州市八步区信都镇祉洞村
梅州市蕉岭县南礤镇南礤村	贺州市钟山县石龙镇松桂村
梅州市兴宁市石马镇刁田村	贺州市钟山县清塘镇英家村英家街
梅州市兴宁市叶塘镇河西村	贺州市富川瑶族自治县莲山镇大莲塘村
梅州市兴宁市新陂镇上长岭村	贺州市富川瑶族自治县葛坡镇深坡村
梅州市兴宁市刁坊镇周兴村	河池市大化瑶族自治县板升乡弄立村二队
汕尾市陆丰市潭西镇大楼村	来宾市金秀瑶族自治县六巷乡下古陈村
阳江市阳东县雅韶镇西元村阳江雅韶十八座	**十八、重庆市（2个）**
清远市清新县龙颈镇凤塱村	
清远市连州市西岸镇冲口村	涪陵区大顺乡大田村
清远市连州市西岸镇马带村	酉阳土家族苗族自治县可大乡七分村
东莞市茶山镇超朗村	**十九、四川省（42个）**
东莞市寮步镇西溪村	
揭阳市榕城区仙桥街道西岐村	成都市金堂县五凤镇金箱村
揭阳市揭西县东园镇月湄村	自贡市贡井区艾叶镇李家桥社区
揭阳市普宁市洪阳镇德安里村	自贡市大安区三多寨镇三多寨村
揭阳市普宁市梅塘镇溪南古村	自贡市大安区牛佛镇王爷庙社区
十七、广西壮族自治区（30个）	自贡市沿滩区仙市镇仙滩社区
	泸州市纳溪区天仙镇观音乐道古村
南宁市江南区江西镇同新村木村坡	泸州市泸县方洞镇石牌坊村

国家住房和城乡建设部、国家文化部、国家财政部2013年8月16日公布

泸州市叙永县水潦乡海涯彝族村	安顺市镇宁布依族苗族自治县扁担山乡革老坟村
泸州市叙永县正东乡灯盏坪古村	毕节市织金县龙场镇阳光村营上古寨
泸州市古蔺县太平镇平丰村	铜仁市碧江区漾头镇茶园山村
泸州市古蔺镇红军街社区	铜仁市江口县桃映镇匀都村委会漆树坪村
泸州市古蔺县箭竹乡团结村苗寨	铜仁市江口县民和镇龙兴村委会封神懂村
泸州市古蔺县双沙镇白沙社区	铜仁市江口县怒溪镇河口村委会黄岩村
绵阳市北川县青片乡上五村	铜仁市石阡县花桥镇施场村
绵阳市北川县马槽乡黑水村	铜仁市石阡县五德镇董上村
绵阳市江油市二郎庙镇青林口村	铜仁市石阡县聚凤仡佬族侗族乡指甲坪村
广元市昭化区柏林沟镇向阳村	铜仁市石阡县青阳苗族仡佬族侗族乡青山村
广元市朝天区麻柳乡石板村	铜仁市石阡县坪地场仡佬族侗族乡石榴坡村
南充市南部县石河镇石河场村	铜仁市石阡县甘溪乡铺溪村
宜宾市江安县夕佳山镇五里村	铜仁市思南县许家坝镇舟水村
达州市达县石桥镇鲁家坪村	铜仁市思南县文家店镇龙山村
雅安市雨城区望鱼乡望鱼村	铜仁市思南县青杠坡镇四野屯村
雅安市汉源县宜东镇天罡村	铜仁市思南县思林乡金龙村
雅安市汉源县清溪镇富民村	铜仁市思南县思林乡黑河峡社区
雅安市石棉县蟹螺藏族乡猛种村猛种堡子	铜仁市思南县板桥乡郝家湾村
雅安市石棉县蟹螺藏族乡猛种村木耳堡子	铜仁市思南县兴隆乡天山村
巴中市平昌县白衣镇白衣庵居民委员会	铜仁市思南县杨家坳乡城头盖村
阿坝藏族羌族自治州茂县雅都乡四瓦村四组	铜仁市印江土家族苗族自治县永义乡团龙村
阿坝藏族羌族自治州黑水县色尔古乡色尔古村	铜仁市德江县枫香溪镇枫香溪村
阿坝藏族羌族自治州黑水县木苏乡大别窝村	铜仁市德江县复兴镇棋坝山村
阿坝藏族羌族自治州黑水县维古乡西苏瓜子村	铜仁市德江县共和乡焕河村
阿坝藏族羌族自治州马尔康县卓克基镇西索村	铜仁市德江县沙溪乡大寨村
甘孜藏族自治州炉霍县朱倭乡朱倭村	铜仁市沿河土家族自治县思渠镇荷叶村
甘孜藏族自治州炉霍县雅德乡然柳村	铜仁市沿河土家族自治县黑獭乡大溪村
甘孜藏族自治州乡城县青德乡仲德村	铜仁市沿河土家族自治县新景乡白果村
甘孜藏族自治州乡城县香巴拉镇色尔宫村	铜仁市沿河土家族自治县后坪乡茶园村
甘孜藏族自治州得荣县子庚乡阿称村	铜仁市松桃苗族自治县普觉镇候溪屯村
甘孜藏族自治州得荣县子庚乡子实村	铜仁市松桃苗族自治县正大乡薅菜村苗王城
甘孜藏族自治州得荣县子庚乡子庚村	黔东南苗族侗族自治州黄平县谷陇乡苗陇村
凉山彝族自治州盐源县泸沽湖镇木垮村	黔东南苗族侗族自治州三穗县良上乡雅中村
凉山彝族自治州美姑县依果觉乡古拖村	黔东南苗族侗族自治州镇远县报京乡报京村
凉山彝族自治州美姑县依果觉乡四季吉村	黔东南苗族侗族自治州岑巩县平庄乡平庄村凯空组
二十、贵州省（202个）	黔东南苗族侗族自治州剑河县南加镇塘边村
	黔东南苗族侗族自治州剑河县柳川镇巫泥村
遵义市湄潭县茅坪镇地关村平顺坝	黔东南苗族侗族自治州剑河县革东镇八郎村
遵义市湄潭县西河乡石家寨村	黔东南苗族侗族自治州剑河县久仰乡基佑村
遵义市湄潭县抄乐乡群星村石家寨	黔东南苗族侗族自治州剑河县久仰乡久吉村
安顺市普定县马官镇下坝屯村	黔东南苗族侗族自治州剑河县太拥镇太坪村
安顺市镇宁布依族苗族自治县城关镇高荡村	黔东南苗族侗族自治州剑河县太拥镇九连村

国家住房和城乡建设部、国家文化部、国家财政部2013年8月16日公布

黔东南苗族侗族自治州剑河县南哨乡巫沙村	黔东南苗族侗族自治州黎平县九潮镇顺寨村
黔东南苗族侗族自治州剑河县南哨乡反召村	黔东南苗族侗族自治州黎平县岩洞镇大寨村
黔东南苗族侗族自治州剑河县南寨乡展留村	黔东南苗族侗族自治州黎平县岩洞镇小寨村
黔东南苗族侗族自治州剑河县南寨乡柳富村	黔东南苗族侗族自治州黎平县水口镇东郎村
黔东南苗族侗族自治州剑河县磻溪镇洞脚村	黔东南苗族侗族自治州黎平县水口镇花柳村
黔东南苗族侗族自治州剑河县磻溪镇大广村	黔东南苗族侗族自治州黎平县水口镇南江村
黔东南苗族侗族自治州剑河县敏洞乡沟洞村	黔东南苗族侗族自治州黎平县水口镇茨洞村
黔东南苗族侗族自治州剑河县观么乡巫包村	黔东南苗族侗族自治州黎平县水口镇宰洋村宰直寨
黔东南苗族侗族自治州台江县台拱镇展福村	黔东南苗族侗族自治州黎平县尚重镇岑门村
黔东南苗族侗族自治州台江县台拱镇板凳村	黔东南苗族侗族自治州黎平县尚重镇顿路村
黔东南苗族侗族自治州台江县台拱镇南省村	黔东南苗族侗族自治州黎平县尚重镇归德村
黔东南苗族侗族自治州台江县台拱镇南冬村	黔东南苗族侗族自治州黎平县尚重镇旧洞村
黔东南苗族侗族自治州台江县台拱镇排朗村	黔东南苗族侗族自治州黎平县尚重镇上洋村
黔东南苗族侗族自治州台江县台拱镇桃香村	黔东南苗族侗族自治州黎平县尚重镇下洋村
黔东南苗族侗族自治州台江县台拱镇登鲁村	黔东南苗族侗族自治州黎平县尚重镇西迷村
黔东南苗族侗族自治州台江县台拱镇交片村	黔东南苗族侗族自治州黎平县尚重镇宰蒙村
黔东南苗族侗族自治州台江县台拱镇展下村	黔东南苗族侗族自治州黎平县雷洞乡岑管村
黔东南苗族侗族自治州台江县施洞镇小河村	黔东南苗族侗族自治州黎平县雷洞乡牙双村
黔东南苗族侗族自治州台江县施洞镇旧州村	黔东南苗族侗族自治州黎平县永从乡九龙村
黔东南苗族侗族自治州台江县施洞镇八梗村	黔东南苗族侗族自治州黎平县永从乡中罗村
黔东南苗族侗族自治州台江县施洞镇黄泡村	黔东南苗族侗族自治州黎平县茅贡乡额洞村
黔东南苗族侗族自治州台江县南宫乡交包村	黔东南苗族侗族自治州黎平县茅贡乡寨南村
黔东南苗族侗族自治州台江县南宫乡交下村	黔东南苗族侗族自治州黎平县茅贡乡己炭村汉寨
黔东南苗族侗族自治州台江县南宫乡交密村	黔东南苗族侗族自治州黎平县坝寨乡高西村
黔东南苗族侗族自治州台江县南宫乡展忙村	黔东南苗族侗族自治州黎平县坝寨乡器寨村
黔东南苗族侗族自治州台江县排羊乡九摆村	黔东南苗族侗族自治州黎平县口江乡银朝村
黔东南苗族侗族自治州台江县排羊乡上南刀村	黔东南苗族侗族自治州黎平县双江乡四寨村
黔东南苗族侗族自治州台江县台盘乡德卷村	黔东南苗族侗族自治州黎平县双江乡寨高村
黔东南苗族侗族自治州台江县台盘乡南尧村	黔东南苗族侗族自治州黎平县肇兴镇肇兴上寨村
黔东南苗族侗族自治州台江县革一乡北方村	黔东南苗族侗族自治州黎平县肇兴镇厦格村
黔东南苗族侗族自治州台江县革一乡排生村	黔东南苗族侗族自治州黎平县肇兴镇厦格上寨村
黔东南苗族侗族自治州台江县革一乡西南村	黔东南苗族侗族自治州黎平县龙额镇上地坪村
黔东南苗族侗族自治州台江县老屯乡长滩村	黔东南苗族侗族自治州黎平县地坪乡新丰村
黔东南苗族侗族自治州台江县方召乡反排村	黔东南苗族侗族自治州黎平县地坪乡下寨村
黔东南苗族侗族自治州台江县方召乡巫脚交村	黔东南苗族侗族自治州黎平县大稼乡高孖村
黔东南苗族侗族自治州台江县方召乡巫梭村	黔东南苗族侗族自治州黎平县平寨乡纪德村
黔东南苗族侗族自治州台江县方召乡交汪村	黔东南苗族侗族自治州黎平县德化乡高洋村
黔东南苗族侗族自治州黎平县孟彦镇罗溪村	黔东南苗族侗族自治州黎平县德化乡下洋村
黔东南苗族侗族自治州黎平县孟彦镇岑湖村	黔东南苗族侗族自治州榕江县寨蒿镇票寨村侗寨
黔东南苗族侗族自治州黎平县九潮镇高维村	黔东南苗族侗族自治州榕江县栽麻乡苗兰村侗寨
黔东南苗族侗族自治州黎平县九潮镇定八村	黔东南苗族侗族自治州榕江县三江乡脚车村苗寨
黔东南苗族侗族自治州黎平县九潮镇大榕村新寨	黔东南苗族侗族自治州榕江县塔石乡怎东村瑶寨

国家住房和城乡建设部、国家文化部、国家财政部2013年8月16日公布

黔东南苗族侗族自治州从江县下江镇高良村	黔东南苗族侗族自治州雷山县望丰乡乌迭村
黔东南苗族侗族自治州从江县宰便镇引东村	黔东南苗族侗族自治州雷山县望丰乡三角田村
黔东南苗族侗族自治州从江县西山镇田底村	黔东南苗族侗族自治州雷山县望丰乡公统村
黔东南苗族侗族自治州从江县停洞镇架里村	黔东南苗族侗族自治州雷山县望丰乡丰塘村
黔东南苗族侗族自治州从江县高增乡岜扒村	黔东南苗族侗族自治州雷山县望丰乡乌的村
黔东南苗族侗族自治州从江县谷坪乡高吊村	黔东南苗族侗族自治州雷山县望丰乡荣防村
黔东南苗族侗族自治州从江县雍里乡归林村	黔东南苗族侗族自治州雷山县望丰乡乌响村
黔东南苗族侗族自治州从江县刚边壮族乡刚边村	黔东南苗族侗族自治州雷山县望丰乡排肖村
黔东南苗族侗族自治州从江县刚边壮族乡银平村	黔东南苗族侗族自治州雷山县大塘乡新桥村
黔东南苗族侗族自治州从江县加榜乡加车村	黔东南苗族侗族自治州雷山县大塘乡掌坳村
黔东南苗族侗族自治州从江县加榜乡下尧村	黔东南苗族侗族自治州雷山县大塘乡独南村
黔东南苗族侗族自治州从江县翠里瑶族壮族乡高华村	黔东南苗族侗族自治州雷山县桃江乡乔王村
黔东南苗族侗族自治州从江县往洞镇朝利村	黔东南苗族侗族自治州雷山县桃江乡岩寨村
黔东南苗族侗族自治州从江县往洞镇增盈村	黔东南苗族侗族自治州雷山县桃江乡掌雷村
黔东南苗族侗族自治州从江县东朗乡孔明村	黔东南苗族侗族自治州雷山县桃江乡龙河村
黔东南苗族侗族自治州从江县加鸠乡加翁村	黔东南苗族侗族自治州雷山县达地水族乡也蒙村
黔东南苗族侗族自治州从江县光辉乡加牙村	黔东南苗族侗族自治州雷山县方祥乡陡寨村
黔东南苗族侗族自治州雷山县丹江镇乌东村	黔东南苗族侗族自治州雷山县方祥乡毛坪村
黔东南苗族侗族自治州雷山县丹江镇虎阳村	黔东南苗族侗族自治州雷山县方祥乡格头村
黔东南苗族侗族自治州雷山县丹江镇教厂村	黔东南苗族侗族自治州雷山县方祥乡提香村
黔东南苗族侗族自治州雷山县丹江镇脚猛村	黔东南苗族侗族自治州雷山县方祥乡雀鸟村
黔东南苗族侗族自治州雷山县丹江镇干皎村	黔东南苗族侗族自治州麻江县杏山镇六堡村
黔东南苗族侗族自治州雷山县丹江镇猫猫河村	黔东南苗族侗族自治州麻江县龙山乡河坝村
黔东南苗族侗族自治州雷山县西江镇长乌村	黔东南苗族侗族自治州麻江县龙山乡复兴村
黔东南苗族侗族自治州雷山县西江镇黄里村	黔东南苗族侗族自治州丹寨县排调镇麻鸟村
黔东南苗族侗族自治州雷山县西江镇中寨村	黔东南苗族侗族自治州丹寨县扬武镇扬颂村
黔东南苗族侗族自治州雷山县西江镇开觉村	黔东南苗族侗族自治州丹寨县雅灰乡送陇村
黔东南苗族侗族自治州雷山县西江镇龙塘村	黔东南苗族侗族自治州丹寨县南皋乡石桥村
黔东南苗族侗族自治州雷山县西江镇麻料村	黔南布依族苗族自治州平塘县掌布镇掌布村
黔东南苗族侗族自治州雷山县西江镇乌尧村	
黔东南苗族侗族自治州雷山县西江镇北建村	**二十一、云南省（232个）**
黔东南苗族侗族自治州雷山县永乐镇加鸟村	昆明市西山区团结乡乐居村
黔东南苗族侗族自治州雷山县永乐镇开屯村	昆明市晋宁县晋城镇福安村
黔东南苗族侗族自治州雷山县永乐镇乔洛村	昆明市晋宁县双河乡田坝村
黔东南苗族侗族自治州雷山县永乐镇乔歪村	昆明市晋宁县夕阳乡木鲊村
黔东南苗族侗族自治州雷山县永乐镇肖家村	昆明市晋宁县夕阳乡打黑村
黔东南苗族侗族自治州雷山县郎德镇杨柳村	昆明市晋宁县六街镇新寨村
黔东南苗族侗族自治州雷山县郎德镇乌瓦村	昆明市石林县圭山镇糯黑村
黔东南苗族侗族自治州雷山县郎德镇乌流村	曲靖市马龙县旧县镇黄土坡村
黔东南苗族侗族自治州雷山县郎德镇也改村	曲靖市马龙县马鸣乡咨卡村
黔东南苗族侗族自治州雷山县郎德镇报德村	曲靖市陆良县芳华镇雍家村
黔东南苗族侗族自治州雷山县郎德镇也利村	曲靖市师宗县竹基镇淑基村

国家住房和城乡建设部、国家文化部、国家财政部2013年8月16日公布

曲靖市师宗县竹基镇大冲村	保山市腾冲县腾越镇吴邑村
玉溪市江川县江城镇海门村	保山市腾冲县中和镇中营村
玉溪市通海县河西镇河西村	保山市腾冲县中和镇闫家冲社区
玉溪市通海县高大乡高大社区克呆村	保山市腾冲县中和镇新岐村
玉溪市通海县兴蒙乡北阁下村	保山市腾冲县中和镇民振村
玉溪市华宁县青龙镇海镜村	保山市腾冲县中和镇樊家营社区
玉溪市元江县澧江街道龙潭村委会者嘎村	保山市腾冲县中和镇勐蚌社区
玉溪市元江县洼桎乡它才吉村委会坡桎村	保山市腾冲县中和镇大村社区
保山市隆阳区河图镇河村村委会西街	保山市腾冲县荷花镇羡多村
保山市隆阳区金鸡乡金鸡村	保山市腾冲县荷花镇甘蔗寨村
保山市隆阳区金鸡乡育德村	保山市腾冲县芒棒镇张家村
保山市隆阳区水寨乡水寨村	保山市腾冲县五合乡联盟社区帕连寨
保山市隆阳区芒宽乡芒龙村	保山市腾冲县五合乡鹿山村杨家寨
保山市施甸县旧城乡和尚田村	保山市腾冲县五合乡腾朗社区小地方
保山市施甸县由旺镇木榔村	保山市腾冲县五合乡五合社区元甫
保山市施甸县由旺镇银川村	保山市腾冲县五合乡丙弄社区丙弄寨
保山市施甸县甸阳镇西山村	保山市龙陵县龙山镇芒旦村
保山市施甸县姚关镇大乌邑村	保山市龙陵县象达乡勐蚌村
保山市施甸县仁和镇保场村	保山市昌宁县卡斯乡毛寨村
保山市施甸县仁和镇热水塘村	保山市昌宁县温泉乡里睦村
保山市腾冲县界头镇新庄村	保山市昌宁县大田坝乡铁匠寨村
保山市腾冲县界头镇石墙村	保山市昌宁县鸡飞乡珠山村委会大水村
保山市腾冲县曲石镇江苴古村	保山市昌宁县湾甸乡帕旭村
保山市腾冲县曲石镇箐桥村	保山市昌宁县耈街乡打平村委会大水塘村
保山市腾冲县明光镇尖山脚村	保山市昌宁县耈街乡耈街村委会老街子村
保山市腾冲县明光镇麻栎社区茶山河河外村	昭通市昭阳区洒渔镇巡龙村
保山市腾冲县滇滩镇水城村	昭通市巧家县药山镇半箐村
保山市腾冲县滇滩镇棋盘石村	昭通市巧家县老店镇老店村
保山市腾冲县滇滩镇烧灰坝村	昭通市永善县大兴镇大兴村驿马一社
保山市腾冲县固东镇甸苴村	昭通市绥江县南岸镇南岸村
保山市腾冲县固东镇江东社区银杏村	昭通市镇雄县罗坎镇发达村
保山市腾冲县马站乡和睦村	昭通市镇雄县罗坎镇凤翥村
保山市腾冲县猴桥镇老寨村	丽江市古城区金山乡良美村委会启良村
保山市腾冲县北海乡打苴村横寨	丽江市古城区金安镇义新村委会五坝里村
保山市腾冲县和顺镇大庄社区	丽江市古城区七河镇羊见村委会金安村
保山市腾冲县和顺镇十字路社区	丽江市古城区七河镇新民村委会新民下村
保山市腾冲县腾越镇油灯村油灯庄	丽江市古城区七河镇共和村委会南溪村
保山市腾冲县腾越镇董官村	丽江市古城区七河镇共和村委会东关村
保山市腾冲县腾越镇洞山村	丽江市古城区束河街道龙泉村委会
保山市腾冲县腾越镇尚家寨村	丽江市玉龙县黄山镇文华村委会文华中村
保山市腾冲县腾越镇朝阳村	丽江市玉龙县黄山镇白华村委会吉来村
保山市腾冲县腾越镇大宽邑村	丽江市玉龙县石鼓镇石鼓村委会海螺村

国家住房和城乡建设部、国家文化部、国家财政部2013年8月16日公布

丽江市玉龙县石鼓镇大新村委会竹园村	楚雄彝族自治州牟定县安乐乡小屯村委会小屯村
丽江市玉龙县石鼓镇仁和村委会石支村	楚雄彝族自治州牟定县蟠猫乡蟠猫村委会母鲁打村
丽江市玉龙县白沙镇玉湖村委会玉湖村	楚雄彝族自治州禄丰县金山镇炼象关村
丽江市玉龙县拉市镇海南村委会丰乐村	楚雄彝族自治州禄丰县妥安乡琅井村
丽江市玉龙县拉市镇南尧村委会南尧村	红河哈尼族彝族自治州蒙自市草坝镇碧色寨村
丽江市永胜县三川镇翠湖村委会翠湖村	红河哈尼族彝族自治州蒙自市新安所镇新安所村
丽江市宁蒗县沿伯乡加泽村委会油米村	红河哈尼族彝族自治州建水县西庄镇新房村
丽江市宁蒗县永宁乡温泉村委会瓦拉别	红河哈尼族彝族自治州红河县洛恩乡朋洛村
普洱市宁洱县宁洱镇宽宏村委会困鹿山村民小组	红河哈尼族彝族自治州红河县乐育乡龙车村
普洱市宁洱县勐先镇蚌扎村	红河哈尼族彝族自治州红河县乐育乡坝美村
普洱市宁洱县勐先镇上宣德村	红河哈尼族彝族自治州红河县乐育乡尼美村
普洱市墨江县联珠镇癸能村委会大寨村	红河哈尼族彝族自治州红河县乐育乡桂东村
普洱市景东县锦屏镇黄草岭村	红河哈尼族彝族自治州红河县乐育乡玉古村
普洱市景东县大街镇文山村田心村民小组	红河哈尼族彝族自治州红河县浪堤乡马龙村
普洱市景东县林街乡林街村回营村民小组	文山壮族苗族自治州砚山县者腊乡批洒村
普洱市景谷县景谷镇纪家村	文山壮族苗族自治州马关县马白镇马洒村
普洱市江城县整董镇整董村大河边组	文山壮族苗族自治州马关县八寨镇街脚村
普洱市江城县整董镇整董村老伯寨	文山壮族苗族自治州丘北县曰者镇河边村
普洱市江城县整董镇整董村曼滩组	文山壮族苗族自治州丘北县平寨乡革雷村
普洱市江城县整董镇整董村大青树	文山壮族苗族自治州丘北县腻脚乡老寨村
普洱市江城县整董镇整董村力哨坡	文山壮族苗族自治州丘北县温浏乡石别村
普洱市江城县整董镇整董村麻木树	文山壮族苗族自治州广南县坝美镇革乍村委会汤拿村
普洱市江城县国庆乡摸等村博别寨组	西双版纳傣族自治州景洪市勐龙镇曼龙扣村委会曼飞龙村
普洱市澜沧县上允镇上允村老街组	西双版纳傣族自治州景洪市勐罕镇曼听村委会曼乍村
普洱市澜沧县惠民镇景迈村糯干组	西双版纳傣族自治州景洪市噶洒镇曼掌宰村委会曼景保村
普洱市澜沧县惠民镇芒景村	西双版纳傣族自治州景洪市基诺族乡巴亚村委会巴坡村
普洱市澜沧县惠民镇芒景村翁基组	西双版纳傣族自治州景洪市基诺族乡巴亚村委会巴卡老寨
普洱市西盟县岳宋乡岳宋村永老寨	西双版纳傣族自治州景洪市基诺族乡巴亚村委会扎吕村
临沧市临翔区南美乡南美村委会南楞田村	西双版纳傣族自治州景洪市基诺族乡巴亚村委会巴亚中寨
临沧市临翔区圈内乡斗阁村委会斗阁大寨	西双版纳傣族自治州景洪市大渡岗乡大荒坝村委会勐满村
临沧市凤庆县洛党镇箐头村委会石洞寺村	西双版纳傣族自治州勐海县打洛镇勐景莱村
临沧市凤庆县新华乡紫薇村平坦组	西双版纳傣族自治州勐海县西定乡章朗村
临沧市云县幸福镇邦信村	西双版纳傣族自治州勐腊县勐腊镇曼龙勒村
临沧市云县茂兰镇茂兰社区	西双版纳傣族自治州勐腊县勐腊镇曼旦村
临沧市云县大寨镇文丰村	大理白族自治州大理市下关镇刘官厂村委会凤阳邑村
临沧市永德县乌木龙乡二道桥俐侎部落村	大理白族自治州大理市大理镇龙龛村委会龙下登村
临沧市双江县勐库镇冰岛村	大理白族自治州大理市凤仪镇丰乐村北汤天村
临沧市沧源县勐懂镇芒摆村委会永点村	大理白族自治州大理市喜洲镇沙村村委会城北村
临沧市沧源县勐懂镇芒摆村委会永让村	大理白族自治州大理市喜洲镇庆洞村
临沧市沧源县芒卡镇湖广村	大理白族自治州大理市挖色镇大城村
楚雄彝族自治州楚雄市子午镇以口夸村	大理白族自治州大理市双廊镇双廊村
楚雄彝族自治州双柏县法脿镇雨龙村委会李方村	大理白族自治州大理市双廊镇长育村

续表

国家住房和城乡建设部、国家文化部、国家财政部2013年8月16日公布

大理白族自治州大理市太邑彝族乡桃树村委会坦底么

大理白族自治州祥云县刘厂镇大波那村委会大波那村

大理白族自治州宾川县金牛镇柳家湾华侨社区

大理白族自治州宾川县大营镇萂村村

大理白族自治州弥渡县密祉乡文盛街村

大理白族自治州南涧县公郎镇罗伯克茶园村

大理白族自治州巍山县南诏镇新村村委会新村

大理白族自治州巍山县庙街镇阿朵村

大理白族自治州巍山县庙街镇利克村

大理白族自治州巍山县庙街镇盟石村委会陈德厂村

大理白族自治州巍山县大仓镇新胜村委会啄木郎村

大理白族自治州巍山县永建镇马米厂村委会米姓村

大理白族自治州巍山县马鞍山乡青云村

大理白族自治州云龙县关坪乡字衕村

大理白族自治州云龙县长新乡长春村

大理白族自治州云龙县长新乡包罗村大达社

大理白族自治州云龙县检槽乡检槽村委会大村

大理白族自治州云龙县苗尾傈僳族乡表村村委会表村

大理白族自治州云龙县苗尾傈僳族乡松坪村

大理白族自治州剑川县金华镇三河村

大理白族自治州剑川县金华镇向湖村

大理白族自治州剑川县沙溪镇甸头村

大理白族自治州剑川县沙溪镇四联村委会段家登村

大理白族自治州剑川县沙溪镇石龙村

大理白族自治州剑川县甸南镇天马村

大理白族自治州剑川县甸南镇龙门村

大理白族自治州剑川县弥沙乡文新村岩洞村

大理白族自治州剑川县弥沙乡弥新村弥井村

大理白族自治州鹤庆县松桂镇长头村

大理白族自治州鹤庆县松桂镇龙珠村委会军营村

大理白族自治州鹤庆县松桂镇松桂村委会街南村

大理白族自治州鹤庆县金墩乡和邑村

大理白族自治州鹤庆县六合乡五星村五星大村

大理白族自治州鹤庆县六合乡灵地村灵地大村

德宏傣族景颇族自治州梁河县九保乡九保村

德宏傣族景颇族自治州梁河县河西乡邦读村

德宏傣族景颇族自治州盈江县旧城镇旧城村委会大寨村

德宏傣族景颇族自治州盈江县太平镇芒允村

德宏傣族景颇族自治州盈江县新城乡繁勐村委会芒别村

怒江傈僳族自治州泸水县鲁掌镇鲁祖村

迪庆藏族自治州香格里拉县洛吉乡尼汝村

迪庆藏族自治州香格里拉县三坝乡白地村

迪庆藏族自治州香格里拉县建塘镇小街子村

迪庆藏族自治州德钦县云岭乡雨崩村

迪庆藏族自治州德钦县燕门乡茨中村

迪庆藏族自治州维西县叶枝镇同乐村

迪庆藏族自治州维西县叶枝镇叶枝村

迪庆藏族自治州维西县塔城镇塔城村塔城一二组

迪庆藏族自治州维西县塔城镇朵那阁村

迪庆藏族自治州维西县保和镇腊八底村

迪庆藏族自治州维西县保和镇永春村白帕塘

迪庆藏族自治州维西县巴迪乡结义村

迪庆藏族自治州维西县维登乡富川村

二十二、西藏自治区（1个）

拉萨市墨竹工卡县甲玛乡赤康村

二十三、陕西省（8个）

咸阳市三原县新兴镇柏社村

咸阳市礼泉县烟霞镇袁家村

咸阳市永寿县监军镇等驾坡村

安康市旬阳县赵湾镇中山村（郭家老院）

渭南市富平县城关镇莲湖村

渭南市合阳县坊镇灵泉村

渭南市澄城县尧头镇尧头村

榆林市佳县佳芦镇张庄村

二十四、甘肃省（6个）

天水市清水县贾川乡梅江村

陇南市文县铁楼民族乡入贡山村

陇南市文县铁楼民族乡石门沟村案板地社

陇南市文县铁楼民族乡草河坝村

临夏回族自治州临夏市城郊镇木场村

甘南藏族自治州卓尼县尼巴乡尼巴村

二十五、青海省（7个）

海东地区平安县洪水泉乡硝水泉村

海东地区平安县洪水泉乡洪水泉村

海东地区互助土族自治县五十镇五十村

海东地区互助土族自治县红崖子沟乡张家村

黄南藏族自治州同仁县扎毛乡牙什当村

海南藏族自治州贵德县河西镇下排村

玉树藏族自治州囊谦县娘拉乡多伦多村

国家住房和城乡建设部、国家文化部、国家财政部2013年8月16日公布

二十六、新疆维吾尔自治区（3个）

克孜勒苏柯尔克孜自治州阿克陶县克孜勒陶乡艾杰克村

阿勒泰地区布尔津县禾木哈纳斯蒙古民族乡禾木村

阿勒泰地区哈纳斯景区铁热克提乡白哈巴村

第三批列入中国传统村落名录的村落名单（994个）

国家住房和城乡建设部　文化部　文物局　财政部　国土资源部　农业部　国家旅游局2014年11月17日公布。

一、北京市（3个）

门头沟区雁翅镇碣石村

门头沟区斋堂镇沿河城村

密云县古北口镇古北口村

二、河北省（18个）

秦皇岛市抚宁县大新寨镇界岭口村

邯郸市峰峰矿区和村镇金村

邯郸市涉县关防乡岭底村

邯郸市磁县陶泉乡北王庄村

邯郸市武安市管陶乡朝阳沟村

邢台市沙河市白塔镇樊下曹村

邢台市沙河市十里亭镇上申庄村

邢台市沙河市刘石岗乡大坪村

邢台市沙河市刘石岗乡渐凹村

保定市清苑县孙村乡戎官营村

保定市清苑县闫庄乡国公营村

张家口市张北县油娄沟乡黄花坪村

张家口市蔚县南留庄镇白后堡村

张家口市蔚县南留庄镇曹疃村

张家口市怀安县左卫镇石坡底村

张家口市怀安县西沙城乡东沙城村

张家口市怀安县西沙城乡段家庄村

张家口市怀安县西沙城乡朱家庄村

三、山西省（59个）

太原市阳曲县侯村乡青龙镇村

大同市新荣区堡子湾乡得胜堡村

大同市浑源县永安镇神溪村

阳泉市郊区荫营镇辛庄村

阳泉市平定县冠山镇宋家庄村

阳泉市平定县冶西镇莘池村

阳泉市平定县石门口乡乱流村

阳泉市平定县巨城镇南庄村

阳泉市平定县巨城镇上盘石村

阳泉市平定县张庄镇桃叶坡村

阳泉市盂县孙家庄镇乌玉村

长治市郊区西白兔乡中村

长治市长治县荫城镇荫城村

长治市平顺县石城镇白杨坡村

长治市平顺县石城镇上马村

长治市平顺县东寺头乡神龙湾村

长治市平顺县北社乡西社村

长治市黎城县上遥镇河南村

长治市黎城县停河铺乡霞庄村

长治市壶关县树掌镇芳岱村

长治市壶关县东井岭乡崔家庄村

晋城市沁水县嘉峰镇郭北村

晋城市沁水县嘉峰镇郭南村

晋城市阳城县凤城镇南安阳村

晋城市阳城县北留镇尧沟村

晋城市阳城县润城镇屯城村

晋城市阳城县河北镇孤堆底村

晋城市陵川县附城镇田庄村

晋城市泽州县大东沟镇东沟村

晋城市泽州县周村镇石淙头村

晋城市泽州县山河镇洞八岭村

晋城市泽州县南岭乡段河村

晋城市泽州县南村镇冶底村

续表

国家住房和城乡建设部　文化部　文物局　财政部　国土资源部　农业部　国家旅游局2014年11月17日公布。

晋城市高平市河西镇新庄村
晋城市高平市寺庄镇伯方村
朔州市山阴县张家庄乡旧广武村
晋中市昔阳县界都乡长岭村
晋中市平遥县段村镇段村
晋中市灵石县英武乡雷家庄村
晋中市介休市龙凤镇南庄村
运城市稷山县西社镇马跑泉村
运城市稷山县清河镇北阳城村
忻州市静乐县赤泥洼乡龙家庄村
临汾市乡宁县关王庙乡鼎石村
临汾市乡宁县关王庙乡塔尔坡村
临汾市蒲县黑龙关镇化乐村
临汾市霍州市退沙街道许村
吕梁市离石区枣林乡彩家庄村
吕梁市临县三交镇孙家沟村
吕梁市临县安业乡前青塘村
吕梁市柳林县孟门镇后冯家沟村
吕梁市柳林县陈家湾乡高家垣村
吕梁市柳林县王家沟乡南洼村
吕梁市石楼县龙交乡君庄村
吕梁市交口县桃红坡镇西宋庄村
吕梁市交口县回龙乡明志沟村
吕梁市孝义市新义街道贾家庄村
吕梁市孝义市崇文街道宋家庄村
吕梁市孝义市高阳镇白壁关村

四、内蒙古自治区（16个）

呼和浩特市清水河县北堡乡口子上村
呼和浩特市清水河县单台子乡老牛湾村
包头市昆都仑区卜尔汉图镇卜尔汉图嘎查
包头市九原区阿嘎如泰苏木梅力更嘎查
包头市土默特右旗将军尧镇小召子村
包头市土默特右旗苏波盖乡美岱桥村
赤峰市松山区老府镇东杖房村
通辽市科左后旗阿古拉镇阿古拉嘎查
鄂尔多斯市准格尔旗龙口镇杜家峁村
鄂尔多斯市鄂托克前旗城川镇大沟湾村
呼伦贝尔市额尔古纳市蒙兀室韦苏木临江村
巴彦淖尔市五原县隆兴昌镇新兴村一社
巴彦淖尔市五原县银定图镇胜利村一社
乌兰察布市四子王旗查干补力格苏木王府村

乌兰察布市四子王旗红格尔苏木大庙村
阿拉善盟阿右旗雅布赖镇巴丹吉林嘎查

五、辽宁省（8个）

抚顺市新宾满族自治县永陵镇赫图阿拉村
抚顺市新宾满族自治县上夹河镇腰站村
阜新市阜新蒙古族自治县佛寺镇佛寺村
朝阳市朝阳县柳城镇西大杖子村
朝阳市朝阳县西五家子乡三道沟村
朝阳市朝阳县北四家子乡唐杖子村八盘沟
葫芦岛市绥中县永安乡西沟村
葫芦岛市绥中县李家堡乡新堡子村

六、吉林省（4个）

白山市临江市六道沟镇三道阳岔村
白山市临江市花山镇珍珠村松岭屯
延边朝鲜族自治州图们市月晴镇白龙村
延边朝鲜族自治州图们市石岘镇水南村

七、黑龙江省（2个）

哈尔滨市尚志市一面坡镇镇北村
牡丹江市宁安市渤海镇江西村

八、江苏省（10个）

常州市武进区郑陆镇焦溪村
苏州市吴中区金庭镇衙甪里村
苏州市吴中区金庭镇东蔡村
苏州市吴中区金庭镇植里村
苏州市吴中区香山街道舟山村
苏州市昆山市千灯镇歇马桥村
南通市通州区二甲镇余西社区余西居
南通市通州区石港镇广济桥社区
淮安市洪泽县老子山镇龟山村
盐城市大丰市草堰镇草堰村

九、浙江省（86个）

杭州市桐庐县富春江镇茆坪村
杭州市桐庐县江南镇环溪村
杭州市桐庐县莪山畲族乡新丰民族村戴家山村
杭州市桐庐县合村乡瑶溪村
杭州市淳安县浪川乡芹川村
杭州市建德市大慈岩镇李村村

国家住房和城乡建设部　文化部　文物局　财政部　国土资源部　农业部　国家旅游局2014年11月17日公布。

杭州市建德市大慈岩镇上吴方村	丽水市松阳县叶村乡横坑村
宁波市鄞州区姜山镇走马塘村	丽水市松阳县叶村乡南岱村
宁波市鄞州区章水镇李家坑村	丽水市松阳县斋坛乡吊坛村
宁波市鄞州区章水镇蜜岩村	丽水市松阳县斋坛乡上垒村
宁波市宁海县力洋镇力洋村	丽水市松阳县三都乡呈回村
宁波市宁海县一市镇东岙村	丽水市松阳县三都乡黄岭根村
宁波市宁海县越溪乡梅枝田村	丽水市松阳县三都乡毛源村
宁波市奉化市萧王庙街道青云村	丽水市松阳县三都乡上庄村
宁波市奉化市溪口镇栖霞坑村	丽水市松阳县三都乡松庄村
温州市瑞安市湖岭镇黄林村	丽水市松阳县三都乡尹源村
湖州市吴兴区织里镇义皋村	丽水市松阳县三都乡酉田村
湖州市安吉县鄣吴镇鄣吴村	丽水市松阳县三都乡紫草村
金华市兰溪市永昌街道社峰村	丽水市松阳县竹源乡横岗村
金华市兰溪市黄店镇芝堰村	丽水市松阳县竹源乡后畲村
金华市东阳市巍山镇大爽村	丽水市松阳县竹源乡黄上村
金华市东阳市虎鹿镇蔡宅村	丽水市松阳县四都乡陈家铺村
衢州市龙游县溪口镇灵下村	丽水市松阳县四都乡平田村
衢州市江山市廿八都镇枫溪村	丽水市松阳县四都乡塘后村
衢州市江山市廿八都镇花桥村	丽水市松阳县四都乡西坑村
台州市黄岩区富山乡半山村	丽水市松阳县赤寿乡黄山头村
台州市天台县街头镇街二村	丽水市松阳县樟溪乡黄田村
台州市温岭市石塘镇东山村	丽水市松阳县樟溪乡球坑村
台州市临海市邵家渡街道年坑村	丽水市松阳县枫坪乡梨树下村
台州市临海市白水洋镇龙泉村	丽水市松阳县枫坪乡沿坑岭头村
丽水市莲都区雅溪镇西溪村	丽水市松阳县板桥畲族乡张山村
丽水市缙云县壶镇镇岩下村	丽水市松阳县安民乡安岱后村
丽水市松阳县西屏街道桐溪村	丽水市云和县元和街道包山村
丽水市松阳县水南街道桥头村	丽水市云和县元和街道梅塆村
丽水市松阳县玉岩镇白麻山村	丽水市云和县石塘镇桑岭村
丽水市松阳县玉岩镇大岭脚村	丽水市云和县崇头镇坑根村
丽水市松阳县玉岩镇交塘村	丽水市云和县崇头镇沙铺村
丽水市松阳县象溪镇南州村	丽水市景宁畲族自治县梧桐乡高演村
丽水市松阳县象溪镇雅溪口村	丽水市龙泉市塔石乡南弄村
丽水市松阳县大东坝镇后宅村	丽水市龙泉市安仁镇大舍村
丽水市松阳县大东坝镇燕田村	丽水市龙泉市屏南镇车盘坑村
丽水市松阳县大东坝镇洋坑埠头村	丽水市龙泉市龙南乡蛟垟村
丽水市松阳县新兴镇官岭村	丽水市龙泉市龙南乡下田村
丽水市松阳县新兴镇平卿村	丽水市龙泉市龙南乡垟尾村
丽水市松阳县新兴镇山甫村	
丽水市松阳县新兴镇朱山村	**十、安徽省（46个）**
丽水市松阳县新兴镇庄后村	
丽水市松阳县叶村乡岱头村	合肥市巢湖市黄麓镇洪疃村
	芜湖市芜湖县红杨镇西河老街

续表

国家住房和城乡建设部　文化部　文物局　财政部　国土资源部　农业部　国家旅游局2014年11月17日公布。

铜陵市铜陵县钟鸣镇龙潭肖村	宣城市绩溪县伏岭镇湖村
铜陵市铜陵县东联乡水浒村赵氏戏楼村	宣城市旌德县蔡家桥镇朱旺村
安庆市岳西县店前镇店前村	
安庆市桐城市双港镇练潭村	**十一、福建省（52个）**
黄山市黄山区仙源镇龙山村	福州市罗源县中房镇深坑村
黄山市黄山区焦村镇郭村	福州市永泰县嵩口镇月洲村
黄山市黄山区三口镇湘潭村	福州市永泰县嵩口镇中山村
黄山市黄山区新丰乡盛洪村	福州市永泰县盖洋乡盖洋村
黄山市徽州区西溪南镇琶塘村	福州市福清市南岭镇大山村食菜厝村
黄山市徽州区西溪南镇西溪南村	平潭综合实验区平潭县苏澳镇斗魁村
黄山市歙县霞坑镇石潭村	平潭综合实验区平潭县流水镇东美村
黄山市歙县三阳乡叶村	平潭综合实验区平潭县流水镇山门村
黄山市歙县深渡镇凤池村	平潭综合实验区平潭县敖东镇青观顶村
黄山市歙县深渡镇深渡老街	平潭综合实验区平潭县白青乡白沙村
黄山市歙县北岸镇北岸村	莆田市仙游县石苍乡济川村
黄山市休宁县海阳镇万全村	三明市三元区岩前镇忠山村
黄山市休宁县海阳镇溪头村	三明市大田县桃源镇东坂村
黄山市休宁县溪口镇祖源村	三明市大田县广平镇万宅村
黄山市休宁县流口镇流口村	三明市永安市小陶镇新西村
黄山市休宁县汪村镇岭脚村	泉州市泉港区后龙镇土坑村
黄山市休宁县汪村镇石屋坑村	泉州市德化县国宝乡佛岭村
黄山市休宁县白际乡项山村	泉州市晋江市金井镇塘东村
黄山市休宁县鹤城乡右龙村	泉州市晋江市龙湖镇南浔村
黄山市黟县碧阳镇余光村	漳州市漳浦县湖西镇赵家城村
黄山市黟县宏村镇际村	漳州市诏安县西潭乡山河村
黄山市黟县美溪乡兰湖村	漳州市长泰县马洋溪生态旅游区山重村
黄山市祁门县溶口乡奇岭村	漳州市东山县西埔镇梧龙村
黄山市祁门县渚口乡大北村	漳州市东山县樟塘镇古港村
黄山市祁门县渚口乡渚口村	漳州市南靖县书洋镇河坑村
滁州市天长市铜城镇龙岗村	漳州市平和县秀峰乡福塘村
六安市金寨县汤家汇镇上畈村朱家湾	漳州市华安县马坑镇和春村
六安市金寨县汤家汇镇瓦屋基村宴湾	漳州市龙海市东园镇埭尾村
六安市金寨县果子园乡姚冲村姜湾	南平市延平区茫荡镇宝珠村
池州市石台县七都镇高路亭村	南平市政和县镇前镇镇前村
池州市石台县横渡镇琏溪村	南平市政和县杨源乡坂头村
池州市石台县仙寓镇南源村	南平市政和县杨源乡洞宫村
池州市石台县仙寓镇河东村	南平市政和县杨源乡杨源村
池州市石台县大演乡泮巷村	南平市政和县岭腰乡锦屏村
宣城市广德县柏垫镇前程村月克冲村	南平市邵武市金坑乡金坑村
宣城市泾县茂林镇奎峰村	南平市武夷山市吴屯乡红园村下山村
宣城市泾县云岭镇章渡村	南平市建瓯市迪口镇郑魏村
宣城市绩溪县上庄镇上庄村	南平市建瓯市东游镇党城村

国家住房和城乡建设部　文化部　文物局　财政部　国土资源部　农业部　国家旅游局2014年11月17日公布。

龙岩市长汀县南山镇中复村	抚州市金溪县琅琚镇疏口村
龙岩市永定县下洋镇初溪村	抚州市金溪县琉璃乡东源曾家村
龙岩市永定县湖坑镇南江村	抚州市金溪县琉璃乡印山村
龙岩市永定县高头乡高北村	抚州市东乡县黎圩镇浯溪村
宁德市蕉城区虎贝乡文峰村	上饶市玉山县双明镇漏底村
宁德市屏南县代溪镇北乾村	上饶市铅山县石塘镇石塘村
宁德市屏南县屏城乡后龙村	上饶市婺源县清华镇诗春村
宁德市屏南县屏城乡厦地村	上饶市婺源县江湾镇篁岭村
宁德市屏南县路下乡芳院村	上饶市婺源县中云镇豸峰村
宁德市屏南县寿山乡寿山村	上饶市婺源县沱川乡篁村
宁德市寿宁县下党乡下党村	

十三、山东省（21个）

宁德市福安市潭头镇南岩村	济南市平阴县洪范池镇东峪南崖村
宁德市福安市社口镇坦洋村	枣庄市滕州市羊庄镇东辛庄村
宁德市福安市溪柄镇楼下村	烟台市牟平区姜格庄街道办事处里口山村

十二、江西省（36个）

	烟台市招远市辛庄镇徐家疃村
南昌市进贤县文港镇周坊村	烟台市招远市张星镇北栾家河村
景德镇市浮梁县瑶里镇瑶里村	烟台市招远市张星镇川里林家村
九江市修水县黄坳乡朱砂村	烟台市招远市张星镇丛家村
九江市湖口县流泗镇庄前潘村	烟台市招远市张星镇界沟姜家村
新余市渝水区水北镇黄坑村	烟台市招远市张星镇口后王家村
赣州市赣县大埠乡大坑村	烟台市招远市张星镇奶子场村
赣州市大余县左拔镇云山村	烟台市招远市张星镇上院村
赣州市龙南县里仁镇新园村	烟台市招远市张星镇石棚村
赣州市于都县岭背镇谢屋村	济宁市邹城市城前镇越峰村
赣州市于都县葛坳乡澄江村	济宁市邹城市石墙镇上九山村
赣州市于都县马安乡上宝村	威海市荣成市俚岛镇大庄许家社区
赣州市会昌县筠门岭镇羊角村	威海市荣成市俚岛镇东烟墩社区
赣州市瑞金市叶坪乡洋溪村	威海市荣成市俚岛镇烟墩角社区
吉安市吉州区曲濑镇卢家洲村	临沂市沂南县马牧池乡常山庄村
吉安市吉安县固江镇赛塘村	临沂市沂水县马站镇关顶村
吉安市吉安县固江镇社边村	临沂市平邑县柏林镇李家石屋村
吉安市吉安县梅塘镇旧居村	临沂市平邑县地方镇九间棚村

吉安市吉水县水南镇高中村委会义富村	

十四、河南省（37个）

吉安市新干县七琴镇燥石村	
吉安市永丰县沙溪镇河下村	郑州市登封市大金店镇大金店老街
吉安市安福县甘洛乡三舍村	郑州市登封市徐庄镇柏石崖村
抚州市宜黄县棠阴镇建设村	洛阳市新安县石井镇东山底村
抚州市宜黄县棠阴镇解放村	洛阳市栾川县潭头镇大王庙村
抚州市宜黄县棠阴镇民主村	洛阳市栾川县三川镇火神庙村抱犊寨
抚州市金溪县合市镇东岗村	洛阳市宜阳县张坞镇苏羊村
抚州市金溪县合市镇全坊村	平顶山市郏县薛店镇冢王南村

续表

国家住房和城乡建设部　文化部　文物局　财政部　国土资源部　农业部　国家旅游局2014年11月17日公布。

平顶山市郏县茨芭镇齐村	黄冈市红安县华家河镇涂湾村
平顶山市郏县茨芭镇山头赵村	黄冈市红安县太平桥镇回龙寨村石头湾
平顶山市汝州市蟒川镇半扎村	黄冈市红安县永佳河镇欧桥村刘云四湾
平顶山市汝州市夏店乡山顶村	黄冈市罗田县胜利镇瓦房基村老闫家垸
安阳市林州市石板岩乡草庙村	黄冈市英山县国营英山县吴家山林场大河冲村
安阳市林州市石板岩乡梨园坪村	黄冈市蕲春县向桥乡狮子堰村
安阳市林州市石板岩乡南湾村	黄冈市麻城市歧亭镇杏花村
鹤壁市淇县黄洞乡石老公村	黄冈市麻城市夫子河镇付兴湾
鹤壁市淇县黄洞乡温坡村	黄冈市麻城市木子店镇王家畈村
新乡市辉县市拍石头乡张泗沟村	黄冈市麻城市黄土岗镇小漆园村
新乡市辉县市沙窑乡郭亮村	黄冈市武穴市龙坪镇花园居委会
焦作市修武县西村乡长岭村	咸宁市咸安区马桥镇垅口村垅口冯
焦作市温县赵堡镇陈家沟	咸宁市咸安区桂花镇刘家桥村
三门峡市陕县西张村镇丁管营村	咸宁市崇阳县白霓镇回头岭村
三门峡市陕县张汴乡刘寺村	咸宁市通山县闯王镇宝石村
南阳市南召县马市坪乡转角石村	咸宁市通山县九宫山风景区中港村
南阳市淅川县盛湾镇土地岭村	咸宁市通山县大畈镇西泉村
南阳市唐河县马振抚乡前庄村	咸宁市通山县大路乡吴田村畈上王
信阳市光山县泼陂河镇何尔冲村徐楼村	随州市曾都区洛阳镇九口堰村
信阳市光山县泼陂河镇黄涂村龚冲村	随州市随县桐柏山太白顶风景名胜区解河村戴家仓屋
信阳市光山县南向店乡董湾村向楼村	随州市广水市武胜关镇桃源村
信阳市光山县净居寺名胜管理区杨帆村	恩施土家族苗族自治州恩施市盛家坝乡二官寨村
信阳市新县苏河乡新光村钱大湾	恩施土家族苗族自治州利川市柏杨坝镇水井村
信阳市新县周河乡西河村大湾	恩施土家族苗族自治州利川市忠路镇长干村张爷庙
信阳市新县陡山河乡白沙关村白沙关	恩施土家族苗族自治州利川市毛坝镇山青村
信阳市新县卡房乡胡湾村刘咀村	恩施土家族苗族自治州利川市毛坝镇石板村
信阳市新县田铺乡香山湖管理区水塝村韩山村	恩施土家族苗族自治州利川市毛坝镇向阳村
信阳市新县田铺乡田铺居委会大湾村	恩施土家族苗族自治州宣恩县长潭河乡两溪河村
信阳市商城县吴河乡万安村何老湾	恩施土家族苗族自治州宣恩县晓关乡野椒园村
信阳市商城县余集镇迎水村余老湾	恩施土家族苗族自治州咸丰县坪坝营镇新场村蒋家花园
十五、湖北省（46个）	恩施土家族苗族自治州来凤县大河镇独石塘村
	恩施土家族苗族自治州来凤县漫水乡兴隆坳村落衣湾
黄石市大冶市保安镇沼山村刘通湾	恩施土家族苗族自治州来凤县漫水乡渔塘村上渔塘
黄石市阳新县三溪镇木林村枫杨庄	恩施土家族苗族自治州来凤县三胡乡石桥村
黄石市阳新县王英镇大田村清潭湾	恩施土家族苗族自治州鹤峰县走马镇白果村
十堰市房县军店镇下店子村	仙桃市郑场镇渔泛村
十堰市丹江口市官山镇吕家河村	**十六、湖南省（19个）**
襄阳市南漳县巡检镇漫云村	
孝感市孝昌县小悟乡向阳村	邵阳市绥宁县关峡苗族乡大园村
孝感市大悟县丰店镇桃岭村九房沟	郴州市宜章县白沙圩乡腊元村
孝感市安陆市王义贞镇钱冲村	永州市双牌县五里牌镇塘基上村
黄冈市团风县贾庙乡百丈崖村	

续表

国家住房和城乡建设部　文化部　文物局　财政部　国土资源部　农业部　国家旅游局2014年11月17日公布。

永州市江永县兰溪瑶族乡兰溪村
怀化市溆浦县葛竹坪镇山背村
怀化市会同县长寨乡小市村
怀化市会同县连山乡大坪村
怀化市会同县岩头乡墓脚村
怀化市新晃侗族自治县方家屯乡何家田村
怀化市新晃侗族自治县天堂乡地习村
怀化市新晃侗族自治县茶坪乡美岩村
怀化市通道侗族自治县双江镇芋头村
怀化市通道侗族自治县黄土乡皇都侗族文化村
娄底市新化县水车镇正龙村
娄底市新化县奉家镇下团村
湘西土家族苗族自治州凤凰县山江镇黄毛坪村
湘西土家族苗族自治州凤凰县山江镇早岗村
湘西土家族苗族自治州凤凰县麻冲乡竹山村
湘西土家族苗族自治州龙山县苗儿滩镇捞车村

十七、广东省（35个）

广州市花都区花东镇港头村
广州市增城区新塘镇瓜岭村
广州市从化区太平镇钱岗村
江门市蓬江区棠下镇良溪村
江门市台山市斗山镇浮石村
湛江市遂溪县河头镇双村村
湛江市遂溪县岭北镇调丰村
湛江市雷州市杨家镇北劳村
湛江市雷州市北和镇鹅感村
肇庆市德庆县官圩镇金林村
肇庆市德庆县永丰镇古蓬村
肇庆市德庆县悦城镇罗洪村
惠州市惠东县稔山镇范和村
惠州市惠东县多祝镇皇思扬村
梅州市梅县区松口镇大黄村
梅州市梅县区松口镇梅教村
梅州市梅县区松口镇南下村
梅州市梅县区松口镇小黄村
梅州市梅县区南口镇谢响塘村
梅州市大埔县高陂镇银滩村
梅州市大埔县西河镇北塘村
梅州市丰顺县汤南镇龙上古寨
梅州市五华县岐岭镇凤凰村
梅州市五华县横陂镇夏阜村

梅州市兴宁市径南镇星耀村
梅州市兴宁市龙田镇鸡公侨村
梅州市兴宁市龙田镇龙盘村
清远市连南瑶族自治县三排镇油岭村
清远市连州市连州镇沙坊村
清远市连州市龙坪镇元璧村
清远市连州市西岸镇石兰寨
清远市连州市保安镇卿罡村
清远市连州市东陂镇白家城村
东莞市塘厦镇龙背岭村
中山市三乡镇古鹤村

十八、广西壮族自治区（20个）

桂林市灌阳县灌阳镇孔家村
桂林市灌阳县灌阳镇仁义村唐家屯
桂林市灌阳县文市镇达溪村
桂林市灌阳县文市镇岩口村
桂林市灌阳县新街镇青箱村
桂林市灌阳县水车乡夏云村
桂林市恭城瑶族自治县恭城镇乐湾村乐湾屯
桂林市恭城瑶族自治县栗木镇常家村常家屯
桂林市恭城瑶族自治县栗木镇大合村大合屯
桂林市恭城瑶族自治县栗木镇石头村石头屯
桂林市恭城瑶族自治县莲花镇凤岩村凤岩屯
桂林市恭城瑶族自治县莲花镇朗山村朗山屯
桂林市恭城瑶族自治县莲花镇门等村高桂屯
桂林市恭城瑶族自治县西岭乡费村费村屯
桂林市恭城瑶族自治县西岭乡杨溪村杨溪屯
桂林市恭城瑶族自治县观音乡狮塘村焦山屯
桂林市恭城瑶族自治县观音乡水滨村
桂林市恭城瑶族自治县龙虎乡龙岭村实乐屯
玉林市博白县松旺镇松茂村
贺州市昭平县樟木林乡新华村

十九、海南省（12个）

海口市秀英区石山镇三卿村
澄迈县金江镇大美村
澄迈县金江镇美朗村
澄迈县金江镇扬坤村
澄迈县老城镇龙吉村
澄迈县老城镇罗驿村
澄迈县老城镇石石矍村

续表

国家住房和城乡建设部　文化部　文物局　财政部　国土资源部　农业部　国家旅游局2014年11月17日公布。

澄迈县老城镇谭昌村
澄迈县永发镇道吉村
澄迈县永发镇儒音村
昌江黎族自治县王下乡洪水村
乐东黎族自治县佛罗镇老丹村

二十、重庆市（47个）

涪陵区蔺市镇凤阳村
大足区玉龙镇玉峰村
大足区铁山镇继光村
巴南区丰盛镇桥上村
黔江区小南海镇新建村
黔江区阿蓬江镇大坪村
黔江区五里乡五里社区程家特色大院
黔江区水市乡水车坪老街
江津区塘河镇硐寨村
江津区吴滩镇邢家村
江津区塘河镇石龙门村
江津区白沙镇宝珠村东海沱
合川区涞滩镇二佛村
永川区松溉镇松江村
永川区板桥镇大沟村
潼南县双江镇金龙村
潼南县花岩镇花岩村花岩场
梁平县聚奎镇席帽村
武隆县后坪苗族土家族乡文凤村天池坝组
武隆县沧沟乡大田村大田组
武隆县浩口苗族仡佬族乡浩口村田家寨
忠县洋渡镇上祠村2组
忠县永丰镇东方村9组
巫山县龙溪镇龙溪村2社
秀山土家族苗族自治县清溪场镇大寨村
秀山土家族苗族自治县清溪场镇两河村
秀山土家族苗族自治县洪安镇边城村
秀山土家族苗族自治县洪安镇猛董村大沟组
秀山土家族苗族自治县梅江镇凯干村
秀山土家族苗族自治县钟灵镇凯堡村陈家坝
秀山土家族苗族自治县海洋乡岩院村
西阳土家族苗族自治县桃花源镇龙池村洞子坨
西阳土家族苗族自治县龙潭镇堰提村
西阳土家族苗族自治县酉酬镇江西村
西阳土家族苗族自治县丁市镇汇家村神童溪

西阳土家族苗族自治县龚滩镇小银村
西阳土家族苗族自治县西水河镇大江村
西阳土家族苗族自治县西水河镇河湾村恐虎溪寨
西阳土家族苗族自治县苍岭镇苍岭村池流水
西阳土家族苗族自治县苍岭镇南溪村
西阳土家族苗族自治县花田乡何家岩村
西阳土家族苗族自治县浪坪乡浪水坝村小山坡
西阳土家族苗族自治县双泉乡永祥村
彭水苗族土家族自治县梅子垭镇佛山村
彭水苗族土家族自治县润溪乡樱桃村
彭水苗族土家族自治县朗溪乡田湾村
彭水苗族土家族自治县龙塘乡双龙村

二十一、四川省（22个）

自贡市富顺县狮市镇狮子滩社区
自贡市富顺县赵化镇培村社区
自贡市富顺县长滩镇长滩坝社区
泸州市纳溪区打古镇古纯村
泸州市叙永县石坝彝族乡堰塘彝族村
泸州市叙永县永潦彝族乡九家沟苗族村
绵阳市游仙区魏城镇绣山村
广元市昭化区昭化镇城关村
广元市朝天区曾家镇石鹰村
乐山市沐川县箭板镇顺河古街
南充市西充县青龙乡蚕华山村
南充市阆中市水观镇永安寺村
宜宾市宜宾县横江镇金钟村
宜宾市筠连县大雪山镇五河村
宜宾市筠连县镇舟镇马家村
广安市武胜县宝箴塞乡方家沟村
巴中市通江县泥溪乡犁辕坝村
资阳市乐至县劳动镇旧居村
甘孜藏族自治州乡城县尼斯乡马色村
甘孜藏族自治州稻城县香格里拉镇亚丁村
甘孜藏族自治州稻城县赤土乡仲堆村
甘孜藏族自治州得荣县瓦卡镇阿洛贡村

二十二、贵州省（134个）

六盘水市六枝特区梭戛苗族彝族回族乡高兴村
六盘水市水城县花戛苗族布依族彝族乡天门村
六盘水市盘县石桥镇妥乐村
六盘水市盘县羊场布依族白族苗族乡大中村

国家住房和城乡建设部 文化部 文物局 财政部 国土资源部 农业部 国家旅游局2014年11月17日公布。

六盘水市盘县保基苗族彝族乡陆家寨村	铜仁市思南县大坝场镇官塘坝村
遵义市遵义县枫香镇苟坝村	铜仁市思南县大坝场镇尧上村
遵义市遵义县毛石镇毛石村	铜仁市思南县瓮溪镇瓮溪社区马家山组
遵义市凤冈县琊川镇杨家寨	铜仁市印江土家族苗族自治县板溪镇渠沟村
遵义市凤冈县土溪镇黑溪古寨	铜仁市印江土家族苗族自治县天堂镇中尧村
遵义市凤冈县新建乡长碛古寨	铜仁市印江土家族苗族自治县合水镇兴旺村
遵义市湄潭县西河镇官寨	铜仁市印江土家族苗族自治县缠溪镇方家岭村
遵义市湄潭县洗马镇石笋沟	铜仁市印江土家族苗族自治县新寨乡黔溪村
安顺市西秀区宁谷镇小呈堡村	铜仁市印江土家族苗族自治县中坝乡虹穴村
安顺市西秀区七眼桥镇猴场村	铜仁市印江土家族苗族自治县新业乡芙蓉村
安顺市西秀区七眼桥镇雷屯村	铜仁市印江土家族苗族自治县新业乡坪所村
安顺市西秀区七眼桥镇本寨村	铜仁市德江县煎茶镇付家村
安顺市西秀区轿子山镇秀水村	铜仁市德江县复兴镇稳溪村
安顺市西秀区新场布依族苗族乡花庆村石头组	铜仁市德江县合兴镇朝阳村
安顺市西秀区新场布依族苗族乡勇江村勇克组	铜仁市德江县高山镇梨子水村
安顺市西秀区东屯乡高官居委会高官组	铜仁市沿河土家族自治县夹石镇闵子溪村
安顺市西秀区东屯乡金山村山旗组	铜仁市沿河土家族自治县官舟镇木子岭村
安顺市平坝县白云镇肖家村	铜仁市沿河土家族自治县板场乡洋溪村
安顺市平坝县白云镇平元村元河组	铜仁市沿河土家族自治县后坪乡下坝村
安顺市平坝县天龙镇打磨村虾儿井组	铜仁市松桃苗族自治县普觉镇半坡村
安顺市平坝县天龙镇二官村	铜仁市松桃苗族自治县寨英镇大水村
安顺市平坝县天龙镇合旺村岩上组	铜仁市松桃苗族自治县寨英镇邓堡村
安顺市平坝县天龙镇兴旺村双碉组	铜仁市松桃苗族自治县寨英镇寨英村
安顺市平坝县天龙镇天龙村	铜仁市松桃苗族自治县孟溪镇头京村
安顺市普定县城关镇陈旗堡村	铜仁市万山特区黄道乡瓦寨村
安顺市普定县猴场苗族仡佬族乡猛舟村	铜仁市万山特区敖寨乡石头寨
安顺市镇宁布依族苗族自治县江龙镇竹王村（原猛正村）	黔西南布依族苗族自治州兴义市巴结镇南龙村
安顺市关岭布依族苗族自治县普利乡马马崖村下瓜组	黔西南布依族苗族自治州兴义市泥凼镇堵德村
安顺市黄果树风景名胜区黄果树镇大三新村大洋溪组	黔西南布依族苗族自治州册亨县丫他镇板万村
安顺市黄果树风景名胜区黄果树镇募龙村	黔东南苗族侗族自治州凯里市三棵树镇乐平村季刀寨
安顺市黄果树风景名胜区黄果树镇石头寨村偏坡组	黔东南苗族侗族自治州黄平县重安镇枫香村
安顺市黄果树风景名胜区黄果树镇油寨村山岔组	黔东南苗族侗族自治州黄平县重安镇塘都村
安顺市黄果树风景名胜区黄果树镇石头寨村石头寨组	黔东南苗族侗族自治州黄平县重安镇望坝村
安顺市黄果树风景名胜区黄果树镇白水河村殷家庄组	黔东南苗族侗族自治州黄平县谷陇镇平寨村
安顺市黄果树风景名胜区白水镇大坪地村滑石哨组	黔东南苗族侗族自治州黄平县野河镇新华村
铜仁市碧江区坝黄镇宋家坝村塘边古树园	黔东南苗族侗族自治州施秉县双井镇龙塘村
铜仁市碧江区瓦屋侗族乡克兰寨村	黔东南苗族侗族自治州天柱县高酿镇地良村
铜仁市玉屏侗族自治县新店乡朝阳村	黔东南苗族侗族自治州锦屏县彦洞乡瑶白村
铜仁市玉屏侗族自治县新店乡大湾村	黔东南苗族侗族自治州剑河县柳川镇返排村
铜仁市思南县合朋溪镇鱼塘村	黔东南苗族侗族自治州剑河县柳川镇巫库村
铜仁市思南县塘头镇甲秀社区	黔东南苗族侗族自治州剑河县岑松镇稿旁村
铜仁市思南县塘头镇街子村	黔东南苗族侗族自治州剑河县南加镇九旁村

续表

国家住房和城乡建设部　文化部　文物局　财政部　国土资源部　农业部　国家旅游局2014年11月17日公布。

黔东南苗族侗族自治州剑河县南加镇柳基村
黔东南苗族侗族自治州剑河县南明镇小滴村
黔东南苗族侗族自治州剑河县革东镇大皆道村
黔东南苗族侗族自治州剑河县久仰乡毕下村
黔东南苗族侗族自治州剑河县久仰乡巫交村
黔东南苗族侗族自治州剑河县南哨乡高定村
黔东南苗族侗族自治州剑河县敏洞乡高坵村
黔东南苗族侗族自治州剑河县观么乡平下村
黔东南苗族侗族自治州台江县南宫乡石灰河村
黔东南苗族侗族自治州台江县排羊乡大塘村
黔东南苗族侗族自治州台江县台盘乡空寨村
黔东南苗族侗族自治州台江县台盘乡南瓦村
黔东南苗族侗族自治州台江县革一乡江边村
黔东南苗族侗族自治州台江县革一乡茅坪村
黔东南苗族侗族自治州台江县老屯乡白土村
黔东南苗族侗族自治州黎平县水口镇平善村
黔东南苗族侗族自治州黎平县尚重镇绞洞村
黔东南苗族侗族自治州黎平县尚重镇洋卫村
黔东南苗族侗族自治州黎平县大稼乡岑桃村
黔东南苗族侗族自治州黎平县德化乡伴翁村
黔东南苗族侗族自治州从江县下江镇巨洞村
黔东南苗族侗族自治州从江县下江镇中华村
黔东南苗族侗族自治州从江县西山镇顶洞村
黔东南苗族侗族自治州从江县高增乡小黄村
黔东南苗族侗族自治州从江县高增乡占里村
黔东南苗族侗族自治州从江县庆云乡单阳村
黔东南苗族侗族自治州从江县刚边乡三联村
黔东南苗族侗族自治州从江县加榜乡党扭村
黔东南苗族侗族自治州从江县翠里瑶族壮族乡岑丰村
黔东南苗族侗族自治州从江县东朗乡苗谷村
黔东南苗族侗族自治州雷山县西江镇大龙苗寨
黔东南苗族侗族自治州雷山县西江镇乌高村
黔东南苗族侗族自治州雷山县大塘镇桥港村
黔东南苗族侗族自治州雷山县达地水族乡马路苗寨
黔东南苗族侗族自治州雷山县达地水族乡同鸟水寨
黔东南苗族侗族自治州雷山县方祥乡平祥村
黔东南苗族侗族自治州雷山县方祥乡水寨村
黔东南苗族侗族自治州丹寨县兴仁镇王家寨村
黔南布依族苗族自治州都匀经济开发区匀东镇洛邦社区绕河村
黔南布依族苗族自治州都匀经济开发区匀东镇王司社区新场村

黔南布依族苗族自治州荔波县玉屏街道办事处水甫村
黔南布依族苗族自治州荔波县方村乡丙花村者吕组
黔南布依族苗族自治州平塘县平舟镇乐康村
黔南布依族苗族自治州平塘县塘边镇新建村打鸟组
黔南布依族苗族自治州平塘县塘边镇新街村落辉大寨
黔南布依族苗族自治州平塘县新塘乡新营村摆仗组

二十三、云南省（208个）

昆明市西山区团结街道办事处永靖社区居委会白石岩村
昆明市东川区铜都街道办事处箐口村委会汪家箐村
昆明市晋宁县双河乡双河营村委会
昆明市晋宁县夕阳乡田房村委会大摆衣村
昆明市晋宁县夕阳乡保安村委会雷响田村
昆明市晋宁县夕阳乡新山村委会鸭打甸村
昆明市晋宁县夕阳乡一字格村委会
昆明市晋宁县六街镇干海村委会
昆明市富民县赤鹫镇平地村委会平地村
昆明市宜良县匡远街道办事处福谊社区居委会墩子村
昆明市嵩明县牛栏江镇荒田村委会马鞍山村
昆明市禄劝县撒营盘镇撒老乌村委会
昆明市安宁市禄脿街道办事处禄脿村委会禄脿村
曲靖市罗平县富乐镇富乐村委会富乐村
曲靖市沾益县大坡乡河尾村委会大村
曲靖市宣威市杨柳乡可渡村委会关上村
玉溪市澄江县海口镇松元村委会石门村
玉溪市通海县里山乡大黑冲村委会大黑冲村
玉溪市华宁县宁州街道办事处冲麦村委会冲麦村
玉溪市华宁县青龙镇落梅村委会来保康村
玉溪市峨山县塔甸镇大西村委会戈嘎村
玉溪市峨山县塔甸镇亚尼村委会伙枇杷村
保山市隆阳区潞江镇芒旦村委会老城村
保山市隆阳区瓦房乡党东村委会党东村
保山市施甸县旧城乡芭蕉林村委会小中山村
保山市施甸县旧城乡旧城村委会大坪子村
保山市施甸县木老元乡哈寨村委会哈寨村
保山市施甸县木老元乡木老元村委会下木老元村
保山市腾冲县滇滩镇河西社区村委会
保山市腾冲县界头镇大塘社区村委会
保山市腾冲县界头镇大园子社区村委会
保山市腾冲县界头镇永安社区村委会
保山市腾冲县明光镇中塘社区村委会白石岩村
保山市腾冲县明光镇中塘社区村委会丰盛坝村

国家住房和城乡建设部　文化部　文物局　财政部　国土资源部　农业部　国家旅游局2014年11月17日公布。

保山市腾冲县芒棒镇老桥头社区桥头村	普洱市孟连县娜允镇芒街村委会傣族村
保山市腾冲县荷花镇朗蒲社区村委会	普洱市孟连县娜允镇芒掌村委会猛外村
保山市腾冲县荷花镇民团社区村委会坝派村	普洱市孟连县公信乡糯董村委会糯董老寨村
保山市腾冲县荷花镇肖庄社区村委会荷花池村	普洱市孟连县芒信镇海东村委会笼帅村
保山市腾冲县马站乡三联社区村委会碗窑村	普洱市孟连县芒信镇芒卡村委会芒畔村
保山市腾冲县清水乡良盈社区村委会蔺家寨村	普洱市澜沧县糯福乡阿里村委会老迈寨村
保山市腾冲县清水乡良盈社区村委会镇邑关村	临沧市凤庆县诗礼乡古墨村委会古墨村
保山市腾冲县蒲川乡曼朵社区曼堆村	临沧市凤庆县诗礼乡清华村委会中兴村
保山市腾冲县新华乡龙洒社区龙洒村	临沧市云县茂兰镇哨街村委会哨街村
保山市腾冲县新华乡新山社区坝角村	临沧市永德县永康镇忙腊村委会旧城村
保山市龙陵县镇安镇大坝社区向阳寨村	临沧市永德县大山乡忙兑村委会大忙简村
保山市龙陵县勐糯镇大寨村委会大寨村	临沧市镇康县凤尾镇芦子园村委会小落水村
保山市龙陵县象达乡棠梨坪社区中寨村	临沧市耿马傣族佤族自治县孟定镇芒团村
保山市昌宁县漭水镇明华村委会徐家寨村	临沧市沧源县勐来乡丁来村委会丁来村
保山市昌宁县柯街镇扁瓦村委会秀雅村	楚雄州楚雄市吕合镇吕合村委会吕合村
保山市昌宁县田园镇勐廷社区大寨子村	楚雄州楚雄市吕合镇中屯村委会马家庄村
保山市昌宁县珠街乡羊街村委会子原村	楚雄州牟定县江坡镇江坡村委会江坡大村
保山市昌宁县耇街乡新厂村委会汪家箐村	楚雄州永仁县宜就镇外普拉村委会大村
昭通市威信县高田乡新华村委会石坝子村	楚雄州永仁县中和镇中和村委会中和村
丽江市古城区束河街道黄山社区忠信村	楚雄州武定县猫街镇猫街村委会咪三咱村
丽江市古城区束河街道中济社区普济村	楚雄州武定县插甸乡水城村委会水城村
丽江市古城区文化街道东江居委会向阳村	楚雄州武定县发窝乡大西邑村委会大西邑村
丽江市古城区七河镇五峰村委会中排村	楚雄州武定县白路乡平地村委会木高古村
丽江市古城区七河镇新民村委会上村	楚雄州武定县万德乡万德村委会万德村
丽江市玉龙县黄山镇五台村委会夏禾下束河村	楚雄州武定县己衣乡己衣村委会己衣大村
丽江市玉龙县拉市镇海东村委会梅子村	楚雄州禄丰县黑井镇黑井村委会板桥村
丽江市玉龙县拉市镇吉余村委会余乐村	楚雄州禄丰县黑井镇黑井村委会黑井村
丽江市玉龙县拉市镇均良村委会打渔村	红河州个旧市贾沙乡陡岩村委会陡岩村
丽江市玉龙县拉市镇美泉村委会美泉村	红河州屏边县白河乡胜利村委会洒卡村
丽江市玉龙县石头乡四华村委会龙华村	红河州建水县临安镇韩家村委会碗窑村
丽江市玉龙县大具乡培良村委会营盘村	红河州建水县官厅镇牛滚塘村委会柑子树村
丽江市玉龙县宝山乡吾木村委会吾木村	红河州建水县西庄镇白家营村委会阿瓦寨村
丽江市玉龙县龙蟠乡新联村委会土官村	红河州建水县西庄镇他广村委会贝贡村
丽江市玉龙县龙蟠乡兴文村委会宏文村	红河州建水县西庄镇荒地村委会荒地村
丽江市永胜县期纳镇文凤村委会果园南村	红河州建水县西庄镇马坊村委会马坊村
丽江市永胜县程海镇海腰村委会蒲米村	红河州建水县西庄镇马坊村委会汤伍村
丽江市永胜县六德乡双河村委会双河二村	红河州建水县西庄镇马家营村委会马家营村
丽江市永胜县东山乡河东村委会妈知务岜啰村	红河州建水县西庄镇马家营村委会绍伍村
丽江市永胜县松坪乡下啦嘛村委会看牦牛村	红河州建水县南庄镇小龙潭村委会钱家湾村
普洱市镇沅县勐大镇文仆村委会平掌上村	红河州建水县岔科镇岔科村委会双见峰村
普洱市镇沅县勐大镇英德村委会英德村	红河州建水县曲江镇欧营村委会欧营村
普洱市镇沅县镇太镇太和村委会紫马街村	红河州建水县面甸镇红田村委会谷家山村

续表

国家住房和城乡建设部　文化部　文物局　财政部　国土资源部　农业部　国家旅游局2014年11月17日公布。

红河州建水县普雄乡纸厂村委会上纸厂村	大理州大理市银桥镇五里桥村委会沙栗木村
红河州建水县塔瓦村委会塔瓦村	大理州大理市上关镇青索村委会
红河州建水县李浩寨乡温塘村委会湾塘村	大理州漾濞县苍山西镇上街村委会
红河州建水县坡头乡坡头村委会黄草坝村	大理州宾川县宾居镇宾居村委会
红河州建水县坡头乡回新村委会回新村	大理州宾川县州城镇老赵村委会
红河州建水县盘江乡苏租村委会本善村	大理州宾川县州城镇州城村委会
红河州建水县甸尾乡高楼寨村委会高楼寨村	大理州宾川县鸡足山镇上沧村委会
红河州石屏县异龙镇陶村村委会符家营村	大理州宾川县鸡足山镇沙址村委会寺前村
红河州石屏县异龙镇豆地湾村委会罗色湾村	大理州宾川县平川镇朱苦拉村委会
红河州石屏县异龙镇大瑞城村委会小瑞城村	大理州弥渡县牛街乡牛街村委会
红河州石屏县异龙镇冒合村委会岳家湾村	大理州南涧县南涧镇南涧居委会向阳村
红河州石屏县宝秀镇哥白孔村委会小冲村	大理州南涧县公郎镇沙乐村委会旧村
红河州石屏县坝心镇白浪村委会白浪村	大理州南涧县宝华镇虎街村委会虎街村
红河州石屏县坝心镇新街村委会关上村	大理州南涧县无量山镇红星村委会黑么苴村
红河州石屏县坝心镇老街村委会龙港村	大理州巍山县庙街镇盟石村委会山塔村
红河州石屏县坝心镇芦子沟村委会小高田、苏家寨村	大理州巍山县永建镇永胜村委会回辉登村
红河州石屏县哨冲镇水瓜冲村委会慕善村	大理州永平县水泄乡阿波村委会阿波寨村
红河州石屏县哨冲镇水瓜冲村委会水瓜冲村	大理州云龙县漕涧镇漕涧村委会
红河州石屏县牛街镇迭苴龙村委会迭苴龙村	大理州云龙县诺邓镇和平村委会天井村
红河州石屏县牛街镇他腊村委会他腊村	大理州云龙县诺邓镇象麓村委会大井村
红河州石屏县牛街镇邑黑吉村委会邑黑吉村	大理州云龙县功果桥镇下坞村委会
红河州弥勒县西一镇起飞村委会红万村	大理州洱源县茈碧湖镇碧云村委会碧云村
红河州元阳县新街镇爱春村委会阿者科村	大理州洱源县茈碧湖镇海口村委会梨园村
红河州元阳县新街镇土锅寨村委会箐口村	大理州洱源县邓川镇旧州村委会旧州村
红河州元阳县攀枝花乡一碗水村委会垭口村	大理州洱源县凤羽镇凤翔村委会
红河哈尼族彝族自治州红河县迤萨镇东门街村	大理州剑川县金华镇庆华村委会
红河州红河县甲寅乡甲寅村委会甲寅村	大理州剑川县金华镇桑岭村委会
红河州红河县甲寅乡他撒村委会作夫村	大理州剑川县马登镇东华村委会
红河州红河县大羊街乡大妥赊村委会大妥赊村	大理州剑川县马登镇西宅村委会
红河州红河县大羊街乡大羊街村委会大羊街村	大理州剑川县马登镇新华村委会
红河州红河县驾车乡架车村委会哈冲上寨	大理州剑川县沙溪镇鳌凤村委会
红河州红河县驾车乡扎垤村委会妥女村	大理州剑川县沙溪镇华龙村委会
红河州红河县垤玛乡曼培村委会八哈村	大理州剑川县沙溪镇长乐村委会
红河州红河县垤玛乡曼培村委会树落村	大理州剑川县弥沙乡文新村委会横场村
红河州红河县垤玛乡牛红村委会腊约村	大理州鹤庆县草海镇新华村委会
红河州河口县桥头乡桥头村委会白黑村	大理州鹤庆县金墩乡银河村委会金翅禾村
文山州广南县者兔乡者妈村委会里夺村	德宏州瑞丽市勐卯镇姐东村委会喊沙村
文山州广南县者兔乡者兔村委会西牙村	德宏州芒市勐戛镇勐戛村委会勐戛村
文山州广南县者兔乡者妈村委会者妈村	德宏州芒市风平镇风平村委会弄么村
文山州广南县者太乡未昔村委会上米哈村	德宏州盈江县支那乡支那村委会硝塘村
文山州广南县者太乡未昔村委会下米哈村	怒江州兰坪县通甸镇黄松村委会
大理州大理市湾桥镇中庄村委会古生村	迪庆州香格里拉县建塘镇红坡村委会霞给村

续表

国家住房和城乡建设部　文化部　文物局　财政部　国土资源部　农业部　国家旅游局2014年11月17日公布。

迪庆州香格里拉县尼西乡汤满村委会汤堆村

迪庆州香格里拉县格咱乡木鲁村委会

迪庆州德钦县佛山乡江坡村委会江坡村

迪庆州德钦县拖顶乡大村村委会

迪庆州德钦县霞若乡霞若村委会

迪庆州维西县塔城镇塔城村委会托洛顶村

二十四、西藏自治区（5个）

拉萨市林周县江热夏乡连巴村

拉萨市尼木县吞巴乡吞达村

昌都地区洛隆县硕督镇硕督村

那曲地区尼玛县文部乡南村

林芝地区波密县玉普乡米堆村

二十五、陕西省（17个）

宝鸡市麟游县酒房镇万家城村

渭南市合阳县同家庄镇南长益村

渭南市韩城市芝阳镇清水村

延安市黄龙县白马滩镇张峰村

汉中市宁强县青木川镇青木川村

榆林市绥德县四十里铺镇艾家沟村

榆林市绥德县满堂川乡常家沟村

榆林市绥德县满堂川乡郭家沟村

榆林市佳县康家港乡沙坪村

榆林市佳县峪口乡峪口村

榆林市佳县朱家坬镇泥河沟村

榆林市子洲县双湖峪镇张寨村

安康市石泉县后柳镇长兴村

安康市紫阳县向阳镇营梁村

安康市旬阳县赤岩镇七里村庙湾村

安康市旬阳县赤岩镇万福村

安康市旬阳县赤岩镇湛家湾村

二十六、甘肃省（2个）

白银市景泰县中泉乡三合村

白银市景泰县寺滩乡宽沟村

二十七、青海省（21个）

海东市互助土族自治县东沟乡洛少村

海东市互助土族自治县东沟乡年先村

海东市循化撒拉族自治县街子镇三兰巴海村

海东市循化撒拉族自治县街子镇团结村

黄南藏族自治州同仁县双朋西乡环主村

黄南藏族自治州同仁县双朋西乡宁他村

黄南藏族自治州同仁县双朋西乡双朋西村

黄南藏族自治州同仁县扎毛乡和日村

黄南藏族自治州同仁县黄乃亥乡日秀麻村

黄南藏族自治州同仁县曲库乎乡江龙农业村

黄南藏族自治州同仁县曲库乎乡木合沙村

黄南藏族自治州同仁县曲库乎乡索乃亥村

黄南藏族自治州同仁县年都乎乡尕沙日村

黄南藏族自治州同仁县加吾乡吉仓村

黄南藏族自治州尖扎县贾加乡贾加村

黄南藏族自治州尖扎县昂拉乡尖巴昂村

黄南藏族自治州尖扎县昂拉乡牙那东村

海南藏族自治州贵德县河西镇上刘屯村

果洛藏族自治州班玛县江日堂乡多日麻村

果洛藏族自治州班玛县灯塔乡班前村

玉树藏族自治州玉树县安冲乡拉则村

二十八、新疆维吾尔自治区（8个）

昌吉回族自治州木垒哈萨克自治县照壁山乡河坝沿村

昌吉回族自治州木垒哈萨克自治县西吉尔镇水磨沟村

昌吉回族自治州木垒哈萨克自治县西吉尔镇屯庄子村

昌吉回族自治州木垒哈萨克自治县英格堡乡街街子村

昌吉回族自治州木垒哈萨克自治县英格堡乡马场窝子村

昌吉回族自治州木垒哈萨克自治县英格堡乡英格堡村

昌吉回族自治州木垒哈萨克自治县英格堡乡月亮地村

和田地区民丰县萨勒吾则克乡喀帕克阿斯干村

中国有关历史村镇文化遗产保护的法律法规

中华人民共和国文物保护法

根据2007年12月29日第十届全国人民代表大会常务委员会第三十一次会议《关于修改〈中华人民共和国文物保护法〉的决定》第二次修正）

第一章　总则

第一条　为了加强对文物的保护，继承中华民族优秀的历史文化遗产，促进科学研究工作，进行爱国主义和革命传统教育，建设社会主义精神文明和物质文明，根据宪法，制定本法。

第二条　在中华人民共和国境内，下列文物受国家保护：

（一）具有历史、艺术、科学价值的古遗址、古墓葬、古建筑、石窟寺和石刻、壁画；

（二）与重大历史事件、革命运动或者著名人物有关的以及具有重要纪念意义、教育意义或者史料价值的近代现代重要史迹、实物、代表性建筑；

（三）历史上各时代珍贵的艺术品、工艺美术品；

（四）历史上各时代重要的文献资料以及具有历史、艺术、科学价值的手稿和图书资料等；

（五）反映历史上各时代、各民族社会制度、社会生产、社会生活的代表性实物。

文物认定的标准和办法由国务院文物行政部门制定，并报国务院批准。

具有科学价值的古脊椎动物化石和古人类化石同文物一样受国家保护。

第三条　古文化遗址、古墓葬、古建筑、石窟寺、石刻、壁画、近代现代重要史迹和代表性建筑等不可移动文物，根据它们的历史、艺术、科学价值，可以分别确定为全国重点文物保护单位，省级文物保护单位，市、县级文物保护单位。

历史上各时代重要实物、艺术品、文献、手稿、图书资料、代表性实物等可移动文物，分为珍贵文物和一般文物；珍贵文物分为一级文物、二级文物、三级文物。

第四条　文物工作贯彻保护为主、抢救第一、合理利用、加强管理的方针。

第五条　中华人民共和国境内地下、内水和领海中遗存的一切文物，属于国家所有。

古文化遗址、古墓葬、石窟寺属于国家所有。国家指定保护的纪念建筑物、古建筑、石刻、壁画、近代现代代表性建筑等不可移动文物，除国家另有规定的以外，属于国家所有。

国有不可移动文物的所有权不因其所依附的土地所有权或者使用权的改变而改变。

下列可移动文物，属于国家所有：

（一）中国境内出土的文物，国家另有规定的除外；

（二）国有文物收藏单位以及其他国家机关、部队和国有企业、事业组织等收藏、保管的文物；

（三）国家征集、购买的文物；

（四）公民、法人和其他组织捐赠给国家的文物；

（五）法律规定属于国家所有的其他文物。

属于国家所有的可移动文物的所有权不因其保管、收藏单位的终止或者变更而改变。

国有文物所有权受法律保护，不容侵犯。

第六条　属于集体所有和私人所有的纪念建筑物、古建筑和祖传文物以及依法取得的其他文物，其所有权受法律保护。文物的所有者必须遵守国家有关文物保护的法律、法规的规定。

第七条　一切机关、组织和个人都有依法保护文物的义务。

第八条　国务院文物行政部门主管全国文物保护工作。

地方各级人民政府负责本行政区域内的文物保护工作。县级以上地方人民政府承担文物保护工作的部门对本行政区域内的文物保护实施监督管理。

县级以上人民政府有关行政部门在各自的职责范围内，负责有关的文物保护工作。

第九条　各级人民政府应当重视文物保护，正确处理经济建设、社会发展与文物保护的关系，确保文物安全。

基本建设、旅游发展必须遵守文物保护工作的方针，其活动不得对文物造成损害。

公安机关、工商行政管理部门、海关、城乡建设规划部门和其他有关国家机关，应当依法认真履行所承担的保护文物的职责，维护文物管理秩序。

第十条　国家发展文物保护事业。县级以上人民政府应当将文物保护事业纳入本级国民经济和社会发展规划，所需经费列入本级财政预算。

国家用于文物保护的财政拨款随着财政收入增长而增加。

国有博物馆、纪念馆、文物保护单位等的事业性收入，专门用于文物保护，任何单位或者个人不得侵占、挪用。

国家鼓励通过捐赠等方式设立文物保护社会基金，专门用于文物保护，任何单位或者个人不得侵占、挪用。

第十一条　文物是不可再生的文化资源。国家加强文物保护的宣传教育，增强全民文物保护的意识，鼓励文物保护的科学研究，提高文物保护的科学技术水平。

第十二条　有下列事迹的单位或者个人，由国家给予精神鼓励或者物质奖励：

（一）认真执行文物保护法律、法规，保护文物成绩显著的；

（二）为保护文物与违法犯罪行为作坚决斗争的；

（三）将个人收藏的重要文物捐献给国家或者为文物保护事业作出捐赠的；

（四）发现文物及时上报或者上交，使文物得到保护的；

（五）在考古发掘工作中作出重大贡献的；

（六）在文物保护科学技术方面有重要发明创造或者其他重要贡献的；

（七）在文物面临破坏危险时，抢救文物有功的；

（八）长期从事文物工作，作出显著成绩的。

第二章　不可移动文物

第十三条　国务院文物行政部门在省级、市、县级文物保护单位中，选择具有重大历史、艺术、科学价值的确定为全国重点文物保护单位，或者直接确定为全国重点文物保护单位，报国务院核定公布。

省级文物保护单位，由省、自治区、直辖市人民政府核定公布，并报国务院备案。

市级和县级文物保护单位，分别由设区的市、自治州和县级人民政府核定公布，并报省、自治区、直辖市人民政府备案。

尚未核定公布为文物保护单位的不可移动文物，由县级人民政府文物行政部门予以登记并公布。

第十四条　保存文物特别丰富并且具有重大历史价值或者革命纪念意义的城市，由国务院核定公布为历史文化名城。

保存文物特别丰富并且具有重大历史价值或者革命纪念意义的城镇、街道、村庄，由省、自治区、直辖市人民政府核定公布为历史文化街区、村镇，并报国务院备案。

历史文化名城和历史文化街区、村镇所在地的县级以上地方人民政府应当组织编制专门的历史文化名城和历史文化街区、村镇保护规划，并纳入城市总体规划。

历史文化名城和历史文化街区、村镇的保护办法，由国务院制定。

第十五条　各级文物保护单位，分别由省、自治区、直辖市人民政府和市、县级人民政府划定必要的保护范围，作出标志说明，建立记录档案，并区别情况分别设置专门机构或者专人负责管理。全国重点文物保护单位的保护范围和记录档案，由省、自治区、直辖市人民政府文物行政部门报国务院文物行政部门备案。

县级以上地方人民政府文物行政部门应当根据不同文物的保护需要，制定文物保护单位和未核定为文物保护单位的不可移动文物的具体保护措施，并公告施行。

第十六条　各级人民政府制定城乡建设规划，应当根据文物保护的需要，事先由城乡建设规划部门会同文物行政部门商定对本行政区域内各级文物保护单位的保护措施，并纳入规划。

第十七条　文物保护单位的保护范围内不得进行其他建设工程或者爆破、钻探、挖掘等作业。但是，因特殊情况需要在文物保护单位的保护范围内进行其他建设工程或者爆破、钻探、挖掘等作业的，必须保证文物保护单位的安全，并经核定公布该文物保护单位的人民政府批准，在批准前应当征得上一级人民政府文物行政部门同意；在全国重点文物保护单位的保护范围内进行其他建设工程或者爆破、钻探、挖掘等作业的，必须经省、自治区、直辖市人民政府批准，在批准前应当征得国务院文物行政部门同意。

第十八条　根据保护文物的实际需要，经省、自治区、直辖市人民政府批准，可以在文物保护单位的周围划出一定的建设控制地带，并予以公布。

在文物保护单位的建设控制地带内进行建设工程，不得破坏文物保护单位的历史风貌；工程设计方案应当根据文物保护单位的级别，经相应的文物行政部门同意后，报城乡建设规划部门批准。

第十九条　在文物保护单位的保护范围和建设控制地带内，不得建设污染文物保护单位及其环境的设施，不得进行可能影响文物保护单位安全及其环境的活动。对已有的污染文物保护单位及其环境的设施，应当限期治理。

第二十条　建设工程选址，应当尽可能避开不可移动文物；因特殊情况不能避开的，对文物保护单位应当尽可能实施原址保护。

实施原址保护的，建设单位应当事先确定保护措施，根据文物保护单位的级别报相应的文物行政部门批准，并将保护措施列入可行性研究报告或者设计任务书。

无法实施原址保护，必须迁移异地保护或者拆除的，应当报省、自治区、直辖市人民政府批准；迁移或者拆除省级文物保护单位的，批准前须征得国务院文物行政部门同意。全国重点文物保护单位不得拆除；需要迁移的，须由省、自治区、直辖市人民政府报国务院批准。

依照前款规定拆除的国有不可移动文物中具有收藏价值的壁画、雕塑、建筑构件等，由文物行政部门指定的文物收藏单位收藏。

本条规定的原址保护、迁移、拆除所需费用，由建设单位列入建设工程预算。

第二十一条　国有不可移动文物由使用人负责修缮、保养；非国有不可移动文物由所有人负责修缮、保养。非国有不可移动文物有损毁危险，所有人不具备修缮能力的，当地人民政府应当给予帮助；所有人具备修缮能力而拒不依法履行修缮义务的，县级以上人民政府可以给予抢救修缮，所需费用由所有人负担。

对文物保护单位进行修缮，应当根据文物保护单位的级别报相应的文物行政部门批准；对未核定为文物保护单位的不可移动文物进行修缮，应当报登记的县级人民政府文物行政部门批准。

文物保护单位的修缮、迁移、重建，由取得文物保护工程资质证书的单位承担。

对不可移动文物进行修缮、保养、迁移，必须遵守不改变文物原状的原则。

第二十二条　不可移动文物已经全部毁坏的，应当实施遗址保护，不得在原址重建。但是，因特殊情况需要在原址重建的，由省、自治区、直辖市人民政府文物行政部门报省、自治区、直辖市人民政府批准；全国重点文物保护单位需要在原址重建的，由省、自治区、直辖市人民政府报国务院批准。

第二十三条　核定为文物保护单位的属于国家所有的纪念建筑物或者古建筑，除可以建立博物馆、保管所或者辟为参观游览场所外，作其他用途的，市、县级文物保护单位应当经核定公布该文物保护单位的人民政府文物行政部门征得上一级文物行政部门同意后，报核定公布该文物保护单位的人民政府批准；省级文物保护单位应当经核定公布该文物保护单位的省级人民政府的文物行政部门审核同意后，报该省级人民政府批准；全国重点文物保护单位作其他用途的，应当由省、自治区、直辖市人民政府报国务院批准。国有未核定为文物保护单位的不可移动文物作其他用途的，应当报告县级人民政府文物行政部门。

第二十四条　国有不可移动文物不得转让、抵押。建立博物馆、保管所或者辟为参观游览场所的国有文物保护单位，不得作为企业资产经营。

第二十五条　非国有不可移动文物不得转让、抵押给外国人。

非国有不可移动文物转让、抵押或者改变用途的，应当根据其级别报相应的文物行政部门备案；由当地人民政府出资帮助修缮的，应当报相应的文物行政部门批准。

第二十六条　使用不可移动文物，必须遵守不改变文物原状的原则，负责保护建筑物及其附属文物的安全，不得损毁、改建、添建或者拆除不可移动文物。

对危害文物保护单位安全、破坏文物保护单位历史风貌的建筑物、构筑物，当地人民政府应当及时调查处理，必要时，对该建筑物、构筑物予以拆迁。

第三章　考古发掘

第二十七条　一切考古发掘工作，必须履行报批手续；从事考古发掘的单位，应当经国务院文物行政部门批准。

地下埋藏的文物，任何单位或者个人都不得私自发掘。

第二十八条　从事考古发掘的单位，为了科学研究进行考古发掘，应当提出发掘计划，报国务院文物行政部门批准；对全国重点文物保护单位的考古发掘计划，应当经国务院文物行政部门审核后报国务院批准。国务院文物行政部门在批准或者审核前，应当征求社会科学研究机构及其他科研机构和有关专家的意见。

第二十九条　进行大型基本建设工程，建设单位应当事先报请省、自治区、直辖市人民政府文物行政部门组织从事考古发掘的单位在工程范围内有可能埋藏文物的地方进行考古调查、勘探。

考古调查、勘探中发现文物的，由省、自治区、直辖市人民政府文物行政部门根据文物保护的要求会同建设单位共同商定保护措施；遇有重要发现的，由省、自治区、直辖市人民政府文物行政部门及时报国务院文物行政部门处理。

第三十条　需要配合建设工程进行的考古发掘工作，应当由省、自治区、直辖市文物行政部门在勘探工作的基础上提出发掘计划，报国务院文物行政部门批准。国务院文物行政部门在批准前，应当征求社会科学研究机构及其他科研机构和有关专家的意见。

确因建设工期紧迫或者有自然破坏危险，对古文化遗址、古墓葬急需进行抢救发掘的，由省、自治区、直辖市人民政府文物行政部门组织发掘，并同时补办审批手续。

第三十一条　凡因进行基本建设和生产建设需要的考古调查、勘探、发掘，所需费用由建设单位列入建设工程预算。

第三十二条　在进行建设工程或者在农业生产中，任何单位或者个人发现文物，应当保护现场，立即报告当地文物行政部门，文物行政部门接到报告后，如无特殊情况，应当在二十四小时内赶赴现场，并在七日内提出处理意见。文物行政部门可以报请当地人民政府通知公安机关协助保护现场；发现重要文物的，应当立即上报国务院文物行政部门，国务院文物行政部门应当在接到报告后十五日内提出处理意见。

依照前款规定发现的文物属于国家所有，任何单位或者个人不得哄抢、私分、藏匿。

第三十三条　非经国务院文物行政部门报国务院特别许可，任何外国人或者外国团体不得在中华人民共和国境内进行考古调查、勘探、发掘。

第三十四条　考古调查、勘探、发掘的结果，应当报告国务院文物行政部门和省、自治区、直辖市人民政府文物行政部门。

考古发掘的文物，应当登记造册，妥善保管，按照国家有关规定移交给由省、自治区、直辖市人民政府文物行政部门或者国务院文物行政部门指定的国有博物馆、图书馆或者其他国有收藏文物的单位收藏。经省、自治区、直辖市人民政府文物行政部门或者国务院文物行政部门批准，从事考古发掘的单位可以保留少量出土文物作为科研标本。

考古发掘的文物，任何单位或者个人不得侵占。

第三十五条　根据保证文物安全、进行科学研究和充分发挥文物作用的需要，省、自治区、直辖市人民政府文物行政部门经本级人民政府批准，可以调用本行政区域内的出土文物；国务院文物行政部门经国务院批准，可以调用全国的重要出土文物。

第四章　馆藏文物

第三十六条　博物馆、图书馆和其他文物收藏单位对收藏的文物，必须区分文物等级，设置藏品档案，建立严格的管理制度，并报主管的文物行政部门备案。

县级以上地方人民政府文物行政部门应当分别建立本行政区域内的馆藏文物档案；国务院文物行政部门应当建立国家一级文物藏品档案和其主管的国有文物收藏单位馆藏文物档案。

第三十七条　文物收藏单位可以通过下列方式取得文物：

（一）购买；

（二）接受捐赠；

（三）依法交换；

（四）法律、行政法规规定的其他方式。

国有文物收藏单位还可以通过文物行政部门指定保管或者调拨方式取得文物。

第三十八条 文物收藏单位应根据馆藏文物的保护需要，按照国家有关规定建立、健全管理制度，并报主管的文物行政部门备案。未经批准，任何单位或者个人不得调取馆藏文物。

文物收藏单位的法定代表人对馆藏文物的安全负责。国有文物收藏单位的法定代表人离任时，应当按照馆藏文物档案办理馆藏文物移交手续。

第三十九条 国务院文物行政部门可以调拨全国的国有馆藏文物。省、自治区、直辖市人民政府文物行政部门可以调拨本行政区域内其主管的国有文物收藏单位馆藏文物；调拨国有馆藏一级文物，应当报国务院文物行政部门备案。

国有文物收藏单位可以申请调拨国有馆藏文物。

第四十条 文物收藏单位应当充分发挥馆藏文物的作用，通过举办展览、科学研究等活动，加强对中华民族优秀的历史文化和革命传统的宣传教育。

国有文物收藏单位之间因举办展览、科学研究等需借用馆藏文物的，应当报主管的文物行政部门备案；借用馆藏一级文物的，应当经省、自治区、直辖市人民政府文物行政部门批准，并报国务院文物行政部门备案。

非国有文物收藏单位和其他单位举办展览需借用国有馆藏文物的，应当报主管的文物行政部门批准；借用国有馆藏一级文物，应当经国务院文物行政部门批准。

文物收藏单位之间借用文物的最长期限不得超过三年。

第四十一条 已经建立馆藏文物档案的国有文物收藏单位，经省、自治区、直辖市人民政府文物行政部门批准，并报国务院文物行政部门备案，其馆藏文物可以在国有文物收藏单位之间交换；交换馆藏一级文物的，必须经国务院文物行政部门批准。

第四十二条 未建立馆藏文物档案的国有文物收藏单位，不得依照本法第四十条、第四十一条的规定处置其馆藏文物。

第四十三条 依法调拨、交换、借用国有馆藏文物，取得文物的文物收藏单位可以对提供文物的文物收藏单位给予合理补偿，具体管理办法由国务院文物行政部门制定。

国有文物收藏单位调拨、交换、出借文物所得的补偿费用，必须用于改善文物的收藏条件和收集新的文物，不得挪作他用；任何单位或者个人不得侵占。

调拨、交换、借用的文物必须严格保管，不得丢失、损毁。

第四十四条 禁止国有文物收藏单位将馆藏文物赠予、出租或者出售给其他单位、个人。

第四十五条 国有文物收藏单位不再收藏的文物的处置办法，由国务院另行制定。

第四十六条 修复馆藏文物，不得改变馆藏文物的原状；复制、拍摄、拓印馆藏文物，不得对馆藏文物造成损害。具体管理办法由国务院制定。

不可移动文物的单体文物的修复、复制、拍摄、拓印，适用前款规定。

第四十七条 博物馆、图书馆和其他收藏文物的单位应当按照国家有关规定配备防火、防盗、防自然损坏的设施，确保馆藏文物的安全。

第四十八条 馆藏一级文物损毁的，应当报国务院文物行政部门核查处理。其他馆藏文物损毁的，应当报省、自治区、直辖市人民政府文物行政部门核查处理；省、自治区、直辖市人民政府文物行政部门应当将核查处理结果报国务院文物行政部门备案。

馆藏文物被盗、被抢或者丢失的，文物收藏单位应当立即向公安机关报案，并同时向主管的文物行政部门报告。

第四十九条 文物行政部门和国有文物收藏单位的工作人员不得借用国有文物，不得非法侵占国有文物。

第五章 民间收藏文物

第五十条 文物收藏单位以外的公民、法人和其他组织可收藏通过下列方式取得的文物：

（一）依法继承或者接受赠予；

（二）从文物商店购买；

（三）从经营文物拍卖的拍卖企业购买；

（四）公民个人合法所有的文物相互交换或者依法转让；

（五）国家规定的其他合法方式。

文物收藏单位以外的公民、法人和其他组织收藏的前款文物可以依法流通。

第五十一条 公民、法人和其他组织不得买卖下列文物：

（一）国有文物，但是国家允许的除外；

（二）非国有馆藏珍贵文物；

（三）国有不可移动文物中的壁画、雕塑、建筑构件等，但是依法拆除的国有不可移动文物中的壁画、雕塑、建筑构件等不属于本法第二十条第四款规定的应由文物收藏单位收藏的除外；

（四）来源不符合本法第五十条规定的文物。

第五十二条 国家鼓励文物收藏单位以外的公民、法人和其他组织将其收藏的文物捐赠给国有文物收藏单位或者出借给文物收藏单位展览和研究。

国有文物收藏单位应当尊重并按照捐赠人的意愿，对捐赠的文物妥善收藏、保管和展示。

国家禁止出境的文物，不得转让、出租、质押给外国人。

第五十三条 文物商店应当由国务院文物行政部门或者省、自治区、直辖市人民政府文物行政部门批准设立，依法进行管理。

文物商店不得从事文物拍卖经营活动，不得设立经营文物拍卖的拍卖企业。

第五十四条 依法设立的拍卖企业经营文物拍卖的，应当取得国务院文物行政部门颁发的文物拍卖许可证。

经营文物拍卖的拍卖企业不得从事文物购销经营活动，不得设立文物商店。

第五十五条　文物行政部门的工作人员不得举办或者参与举办文物商店或者经营文物拍卖的拍卖企业。

文物收藏单位不得举办或者参与举办文物商店或者经营文物拍卖的拍卖企业。

禁止设立中外合资、中外合作和外商独资的文物商店或者经营文物拍卖的拍卖企业。

除经批准的文物商店、经营文物拍卖的拍卖企业外，其他单位或者个人不得从事文物的商业经营活动。

第五十六条　文物商店销售的文物，在销售前应当经省、自治区、直辖市人民政府文物行政部门审核；对允许销售的，省、自治区、直辖市人民政府文物行政部门应当作出标识。

拍卖企业拍卖的文物，在拍卖前应当经省、自治区、直辖市人民政府文物行政部门审核，并报国务院文物行政部门备案；省、自治区、直辖市人民政府文物行政部门不能确定是否可以拍卖的，应当报国务院文物行政部门审核。

第五十七条　文物商店购买、销售文物，拍卖企业拍卖文物，应当按照国家有关规定作出记录，并报原审核的文物行政部门备案。

拍卖文物时，委托人、买受人要求对其身份保密的，文物行政部门应当为其保密；但是，法律、行政法规另有规定的除外。

第五十八条　文物行政部门在审核拟拍卖的文物时，可以指定国有文物收藏单位优先购买其中的珍贵文物。购买价格由文物收藏单位的代表与文物的委托人协商确定。

第五十九条　银行、冶炼厂、造纸厂以及废旧物资回收单位，应当与当地文物行政部门共同负责拣选掺杂在金银器和废旧物资中的文物。拣选文物除供银行研究所必需的历史货币可以由人民银行留用外，应当移交当地文物行政部门。移交拣选文物，应当给予合理补偿。

第六章　文物出境进境

第六十条　国有文物、非国有文物中的珍贵文物和国家规定禁止出境的其他文物，不得出境；但是依照本法规定出境展览或者因特殊需要经国务院批准出境的除外。

第六十一条　文物出境，应当经国务院文物行政部门指定的文物进出境审核机构审核。经审核允许出境的文物，由国务院文物行政部门发给文物出境许可证，从国务院文物行政部门指定的口岸出境。

任何单位或者个人运送、邮寄、携带文物出境，应当向海关申报；海关凭文物出境许可证放行。

第六十二条　文物出境展览，应当报国务院文物行政部门批准；一级文物超过国务院规定数量的，应当报国务院批准。

一级文物中的孤品和易损品，禁止出境展览。

出境展览的文物出境，由文物进出境审核机构审核、登记。海关凭国务院文物行政部门或者国务院的批准文件放行。出境展览的文物复进境，由原文物进出境审核机构审核查验。

第六十三条　文物临时进境，应当向海关申报，并报文物进出境审核机构审核、登记。

临时进境的文物复出境，必须经原审核、登记的文物进出境审核机构审核查验；经审核查验无误的，由国务院文物行政部门发给文物出境许可证，海关凭文物出境许可证放行。

第七章　法律责任

第六十四条　违反本法规定，有下列行为之一，构成犯罪的，依法追究刑事责任：

（一）盗掘古文化遗址、古墓葬的；

（二）故意或者过失损毁国家保护的珍贵文物的；

（三）擅自将国有馆藏文物出售或者私自送给非国有单位或者个人的；

（四）将国家禁止出境的珍贵文物私自出售或者送给外国人的；

（五）以牟利为目的倒卖国家禁止经营的文物的；

（六）走私文物的；

（七）盗窃、哄抢、私分或者非法侵占国有文物的；

（八）应当追究刑事责任的其他妨害文物管理行为。

第六十五条　违反本法规定，造成文物灭失、损毁的，依法承担民事责任。

违反本法规定，构成违反治安管理行为的，由公安机关依法给予治安管理处罚。

违反本法规定，构成走私行为，尚不构成犯罪的，由海关依照有关法律、行政法规的规定给予处罚。

第六十六条　有下列行为之一，尚不构成犯罪的，由县级以上人民政府文物主管部门责令改正，造成严重后果的，处五万元以上五十万元以下的罚款；情节严重的，由原发证机关吊销资质证书：

（一）擅自在文物保护单位的保护范围内进行建设工程或者爆破、钻探、挖掘等作业的；

（二）在文物保护单位的建设控制地带内进行建设工程，其工程设计方案未经文物行政部门同意、报城乡建设规划部门批准，对文物保护单位的历史风貌造成破坏的；

（三）擅自迁移、拆除不可移动文物的；

（四）擅自修缮不可移动文物，明显改变文物原状的；

（五）擅自在原址重建已全部毁坏的不可移动文物，造成文物破坏的；

（六）施工单位未取得文物保护工程资质证书，擅自从事文物修缮、迁移、重建的。

刻划、涂污或者损坏文物尚不严重的，或者损毁依照本法第十五条第一款规定设立的文物保护单位标志的，由公安机关或者文物所在单位给予警告，可以并处罚款。

第六十七条　在文物保护单位的保护范围内或者建设控制地带内建设污染文物保护单位及其环境的设施的，或者对已有的污染文物保护单位及其环境的设施未在规定的期限内完成治理的，由环境保护行政部门依照有关法律、法规的规定给予处罚。

第六十八条　有下列行为之一的，由县级以上人民政府文物主管部门责令改正，没收违法所得，违法所得一万元以上的，并处违法所得二倍以上五倍以下的罚款；违法所得不足一万元的，并处五千元以上二万元以下的罚款：

（一）转让或者抵押国有不可移动文物，或者将国有不可移动文物作为企业资产经营的；

（二）将非国有不可移动文物转让或者抵押给外国人的；

（三）擅自改变国有文物保护单位的用途的。

第六十九条　历史文化名城的布局、环境、历史风貌等遭到严重破坏的，由国务院撤销其历史文化名城称号；历史文化城镇、街道、村庄的布局、环境、历史风貌等遭到严重破坏的，由省、自治区、直辖市人民政府撤销其历史文化街区、村镇称号；对负有责任的主管人员和其他直接责任人员依法给予行政处分。

第七十条　有下列行为之一，尚不构成犯罪的，由县级以上人民政府文物主管部门责令改正，可以并处二万元以下的罚款，有违法所得的，没收违法所得：

（一）文物收藏单位未按照国家有关规定配备防火、防盗、防自然损坏的设施的；

（二）国有文物收藏单位法定代表人离任时未按照馆藏文物档案移交馆藏文物，或者所移交的馆藏文物与馆藏文物档案不符的；

（三）将国有馆藏文物赠予、出租或者出售给其他单位、个人的；

（四）违反本法第四十条、第四十一条、第四十五条规定处置国有馆藏文物的；

（五）违反本法第四十三条规定挪用或者侵占依法调拨、交换、出借文物所得补偿费用的。

第七十一条　买卖国家禁止买卖的文物或者将禁止出境的文物转让、出租、质押给外国人，尚不构成犯罪的，由县级以上人民政府文物主管部门责令改正，没收违法所得，违法经营额一万元以上的，并处违法经营额二倍以上五倍以下的罚款；违法经营额不足一万元的，并处五千元以上二万元以下的罚款。

第七十二条　未经许可，擅自设立文物商店、经营文物拍卖的拍卖企业，或者擅自从事文物的商业经营活动，尚不构成犯罪的，由工商行政管理部门依法予以制止，没收违法所得、非法经营的文物，违法经营额五万元以上的，并处违法经营额二倍以上五倍以下的罚款；违法经营额不足五万元的，并处二万元以上十万元以下的罚款。

第七十三条　有下列情形之一的，由工商行政管理部门没收违法所得、非法经营的文物，违法经营额五万元以上的，并处违法经营额一倍以上三倍以下的罚款；违法经营额不足五万元的，并处五千元以上五万元以下的罚款；情节严重的，由原发证机关吊销许可证书：

（一）文物商店从事文物拍卖经营活动的；

（二）经营文物拍卖的拍卖企业从事文物购销经营活动的；

（三）文物商店销售的文物、拍卖企业拍卖的文物，未经审核的；

（四）文物收藏单位从事文物的商业经营活动的。

第七十四条　有下列行为之一，尚不构成犯罪的，由县级以上人民政府文物主管部门会同公安机关追缴文物；情节严重的，处五千元以上五万元以下的罚款：

（一）发现文物隐匿不报或者拒不上交的；

（二）未按照规定移交拣选文物的。

第七十五条　有下列行为之一的，由县级以上人民政府文物主管部门责令改正：

（一）改变国有未核定为文物保护单位的不可移动文物的用途，未依照本法规定报告的；

（二）转让、抵押非国有不可移动文物或者改变其用途，未依照本法规定备案的；

（三）国有不可移动文物的使用人拒不依法履行修缮义务的；

（四）考古发掘单位未经批准擅自进行考古发掘，或者不如实报告考古发掘结果的；

（五）文物收藏单位未按照国家有关规定建立馆藏文物档案、管理制度，或者未将馆藏文物档案、管理制度备案的；

（六）违反本法第三十八条规定，未经批准擅自调取馆藏文物的；

（七）馆藏文物损毁未报文物行政部门核查处理，或者馆藏文物被盗、被抢或者丢失，文物收藏单位未及时向公安机关或者文物行政部门报告的；

（八）文物商店销售文物或者拍卖企业拍卖文物，未按照国家有关规定作出记录或者未将所作记录报文物行政部门备案的。

第七十六条　文物行政部门、文物收藏单位、文物商店、经营文物拍卖的拍卖企业的工作人员，有下列行为之一的，依法给予行政处分，情节严重的，依法开除公职或者吊销其从业资格；构成犯罪的，依法追究刑事责任：

（一）文物行政部门的工作人员违反本法规定，滥用审批权限、不履行职责或者发现违法行为不予查处，造成严重后果的；

（二）文物行政部门和国有文物收藏单位的工作人员借用或者非法侵占国有文物的；

（三）文物行政部门的工作人员举办或者参与举办文物商店或者经营文物拍卖的拍卖企业的；

（四）因不负责任造成文物保护单位、珍贵文物损毁或者流失的；

（五）贪污、挪用文物保护经费的。

前款被开除公职或者被吊销从业资格的人员，自被开除公职或者被吊销从业资格之日起十年内不得担任文物管理人员或者从事文物经营活动。

第七十七条　有本法第六十六条、第六十八条、第七十条、第七十一条、第七十四条、第七十五条规定所列行为之一的，负有责任的主管人员和其他直接责任人员是国家工作人员的，依法给予行政处分。

第七十八条 公安机关、工商行政管理部门、海关、城乡建设规划部门和其他国家机关，违反本法规定滥用职权、玩忽职守、徇私舞弊，造成国家保护的珍贵文物损毁或者流失的，对负有责任的主管人员和其他直接责任人员依法给予行政处分；构成犯罪的，依法追究刑事责任。

第七十九条 人民法院、人民检察院、公安机关、海关和工商行政管理部门依法没收的文物应当登记造册，妥善保管，结案后无偿移交文物行政部门，由文物行政部门指定的国有文物收藏单位收藏。

第八章 附则

第八十条 本法自公布之日起施行。

中华人民共和国城乡规划法

（2007年10月28日第十届全国人民代表大会常务委员会第三十次会议通过）

第一章 总则

第一条 为了加强城乡规划管理，协调城乡空间布局，改善人居环境，促进城乡经济社会全面协调可持续发展，制定本法。

第二条 制定和实施城乡规划，在规划区内进行建设活动，必须遵守本法。

本法所称城乡规划，包括城镇体系规划、城市规划、镇规划、乡规划和村庄规划。城市规划、镇规划分为总体规划和详细规划。详细规划分为控制性详细规划和修建性详细规划。

本法所称规划区，是指城市、镇和村庄的建成区以及因城乡建设和发展需要，必须实行规划控制的区域。规划区的具体范围由有关人民政府在组织编制的城市总体规划、镇总体规划、乡规划和村庄规划中，根据城乡经济社会发展水平和统筹城乡发展的需要划定。

第三条 城市和镇应当依照本法制定城市规划和镇规划。城市、镇规划区内的建设活动应当符合规划要求。

县级以上地方人民政府根据本地农村经济社会发展水平，按照因地制宜、切实可行的原则，确定应当制定乡规划、村庄规划的区域。在确定区域内的乡、村庄，应当依照本法制定规划，规划区内的乡、村庄建设应当符合规划要求。

县级以上地方人民政府鼓励、指导前款规定以外的区域的乡、村庄制定和实施乡规划、村庄规划。

第四条 制定和实施城乡规划，应当遵循城乡统筹、合理布局、节约土地、集约发展和先规划后建设的原则，改善生态环境，促进资源、能源节约和综合利用，保护耕地等自然资源和历史文化遗产，保持地方特色、民族特色和传统风貌，防止污染和其他公害，并符合区域人口发展、国防建设、防灾减灾和公共卫生、公共安全的需要。

在规划区内进行建设活动，应当遵守土地管理、自然资源和环境保护等法律、法规的规定。

县级以上地方人民政府应当根据当地经济社会发展的实际，在城市总体规划、镇总体规划中合理确定城市、镇的发展规模、步骤和建设标准。

第五条 城市总体规划、镇总体规划以及乡规划和村庄规划的编制，应当依据国民经济和社会发展规划，并与土地利用总体规划相衔接。

第六条 各级人民政府应当将城乡规划的编制和管理经费纳入本级财政预算。

第七条 经依法批准的城乡规划，是城乡建设和规划管理的依据，未经法定程序不得修改。

第八条 城乡规划组织编制机关应当及时公布经依法批准的城乡规划。但是，法律、行政法规规定不得公开的内容除外。

第九条 任何单位和个人都应当遵守经依法批准并公布的城乡规划，服从规划管理，并有权就涉及其利害关系的建设活动是否符合规划的要求向城乡规划主管部门查询。

任何单位和个人都有权向城乡规划主管部门或者其他有关部门举报或者控告违反城乡规划的行为。城乡规划主管部门或者其他有关部门对举报或者控告，应当及时受理并组织核查、处理。

第十条 国家鼓励采用先进的科学技术，增强城乡规划的科学性，提高城乡规划实施及监督管理的效能。

第十一条 国务院城乡规划主管部门负责全国的城乡规划管理工作。

县级以上地方人民政府城乡规划主管部门负责本行政区域内的城乡规划管理工作。

第二章 城乡规划的制定

第十二条 国务院城乡规划主管部门会同国务院有关部门组织编制全国城镇体系规划，用于指导省域城镇体系规划、城市总体规划的编制。

全国城镇体系规划由国务院城乡规划主管部门报国务院审批。

第十三条 省、自治区人民政府组织编制省域城镇体系规划，报国务院审批。

省域城镇体系规划的内容应当包括：城镇空间布局和规模控制，重大基础设施的布局，为保护生态环境、资源等需要严格控制的区域。

第十四条 城市人民政府组织编制城市总体规划。

直辖市的城市总体规划由直辖市人民政府报国务院审批。省、自治区人民政府所在地的城市以及国务院确定的城市的总体规划，由省、自治区人民政府审查同意后，报国务院审批。其他城市的总体规划，由城市人民政府报省、自治区人民政府审批。

第十五条 县人民政府组织编制县人民政府所在地镇的总体规划，报上一级人民政府审批。其他镇的总体规划由镇人民政府组织编制，报上一级人民政府审批。

第十六条 省、自治区人民政府组织编制的省域城镇体系规划，城市、县人民政府组织编制的总体规划，在报上一级人民政府审批前，应当先经本级人民代表大会常务委员会审议，常务委员会组成人员的审议意见交由本级人民政府研究处理。

镇人民政府组织编制的镇总体规划，在报上一级人民政府审批前，应当先经镇人民代表大会审议，代表的审议意见交由本级人民政府研究处理。

规划的组织编制机关报送审批省域城镇体系规划、城市总体规划或者镇总体规划，应当将本级人民代表大会常务委员会组成人员或者镇人民代表大会代表的审议意见和根据审议意见修改规划的情况一并报送。

第十七条 城市总体规划、镇总体规划的内容应当包括：城市、镇的发展布局，功能分区，用地布局，综合交通体系，禁止、限制和适宜建设的地域范围，各类专项规划等。

规划区范围、规划区内建设用地规模、基础设施和公共服务设施用地、水源地和水系、基本农田和绿化用地、环境保护、自然与历史文化遗产保护以及防灾减灾等内容，应当作为城市总体规划、镇总体规划的强制性内容。

城市总体规划、镇总体规划的规划期限一般为二十年。城市总体规划还应当对城市更长远的发展作出预测性安排。

第十八条 乡规划、村庄规划应当从农村实际出发，尊重村民意愿，体现地方和农村特色。

乡规划、村庄规划的内容应当包括：规划区范围，住宅、道路、供水、排水、供电、垃圾收集、畜禽养殖场所等农村生产、生活服务设施、公益事业等各项建设的用地布局、建设要求，以及对耕地等自然资源和历史文化遗产保护、防灾减灾等的具体安排。乡规划还应当包括本行政区域内的村庄发展布局。

第十九条 城市人民政府城乡规划主管部门根据城市总体规划的要求，组织编制城市的控制性详细规划，经本级人民政府批准后，报本级人民代表大会常务委员会和上一级人民政府备案。

第二十条 镇人民政府根据镇总体规划的要求，组织编制镇的控制性详细规划，报上一级人民政府审批。县人民政府所在地镇的控制性详细规划，由县人民政府城乡规划主管部门根据镇总体规划的要求组织编制，经县人民政府批准后，报本级人民代表大会常务委员会和上一级人民政府备案。

第二十一条 城市、县人民政府城乡规划主管部门和镇人民政府可以组织编制重要地块的修建性详细规划。修建性详细规划应当符合控制性详细规划。

第二十二条 乡、镇人民政府组织编制乡规划、村庄规划，报上一级人民政府审批。村庄规划在报送审批前，应当经村民会议或者村民代表会议讨论同意。

第二十三条　首都的总体规划、详细规划应当统筹考虑中央国家机关用地布局和空间安排的需要。

第二十四条　城乡规划组织编制机关应当委托具有相应资质等级的单位承担城乡规划的具体编制工作。

从事城乡规划编制工作应当具备下列条件，并经国务院城乡规划主管部门或者省、自治区、直辖市人民政府城乡规划主管部门依法审查合格，取得相应等级的资质证书后，方可在资质等级许可的范围内从事城乡规划编制工作：

（一）有法人资格；

（二）有规定数量的经国务院城乡规划主管部门注册的规划师；

（三）有规定数量的相关专业技术人员；

（四）有相应的技术装备；

（五）有健全的技术、质量、财务管理制度。

规划师执业资格管理办法，由国务院城乡规划主管部门会同国务院人事行政部门制定。

编制城乡规划必须遵守国家有关标准。

第二十五条　编制城乡规划，应当具备国家规定的勘察、测绘、气象、地震、水文、环境等基础资料。

县级以上地方人民政府有关主管部门应当根据编制城乡规划的需要，及时提供有关基础资料。

第二十六条　城乡规划报送审批前，组织编制机关应当依法将城乡规划草案予以公告，并采取论证会、听证会或者其他方式征求专家和公众的意见。公告的时间不得少于三十日。

组织编制机关应当充分考虑专家和公众的意见，并在报送审批的材料中附具意见采纳情况及理由。

第二十七条　省域城镇体系规划、城市总体规划、镇总体规划批准前，审批机关应当组织专家和有关部门进行审查。

第三章　城乡规划的实施

第二十八条　地方各级人民政府应当根据当地经济社会发展水平，量力而行，尊重群众意愿，有计划、分步骤地组织实施城乡规划。

第二十九条　城市的建设和发展，应当优先安排基础设施以及公共服务设施的建设，妥善处理新区开发与旧区改建的关系，统筹兼顾进城务工人员生活和周边农村经济社会发展、村民生产与生活的需要。

镇的建设和发展，应当结合农村经济社会发展和产业结构调整，优先安排供水、排水、供电、供气、道路、通信、广播电视等基础设施和学校、卫生院、文化站、幼儿园、福利院等公共服务设施的建设，为周边农村提供服务。

乡、村庄的建设和发展，应当因地制宜、节约用地，发挥村民自治组织的作用，引导村民合理进行建设，改善农村生产、生活条件。

第三十条　城市新区的开发和建设，应当合理确定建设规模和时序，充分利用现有市政基础设施和公共服务设施，严格保护自然资源和生态环境，体现地方特色。在城市总体规划、镇总体规划确定的建设用地范围以外，不得设立各类开发区和城市新区。

第三十一条　旧城区的改建，应当保护历史文化遗产和传统风貌，合理确定拆迁和建设规模，有计划地对危房集中、基础设施落后等地段进行改建。

历史文化名城、名镇、名村的保护以及受保护建筑物的维护和使用，应当遵守有关法律、行政法规和国务院的规定。

第三十二条　城乡建设和发展，应当依法保护和合理利用风景名胜资源，统筹安排风景名胜区及周边乡、镇、村庄的建设。

风景名胜区的规划、建设和管理，应当遵守有关法律、行政法规和国务院的规定。

第三十三条　城市地下空间的开发和利用，应当与经济和技术发展水平相适应，遵循统筹安排、综合开发、合理利用的原则，充分考虑防灾减灾、人民防空和通信等需要，并符合城市规划，履行规划审批手续。

第三十四条　城市、县、镇人民政府应当根据城市总体规划、镇总体规划、土地利用总体规划和年度计划以及国民经济和社会发展规划，制定近期建设规划，报总体规划审批机关备案。

近期建设规划应当以重要基础设施、公共服务设施和中低收入居民住房建设以及生态环境保护为重点内容，明确近期建设的时序、发展方向和空间布局。近期建设规划的规划期限为五年。

第三十五条　城乡规划确定的铁路、公路、港口、机场、道路、绿地、输配电设施及输电线路走廊、通信设施、广播电视设施、管道设施、河道、水库、水源地、自然保护区、防汛通道、消防通道、核电站、垃圾填埋场及焚烧厂、污水处理厂和公共服务设施的用地以及其他需要依法保护的用地，禁止擅自改变用途。

第三十六条　按照国家规定需要有关部门批准或者核准的建设项目，以划拨方式提供国有土地使用权的，建设单位在报送有关部门批准或者核准前，应当向城乡规划主管部门申请核发选址意见书。

前款规定以外的建设项目不需要申请选址意见书。

第三十七条　在城市、镇规划区内以划拨方式提供国有土地使用权的建设项目，经有关部门批准、核准、备案后，建设单位应当向城市、县人民政府城乡规划主管部门提出建设用地规划许可申请，由城市、县人民政府城乡规划主管部门依据控制性详细规划核定建设用地的位置、面积、允许建设的范围，核发建设用地规划许可证。

建设单位在取得建设用地规划许可证后，方可向县级以上地方人民政府土地主管部门申请用地，经县级以上人民政府审批后，由土地主管部门划拨土地。

第三十八条　在城市、镇规划区内以出让方式提供国有土地使用权的，在国有土地使用权出让前，城市、县人民政府城乡规划主管部门应当依据控制性详细规划，提出出让地块的位置、使用性质、开发强度等规划条件，作为国有土地使用权出让合同的组成部分。未确定规划条件的地块，不得出让国有土地使用权。

以出让方式取得国有土地使用权的建设项目，在签订国有土地使用权出让合同后，建设单位应当持建设项目的批准、核准、备案文件和国有土地使用权出让合同，向城市、县人民政府城乡规划主管部门领取建设用地规划许可证。

城市、县人民政府城乡规划主管部门不得在建设用地规划许可证中，擅自改变作为国有土地使用权出让合同组成部分的规划条件。

第三十九条　规划条件未纳入国有土地使用权出让合同的，该国有土地使用权出让合同无效；对未取得建设用地规划许可证的建设单位批准用地的，由县级以上人民政府撤销有关批准文件；占用土地的，应当及时退回；给当事人造成损失的，应当依法给予赔偿。

第四十条　在城市、镇规划区内进行建筑物、构筑物、道路、管线和其他工程建设的，建设单位或者个人应当向城市、县人民政府城乡规划主管部门或者省、自治区、直辖市人民政府确定的镇人民政府申请办理建设工程规划许可证。

申请办理建设工程规划许可证，应当提交使用土地的有关证明文件、建设工程设计方案等材料。需要建设单位编制修建性详细规划的建设项目，还应当提交修建性详细规划。对符合控制性详细规划和规划条件的，由城市、县人民政府城乡规划主管部门或者省、自治区、直辖市人民政府确定的镇人民政府核发建设工程规划许可证。

城市、县人民政府城乡规划主管部门或者省、自治区、直辖市人民政府确定的镇人民政府应当依法将经审定的修建性详细规划、建设工程设计方案的总平面图予以公布。

第四十一条　在乡、村庄规划区内进行乡镇企业、乡村公共设施和公益事业建设的，建设单位或者个人应当向乡、镇人民政府提出申请，由乡、镇人民政府报城市、县人民政府城乡规划主管部门核发乡村建设规划许可证。

在乡、村庄规划区内使用原有宅基地进行农村村民住宅建设的规划管理办法，由省、自治区、直辖市制定。

在乡、村庄规划区内进行乡镇企业、乡村公共设施和公益事业建设以及农村村民住宅建设，不得占用农用地；确需占用农用地的，应当依照《中华人民共和国土地管理法》有关规定办理农用地转用审批手续后，由城市、县人民政府城乡规划主管部门核发乡村建设规划许可证。

建设单位或者个人在取得乡村建设规划许可证后，方可办理用地审批手续。

第四十二条　城乡规划主管部门不得在城乡规划确定的建设用地范围以外作出规划许可。

第四十三条　建设单位应当按照规划条件进行建设；确需变更的，必须向城市、县人民政府城乡规划主管部门提出申请。变更内容不符合控制性详细规划的，城乡规划主管部门不得批准。城市、县人民政府城乡规划主管部门应当及时将依法变更后的规划条件通报同级土地主管部门并公示。

建设单位应当及时将依法变更后的规划条件报有关人民政府土地主管部门备案。

第四十四条　在城市、镇规划区内进行临时建设的，应当经城市、县人民政府城乡规划主管部门批准。临时建设影响近期建设规划或者控制性详细规划的实施以及交通、市容、安全等的，不得批准。

临时建设应当在批准的使用期限内自行拆除。

临时建设和临时用地规划管理的具体办法，由省、自治区、直辖市人民政府制定。

第四十五条　县级以上地方人民政府城乡规划主管部门按照国务院规定对建设工程是否符合规划条件予以核实。未经核实或者经核实不符合规划条件的，建设单位不得组织竣工验收。

建设单位应当在竣工验收后六个月内向城乡规划主管部门报送有关竣工验收资料。

第四章　城乡规划的修改

第四十六条　省域城镇体系规划、城市总体规划、镇总体规划的组织编制机关，应当组织有关部门和专家定期对规划实施情况进行评估，并采取论证会、听证会或者其他方式征求公众意见。组织编制机关应当向本级人民代表大会常务委员会、镇人民代表大会和原审批机关提出评估报告并附具征求意见的情况。

第四十七条　有下列情形之一的，组织编制机关方可按照规定的权限和程序修改省域城镇体系规划、城市总体规划、镇总体规划：

（一）上级人民政府制定的城乡规划发生变更，提出修改规划要求的；

（二）行政区划调整确需修改规划的；

（三）因国务院批准重大建设工程确需修改规划的；

（四）经评估确需修改规划的；

（五）城乡规划的审批机关认为应当修改规划的其他情形。

修改省域城镇体系规划、城市总体规划、镇总体规划前，组织编制机关应当对原规划的实施情况进行总结，并向原审批机关报告；修改涉及城市总体规划、镇总体规划强制性内容的，应当先向原审批机关提出专题报告，经同意后，方可编制修改方案。

修改后的省域城镇体系规划、城市总体规划、镇总体规划，应当依照本法第十三条、第十四条、第十五条和第十六条规定的审批程序报批。

第四十八条　修改控制性详细规划的，组织编制机关应当对修改的必要性进行论证，征求规划地段内利害关系人的意见，并向原审批机关提出专题报告，经原审批机关同意后，方可编制修改方案。修改后的控制性详细规划，应当依照本法第十九条、第二十条规定的审批程序报批。控制性详细规划修改涉及城市总体规划、镇总体规划的强制性内容的，应当先修改总体规划。

修改乡规划、村庄规划的，应当依照本法第二十二条规定的审批程序报批。

第四十九条　城市、县、镇人民政府修改近期建设规划的，应当将修改后的近期建设规划报总体规划审批机关备案。

第五十条　在选址意见书、建设用地规划许可证、建设工程规划许可证或者乡村建设规划许可证发放后，因依法修改城乡规划给被许可人合法权益造成损失的，应当依法给予补偿。

经依法审定的修建性详细规划、建设工程设计方案的总平面图不得随意修改；确需修改的，城乡规划主管部门应当采取听证会等形式，听取利害关系人的意见；因修改给利害关系人合法权益造成损失的，应当依法给予补偿。

第五章　监督检查

第五十一条　县级以上人民政府及其城乡规划主管部门应当加强对城乡规划编制、审批、实施、修改的监督检查。

第五十二条　地方各级人民政府应当向本级人民代表大会常务委员会或者乡、镇人民代表大会报告城乡规划的实施情况，并接受监督。

第五十三条　县级以上人民政府城乡规划主管部门对城乡规划的实施情况进行监督检查，有权采取以下措施：

（一）要求有关单位和人员提供与监督事项有关的文件、资料，并进行复制；

（二）要求有关单位和人员就监督事项涉及的问题作出解释和说明，并根据需要进入现场进行勘测；

（三）责令有关单位和人员停止违反有关城乡规划的法律、法规的行为。

城乡规划主管部门的工作人员履行前款规定的监督检查职责，应当出示执法证件。被监督检查的单位和人员应当予以配合，不得妨碍和阻挠依法进行的监督检查活动。

第五十四条　监督检查情况和处理结果应当依法公开，供公众查阅和监督。

第五十五条　城乡规划主管部门在查处违反本法规定的行为时，发现国家机关工作人员依法应当给予行政处分的，应当向其任免机关或者监察机关提出处分建议。

第五十六条　依照本法规定应当给予行政处罚，而有关城乡规划主管部门不给予行政处罚的，上级人民政府城乡规划主管部门有权责令其作出行政处罚决定或者建议有关人民政府责令其给予行政处罚。

第五十七条　城乡规划主管部门违反本法规定作出行政许可的，上级人民政府城乡规划主管部门有权责令其撤销或者直接撤销该行政许可。因撤销行政许可给当事人合法权益造成损失的，应当依法给予赔偿。

第六章　法律责任

第五十八条　对依法应当编制城乡规划而未组织编制，或者未按法定程序编制、审批、修改城乡规划的，由上级人民政府责令改正，通报批评；对有关人民政府负责人和其他直接责任人员依法给予处分。

第五十九条　城乡规划组织编制机关委托不具有相应资质等级的单位编制城乡规划的，由上级人民政府责令改正，通报批评；对有关人民政府负责人和其他直接责任人员依法给予处分。

第六十条　镇人民政府或者县级以上人民政府城乡规划主管部门有下列行为之一的，由本级人民政府、上级人民政府城乡规划主管部门或者监察机关依据职权责令改正，通报批评；对直接负责的主管人员和其他直接责任人员依法给予处分：

（一）未依法组织编制城市的控制性详细规划、县人民政府所在地镇的控制性详细规划的；

（二）超越职权或者对不符合法定条件的申请人核发选址意见书、建设用地规划许可证、建设工程规划许可证、乡村建设规划许可证的；

（三）对符合法定条件的申请人未在法定期限内核发选址意见书、建设用地规划许可证、建设工程规划许可证、乡村建设规划许可证的；

（四）未依法对经审定的修建性详细规划、建设工程设计方案的总平面图予以公布的；

（五）同意修改修建性详细规划、建设工程设计方案的总平面图前未采取听证会等形式听取利害关系人的意见的；

（六）发现未依法取得规划许可或者违反规划许可的规定在规划区内进行建设的行为，而不予查处或者接到举报后不依法处理的。

第六十一条　县级以上人民政府有关部门有下列行为之一的，由本级人民政府或者上级人民政府有关部门责令改正，通报批评；对直接负责的主管人员和其他直接责任人员依法给予处分：

（一）对未依法取得选址意见书的建设项目核发建设项目批准文件的；

（二）未依法在国有土地使用权出让合同中确定规划条件或者改变国有土地使用权出让合同中依法确定的规划条件的；

（三）对未依法取得建设用地规划许可证的建设单位划拨国有土地使用权的。

第六十二条　城乡规划编制单位有下列行为之一的，由所在地城市、县人民政府城乡规划主管部门责令限期改正，处合同约定的规划编制费一倍以上二倍以下的罚款；情节严重的，责令停业整顿，由原发证机关降低资质等级或者吊销资质证书；造成损失的，依法承担赔偿责任：

（一）超越资质等级许可的范围承揽城乡规划编制工作的；

（二）违反国家有关标准编制城乡规划的。

未依法取得资质证书承揽城乡规划编制工作的，由县级以上地方人民政府城乡规划主管部门责令停止违法行为，依照前款规定处以罚款；造成损失的，依法承担赔偿责任。

以欺骗手段取得资质证书承揽城乡规划编制工作的，由原发证机关吊销资质证书，依照本条第一款规定处以罚款；造成损失的，依法承担赔偿责任。

第六十三条　城乡规划编制单位取得资质证书后，不再符合相应的资质条件的，由原发证机关责令限期改正；逾期不改正的，降低资质等级或者吊销资质证书。

第六十四条　未取得建设工程规划许可证或者未按照建设工程规划许可证的规定进行建设的，由县级以上地方人民政府城乡规划主管部门责令停止建设；尚可采取改正措施消除对规划实施的影响的，限期改正，处建设工程造价百分之五以上百分之十以下的罚款；无法采取改正措施消除影响的，限期拆除，不能拆除的，没收实物或者违法收入，可以并处建设工程造价百分之十以下的罚款。

第六十五条　在乡、村庄规划区内未依法取得乡村建设规划许可证或者未按照乡村建设规划许可证的规定进行建设的，由乡、镇人民政府责令停止建设、限期改正；逾期不改正的，可以拆除。

第六十六条　建设单位或者个人有下列行为之一的，由所在地城市、县人民政府城乡规划主管部门责令限期拆除，可以并处临时建设工程造价一倍以下的罚款：

（一）未经批准进行临时建设的；

（二）未按照批准内容进行临时建设的；

（三）临时建筑物、构筑物超过批准期限不拆除的。

第六十七条　建设单位未在建设工程竣工验收后六个月内向城乡规划主管部门报送有关竣工验收资料的，由所在地城市、县人民政府城乡规划主管部门责令限期补报；逾期不补报的，处一万元以上五万元以下的罚款。

第六十八条　城乡规划主管部门作出责令停止建设或者限期拆除的决定后，当事人不停止建设或者逾期不拆除的，建设工程所在地县级以上地方人民政府可以责成有关部门采取查封施工现场、强制拆除等措施。

第六十九条　违反本法规定，构成犯罪的，依法追究刑事责任。

第七章　附则

第七十条　本法自2008年1月1日起施行。《中华人民共和国城市规划法》同时废止。

国务院关于加强文化遗产保护的通知①

国发〔2005〕42号

各省、自治区、直辖市人民政府，国务院各部委、各直属机构：

　　我国是历史悠久的文明古国。在漫长的岁月中，中华民族创造了丰富多彩、弥足珍贵的文化遗产。党中央、国务院历来高度重视文化遗产保护工作，在全社会的共同努力下，我国文化遗产保护取得了明显成效。与此同时，也应清醒地看到，当前我国文化遗产保护面临着许多问题，形势严峻，不容乐观。为了进一步加强我国文化遗产保护，继承和弘扬中华民族优秀传统文化，推动社会主义先进文化建设，国务院决定从2006年起，每年六月的第二个星期六为我国的"文化遗产日"。现就加强文化遗产保护有关问题通知如下：

一、充分认识保护文化遗产的重要性和紧迫性

　　文化遗产包括物质文化遗产和非物质文化遗产。物质文化遗产是具有历史、艺术和科学价值的文物，包括古遗址、古墓葬、古建筑、石窟寺、石刻、壁画、近代现代重要史迹及代表性建筑等不可移动文物；历史上各时代的重要实物、艺术品、文献、手稿、图书资料等可移动文物；以及在建筑式样、分布均匀或与环境景色结合方面具有突出普遍价值的历史文化名城（街区、村镇）。非物质文化遗产是指各种以非物质形态存在的与群众生活密切相关、世代相承的传统文化表现形式，包括口头传统、传统表演艺术、民俗活动和礼仪与节庆、有关自然界和宇宙的民间传统知识和实践、传统手工艺技能等以及与上述传统文化表现形式相关的文化空间。

　　我国文化遗产蕴含着中华民族特有的精神价值、思维方式、想象力，体现着中华民族的生命力和创造力，是各民族智慧的结晶，也是全人类文明的瑰宝。保护文化遗产，保持民族文化的传承，是联结民族情感纽带、增进民族团结和维护国家统一及社会稳定的重要文化基础，也是维护世界文化多样性和创造性，促进人类共同发展的前提。加强文化遗产保护，是建设社会主义先进文化，贯彻落实科学发展观和构建社会主义和谐社会的必然要求。

　　文化遗产是不可再生的珍贵资源。随着经济全球化趋势和现代化进程的加快，我国的文化生态正在发生巨大变化，文化遗产及其生存环境受到严重威胁。不少历史文化名城（街区、村镇）、古建筑、古遗址及风景名胜区整体风貌遭到破坏。文物非法交易、盗窃和盗掘古遗址古墓葬以及走私文物的违法犯罪活动在一些地区还没有得到有效遏制，大量珍贵文物流失境外。由于过度开发和不合理利用，许多重要文化遗产消亡或失传。在文化遗存相对丰富的少数民族聚居地区，由于人们生活环境和条件的变迁，民族或区域文化特色消失加快。

---

① 中国文化遗产法规文件汇编[G]. 北京：文物出版社，2009：543.

因此，加强文化遗产保护刻不容缓。地方各级人民政府和有关部门要从对国家和历史负责的高度，从维护国家文化安全的高度，充分认识保护文化遗产的重要性，进一步增强责任感和紧迫感，切实做好文化遗产保护工作。

二、加强文化遗产保护的指导思想、基本方针和总体目标

（一）指导思想：坚持以邓小平理论和"三个代表"重要思想为指导，全面贯彻和落实科学发展观，加大文化遗产保护力度，构建科学有效的文化遗产保护体系，提高全社会文化遗产保护意识，充分发挥文化遗产在传承中华文化，提高人民群众思想道德素质和科学文化素质，增强民族凝聚力，促进社会主义先进文化建设和构建社会主义和谐社会中的重要作用。

（二）基本方针：物质文化遗产保护要贯彻"保护为主、抢救第一、合理利用、加强管理"的方针。非物质文化遗产保护要贯彻"保护为主、抢救第一、合理利用、传承发展"的方针。坚持保护文化遗产的真实性和完整性，坚持依法和科学保护，正确处理经济社会发展与文化遗产保护的关系，统筹规划、分类指导、突出重点、分步实施。

（三）总体目标：通过采取有效措施，文化遗产保护得到全面加强。到2010年，初步建立比较完备的文化遗产保护制度，文化遗产保护状况得到明显改善。到2015年，基本形成较为完善的文化遗产保护体系，具有历史、文化和科学价值的文化遗产得到全面有效保护；保护文化遗产深入人心，成为全社会的自觉行动。

三、着力解决物质文化遗产保护面临的突出问题

（一）切实做好文物调查研究和不可移动文物保护规划的制定实施工作。加强文物资源调查研究，并依法登记、建档。在认真摸清底数的基础上，分类制定文物保护规划，认真组织实施。国务院文物行政部门要统筹安排世界文化遗产、全国重点文物保护单位保护规划的编制工作，省级人民政府具体组织编制，报国务院文物行政部门审查批准后公布实施。国务院文物行政部门要对规划实施情况进行跟踪监测，检查落实。要及时依法划定文物保护单位的保护范围和建设控制地带，设立必要的保护管理机构，明确保护责任主体，建立健全保护管理制度。其他不可移动文物要依据文物保护法的规定制定保护规划，落实保护措施。坚决避免和纠正过度开发利用文化遗产，特别是将文物作为或变相为企业资产经营的违法行为。

（二）改进和完善重大建设工程中的文物保护工作。严格执行重大建设工程项目审批、核准和备案制度。凡涉及文物保护事项的基本建设项目，必须依法在项目批准前征求文物行政部门的意见，在进行必要的考古勘探、发掘并落实文物保护措施以后方可实施。基本建设项目的考古发掘要充分考虑文物保护工作的实际需要，加强统一管理，落实审批和监督责任。

（三）切实抓好重点文物维修工程。统筹规划、集中资金，实施一批文物保护重点工程，

排除重大文物险情，加强对重要濒危文物的保护。实施保护工程必须确保文物的真实性，坚决禁止借保护文物之名行造假古董之实。要对文物"复建"进行严格限制，把有限的人力、物力切实用到对重要文物、特别是重大濒危文物的保护项目上。严格工程管理，落实文物保护工程队伍资质制度，完善从业人员管理制度，健全各类文物保护技术规范，确保工程质量。

（四）保护加强历史文化名城（街区、村镇）。进一步完善历史文化名城（街区、村镇）的申报、评审工作。已确定为历史文化名城（街区、村镇）的，地方人民政府要认真制定保护规划，并严格执行。在城镇化过程中，要切实保护好历史文化环境，把保护优秀的乡土建筑等文化遗产作为城镇化发展战略的重要内容，把历史名城（街区、村镇）保护规划纳入城乡规划。相关重大建设项目，必须建立公示制度，广泛征求社会各界意见。国务院有关部门要对历史文化名城（街区、村镇）的保护状况和规划实施情况进行跟踪监测，及时解决有关问题；历史文化名城（街区、村镇）的布局、环境、历史风貌等遭到严重破坏的，应当依法取消其称号，并追究有关人员的责任。

（五）提高馆藏文物保护和展示水平。高度重视博物馆建设，加强对藏品的登记、建档和安全管理，落实藏品丢失、损毁追究责任制。实施馆藏文物信息化和保存环境达标建设，加大馆藏文物科技保护力度。提高陈列展览质量和水平，充分发挥馆藏文物的教育作用。加强博物馆专业人员培养，提高博物馆队伍素质。坚持向未成年人等特殊社会群体减、免费开放，不断提高服务质量和水平。

（六）清理整顿文物流通市场。加强对文物市场的调控和监督管理，依法严格把握文物流通市场准入条件，规范文物经营和民间文物收藏行为，确保文物市场健康发展。依法加强文物商店销售文物、文物拍卖企业拍卖文物的审核备案工作。坚决取缔非法文物市场，严厉打击盗窃、盗掘、走私、倒卖文物等违法犯罪活动。严格执行文物出入境审核、监管制度，加强鉴定机构队伍建设，严防珍贵文物流失。加强国际合作，对非法流失境外的文物要坚决依法追索。

四、积极推进非物质文化遗产保护

（一）开展非物质文化遗产普查工作。各地区要进一步做好非物质文化遗产的普查、认定和登记工作，全面了解和掌握非物质文化遗产资源的种类、数量、分布状况、生存环境、保护现状及存在的问题，及时向社会公布普查结果。3年内全国基本完成普查工作。

（二）制定非物质文化遗产保护规划。在科学论证的基础上，抓紧制定国家和地区非物质文化遗产保护规划，明确保护范围，提出长远目标和近期工作任务。

（三）抢救珍贵非物质文化遗产。采取有效措施，抓紧征集具有历史、文化和科学价值的非物质文化遗产实物和资料，完善征集和保管制度。有条件的地方可以建立非物质文化遗产资料库、博物馆或展示中心。

（四）建立非物质文化遗产名录体系。进一步完善评审标准，严格评审工作，逐步建立国家和省、市、县非物质文化遗产名录体系。对列入非物质文化遗产名录的项目，要制定科学的保护计划，明确有关保护的责任主体，进行有效保护。对列入非物质文化遗产名录的代表性传人，要有计划地提供资助，鼓励和支持开展传习活动，确保优秀非物质文化遗产传承。

（五）加强少数民族文化遗产和文化生态区的保护。重点扶持少数民族地区的非物质文化遗产保护工作。对文化遗产丰富且传统文化生态保持较完整的区域，要有计划地进行动态的整体性保护。对确属濒危的少数民族文化遗产和文化生态区，要尽快列入保护名录，落实保护措施，抓紧进行抢救和保护。

五、明确责任，切实加强对文化遗产保护工作的领导

（一）加强领导，落实责任。地方各级人民政府和有关部门要将文化遗产保护列入重要议事日程，并纳入经济和社会发展计划以及城乡规划。要建立健全文化遗产保护责任制度和责任追究制度。成立国家文化遗产保护领导小组，定期研究文化遗产保护工作的重大问题，统一协调文化遗产保护工作。地方各级人民政府也要建立相应的文化遗产保护协调机构。要建立文化遗产保护定期通报制度、专家咨询制度以及公众和舆论监督机制，推进文化遗产保护工作的科学化、民主化。要充分发挥有关学术机构、大专院校、企事业单位、社会团体等各方面的作用，共同开展文化遗产保护工作。

（二）加快文化遗产保护法制建设，加大执法力度。加强文化遗产保护法律法规建设，推进文化遗产保护的法制化、制度化和规范化。积极推动《非物质文化遗产保护法》、《历史文化名城和历史文化街区、村镇保护条例》等法律、行政法规的立法进程，争取早日出台。抓紧制定和起草与文物保护法相配套的部门规章和地方性法规。抓紧研究制定保护文化遗产知识产权的有关规定。要严格依照保护文化遗产的法律、行政法规办事，任何单位或者个人都不得作出与法律、行政法规相抵触的决定；各级文物行政部门等行政执法机关有权依法抵制和制止违反有关法律、行政法规的决定和行为。严厉打击破坏文化遗产的各类违法犯罪行为，重点追究因决策失误、玩忽职守，造成文化遗产破坏、被盗或流失的责任人的法律责任。充实文化遗产保护执法力量，加大执法力度，做到执法必严，违法必究。因执法不力造成文化遗产受到破坏的，要追究有关执法机关和有关责任人的责任。

（三）安排专项资金，加强专业人才队伍建设。各级人民政府要将文化遗产保护经费纳入本级财政预算，保障重点文化遗产经费投入。抓紧制定和完善有关社会捐赠和赞助的政策措施，调动社会团体、企业和个人参与文化遗产保护的积极性。加强文化遗产保护管理机构和专业队伍建设，大力培养文化遗产保护和管理所需的各类专门人才。加强文化遗产保护科技的研究、运用和推广工作，努力提高文化遗产保护工作水平。

（四）加大宣传力度，营造保护文化遗产的良好氛围。认真举办"文化遗产日"系列活动，提高人民群众对文化遗产保护重要性的认识，增强全社会的文化遗产保护意识。各级各类文化遗产保护机构要经常举办展示、论坛、讲座等活动，使公众更多地了解文化遗产的丰富内涵。教育部门要将优秀文化遗产内容和文化遗产保护知识纳入教学计划，编入教材，组织参观学习活动，激发青少年热爱祖国优秀传统文化的热情。各类新闻媒体要通过开设专题、专栏等方式，介绍文化遗产和保护知识，大力宣传保护文化遗产的先进典型，及时曝光破坏文化遗产的违法行为及事件，发挥舆论监督作用，在全社会形成保护文化遗产的良好氛围。

与此同时，国务院有关部门也要切实研究解决自然遗产保护中存在的问题，加强自然遗产保护工作。

国务院

二〇〇五年十二月二十二日

历史文化名城名镇名村保护条例①

（2008年4月2日国务院第3次常务会议通过，自2008年7月1日起施行）

第一章　总则

第一条　为了加强历史文化名城、名镇、名村的保护与管理，继承中华民族优秀历史文化遗产，制定本条例。

第二条　历史文化名城、名镇、名村的申报、批准、规划、保护，适用本条例。

第三条　历史文化名城、名镇、名村的保护应当遵循科学规划、严格保护的原则，保持和延续其传统格局和历史风貌，维护历史文化遗产的真实性和完整性，继承和弘扬中华民族优秀传统文化，正确处理经济社会发展和历史文化遗产保护的关系。

第四条　国家对历史文化名城、名镇、名村的保护给予必要的资金支持。

历史文化名城、名镇、名村所在地的县级以上地方人民政府，根据本地实际情况安排保护资金，列入本级财政预算。

国家鼓励企业、事业单位、社会团体和个人参与历史文化名城、名镇、名村的保护。

第五条　国务院建设主管部门会同国务院文物主管部门负责全国历史文化名城、名镇、名村的保护和监督管理工作。

---

① 中国文化遗产法规文件汇编[G]. 北京：文物出版社，2009：665.

地方各级人民政府负责本行政区域历史文化名城、名镇、名村的保护和监督管理工作。

第六条 县级以上人民政府及其有关部门对在历史文化名城、名镇、名村保护工作中做出突出贡献的单位和个人，按照国家有关规定给予表彰和奖励。

第二章 申报与批准

第七条 具备下列条件的城市、镇、村庄，可以申报历史文化名城、名镇、名村：

（一）保存文物特别丰富；

（二）历史建筑集中成片；

（三）保留着传统格局和历史风貌；

（四）历史上曾经作为政治、经济、文化、交通中心或者军事要地，或者发生过重要历史事件，或者其传统产业、历史上建设的重大工程对本地区的发展产生过重要影响，或者能够集中反映本地区建筑的文化特色、民族特色。

申报历史文化名城的，在所申报的历史文化名城保护范围内还应当有2个以上的历史文化街区。

第八条 申报历史文化名城、名镇、名村，应当提交所申报的历史文化名城、名镇、名村的下列材料：

（一）历史沿革、地方特色和历史文化价值的说明；

（二）传统格局和历史风貌的现状；

（三）保护范围；

（四）不可移动文物、历史建筑、历史文化街区的清单；

（五）保护工作情况、保护目标和保护要求。

第九条 申报历史文化名城，由省、自治区、直辖市人民政府提出申请，经国务院建设主管部门会同国务院文物主管部门组织有关部门、专家进行论证，提出审查意见，报国务院批准公布。

申报历史文化名镇、名村，由所在地县级人民政府提出申请，经省、自治区、直辖市人民政府确定的保护主管部门会同同级文物主管部门组织有关部门、专家进行论证，提出审查意见，报省、自治区、直辖市人民政府批准公布。

第十条 对符合本条例第七条规定的条件而没有申报历史文化名城的城市，国务院建设主管部门会同国务院文物主管部门可以向该城市所在地的省、自治区人民政府提出申报建议；仍不申报的，可以直接向国务院提出确定该城市为历史文化名城的建议。

对符合本条例第七条规定的条件而没有申报历史文化名镇、名村的镇、村庄，省、自治区、直辖市人民政府确定的保护主管部门会同同级文物主管部门可以向该镇、村庄所在地的县级人民政府提出申报建议；仍不申报的，可以直接向省、自治区、直辖市人民政府提出确定该镇、村庄为历史文化名镇、名村的建议。

第十一条　国务院建设主管部门会同国务院文物主管部门可以在已批准公布的历史文化名镇、名村中，严格按照国家有关评价标准，选择具有重大历史、艺术、科学价值的历史文化名镇、名村，经专家论证，确定为中国历史文化名镇、名村。

第十二条　已批准公布的历史文化名城、名镇、名村，因保护不力使其历史文化价值受到严重影响的，批准机关应当将其列入濒危名单，予以公布，并责成所在地城市、县人民政府限期采取补救措施，防止情况继续恶化，并完善保护制度，加强保护工作。

第三章　保护规划

第十三条　历史文化名城批准公布后，历史文化名城人民政府应当组织编制历史文化名城保护规划。

历史文化名镇、名村批准公布后，所在地县级人民政府应当组织编制历史文化名镇、名村保护规划。

保护规划应当自历史文化名城、名镇、名村批准公布之日起1年内编制完成。

第十四条　保护规划应当包括下列内容：

（一）保护原则、保护内容和保护范围；

（二）保护措施、开发强度和建设控制要求；

（三）传统格局和历史风貌保护要求；

（四）历史文化街区、名镇、名村的核心保护范围和建设控制地带；

（五）保护规划分期实施方案。

第十五条　历史文化名城、名镇保护规划的规划期限应当与城市、镇总体规划的规划期限相一致；历史文化名村保护规划的规划期限应当与村庄规划的规划期限相一致。

第十六条　保护规划报送审批前，保护规划的组织编制机关应当广泛征求有关部门、专家和公众的意见；必要时，可以举行听证。

保护规划报送审批文件中应当附具意见采纳情况及理由；经听证的，还应当附具听证笔录。

第十七条　保护规划由省、自治区、直辖市人民政府审批。

保护规划的组织编制机关应当将经依法批准的历史文化名城保护规划和中国历史文化名镇、名村保护规划，报国务院建设主管部门和国务院文物主管部门备案。

第十八条　保护规划的组织编制机关应当及时公布经依法批准的保护规划。

第十九条　经依法批准的保护规划，不得擅自修改；确需修改的，保护规划的组织编制机关应当向原审批机关提出专题报告，经同意后，方可编制修改方案。修改后的保护规划，应当按照原审批程序报送审批。

第二十条　国务院建设主管部门会同国务院文物主管部门应当加强对保护规划实施情况的监督检查。

县级以上地方人民政府应当加强对本行政区域保护规划实施情况的监督检查，并对历史文化名城、名镇、名村保护状况进行评估；对发现的问题，应当及时纠正、处理。

第四章　保护措施

第二十一条　历史文化名城、名镇、名村应当整体保护，保持传统格局、历史风貌和空间尺度，不得改变与其相互依存的自然景观和环境。

第二十二条　历史文化名城、名镇、名村所在地县级以上地方人民政府应当根据当地经济社会发展水平，按照保护规划，控制历史文化名城、名镇、名村的人口数量，改善历史文化名城、名镇、名村的基础设施、公共服务设施和居住环境。

第二十三条　在历史文化名城、名镇、名村保护范围内从事建设活动，应当符合保护规划的要求，不得损害历史文化遗产的真实性和完整性，不得对其传统格局和历史风貌构成破坏性影响。

第二十四条　在历史文化名城、名镇、名村保护范围内禁止进行下列活动：

（一）开山、采石、开矿等破坏传统格局和历史风貌的活动；

（二）占用保护规划确定保留的园林绿地、河湖水系、道路等；

（三）修建生产、储存爆炸性、易燃性、放射性、毒害性、腐蚀性物品的工厂、仓库等；

（四）在历史建筑上刻划、涂污。

第二十五条　在历史文化名城、名镇、名村保护范围内进行下列活动，应当保护其传统格局、历史风貌和历史建筑；制订保护方案，经城市、县人民政府城乡规划主管部门会同同级文物主管部门批准，并依照有关法律、法规的规定办理相关手续：

（一）改变园林绿地、河湖水系等自然状态的活动；

（二）在核心保护范围内进行影视摄制、举办大型群众性活动；

（三）其他影响传统格局、历史风貌或者历史建筑的活动。

第二十六条　历史文化街区、名镇、名村建设控制地带内的新建建筑物、构筑物，应当符合保护规划确定的建设控制要求。

第二十七条　对历史文化街区、名镇、名村核心保护范围内的建筑物、构筑物，应当区分不同情况，采取相应措施，实行分类保护。

历史文化街区、名镇、名村核心保护范围内的历史建筑，应当保持原有的高度、体量、外观形象及色彩等。

第二十八条　在历史文化街区、名镇、名村核心保护范围内，不得进行新建、扩建活动。但是，新建、扩建必要的基础设施和公共服务设施除外。

在历史文化街区、名镇、名村核心保护范围内，新建、扩建必要的基础设施和公共服务设施的，城市、县人民政府城乡规划主管部门核发建设工程规划许可证、乡村建设规划许可证前，应当征求同级文物主管部门的意见。

在历史文化街区、名镇、名村核心保护范围内，拆除历史建筑以外的建筑物、构筑物或者其他设施的，应当经城市、县人民政府城乡规划主管部门会同同级文物主管部门批准。

第二十九条　审批本条例第二十八条规定的建设活动，审批机关应当组织专家论证，并将审批事项予以公示，征求公众意见，告知利害关系人有要求举行听证的权利。公示时间不得少于20日。

利害关系人要求听证的，应当在公示期间提出，审批机关应当在公示期满后及时举行听证。

第三十条　城市、县人民政府应当在历史文化街区、名镇、名村核心保护范围的主要出入口设置标志牌。

任何单位和个人不得擅自设置、移动、涂改或者损毁标志牌。

第三十一条　历史文化街区、名镇、名村核心保护范围内的消防设施、消防通道，应当按照有关的消防技术标准和规范设置。确因历史文化街区、名镇、名村的保护需要，无法按照标准和规范设置的，由城市、县人民政府公安机关消防机构会同同级城乡规划主管部门制订相应的防火安全保障方案。

第三十二条　城市、县人民政府应当对历史建筑设置保护标志，建立历史建筑档案。

历史建筑档案应当包括下列内容：

（一）建筑艺术特征、历史特征、建设年代及稀有程度；

（二）建筑的有关技术资料；

（三）建筑的使用现状和权属变化情况；

（四）建筑的修缮、装饰装修过程中形成的文字、图纸、图片、影像等资料；

（五）建筑的测绘信息记录和相关资料。

第三十三条　历史建筑的所有权人应当按照保护规划的要求，负责历史建筑的维护和修缮。

县级以上地方人民政府可以从保护资金中对历史建筑的维护和修缮给予补助。

历史建筑有损毁危险，所有权人不具备维护和修缮能力的，当地人民政府应当采取措施进行保护。

任何单位或者个人不得损坏或者擅自迁移、拆除历史建筑。

第三十四条　建设工程选址，应当尽可能避开历史建筑；因特殊情况不能避开的，应当尽可能实施原址保护。

对历史建筑实施原址保护的，建设单位应当事先确定保护措施，报城市、县人民政府城乡规划主管部门会同同级文物主管部门批准。

因公共利益需要进行建设活动，对历史建筑无法实施原址保护、必须迁移异地保护或者拆除的，应当由城市、县人民政府城乡规划主管部门会同同级文物主管部门，报省、自治区、直辖市人民政府确定的保护主管部门会同同级文物主管部门批准。

本条规定的历史建筑原址保护、迁移、拆除所需费用，由建设单位列入建设工程预算。

第三十五条 对历史建筑进行外部修缮装饰、添加设施以及改变历史建筑的结构或者使用性质的，应当经城市、县人民政府城乡规划主管部门会同同级文物主管部门批准，并依照有关法律、法规的规定办理相关手续。

第三十六条 在历史文化名城、名镇、名村保护范围内涉及文物保护的，应当执行文物保护法律、法规的规定。

第五章 法律责任

第三十七条 违反本条例规定，国务院建设主管部门、国务院文物主管部门和县级以上地方人民政府及其有关主管部门的工作人员，不履行监督管理职责，发现违法行为不予查处或者有其他滥用职权、玩忽职守、徇私舞弊行为，构成犯罪的，依法追究刑事责任；尚不构成犯罪的，依法给予处分。

第三十八条 违反本条例规定，地方人民政府有下列行为之一的，由上级人民政府责令改正，对直接负责的主管人员和其他直接责任人员，依法给予处分：

（一）未组织编制保护规划的；

（二）未按照法定程序组织编制保护规划的；

（三）擅自修改保护规划的；

（四）未将批准的保护规划予以公布的。

第三十九条 违反本条例规定，省、自治区、直辖市人民政府确定的保护主管部门或者城市、县人民政府城乡规划主管部门，未按照保护规划的要求或者未按照法定程序履行本条例第二十五条、第二十八条、第三十四条、第三十五条规定的审批职责的，由本级人民政府或者上级人民政府有关部门责令改正，通报批评；对直接负责的主管人员和其他直接责任人员，依法给予处分。

第四十条 违反本条例规定，城市、县人民政府因保护不力，导致已批准公布的历史文化名城、名镇、名村被列入濒危名单的，由上级人民政府通报批评；对直接负责的主管人员和其他直接责任人员，依法给予处分。

第四十一条 违反本条例规定，在历史文化名城、名镇、名村保护范围内有下列行为之一的，由城市、县人民政府城乡规划主管部门责令停止违法行为、限期恢复原状或者采取其他补救措施；有违法所得的，没收违法所得；逾期不恢复原状或者不采取其他补救措施的，城乡规划主管部门可以指定有能力的单位代为恢复原状或者采取其他补救措施，所需费用由违法者承担；造成严重后果的，对单位并处50万元以上100万元以下的罚款，对个人并处5万元以上10万元以下的罚款；造成损失的，依法承担赔偿责任：

（一）开山、采石、开矿等破坏传统格局和历史风貌的；

（二）占用保护规划确定保留的园林绿地、河湖水系、道路等的；

（三）修建生产、储存爆炸性、易燃性、放射性、毒害性、腐蚀性物品的工厂、仓库等的。

第四十二条　违反本条例规定，在历史建筑上刻划、涂污的，由城市、县人民政府城乡规划主管部门责令恢复原状或者采取其他补救措施，处50元的罚款。

第四十三条　违反本条例规定，未经城乡规划主管部门会同同级文物主管部门批准，有下列行为之一的，由城市、县人民政府城乡规划主管部门责令停止违法行为、限期恢复原状或者采取其他补救措施；有违法所得的，没收违法所得；逾期不恢复原状或者不采取其他补救措施的，城乡规划主管部门可以指定有能力的单位代为恢复原状或者采取其他补救措施，所需费用由违法者承担；造成严重后果的，对单位并处5万元以上10万元以下的罚款，对个人并处1万元以上5万元以下的罚款；造成损失的，依法承担赔偿责任：

（一）改变园林绿地、河湖水系等自然状态的；

（二）进行影视摄制、举办大型群众性活动的；

（三）拆除历史建筑以外的建筑物、构筑物或者其他设施的；

（四）对历史建筑进行外部修缮装饰、添加设施以及改变历史建筑的结构或者使用性质的；

（五）其他影响传统格局、历史风貌或者历史建筑的。

有关单位或者个人经批准进行上述活动，但是在活动过程中对传统格局、历史风貌或者历史建筑构成破坏性影响的，依照本条第一款规定予以处罚。

第四十四条　违反本条例规定，损坏或者擅自迁移、拆除历史建筑的，由城市、县人民政府城乡规划主管部门责令停止违法行为、限期恢复原状或者采取其他补救措施；有违法所得的，没收违法所得；逾期不恢复原状或者不采取其他补救措施的，城乡规划主管部门可以指定有能力的单位代为恢复原状或者采取其他补救措施，所需费用由违法者承担；造成严重后果的，对单位并处20万元以上50万元以下的罚款，对个人并处10万元以上20万元以下的罚款；造成损失的，依法承担赔偿责任。

第四十五条　违反本条例规定，擅自设置、移动、涂改或者损毁历史文化街区、名镇、名村标志牌的，由城市、县人民政府城乡规划主管部门责令限期改正；逾期不改正的，对单位处1万元以上5万元以下的罚款，对个人处1000元以上1万元以下的罚款。

第四十六条　违反本条例规定，对历史文化名城、名镇、名村中的文物造成损毁的，依照文物保护法律、法规的规定给予处罚；构成犯罪的，依法追究刑事责任。

第六章　附则

第四十七条　本条例下列用语的含义：

（一）历史建筑，是指经城市、县人民政府确定公布的具有一定保护价值，能够反映历史风貌和地方特色，未公布为文物保护单位，也未登记为不可移动文物的建筑物、构筑物。

（二）历史文化街区，是指经省、自治区、直辖市人民政府核定公布的保存文物特别丰富、历史建筑集中成片、能够较完整和真实地体现传统格局和历史风貌，并具有一定规模的区域。

历史文化街区保护的具体实施办法，由国务院建设主管部门会同国务院文物主管部门制定。

第四十八条　本条例自2008年7月1日起施行。

中华人民共和国非物质文化遗产法

（第十一届全国人民代表大会常务委员会第十九次会议2011年2月25日通过）

第一章　总则

第一条　为了继承和弘扬中华民族优秀传统文化，促进社会主义精神文明建设，加强非物质文化遗产保护、保存工作，制定本法。

第二条　本法所称非物质文化遗产，是指各族人民世代相传并视为其文化遗产组成部分的各种传统文化表现形式，以及与传统文化表现形式相关的实物和场所。包括：

（一）传统口头文学以及作为其载体的语言；

（二）传统美术、书法、音乐、舞蹈、戏剧、曲艺和杂技；

（三）传统技艺、医药和历法；

（四）传统礼仪、节庆等民俗；

（五）传统体育和游艺；

（六）其他非物质文化遗产。

属于非物质文化遗产组成部分的实物和场所，凡属文物的，适用《中华人民共和国文物保护法》的有关规定。

第三条　国家对非物质文化遗产采取认定、记录、建档等措施予以保存，对体现中华民族优秀传统文化，具有历史、文学、艺术、科学价值的非物质文化遗产采取传承、传播等措施予以保护。

第四条　保护非物质文化遗产，应当注重其真实性、整体性和传承性，有利于增强中华民族的文化认同，有利于维护国家统一和民族团结，有利于促进社会和谐和可持续发展。

第五条　使用非物质文化遗产，应当尊重其形式和内涵。

禁止以歪曲、贬损等方式使用非物质文化遗产。

第六条 县级以上人民政府应当将非物质文化遗产保护、保存工作纳入本级国民经济和社会发展规划，并将保护、保存经费列入本级财政预算。

国家扶持民族地区、边远地区、贫困地区的非物质文化遗产保护、保存工作。

第七条 国务院文化主管部门负责全国非物质文化遗产的保护、保存工作；县级以上地方人民政府文化主管部门负责本行政区域内非物质文化遗产的保护、保存工作。

县级以上人民政府其他有关部门在各自职责范围内，负责有关非物质文化遗产的保护、保存工作。

第八条 县级以上人民政府应当加强对非物质文化遗产保护工作的宣传，提高全社会保护非物质文化遗产的意识。

第九条 国家鼓励和支持公民、法人和其他组织参与非物质文化遗产保护工作。

第十条 对在非物质文化遗产保护工作中做出显著贡献的组织和个人，按照国家有关规定予以表彰、奖励。

第二章 非物质文化遗产的调查

第十一条 县级以上人民政府根据非物质文化遗产保护、保存工作需要，组织非物质文化遗产调查。非物质文化遗产调查由文化主管部门负责进行。

县级以上人民政府其他有关部门可以对其工作领域内的非物质文化遗产进行调查。

第十二条 文化主管部门和其他有关部门进行非物质文化遗产调查，应当对非物质文化遗产予以认定、记录、建档，建立健全调查信息共享机制。

文化主管部门和其他有关部门进行非物质文化遗产调查，应当收集属于非物质文化遗产组成部分的代表性实物，整理调查工作中取得的资料，并妥善保存，防止损毁、流失。其他有关部门取得的实物图片、资料复制件，应当汇交给同级文化主管部门。

第十三条 文化主管部门应当全面了解非物质文化遗产有关情况，建立非物质文化遗产档案及相关数据库。除依法应当保密的外，非物质文化遗产档案及相关数据信息应当公开，便于公众查阅。

第十四条 公民、法人和其他组织可以依法进行非物质文化遗产调查。

第十五条 境外组织或者个人在中华人民共和国境内进行非物质文化遗产调查，应当报经省、自治区、直辖市人民政府文化主管部门批准；调查在两个以上省、自治区、直辖市行政区域进行的，应当报经国务院文化主管部门批准；调查结束后，应当向批准调查的文化主管部门提交调查报告和调查中取得的实物图片、资料复制件。

境外组织在中华人民共和国境内进行非物质文化遗产调查，应当与境内非物质文化遗产学术研究机构合作进行。

第十六条 进行非物质文化遗产调查，应当征得调查对象的同意，尊重其风俗习惯，不得损害其合法权益。

第十七条　对通过调查或者其他途径发现的濒临消失的非物质文化遗产项目，县级人民政府文化主管部门应当立即予以记录并收集有关实物，或者采取其他抢救性保存措施；对需要传承的，应当采取有效措施支持传承。

第三章　非物质文化遗产代表性项目名录

第十八条　国务院建立国家级非物质文化遗产代表性项目名录，将体现中华民族优秀传统文化，具有重大历史、文学、艺术、科学价值的非物质文化遗产项目列入名录予以保护。

省、自治区、直辖市人民政府建立地方非物质文化遗产代表性项目名录，将本行政区域内体现中华民族优秀传统文化，具有历史、文学、艺术、科学价值的非物质文化遗产项目列入名录予以保护。

第十九条　省、自治区、直辖市人民政府可以从本省、自治区、直辖市非物质文化遗产代表性项目名录中向国务院文化主管部门推荐列入国家级非物质文化遗产代表性项目名录的项目。推荐时应当提交下列材料：

（一）项目介绍，包括项目的名称、历史、现状和价值；

（二）传承情况介绍，包括传承范围、传承谱系、传承人的技艺水平、传承活动的社会影响；

（三）保护要求，包括保护应当达到的目标和应当采取的措施、步骤、管理制度；

（四）有助于说明项目的视听资料等材料。

第二十条　公民、法人和其他组织认为某项非物质文化遗产体现中华民族优秀传统文化，具有重大历史、文学、艺术、科学价值的，可以向省、自治区、直辖市人民政府或者国务院文化主管部门提出列入国家级非物质文化遗产代表性项目名录的建议。

第二十一条　相同的非物质文化遗产项目，其形式和内涵在两个以上地区均保持完整的，可以同时列入国家级非物质文化遗产代表性项目名录。

第二十二条　国务院文化主管部门应当组织专家评审小组和专家评审委员会，对推荐或者建议列入国家级非物质文化遗产代表性项目名录的非物质文化遗产项目进行初评和审议。

初评意见应当经专家评审小组成员过半数通过。专家评审委员会对初评意见进行审议，提出审议意见。

评审工作应当遵循公开、公平、公正的原则。

第二十三条　国务院文化主管部门应当将拟列入国家级非物质文化遗产代表性项目名录的项目予以公示，征求公众意见。公示时间不得少于二十日。

第二十四条　国务院文化主管部门根据专家评审委员会的审议意见和公示结果，拟订国家级非物质文化遗产代表性项目名录，报国务院批准、公布。

第二十五条　国务院文化主管部门应当组织制定保护规划，对国家级非物质文化遗产代表性项目予以保护。

省、自治区、直辖市人民政府文化主管部门应当组织制定保护规划，对本级人民政府批准公布的地方非物质文化遗产代表性项目予以保护。

制定非物质文化遗产代表性项目保护规划，应当对濒临消失的非物质文化遗产代表性项目予以重点保护。

第二十六条　对非物质文化遗产代表性项目集中、特色鲜明、形式和内涵保持完整的特定区域，当地文化主管部门可以制定专项保护规划，报经本级人民政府批准后，实行区域性整体保护。确定对非物质文化遗产实行区域性整体保护，应当尊重当地居民的意愿，并保护属于非物质文化遗产组成部分的实物和场所，避免遭受破坏。

实行区域性整体保护涉及非物质文化遗产集中地村镇或者街区空间规划的，应当由当地城乡规划主管部门依据相关法规制定专项保护规划。

第二十七条　国务院文化主管部门和省、自治区、直辖市人民政府文化主管部门应当对非物质文化遗产代表性项目保护规划的实施情况进行监督检查；发现保护规划未能有效实施的，应当及时纠正、处理。

第四章　非物质文化遗产的传承与传播

第二十八条　国家鼓励和支持开展非物质文化遗产代表性项目的传承、传播。

第二十九条　国务院文化主管部门和省、自治区、直辖市人民政府文化主管部门对本级人民政府批准公布的非物质文化遗产代表性项目，可以认定代表性传承人。

非物质文化遗产代表性项目的代表性传承人应当符合下列条件：

（一）熟练掌握其传承的非物质文化遗产；

（二）在特定领域内具有代表性，并在一定区域内具有较大影响；

（三）积极开展传承活动。

认定非物质文化遗产代表性项目的代表性传承人，应当参照执行本法有关非物质文化遗产代表性项目评审的规定，并将所认定的代表性传承人名单予以公布。

第三十条　县级以上人民政府文化主管部门根据需要，采取下列措施，支持非物质文化遗产代表性项目的代表性传承人开展传承、传播活动：

（一）提供必要的传承场所；

（二）提供必要的经费资助其开展授徒、传艺、交流等活动；

（三）支持其参与社会公益性活动；

（四）支持其开展传承、传播活动的其他措施。

第三十一条　非物质文化遗产代表性项目的代表性传承人应当履行下列义务：

（一）开展传承活动，培养后继人才；

（二）妥善保存相关的实物、资料；

（三）配合文化主管部门和其他有关部门进行非物质文化遗产调查；

（四）参与非物质文化遗产公益性宣传。

非物质文化遗产代表性项目的代表性传承人无正当理由不履行前款规定义务的，文化主管部门可以取消其代表性传承人资格，重新认定该项目的代表性传承人；丧失传承能力的，文化主管部门可以重新认定该项目的代表性传承人。

第三十二条　县级以上人民政府应当结合实际情况，采取有效措施，组织文化主管部门和其他有关部门宣传、展示非物质文化遗产代表性项目。

第三十三条　国家鼓励开展与非物质文化遗产有关的科学技术研究和非物质文化遗产保护、保存方法研究，鼓励开展非物质文化遗产的记录和非物质文化遗产代表性项目的整理、出版等活动。

第三十四条　学校应当按照国务院教育主管部门的规定，开展相关的非物质文化遗产教育。新闻媒体应当开展非物质文化遗产代表性项目的宣传，普及非物质文化遗产知识。

第三十五条　图书馆、文化馆、博物馆、科技馆等公共文化机构和非物质文化遗产学术研究机构、保护机构以及利用财政性资金举办的文艺表演团体、演出场所经营单位等，应当根据各自业务范围，开展非物质文化遗产的整理、研究、学术交流和非物质文化遗产代表性项目的宣传、展示。

第三十六条　国家鼓励和支持公民、法人和其他组织依法设立非物质文化遗产展示场所和传承场所，展示和传承非物质文化遗产代表性项目。

第三十七条　国家鼓励和支持发挥非物质文化遗产资源的特殊优势，在有效保护的基础上，合理利用非物质文化遗产代表性项目开发具有地方、民族特色和市场潜力的文化产品和文化服务。

开发利用非物质文化遗产代表性项目的，应当支持代表性传承人开展传承活动，保护属于该项目组成部分的实物和场所。

县级以上地方人民政府应当对合理利用非物质文化遗产代表性项目的单位予以扶持。单位合理利用非物质文化遗产代表性项目的，依法享受国家规定的税收优惠。

第五章　法律责任

第三十八条　文化主管部门和其他有关部门的工作人员在非物质文化遗产保护、保存工作中玩忽职守、滥用职权、徇私舞弊的，依法给予处分。

第三十九条　文化主管部门和其他有关部门的工作人员进行非物质文化遗产调查时侵犯调查对象风俗习惯，造成严重后果的，依法给予处分。

第四十条　违反本法规定，破坏属于非物质文化遗产组成部分的实物和场所的，依法承担民事责任；构成违反治安管理行为的，依法给予治安管理处罚。

第四十一条　境外组织违反本法第十五条规定的，由文化主管部门责令改正，给予警告，没收违法所得及调查中取得的实物、资料；情节严重的，并处十万元以上五十万元以下的罚款。

境外个人违反本法第十五条第一款规定的，由文化主管部门责令改正，给予警告，没收违法所得及调查中取得的实物、资料；情节严重的，并处一万元以上五万元以下的罚款。

第四十二条　违反本法规定，构成犯罪的，依法追究刑事责任。

第六章　附则

第四十三条　建立地方非物质文化遗产代表性项目名录的办法，由省、自治区、直辖市参照本法有关规定制定。

第四十四条　使用非物质文化遗产涉及知识产权的，适用有关法律、行政法规的规定。

对传统医药、传统工艺美术等的保护，其他法律、行政法规另有规定的，依照其规定。

第四十五条　本法自2011年6月1日起施行。

国务院关于进一步做好旅游等开发
建设活动中文物保护工作的意见

国发〔2012〕63号

各省、自治区、直辖市人民政府，国务院各部委、各直属机构：

我国是历史悠久的文明古国，拥有极其丰富的文物资源。各类文物既是中华民族优秀传统文化的重要载体，也是旅游业可持续发展的重要基础。国家高度重视在旅游等开发建设活动中的文物保护工作，采取了一系列措施，既确保了文物安全，又有效利用了文物资源。但是也存在有的地方违法转让、抵押国有不可移动文物，将国有不可移动文物作为企业资产经营，过度开发利用文物资源、导致文物破坏或损毁，甚至擅自拆除文物古迹和历史文化街区、村镇以及历史建筑等问题。为进一步做好旅游等开发建设活动中的文物保护工作，现提出以下意见：

一、严格执行文物保护法律法规。国有不可移动文物不得转让、抵押，不得作为企业资产经营。文物古迹和历史建筑应当尽可能实施原址保护，不得擅自拆除、迁移。对于历史文化街区、村镇，要逐步改善基础设施、公共服务设施和居住环境，不得擅自拆除。国有不可移动文物已经全部毁坏的，不得擅自在原址重建、复建。辟为参观游览场所的国有文物保护单位，所在地人民政府应当依法设立专门机构负责管理，不得将文物保护单位管理机构作为企业的下属机构或交由企业管理。国有其他文物也要按照文物保护法律法规严格管理，不得赠予、出租或者出售给其他单位、个人，也不得抵押或作为企业资产经营。

二、严格履行涉及文物的旅游等开发建设活动审批。要加强各级文物保护单位的规划编制工作，提高规划的科学性。各地编制旅游等开发建设规划要符合城乡规划，并与文物保护单位的规划相衔接，坚持文物保护优先，把文物安全放在首位。旅游等开发建设项目要严格履行基本建设审批程序。在文物保护单位和历史文化街区、村镇以及历史建筑的保护范围和建设控制地带内实施建设工程的，要事先依法征得文物行政部门同意，报城乡规划部门批准；未经文物行政部门同意的，不得立项，更不得开工建设。

三、合理确定文物景区游客承载标准。文物、旅游等部门要立足文物安全，科学评估文物资源状况和游客流量，合理确定文物旅游景区的游客承载标准，并向社会公布。对于古遗址、古建筑、石窟寺等易受损害的文物资源，要通过预约参观、错峰参观等方式调节旅游旺季的游客人数，防止背离文物旅游景区实际、片面追求游客规模。要定期对利用古遗址、古建筑、石窟寺等易受损害的文物资源开展旅游等开发情况进行安全评估，对可能造成文物资源破坏的要及时采取保护措施，确保文物安全。

四、加大对文物保护的投入。各级人民政府要将文物保护经费列入本级财政预算，保证财政拨款随着财政收入增长而增加。要切实保障文物保护单位的日常维护经费和文物保护的抢救性投入。要加大基础建设投入，改善文物本体及其环境状况，加强文物保护基础设施和安全设施建设。国有文物保护单位的事业性收入应当专门用于文物保护。鼓励社会力量采取捐赠、设立文物保护社会基金等方式参与文物保护。文物旅游景区经营性收入要优先用于文物保护，具体比例由地方人民政府确定。文物保护单位管理机构要加强资金管理，严格遵守财务制度，提高资金使用效益。

五、加强文物旅游的指导和监管。旅游、文物等部门要把依法保护文物、确保文物安全列入旅游景区质量标准管理体系。对文物保护与安全管理规定不落实，造成文物破坏、损毁的，要依照相关规定处理并通报批评，涉嫌违法的要依法追究相关单位和人员责任。要建立文物旅游突发事件应急预警机制、巡视检查制度、专家咨询制度，定期组织评估文物保护与旅游发展状况并向社会公布，促进文物保护和文物资源的合理利用。

六、切实落实文物保护责任。县级以上地方人民政府及其文物行政部门是文物保护的第一责任人。地方各级人民政府要切实加强对文物保护工作的领导，把文物保护事业纳入本级国民经济和社会发展规划，加强文物保护机构队伍建设，定期解决文物保护面临的问题。国务院每两年组织开展一次文物保护法律法规落实情况检查，对领导不力、玩忽职守、决策失误，造成文物破坏损毁的，要严肃追究责任。

七、认真履行文物保护职责。进一步发挥全国文物安全工作部际联席会议制度的作用，对各地在旅游等开发建设活动中文物保护情况进行督导。文物行政部门要加强对文物保护的监督管理，统筹协调和指导文物保护工作，履行文物行政执法督察职责；旅游部门要在发展旅游中切实落实文物保护的相关规定；发展改革部门要加大对文物保护设施的投入，把好文物旅游基本建设项目立项审批关；财政部门要加大文物保护经费的投入，加强经费使用的监督管理；国土资源部门要加强对国有不可移动文物、考古遗址等重点文物保护用地及规划的监管；城乡规划、文物部门要加强对历史文化名城和历史文化街区、村镇以及历史建筑的保护；公安部门要加强对损毁文物特别是国家保护的珍贵文物或损毁全国重点文物保护单位、省级文物保护单位的违法犯罪活动的查处力度。

八、依法纠正违法违规行为。各地要对本行政区域内旅游等开发建设活动中涉及文物古迹和历史文化街区、村镇以及历史建筑等的保护情况进行一次检查，全面摸清有关情况，依法纠正违法违规行为：

（一）对于将国有不可移动文物转让、抵押的，要限期改正，予以回购、终止抵押。对于将国有不可移动文物作为企业资产经营的，要限期将其从企业资产中剥离；暂不具备剥离条件的，可以设定过渡期，并由省级人民政府向国务院报告。

（二）对于游客接待量超过承载量，造成文物破坏或可能造成文物安全隐患的，要限期改正。

（三）对于擅自拆除文物古迹和历史文化街区、村镇以及历史建筑的，由县级以上地方人民政府或其城乡规划、文物等部门依法定职权责令停止违法行为、限期恢复原状或者采取其他补救措施。历史文化街区、村镇遭到严重破坏的，由批准机关撤销历史文化街区、村镇称号。

（四）对于将文物保护单位管理机构作为企业的下属机构或交由企业管理的，要从企业中分离，恢复文物保护单位管理机构的事业单位性质，交由文物行政部门管理。

（五）对于把历史文化街区、村镇整体出让给企业管理经营的，要予以纠正。暂不具备条件的，应当由省级人民政府向国务院说明情况。

在检查工作中，对涉嫌违法的行为，要依法追究相关单位和人员的法律责任。检查结束后，各省、自治区、直辖市人民政府要在2013年5月底前将检查情况上报国务院。国务院将组织督查组对各地检查情况进行督导。

国务院

2012年12月19日

住房和城乡建设部、文化部、财政部关于
做好2013年中国传统村落保护发展工作的通知

各省、自治区、直辖市住房城乡建设厅（建委、农委）、文化厅（局）、财政厅（局），计划单列市建委（建设局）、文化局、财政局：

为贯彻落实《中共中央、国务院关于加快发展现代农业进一步增强农村发展活力的若干意见》（中发〔2013〕1号）关于加大力度保护传统村落和民居的精神，现就做好2013年中国

传统村落保护发展工作通知如下。

一、工作目标与原则

2013年中国传统村落保护发展工作的目标是做好基础性工作。通过科学调查，掌握传统村落现状，建立中国传统村落档案；完成保护发展规划编制。

做好2013年中国传统村落保护发展工作，要坚持以下原则：

打好基础，循序渐进开展工作。做好中国传统村落档案建立、保护发展规划编制等基础性工作，循序渐进稳步开展传统风貌保护修复、人居环境改善、产业提升发展等工作，逐步建立中国传统村落保护发展长效机制。

保护为主，建立规划协调实施机制。以保护发展规划统筹确定传统建筑修复整治、产业发展等建设项目内容及时序，协调规范村落内开发建设活动。

探索模式，逐步改善生产生活条件。积极探索并完善保护发展技术模式和管理体制，逐步配套完善村落基础设施和公共服务，增强村落发展活力。

政府引导，建立全社会保护责任机制。建立公众参与的保护发展责任机制，政府支持保护发展规划编制、基础设施和公共服务配套，引导传统建筑修复，引导社会各界积极参与，村集体和当地居民承担相应的保护责任。

二、建立中国传统村落档案

省级住房城乡建设、文化、财政部门（以下简称省级部门）要尽快组织对第一批已列入中国传统村落名录村落的科学调查，完成中国传统村落档案的制作。科学调查应严格按照中国传统村落档案制作要求（见附件）进行。科学调查完成后，按"一村一档"建立中国传统村落档案。档案成果以纸质和电子文件形式制作，两种文件的数据要完全一致。省级部门应将档案成果于2013年10月底前上报住房城乡建设部。

三、完成保护发展规划编制

省级部门要抓紧组织第一批列入中国传统村落名录但尚未编制规划的村落的保护发展规划编制。保护发展规划的基本内容、成果和深度首先要符合《住房城乡建设部关于做好2013年全国村庄规划试点工作的通知》（建村〔2013〕35号）关于村庄规划编制的一般要求，在此基础上重点做好各类传统资源的特征分析、分级分类确定保护对象和保护范围、根据不同类传统资源的保护需求制定保护要求和保护传承措施等规划内容的编制，妥善处理好改善村民生产生活条件与保持村落整体风貌、延续传统生活的关系，并明确保护发展规划的实施机制。其中，确定保护对象和保护范围要符合有关法律法规的规定，集中反映村落保护价值的重点地段要达到修建性详细规划深度，典型传统建筑的修复整治要达到建筑设计方案深度。

省级部门要在2013年年底前完成规划审查并将成果报住房城乡建设部备案。

四、明确保护发展工作责任

住房城乡建设部、文化部、财政部负责全国传统村落保护发展工作的组织领导，建立中国传统村落档案管理信息系统，指导、督促省级部门做好科学调查、档案建立、保护发展规划编制等工作，并组织工作检查和质量抽查。

省级部门负责本地区传统村落保护发展工作，组织开展传统村落科学调查和档案建立工作，并进行逐村验收，提出规划编制单位选择条件和推荐单位名录，审查保护发展规划。

县级住房城乡建设、文化、财政部门负责本地区传统村落科学调查、档案建立、保护发展规划编制的具体组织实施，其中保护发展规划编制要在省级部门提出的推荐单位名录中公开择优确定编制单位。传统村落所在乡镇政府要配备专门的工作人员，配合县级部门做好传统村落保护发展各项工作。

附件：中国传统村落档案制作要求

中华人民共和国住房和城乡建设部
中华人民共和国文化部
中华人民共和国财政部
2013年7月1日

传统村落保护发展规划编制基本要求（试行）

为切实加强传统村落保护，促进城乡协调发展，根据《中华人民共和国城乡规划法》、《中华人民共和国文物保护法》、《中华人民共和国非物质文化遗产法》、《村庄和集镇规划建设管理条例》、《历史文化名城名镇名村保护条例》等有关规定，制定传统村落保护发展规划编制基本要求（试行），适用于各级传统村落保护发展规划的编制。

一、规划任务

传统村落保护发展规划必须完成以下任务：调查村落传统资源，建立传统村落档案，确定保护对象，划定保护范围并制订保护管理规定，提出传统资源保护以及村落人居环境改善的措施。

二、总体要求

编制保护发展规划，要坚持保护为主、兼顾发展，尊重传统、活态传承，符合实际、农民主体的原则，注重多专业结合的科学决策，广泛征求政府、专家和村民的意见，提高规划的实用性和质量。有条件的村落，要在满足本要求的基础上，根据村落实际需求结合经济发展条件，进一步拓展深化规划的内容和深度。

三、传统资源调查与档案建立

保护发展规划应对传统村落有保护价值的物质形态和非物质形态资源进行系统而详尽的调查，并建立传统村落档案。调查范围包括村落及其周边与村落有较为紧密的视觉、文化关联的区域。调查内容、调查要求以及档案制作参照《住房城乡建设部 文化部 财政部关于做好2013年中国传统村落保护发展工作的通知》（建村〔2013〕102号）进行。

四、传统村落特征分析与价值评价

对村落选址与自然景观环境特征、村落传统格局和整体风貌特征、传统建筑特征、历史环境要素特征、非物质文化遗产特征进行分析。通过与较大区域范围（地理区域、文化区域、民族区域）以及邻近区域内其他村落的比较，综合分析传统村落的特点，评估其历史、艺术、科学、社会等价值。对各种不利于传统资源保护的因素进行分析，并评估这些因素威胁传统村落的程度。

五、传统村落保护规划基本要求

（一）明确保护对象

依据传统村落调查与特征分析结果，明确传统资源保护对象，对各类各项传统资源分类分级进行保护。

（二）划定保护区划

传统村落应整体进行保护，将村落及与其有重要视觉、文化关联的区域整体划为保护区加以保护；村域范围内的其他传统资源亦应划定相应的保护区；要针对不同范围的保护要求制订相应的保护管理规定。保护区划的划定方法与保护管理规定可参照《历史文化名城名镇名村保护规划编制要求（试行）》。

（三）明确保护措施

明确村落自然景观环境保护要求，提出景观和生态修复措施，以及整改办法。明确村落传统格局与整体风貌保护要求，保护村落传统形态、公共空间和景观视廊等，并提出整治措施。保护传统建（构）筑物，参考《历史文化名城名镇名村保护规划编制要求（试行）》提出传统建（构）筑物分类及相应的保护措施。保护传承非物质文化遗产，提出对非物质文化遗产的传承人、场所与线路、有关实物与相关原材料的保护要求与措施，以及管理与扶持、研究与宣教等的规定与措施。

（四）提出规划实施建议

提出保障保护规划实施的各项建议。

（五）确定保护项目

明确5年内拟实施的保护项目、整治改造项目以及各项目的分年度实施计划和资金估算。提出远期实施的保护项目、整治改造项目以及各项目的分年度实施计划。

六、传统村落发展规划基本要求

（一）发展定位分析及建议

分析传统村落的发展环境、保护与发展的优劣势，提出村落发展定位及发展途径的建议。

（二）人居环境规划

改善居住条件，提出传统建筑在提升建筑安全、居住舒适性等方面的引导措施。完善道路交通，在不改变街道空间尺度和风貌的情况下，提出村落的路网规划、交通组织及管理、停车设施规划、公交车站设置、可能的旅游线路组织。提升人居环境，在不改变街道空间尺度和风貌的情况下，提出村落基础设施改善、公共服务提升措施，安排防灾设施。

七、传统村落保护发展规划成果基本要求

保护发展规划成果包括规划文本、规划图纸和附件、规划说明书、传统村落档案。其中规划文本、规划图纸和附件、规划说明书的具体要求参照《历史文化名城名镇名村保护规划编制要求（试行）》。保护发展规划图纸要求如下：

（一）现状分析图

1．村落传统资源分布图。标明村落现状总平面，村落内各类有形传统资源的位置、范围，非物质文化遗产活动场所与线路，村落各主要视觉控制点上的整体风貌等。

2．格局风貌和历史街巷现状图。

3．反映传统建筑年代、质量、风貌、高度等的现状图。

4．基础设施、公共安全设施及公共服务设施等现状图。

（二）保护规划图

1．村落保护区划总图。标绘保护范围及各类保护区和控制界线。

2．建筑分类保护规划图。标绘保护范围内文物保护单位、历史建筑、传统风貌建筑、其他建筑的分类保护措施。其中其他建筑要根据对历史风貌的影响程度进行细分。

（三）发展规划图

1. 道路交通规划图。提出村落路网、交通组织及管理、停车设施规划、公交车站设置、可能的旅游线路组织等。

2. 人居环境改善措施图。提出传统村落基础设施、公共服务设施、防灾减灾改善和提升的规划措施。

各项图纸比例一般用1/2000，也可用1/500或1/5000。地形图比例尺不足用时，应配合手绘图解进行标绘。

关于切实加强中国传统村落保护的指导意见

建村〔2014〕61号

各省、自治区、直辖市住房城乡建设厅（建委，北京市农委）、文化厅（局）、文物局、财政厅（局）：

传统村落传承着中华民族的历史记忆、生产生活智慧、文化艺术结晶和民族地域特色，维系着中华文明的根，寄托着中华各族儿女的乡愁。但是，近一个时期以来，传统村落遭到破坏的状况日益严峻，加强传统村落保护迫在眉睫。为贯彻落实党中央、国务院关于保护和弘扬优秀传统文化的精神，加大传统村落保护力度，现提出以下意见：

一、指导思想、基本原则和主要目标

（一）指导思想。以党的十八大、十八届三中全会精神为指导，深入贯彻落实中央城镇化工作会议、中央农村工作会议、全国改善农村人居环境工作会议精神，遵循科学规划、整体保护、传承发展、注重民生、稳步推进、重在管理的方针，加强传统村落保护，改善人居环境，实现传统村落的可持续发展。

（二）基本原则。坚持因地制宜，防止千篇一律；坚持规划先行，禁止无序建设；坚持保护优先，禁止过度开发；坚持民生为本，反对形式主义；坚持精工细作，严防粗制滥造；坚持民主决策，避免大包大揽。

（三）主要目标。通过中央、地方、村民和社会的共同努力，用3年时间，使列入中国传统村落名录的村落（以下简称中国传统村落）文化遗产得到基本保护，具备基本的生产生活条件、基本的防灾安全保障、基本的保护管理机制，逐步增强传统村落保护发展的综合能力。

二、主要任务

（一）保护文化遗产。保护村落的传统选址、格局、风貌以及自然和田园景观等整体空间形态与环境。全面保护文物古迹、历史建筑、传统民居等传统建筑，重点修复传统建筑集中连片区。保护古路桥涵垣、古井塘树藤等历史环境要素。保护非物质文化遗产以及与其相关的实物和场所。

（二）改善基础设施和公共环境。整治和完善村内道路、供水、垃圾和污水治理等基础设施。完善消防、防灾避险等必要的安全设施。整治文化遗产周边、公共场地、河塘沟渠等公共环境。

（三）合理利用文化遗产。挖掘社会、情感价值，延续和拓展使用功能。挖掘历史科学艺术价值，开展研究和教育实践活动。挖掘经济价值，发展传统特色产业和旅游。

（四）建立保护管理机制。建立健全法律法规，落实责任义务，制定保护发展规划，出台支持政策，鼓励村民和公众参与，建立档案和信息管理系统，实施预警和退出机制。

三、基本要求

（一）保持传统村落的完整性。注重村落空间的完整性，保持建筑、村落以及周边环境的整体空间形态和内在关系，避免"插花"混建和新旧村不协调。注重村落历史的完整性，保护各个时期的历史记忆，防止盲目塑造特定时期的风貌。注重村落价值的完整性，挖掘和保护传统村落的历史、文化、艺术、科学、经济、社会等价值，防止片面追求经济价值。

（二）保持传统村落的真实性。注重文化遗产存在的真实性，杜绝无中生有、照搬抄袭。注重文化遗产形态的真实性，避免填塘、拉直道路等改变历史格局和风貌的行为，禁止没有依据的重建和仿制。注重文化遗产内涵的真实性，防止一味娱乐化等现象。注重村民生产生活的真实性，合理控制商业开发面积比例，严禁以保护利用为由将村民全部迁出。

（三）保持传统村落的延续性。注重经济发展的延续性，提高村民收入，让村民享受现代文明成果，实现安居乐业。注重传统文化的延续性，传承优秀的传统价值观、传统习俗和传统技艺。注重生态环境的延续性，尊重人与自然和谐相处的生产生活方式，严禁以牺牲生态环境为代价过度开发。

四、保护措施

（一）完善名录。继续开展补充调查，摸清传统村落底数，抓紧将有重要价值的村落列入中国传统村落名录。做好村落文化遗产详细调查，按照"一村一档"要求建立中国传统村落档案。统一设置中国传统村落的保护标志，实行挂牌保护。

（二）制定保护发展规划。各地要按照《城乡规划法》以及《传统村落保护发展规划编制基本要求》（建村〔2013〕130号）抓紧编制和审批传统村落保护发展规划。规划审批前应通过住房城乡建设部、文化部、国家文物局、财政部（以下简称四部局）组织的技术审查。涉及文物保护单位的，要编制文物保护规划并履行相关程序后纳入保护发展规划。涉及非物质文化遗产代表性项目保护单位的，要由保护单位制定保护措施，报经评定该项目的文化主管部门同意后，纳入保护发展规划。

（三）加强建设管理。规划区内新建、修缮和改造等建设活动，要经乡镇人民政府初审后报县级住房城乡建设部门同意，并取得乡村建设规划许可，涉及文物保护单位的应征得文物行政部门的同意。严禁拆并中国传统村落。保护发展规划未经批准前，影响整体风貌和传统建筑的建设活动一律暂停。涉及文物保护单位区划内相关建设及文物迁移的，应依法履行报批手续。传统建筑工匠应持证上岗，修缮文物建筑的应同时取得文物保护工程施工专业人员资格证书。

（四）加大资金投入。中央财政考虑传统村落的保护紧迫性、现有条件和规模等差异，在明确各级政府事权和支出责任的基础上，统筹农村环境保护、"一事一议"财政奖补及美丽乡村建设、国家重点文物保护、中央补助地方文化体育与传媒事业发展、非物质文化遗产保护等专项资金，分年度支持中国传统村落保护发展。支持范围包括传统建筑保护利用示范、防灾减灾设施建设、历史环境要素修复、卫生等基础设施完善和公共环境整治、文物保护、国家级非物质文化遗产代表性项目保护。调动中央和地方两个积极性，鼓励地方各级财政在中央补助基础上加大投入力度。引导社会力量通过捐资捐赠、投资、入股、租赁等方式参与保护。探索建立传统建筑认领保护制度。

（五）做好技术指导。四部局制定全国传统村落保护发展规划，组织保护技术开发研究、示范和技术指南编制工作，组织培训和宣传教育。省级住房城乡建设、文化、文物、财政部门（以下简称省级四部门）做好本地区的技术指导工作，成立省级专家组并报四部局备案。每个中国传统村落要确定一名省级专家组成员，参与村内建设项目决策，现场指导传统建筑保护修缮等。

五、组织领导和监督管理

（一）明确责任义务。四部局按照职责分工共同开展传统村落保护工作，公布中国传统村落名录，制定保护发展政策和支持措施，组织、指导和监督保护发展规划的编制和实施、非物质文化遗产保护和传承、文物保护和利用，会同有关部门审核、下达中央财政补助资金。

省级四部门负责本地区的传统村落保护发展工作，编制本地区传统村落保护发展规划，制定支持措施。地市级人民政府负责编制本地区传统村落保护整体实施方案，制定支持措施，建立健全项目库。县级人民政府对本地区的传统村落保护发展负主要责任，负责传统村落保护项目的具体实施。乡镇人民政府要配备专门工作人员，配合做好监督管理。

村集体要根据保护发展规划，将保护要求纳入村规民约，发挥村民民主参与、民主决策、民主管理、民主监督的主体作用。村两委主要负责人要承担村落保护管理的具体工作，应成为保护发展规划编制组主要成员。传统建筑所有者和使用者应当按规划要求进行维护和修缮。

（二）建立保护管理信息系统。四部局建立中国传统村落保护管理信息系统，登记村落各类文化遗产的数量、分布、现状等情况，记录文化遗产保护利用、村内基础设施整治等项目的实施情况。推动建立健全项目库，为传统村落保护项目选择、组织实施、考核验收和监督管理奠定基础。

（三）加强监督检查。四部局组织保护工作的年度检查和不定期抽查，通报检查结果并抄送省级人民政府。省级四部门要组织开展本地区的检查，并于每年2月底前将上年度检查报告报送四部局。四部局将利用中国传统村落保护管理信息系统和中国传统村落网站公开重要信息，鼓励社会监督。项目实施主体应公开项目内容、合同和投资额等，保障村民参与规划、建设、管理和监督的权利。

（四）建立退出机制。村落文化遗产发生较严重破坏时，省级四部门应向村落所在县级人民政府提出濒危警示通报。破坏情况严重并经四部局认定不再符合中国传统村落入选条件的，四部局将该村落从中国传统村落名录予以除名并进行通报。

六、中央补助资金申请、核定与拨付

中央补助资金申请原则上以地级市为单位。省级四部门汇总初审后向四部局提供如下申请材料：申请文件、各地级市整体实施方案（编制要求见附件1）、本地区项目需求汇总表（格式见附件2）、传统村落保护发展规划。相关专项资金管理办法有明确要求的，应当同时按照要求另行上报。2014年申请中央补助的地区，省级四部门应于5月20日前完成报送工作。

四部局根据各地申请材料，研究确定纳入支持的村落范围，结合有关专项资金年度预算安排和项目库的情况，核定各地补助资金额度，并按照原专项资金管理办法下达资金。

各地要按照资金原支持方向使用资金，将中央补助资金用好用实出成效。

附件：1. 地级市传统村落保护整体实施方案编制要求（略）
　　　2. 项目需求表格式（略）

中华人民共和国住房和城乡建设部
中华人民共和国文化部
国家文物局
中华人民共和国财政部
2014年4月25日

住房城乡建设部、文化部、国家文物局关于做好中国传统村落保护项目实施工作的意见

各省、自治区、直辖市住房城乡建设厅（建委）、文化厅（局）、文物局，北京市农委：

根据住房城乡建设部、文化部、国家文物局、财政部（以下简称四部局）《关于切实加强中国传统村落保护的指导意见》（建村[2014]61号），为防止出现盲目建设、过度开发、改造失当等修建性破坏现象，积极稳妥推进中国传统村落保护项目的实施，现提出以下意见：

一、做好规划实施准备。各地要按照《城乡规划法》的规定，抓紧做好已通过四部局技术审查的中国传统村落保护发展规划审批工作，批准后的规划成果要及时在政府网站和当地村落公开。规划确定的项目清单，既要有保护方面的内容，也要有建设发展方面的内容，要符合实际、有操作性，让居民得到实惠。项目实施方案要符合规划确定的建设用地规划条件，涉及文物保护单位的，其文物保护方案需经文物部门审定。四部局将适时组织专家现场抽查规划实施准备情况。

二、挂牌保护文化遗产。规划确定的各类保护对象要实行挂牌保护。严禁拆并中国传统村落，破坏各类保护对象。四部局负责统一设计中国传统村落保护形象标志，县级住房城乡建设、文化、文物部门制作中国传统村落和村内各类保护对象的标识牌，在村口和保护对象的显要处挂出。各级文物保护单位、历史建筑按有关法律法规要求作出标志说明、进行挂牌。

三、严格执行乡村建设规划许可制度。中国传统村落各类项目必须符合保护发展规划要求。保护发展规划范围内的建设项目必须严格按照法定程序执行乡村建设规划许可。乡村建设规划许可应根据保护发展规划确定的传统格局、建筑风格、外观形象、建筑材料、色彩等规划条件核发。涉及文物保护单位的保护范围和建设控制地带的建设项目，须依法履行许可程序。对传统格局、历史风貌及其所依存的整体环境造成破坏的建设项目，不得核发乡村建设规划许可。未经许可建设的各类违章建筑应予拆除。

四、确定驻村专家和村级联络员。中国传统村落各类项目的建设要在专家指导下实施。省级住房城乡建设、文化、文物部门要尽快会同县级有关部门确定驻村专家。重要节点和传统建筑的修缮改造方案未经专家签字同意不得实施；已经批准的文物保护单位保护修缮方案，若做重大修改，应按原程序重新报批。驻村专家要在项目实施前期及期间入村督导，每年驻村时间累计不少于2个月。中国传统村落必须指定1名以上村级联络员。村级联络员应为本村常住居民，热心文化遗产保护，能使用计算机、网络、数码相机、手机等工具，负责宣传保护政策、反映项目实施进展等工作。省级住房城乡建设部门汇总驻村专家、村级联络员名单及联系方式报四部局备案。

五、建立本地传统建筑工匠队伍。传统建筑的修缮应采用传统工艺并由传统建筑工匠承担。传统村落所在地的市县要发现并培育本地传统建筑工匠，聘请优秀传统建筑工匠对本地工匠进行培训。整理并保存传统建筑建造过程的完整记录，总结传统建造技术的优缺点，结合现代技术进行改良提升。

六、稳妥开展传统建筑保护修缮。要优先保护村落内濒危的文物保护单位、历史建筑等文化遗产。重要文化遗产核心保护范围内严重影响整体风貌的建筑可适当拆除，新建建筑要在风貌上与原有建筑保持协调一致。核心保护范围外的风貌不协调建筑可适当进行外观改造，不宜大规模拆除。一般性的传统建筑修缮和改造要谨慎推进，每个中国传统村落可先选择1~3处代表性传统建筑（民居）进行示范改造，在保持传统风貌和建筑形式不变的前提下对室内设施进行现代化提升，避免不经试点示范就盲目大规模推进。传统民居的外观改造要运用传统工艺、使用乡土材料。涉及文物保护单位的保护修缮，应符合文物部门的相关规定。

七、加强公共设施和公共环境整治项目管控。各类公共设施建设和公共环境整治项目不得破坏传统格局，要符合传统村落风貌控制要求，符合规划对设施尺度和规模的控制要求，减少不必要的浪费。污水管线、供水管线和电线改造要与道路改造统筹实施，有条件的可以一次性三线入地。有闲置传统建筑可利用时，村落公共服务设施应优先利用闲置传统建筑，不提倡新建博物馆、陈列室、卫生室、超市等公共类项目。要保持村落整体景观节点传统风貌，严禁进行不符合实际的村口改造，不得将大广场、大型游憩设施、大型旅游设施等生硬嫁接到传统村落。

八、严格控制旅游和商业开发项目。旅游、休闲度假等是传统村落保护利用的重要途径，但要坚持适度有序。各地要从村落经济、交通、资源等条件出发，正确处理资源承载力、村民接受度、经济承受度与村落文化遗产保护间的关系，反复论证旅游和商业开发类项目的可行性，反对不顾现实条件一味发展旅游，反对整村开发和过度商业化。已经实施旅游等项目的村落，要加强村落活态保护，严格控制商业开发的面积，尽量避免和减少对原住居民日常生活的干扰，更不得将村民整体或多数迁出由商业企业统一承包经营，不得不加区分地将沿街民居一律改建商铺，要让传统村落见人见物见生活。

九、建立专家巡查督导机制。未来3年传统村落保护项目实施期间，四部局将组织传统村落保护发展专家委员会及工作组专家分片区巡查传统村落各类项目。专家将依据保护发展规划督导各类项目的实施，提出整改意见，并向四部局及时反馈实施和整治工作情况。

十、探索多渠道、多类型的支持措施。各地要积极探索推动补助、无息贷款、贴息贷款等多种方式综合支持传统民居保护和基础设施建设。县级人民政府要整合各类涉农资金向中国传统村落倾斜。积极探索传统民居产权制度改革，支持开展传统民居产权制度改革试点。鼓励本土能人、企业家回乡及相关社会力量通过捐资、投资、租赁等多渠道参与中国传统村落保护。

十一、完善组织和人员保障。传统村落所在的县（市、区）人民政府要明确1名领导挂帅，统筹协调各项工作，整合资源；乡镇人民政府要明确1名具备一定专业知识和素养的领导具体管理实施项目；县（市、区）相关部门要明确1名建筑、规划或文物保护等专业的驻村专家，对项目实施进行技术指导，鼓励建筑、美术、文化遗产保护等专业的大学生、规划师、建筑师等作为志愿者积极参与；传统村落要聘请1名实践经验丰富的带班工匠主持项目实施。

十二、加强项目实施的检查与监督。传统村落保护项目信息将通过中国传统村落保护项目管理信息系统公开。村委会和项目实施主体应及时在村内公开每个项目的信息，包括项目规模、内容、施工方、合同和投资额等信息。项目实施期间，村级联络员要根据项目进展情况，将工程进度节点照片和重大事项照片及时上传到管理信息系统。四部局将通过中国传统村落网站公开举报电话、邮箱和微信平台，接受公众对各类破坏行为的举报。各地要鼓励社会监督，建立明查和暗访制度，对违反保护发展规划的各类建设和开发行为，发现一起处理一起。省级住房城乡建设、文化、文物、财政部门要组织开展年度工作检查，于每年2月底前将上年度传统村落保护项目实施情况报送四部局。

浙江省历史文化名城名镇名村保护条例

（2012年9月28日浙江省第十一届人民代表大会常务委员会第三十五次会议通过）

第一章　总则

第一条　为了加强历史文化名城、街区、名镇、名村的保护与管理，继承优秀历史文化遗产，根据国务院《历史文化名城名镇名村保护条例》和其他有关法律、行政法规的规定，结合本省实际，制定本条例。

第二条　本省行政区域内历史文化名城、街区、名镇、名村的保护与管理，适用本条例。

本省行政区域内历史建筑的保护与管理，按照本条例有关规定执行。

第三条　各级人民政府负责本行政区域内历史文化名城、街区、名镇、名村的保护与监督管理工作，将历史文化名城、街区、名镇、名村的保护纳入国民经济和社会发展规划，所需资金纳入本级财政预算。

第四条　历史文化名城所在地城市、县人民政府应当成立保护委员会，历史文化街区、名镇、名村所在地城市、县级人民政府可以成立保护委员会。

保护委员会由人民政府负责人、相关部门负责人以及有关专家和公众代表组成，负责研究历史文化名城、街区、名镇、名村保护和管理中的重大问题，协调和监督保护规划的实施等工作。

第五条　县级以上人民政府城乡规划主管部门会同同级文物主管部门，负责本行政区域内历史文化名城、街区、名镇、名村的申报、保护规划的编制与实施、监督检查等具体工作。

其他有关部门应当按照各自职责，共同做好历史文化名城、街区、名镇、名村的保护与监督管理工作。

村（居）民委员会应当配合做好历史文化名城、街区、名镇、名村的保护工作。

第六条　省人民政府和历史文化名城、街区、名镇、名村所在地城市、县级人民政府设立保护专项资金，用于保护规划编制、基础设施和居住环境改善以及历史建筑保护等工作。

保护专项资金的来源包括：

（一）本级财政预算安排的资金；

（二）上级财政专项补助的资金；

（三）境内外单位和个人的捐赠；

（四）其他合法筹集的资金。

第七条　各级人民政府和有关部门应当组织开展历史文化遗产保护的宣传教育活动，普及保护知识，增强全社会保护意识。

第八条　历史文化街区、名镇、名村的保护与监督管理，应当保证原住居民的参与，保障原住居民的合法权益。

各级人民政府应当采取措施，鼓励和支持单位和个人以捐赠、资助、提供技术服务等方式，参与历史文化名城、街区、名镇、名村的保护。

第二章　申报与确定

第九条　历史文化名城包括国家历史文化名城和省历史文化名城。

历史文化名镇、名村和国家历史文化名城的申报、批准和直接确定的条件与程序，依照国务院《历史文化名城名镇名村保护条例》的规定执行。

第十条　具备下列条件的城市，可以申报省历史文化名城：

（一）保存文物特别丰富；

（二）历史建筑集中成片；

（三）保留着传统格局和历史风貌；

（四）历史上曾经作为政治、经济、文化、交通中心或者军事要地，或者发生过重要历史事件，或者其传统产业、历史上建设的重大工程对本地区的发展产生过重要影响；

（五）在所申报的历史文化名城保护范围内有两个以上经省人民政府批准公布的历史文化街区。

第十一条　具备下列条件的街区，可以申报历史文化街区：

（一）保存文物特别丰富；

（二）历史建筑集中成片；

（三）较完整和真实地保留着传统格局和历史风貌；

（四）规模达到国家规定的标准。

第十二条　具备下列条件之一，未公布为文物保护单位或者文物保护点的建筑物、构筑物，可以确定为历史建筑：

（一）建筑样式、结构、材料、施工工艺或者工程技术具有历史、科学、艺术价值的；

（二）反映当地历史文化和民俗传统，具有特定时代特征和地域特色的；

（三）在当地产业发展史上具有一定代表性的作坊、商铺、厂房和仓库；

（四）与历史事件、著名人物有关的近现代建筑物、构筑物；

（五）其他具有历史价值的建筑物、构筑物。

第十三条　申报省历史文化名城或者历史文化街区，应当提交说明下列情况的材料：

（一）历史沿革、地方特色和历史文化价值；

（二）传统格局和历史风貌的现状；

（三）保护范围；

（四）文物保护单位、文物保护点、历史建筑和非物质文化遗产的清单；

（五）保护工作情况、保护目标和保护要求。

申报省历史文化名城，还应当提交历史文化街区的清单和说明材料。

第十四条　申报省历史文化名城或者历史文化街区，由所在地城市、县人民政府提出申请，经省城乡规划主管部门会同省文物主管部门组织有关部门、专家进行论证，提出审查意见，报省人民政府批准公布。

第十五条　城市、县人民政府城乡规划主管部门应当会同同级文物主管部门组织本行政区域的历史建筑普查，提出历史建筑建议名录，并征求利害关系人和专家、公众的意见后，报本级人民政府确定公布。

建筑的所有权人可以向所在地城乡规划主管部门或者文物主管部门提出确定为历史建筑的建议。

第三章　保护规划

第十六条　历史文化名城、街区、名镇、名村经批准公布后，所在地城市、县级人民政府应当自批准公布之日起三十日内通过政府门户网站、现场公告牌、新闻媒体等形式，向社会公布经依法批准的保护范围。

历史文化名城、街区、名镇、名村所在地城市、县级人民政府，应当自批准公布之日起一年内组织编制完成相应的保护规划，并报送省人民政府审批。

第十七条　保护规划应当包括下列主要内容：

（一）保护原则、保护内容和保护范围；

（二）保护措施、改造利用强度和建设控制要求；

（三）传统格局、历史风貌和传统文化生态保护要求；

（四）历史文化街区、名镇、名村的核心保护范围、建设控制地带及其保护要求；

（五）文物保护单位、文物保护点名录及其保护措施；

（六）历史建筑名录及其保护要求；

（七）非物质文化遗产保护传承要求；

（八）保护规划分期实施方案。

第十八条　承担历史文化名城、街区、名镇、名村保护规划编制工作的单位，应当具有甲级城乡规划编制资质，或者同时具有乙级以上城乡规划编制资质和乙级以上文物保护规划编制资质。

第十九条　保护规划报送审批前，组织编制机关应当将保护规划草案予以公告，并通过论证会等方式征求专家和公众的意见。公告时间不少于三十日。

保护规划草案涉及房屋征收、土地征用的，应当举行听证。

组织编制机关应当充分考虑专家和公众的意见，并在报送审批的材料中附具意见采纳情况以及理由；经听证的，还应当附具听证笔录。

第二十条　保护规划报送审批前，应当先经组织编制机关的本级人民代表大会常务委员会审议。保护规划报送审批时，应当将审议意见和根据审议意见修改规划的情况一并报送。

第二十一条　省城乡规划主管部门应当会同省文物主管部门自收到报批的保护规划之日起三个月内，组织有关部门、专家进行审查，提出审查意见，报省人民政府批准。

第二十二条　组织编制机关应当自保护规划批准之日起三十日内公布经依法批准的保护规划。

经依法批准的保护规划是保护和管理历史文化名城、街区、名镇、名村的依据。任何单位和个人应当遵守保护规划，服从规划管理。

第二十三条　经依法批准的历史文化名城、街区、名镇、名村保护规划，不得擅自修改。

有下列情形之一，确需修改保护规划的，城市、县级人民政府应当专题报经省人民政府同意后，方可编制修改方案；修改后的保护规划，应当按照本条例规定的程序重新报送审批和公布：

（一）保护规划所依据的法律、法规发生调整，影响原保护规划实施的；

（二）新发现地下遗址等重要历史文化遗存，确需修改的；

（三）因自然灾害或者重大事故等原因，致使历史文化名城、街区、名镇、名村保护范围内的历史文化遗存与环境发生重大变化的；

（四）因国家重大工程建设，确需修改的。

第二十四条　编制或者修改国民经济和社会发展规划、土地利用总体规划、城乡规划等规划，应当体现历史文化名城、街区、名镇、名村保护的要求。

经依法批准的历史文化街区、名镇、名村保护规划，应当作为建设项目规划许可的依据。历史文化街区、名镇保护范围内的区域，不再编制相应区域的城市、镇控制性详细规划。

第四章　保护措施

第二十五条　历史文化名城、街区、名镇、名村应当整体保护，保持传统格局、历史风貌和空间尺度，不得改变与其相互依存的自然景观和环境。

第二十六条　在历史文化名城、街区、名镇、名村保护范围内禁止进行下列活动：

（一）开山、采石、开矿等破坏传统格局和历史风貌的活动；

（二）占用保护规划确定保留的园林绿地、河湖水系、道路等；

（三）修建生产、储存爆炸性、易燃性、放射性、毒害性、腐蚀性物品的工厂、仓库等；

（四）法律、法规禁止的其他行为。

第二十七条　在历史文化街区、名镇、名村核心保护范围内，不得进行新建、扩建活动。但是，新建、扩建必要的基础设施和公共服务设施除外。

公路、铁路、高压电力线路、输油管线、燃气干线管道不得穿越历史文化街区、名镇、名村核心保护范围；已经建设的，应当按照保护规划逐步迁出。

第二十八条　在历史文化街区、名镇、名村保护范围内的建设活动，城乡规划主管部门依法核发选址意见书、提出规划条件或者核定规划要求前，应当征求同级文物主管部门的意见。

第二十九条　在历史文化街区、名镇、名村保护范围内的建设活动，城乡规划主管部门依法核发建设工程规划许可证或者乡村建设规划许可证前，应当将建设工程设计方案通过政府门户网站、现场公告牌等形式予以公示，征求公众意见，告知利害关系人有要求举行听证的权利。公示时间不少于二十日。必要时，可以组织专家论证。

利害关系人或者公众对建设工程设计方案提出异议的，城乡规划主管部门应当研究处理，并及时回复处理结果。利害关系人要求听证的，应当在公示期间提出，城乡规划主管部门应当在公示期满后及时举行听证。

第三十条　在历史文化街区、名镇、名村保护范围内新建、扩建基础设施以及进行绿化配置的，应当符合国家和省有关标准、规范。确因保护需要，无法按照标准、规范新建、扩建基础设施以及进行绿化配置的，由城市、县人民政府城乡规划主管部门会同相关主管部门制订相应的保障方案，明确相关布局、措施等。

在历史文化街区、名镇、名村保护范围内改建、翻建建筑物，因保持或者恢复其传统格局、历史风貌的需要，难以符合相关建设标准和规范的，在不突破原有建筑基底、建筑高度和建筑面积且不减少相邻居住建筑原有日照时间的前提下，可以办理规划许可手续。

第三十一条　城市、县级人民政府应当在历史文化街区、名镇、名村核心保护范围的主要出入口设置保护标志。保护标志应当在保护规划批准后三个月内设置完毕。

第三十二条　在历史文化街区、名镇、名村保护范围内，因实施保护规划需要依法征收房屋，以及依法批准设置的项目和设施需要停业、转产、关闭或者拆除，导致所有权人或者经营者的合法权益损害的，实施保护规划的人民政府应当依法予以补偿。

第三十三条　县级以上人民政府应当统筹安排建设用地指标，优先保障因历史文化名镇、名村保护规划实施需要进行的农村住宅建设。

第三十四条　城市、县人民政府应当对公布的历史建筑设置保护标志，依照国务院《历史文化名城名镇名村保护条例》规定的要求建立历史建筑档案，并报省城乡规划主管部门和省文物主管部门备案。

第三十五条　对历史建筑应当根据其历史、科学、艺术价值以及存续年份等不同情况，采取相应措施，实行分类保护。

第三十六条　城市、县人民政府城乡规划主管部门应当会同同级文物主管部门编制历史建筑保护图则，报本级人民政府批准后公布。

前款所称历史建筑保护图则，是指为历史建筑的保护、利用提供科学依据，包含历史建筑基本信息、保护范围、使用要求等内容的文本以及图纸。

第三十七条　城市、县人民政府城乡规划主管部门应当根据历史建筑保护图则，将历史建筑的保护和使用要求书面告知所有权人、使用人和物业管理单位。

第三十八条　历史建筑应当按照历史建筑保护图则的要求进行维护和修缮。国有历史建筑由使用人负责维护和修缮；非国有历史建筑由所有权人负责维护和修缮。非国有历史建筑所有权人维护和修缮历史建筑的，城市、县人民政府应当按照规定的标准给予补助。

城市、县人民政府可以与国有历史建筑使用人、非国有历史建筑所有权人签订历史建筑保护协议，对历史建筑的保护义务和享受补助等事项作出约定。

非国有历史建筑有损毁危险，所有权人应当及时予以维护和修缮。所有权人不具备维护和修缮能力的，城市、县人民政府应当采取措施进行保护。

城市、县人民政府应当根据本地实际，自本条例施行之日起一个月内确定负责历史建筑维护和修缮具体工作的部门或者机构，并报省城乡规划主管部门和省文物主管部门备案。

第三十九条　历史建筑可以结合其自身特点进行保护性利用。鼓励利用历史建筑开设博物馆、陈列馆、纪念馆和传统作坊、传统商铺等，对历史文化遗产进行展示。

历史建筑的保护性利用应当与其历史价值、内部结构相适应，不得擅自改变历史建筑主体结构和外观，不得危害历史建筑及其附属设施的安全。

第四十条　禁止任何单位或者个人进行下列活动：

（一）在历史建筑上刻划、涂污；

（二）在历史建筑内堆放易燃、易爆和腐蚀性的物品；

（三）拆卸、转让历史建筑的构件；

（四）擅自对历史建筑进行外部修缮装饰、添加设施以及改变历史建筑的结构或者使用性质；

（五）擅自迁移、拆除历史建筑；

（六）其他损害历史建筑的活动。

第四十一条　在历史文化名城、街区、名镇、名村保护范围内涉及文物和非物质文化遗产保护的，应当执行文物和非物质文化遗产保护相关法律、法规的规定。

第五章　监督检查

第四十二条　县级以上人民政府应当定期组织有关部门和专家对本行政区域内历史文化名城、街区、名镇、名村的保护情况进行检查与评估，检查与评估情况应当向本级人民代表大会常务委员会报告。

第四十三条　历史文化名城、街区、名镇、名村经批准公布后，省城乡规划主管部门应当会同省文物主管部门对保护状况和保护规划编制及实施情况进行定期检查和跟踪监测。

在定期检查和跟踪监测中，发现存在未及时组织编制保护规划、违反保护规划开发建设、对传统格局及历史建筑保护不力等问题的，省城乡规划主管部门应当会同省文物主管部门及时向所在地城市、县级人民政府提出整改意见。

定期检查和跟踪监测信息应当通过政府门户网站、新闻媒体等向社会公布，接受社会监督。

第四十四条　已批准公布的历史文化街区、名镇、名村和省历史文化名城，因保护不力导致历史文化价值受到严重影响的，由省城乡规划主管部门会同省文物主管部门组织专家进行评估论证后，提请省人民政府将其列入濒危名单并公布，并由省人民政府责成所在地城市、县级人民政府限期整改，采取补救措施。

整改期限届满后，由省城乡规划主管部门会同省文物主管部门组织专家进行审核。审核通过的，由省城乡规划主管部门会同省文物主管部门提请省人民政府不再列入濒危名单；审核未通过的，提请省人民政府撤销其称号。

第六章　法律责任

第四十五条　违反本条例规定的行为，法律、行政法规已有法律责任规定的，从其规定。

第四十六条　违反本条例规定，在历史文化名城、街区、名镇、名村保护范围内有下列行为之一的，由城市、县人民政府城乡规划主管部门责令停止违法行为、限期恢复原状或者采取其他补救措施；有违法所得的，没收违法所得；造成严重后果的，对单位并处五十万元以上一百万元以下的罚款，对个人并处五万元以上十万元以下的罚款：

（一）开山、采石、开矿等破坏传统格局和历史风貌的；

（二）占用保护规划确定保留的园林绿地、河湖水系、道路等的；

（三）修建生产、储存爆炸性、易燃性、放射性、毒害性、腐蚀性物品的工厂、仓库等。

在历史文化街区、名镇、名村核心保护范围内实施前款所列行为，造成严重后果的，对单位并处七十万元以上一百万元以下的罚款，对个人并处七万元以上十万元以下的罚款。

第四十七条　违反本条例规定，在历史建筑内堆放易燃、易爆和腐蚀性的物品，或者拆卸、转让历史建筑的构件的，由城市、县人民政府城乡规划主管部门责令停止违法行为、限期恢复原状或者采取其他补救措施；有违法所得的，没收违法所得；造成严重后果的，对单位并处五万元以上十万元以下的罚款，对个人并处一万元以上五万元以下的罚款。

第四十八条　违反本条例规定，城市、县级人民政府有下列情形之一的，由上级人民政府责令改正；对直接负责的主管人员和其他直接责任人员，依法给予处分：

（一）未组织编制保护规划的；

（二）未按照法定程序组织编制保护规划的；

（三）未在规定期限内将保护规划报送审批的；

（四）擅自修改保护规划的；

（五）未将批准的保护规划予以公布的。

第四十九条　违反本条例规定，城市、县级人民政府因保护不力或者决策失误，导致已批准公布的历史文化名城、街区、名镇、名村被列入濒危名单或者撤销称号的，由省人民政府予以通报批评；对直接负责的主管人员和其他直接责任人员，依法给予处分。

第五十条　违反本条例规定，县级以上人民政府及其城乡规划主管部门、文物主管部门以及其他有关部门的工作人员有下列情形之一的，对直接负责的主管人员和其他直接责任人员，依法给予处分：

（一）不依法履行审批职责的；

（二）发现违法行为不依法查处的；

（三）不依法履行监督管理职责的；

（四）其他玩忽职守、徇私舞弊、滥用职权的行为。

第七章　附则

第五十一条　本条例施行前已设立的市县级历史文化保护区，符合规定条件的，所在地城市、县级人民政府可以申报历史文化街区、名镇、名村。

第五十二条　本条例自2012年12月1日起施行。1999年7月25日浙江省第九届人民代表大会常务委员会第十四次会议通过的《浙江省历史文化名城保护条例》同时废止。

［1］（日）森まゆみ：東京遺産：保存から再生・活用へ［M］. 岩波新書，2008.

［2］（日）西村幸夫. 再造魅力故乡——日本传统街区重生［M］. 北京：清华大学出版社，2007.

［3］日本观光资源保护财团编. 历史古都古町保护［M］. 北京：中国建筑工业出版社，1991.

［4］王军. 日本的文化财保护［M］. 北京：文物出版社，1997.

［5］陈志华. 乡土建筑的价值与保护［M］. 北京：中国建材工业出版社，1997.

［6］吴良镛. 城市建设论文集［M］. 北京：燕山出版社，2000.

［7］阮仪三. 历史环境保护的理论与实践［M］. 上海：上海科学技术出版社，2000.

［8］王景慧，阮仪三，王林. 历史文化名城保护与规划［M］. 上海：同济大学出版社，2001.

［9］梁思成. 梁思成全集［M］. 北京：中国建筑工业出版社，2001.

［10］徐嵩龄，张晓明编. 文化遗产的保护与经营［M］. 北京：社会科学出版社，2003.

［11］周俭，张恺. 法国城市历史遗产保护实践［M］. 北京：中国建筑工业出版社，2003.

［12］吴晓勤等. 皖南古村落规划保护方案方法研究［M］. 北京：中国建筑工业出版社，2003.

［13］仇保兴. 中国城镇化——机遇与挑战［M］. 北京：中国建筑工业出版社，2004.

［14］阮仪三. 城市遗产保护论［M］. 上海：上海科技出版社，2005.

［15］徐高龄. 第三国策：论中国文化与自然遗产保护［M］. 北京：科学技术出版社，2005.

［16］赵勇，骆中钊，张韵. 历史文化村镇的保护与发展［M］. 北京：化学工业出版社，2005.

［17］严国泰. 历史城镇旅游规划理论与实务［M］. 北京：中国旅游出版社，2005.

［18］单霁翔. 城市化发展与文化遗产保护［M］. 天津：天津大学出版社，2006.

［19］刘红婴. 世界遗产精神［M］. 北京：华夏出版社，2006.

［20］王文章主编. 非物质文化遗产概论［M］. 北京：文化艺术出版社，2006.

［21］单霁翔. 从"功能城市"走向"文化城市"［M］. 天津：天津大学出版社，2007.

［22］张松. 历史城市保护学导论［M］. 上海：同济大学出版社，2008.

［23］赵勇. 中国历史文化名镇名村保护理论与方法［M］. 北京：中国建筑工业出版社，2008.

［24］卞显红等. 江南水乡古镇保护与旅游开发［M］. 北京：中国物质出版社，2008.

［25］宋振春. 日本文化遗产旅游发展的制度因素分析［M］. 北京：经济管理出版社，

2008.

［26］周卫. 历史建筑保护与再利用［M］. 北京：中国建筑工业出版社，2009.

［27］阮仪三，李浈，林林. 江南古镇历史建筑与历史环境的保护［M］. 上海：上海人民美术出版社，2010.

［28］邵甬. 法国建筑—城市—景观遗产保护与价值体现［M］. 上海：同济大学出版社，2010.

［29］周岚. 历史文化名城的积极保护和整体创造［M］. 北京：科学出版社，2011.

［30］仇保兴. 中国历史文化名镇（村）的保护与利用策略［J］. 城乡建设，2004（6）.

［31］顾军，苑利. 文化遗产报告——世界文化遗产保护运动的理论与实践［M］. 北京：社会科学文献出版社，2012.

［32］习近平. 加强文化遗产保护　传承优秀文化传统［EB/OL］.新华网浙江频道，2012-11-15.

［33］习近平在正定［N］. 河北日报，2014-1-2.

［34］习近平对大城市发展的6方面提醒［EB/OL］. 人民网. 2014-02-27.

［35］周干峙. 城市化与历史文化名城［J］. 城市规划，2002（4）.

［36］罗哲文. 历史小城镇价值不可忽视［J］. 城市建设，2003（5）.

［37］周乾松. 古城镇历史文化遗产保护的思考［J］. 杭州市委党校学报，2003（5）.

［38］仇保兴. 中国历史文化名镇（村）的保护和利用策略［J］. 城市建设，2004（1）.

［39］冯骥才. 老街抢救纪实［J］. 中国民俗，2004（1）.

［40］屈玲妮，庄春地. 周庄古镇的保护与发展［J］. 中国民俗，2003（1）.

［41］周乾松. 中国古镇保护尚须警钟长鸣［J］. 城市问题，2004（6）.

［42］顾军. 法国文化遗产保护运动的理论与实践［J］. 江西社会科学，2005（3）.

［43］王景慧. 城市规划与文化遗产保护［J］. 城市规划，2006（11）.

［44］赵勇，张捷，李娜. 历史文化村镇保护评价体系及方法研究——以中国首批历史文化名镇（村）为例［J］. 地理科学，2006（26）.

［45］周乾松. "江南水乡古镇"保护与联合"申遗"调查思考［N］. 中国文物报，2006-07-29.

［46］单霁翔. 城市文化遗产保护与文化城市建设［J］. 城市规划，2007（5）.

［47］周乾松. 新农村建设中古村落乡土文化遗产保护的调研思考［J］. 浙江省委党校学报，2007（7）.

［48］王星光，贾兵强. 国外历史文化遗产保护机制及其对我国的启示［J］. 广西民族研究，2008（1）.

［49］赵勇，张捷，卢松，刘泽华. 历史文化村镇评价体系的再研究——以第二批中国

历史文化名镇（名村）为例［J］. 建筑学报，2008（2）.

　　［50］单霁翔. 乡土建筑遗产保护理念与方法研究［J］. 城市规划，2009（1）.

　　［51］张顺杰. 国外文化遗产保护公众参与及对中国的启示［J］. 法制与社会，2009（1）.

　　［52］郭旃. 世界文化遗产的标准及申报方法和程序［J］. 中国名城，2009（2）.

　　［53］郝士艳. 国外文化遗产保护的经验与启示［J］. 昆明理工大学学报，2010（8）.

　　［54］日本文化遗产保护的成功经验［J］. 信息传真，2010（16）.

　　［55］陆建松. 中国文化遗产保护管理的政策思考［J］. 东南文化，2010（4）.

　　［56］周乾松. 我国历史村镇文化遗产保护的对策思考［J］. 中国党政干部论坛，2011（5）.

　　［57］周乾松. 历史村镇文化遗产保护利用问题研究［J］. 理论探索，2011（4）.

　　［58］周乾松. 历史村镇：突破困境实现保护发展双赢［J］. 城乡建设，2011（7）.

　　［59］赵文洲. 天津历史文化街区保护规划管理研究［D］. 天津：天津大学，2011-12-10.

　　［60］世界经验网. 英国历史文化遗产保护制度［EB/OL］. http://www. fzghy. com，2011-12-02.

　　［61］冯骥才. 中国传统村落保护——"传统村落成为被失落的角落"［J］. 济南纵论，2011-06-12.

　　［62］冯骥才. 中国传统村落保护工作已经启动，新华网，2012-09-29.

　　［63］周乾松. 加强历史村镇文化遗产保护的有效途径［N］. 光明日报，2012-02-01.

　　［64］冯骥才. 传统村落的困境与出路［N］. 人民日报，2012-12-07.

　　［65］周乾松. 城镇化过程加强传统村落保护对策思考［J］. 长白学刊，2013（3）.

　　［66］周乾松. 历史文化名镇保护与开发——基于中国四大名镇的经验启示［J］. 中共浙江省委党校学报，2013（3）.

　　［67］郝从容，邵秀英. 国外文化遗产保护政策对我国古村镇保护和利用的启示［J］. 社会科学家，2013（6）.

　　［68］李绾心. 传统村落不发展就会"被消失"［N］. 中国文化报，2013-06-06.

　　［69］杜艺. 法国保护历史文化遗产手段多［N］. 中国建设报，2013-08-05.

　　［70］又有915个村落列入中国传统村落名录［N］. 中国建设报，2013-09-20.

　　［71］周乾松. 我国传统村落保护现状问题与对策思考［N］. 中国建设报，2013-01-29.

　　［72］周乾松. 新型城镇化过程中加强传统村落保护与发展的思考［J］. 长白学刊，2013（5）.

　　［73］周乾松. 古村落保护亟待加强［N］. 光明日报，2013-9-21.

后记

本书历时五载，研究跨越十年，如今脱稿，如释重负，似乎飞回故乡乌镇，感慨万千。这是缘于本书研究始于1998年乌镇保护，至今16年来，我一直专注于历史名镇传统村落及其文化自然遗产的保护利用研究，虽取得了一些富有应用价值的学术成果，但颇感历史村镇文化遗产保护，不仅"艰、难、困、苦"，而且任重道远！深感今人责任重大。保护好、管理好世代留下的历史村镇文化遗产，既有利于历史村镇的可持续发展和地方文化软实力的提升，又事关文化多样性、国家文化安全、建设文化强国的大事，更关乎为子孙后代记住乡愁乡韵、留住青山绿水、共建中华民族精神家园的大事。

2010年我有幸获得了国家社会科学基金项目资助，但由于课题立项删去"以浙江为例"，这就必须进行全国性调研，时间紧、任务重、难度大。因此，3年多来，本人先后对江苏、浙江、上海、江西、安徽、福建、湖南、山西、陕西、贵州、四川、海南、广东、山东、甘肃、河南等16个省市的100多个历史村镇进行实地调研、座谈讨论，在此向各个古村镇及其地方政府尤其是众多原住民，表示内心真挚的感谢！

特别要感谢原国家住房和城乡建设部仇保兴副部长、原国家文物局单霁翔局长、浙江省政协主席乔传秀、浙江省黄旭明副省长和国家社科规划办等领导，对我的研究成果所作的重要批示和批转《光明日报》、《中国建设报》等报刊发表，他们的高度赞评，不仅是对我初步研究的充分肯定，而且是莫大的精神鼓励和鞭策，更激励我不断深入研究和为我国文保事业积极贡献的信心。

本专著的完成，还得到儿子周雷捷帮助打印和好友屠敏华的默默支持。本书能顺利与读者见面，有幸得到中国建筑工业出版社吴宇江编审的大力支持和帮助，在此深表谢意！

周乾松

2015年1月于杭州